走向
学科育人

Towards Integrated
Education In Class

宋继东 ◎编著

天津出版传媒集团
天津人民出版社

图书在版编目（ＣＩＰ）数据

走向学科育人 / 宋继东编著. -- 天津 : 天津人民
出版社, 2024.5
　ISBN 978-7-201-19904-7

　Ⅰ.①走… Ⅱ.①宋… Ⅲ.①中小学—德育—研究
Ⅳ.①G631

　中国国家版本馆 CIP 数据核字(2023)第 199411 号

走向学科育人
ZOUXIANG XUEKE YUREN

出　　版	天津人民出版社
出 版 人	刘锦泉
地　　址	天津市和平区西康路35号康岳大厦
邮政编码	300051
邮购电话	（022）23332469
电子信箱	reader@tjrmcbs.com
责任编辑	武建臣
特约编辑	佐　拉
装帧设计	汤　磊
印　　刷	天津新华印务有限公司
经　　销	新华书店
开　　本	710毫米×1000毫米　1/16
印　　张	28.25
插　　页	2
字　　数	420千字
版次印次	2024年5月第1版　2024年5月第1次印刷
定　　价	98.00元

编 委 会

序　言

　　宋继东校长编著的《走向学科育人》即将问世,甚感欣喜! 这是他组织首都师范大学附属小学集团中小学所有干部、教师共同开展学科育人实践探索的成果,是对中小学如何有效开展学科育人的实践贡献,是落实立德树人根本任务的重要体现。

　　教书育人是教师的天职,学科德育是教师教书育人的主渠道。党和国家高度重视教师队伍建设,重视教育教学质量,先后出台一系列政策文件,明确教师的使命,强调学科德育的重要性。如国务院《关于加强教师队伍建设的意见》(2012)明确提出,教师工作的出发点和落脚点是促进学生健康成长。中共中央、国务院《关于全面深化新时代教师队伍建设改革的意见》(2018)中指出:"教师承担着传播知识、传播思想、传播真理的历史使命,教师肩负着塑造灵魂、塑造生命、塑造人的时代重任。"中共中央、国务院《关于深化教育教学改革全面提高义务教育质量的意见》(2019)指出:"坚持立德树人,着力培养担当民族复兴大任的时代新人。坚持'五育'并举,全面发展素质教育,强化课堂主阵地作用,切实提高课堂教学质量。"教育部印发的《义务教育课程方案与课程标准》(2022年版)明确强调:"将社会主义先进文化、革命文化、中华优秀传统文化、国家安全、生命安全与健康等重大主题教育有机融入课程,增强课程思想性。"可见,课堂教学质量的提高离不开学科德育功能的实现,而学科德育实现的关键是正确认识与理解学科与德育之间的关系。

　　长期以来,存在着对学科德育的误解,即将学科与德育"二分",认为德育是在学科之外的,学科德育是要在学科教学中"加入"德育元素。这导致了教师难以从源头上正确认识教学与德育的关系,进而导致教师在教育教学中难以将德育真正融入学科教学,使学科教学失去了育德之魂而降为单纯的知识学习、技能训练,使教师心中、眼中只有教材、考试、分数,而忽视了学生、生命、成长,故学科德育难逃"两张皮"的命运。

　　其实,学科与德育不是"两件事",而是"一体共在"。德育"内在于"学科内容,是学科内容本身所具有的,而不是从其外在"强行"加入。学科中均蕴含着德育元素,无论是学科知识本身,还是学科发展历史及其推动学科建设的人。学科德育的实质就是将学科中"本有"的德育元素在学科教学过程中体现出来,使学科本身所具有的德育之本性、德育之元素在学科教学过程中显现出来。学科教学中的德育体现是学科德育的真正回归和践行,而不是仅仅停留在形式上的渗透或融入。

　　实现学科育人的关键在教师。教师学科德育素养是新时代中小学教师的核心素养之一,每位教师都应具有学科德育素养,在学科教学中有意识、有能力将学科德育体现出来,教师应有意识开展学科德育,要在学科教学时,能将学科中所蕴含的德育资源,通过有效的手段和方法挖掘出来,能在学科教学中注重选择适合学科德育实现的方式方法,并将学科德育自然体现在教学各环节中,促使学生感悟,从而实现学科育人功能。

　　开展学科德育,实现学科育人,对教师而言,从教书育人的职责来看,可以说是自然而言的事,但在现实的教学实践中并非易事。受"知识本位"的影响,教师所受的职业训练与职场评价导向,过多地集中于学科教学,而如何在学科教学中体现德育的专业训练,却十分匮乏。当前,教师开展学科德育,不仅需要观念的转变,而且需要实践的示范与指导。从目前来看,这方面的研究成果与出版还很有限。

　　本书经过理论研究与实践探索,对学科德育的功能、重要性、特点进行了整体阐述,并提供了小学语文等9门学科、初中语文等15门学科的德育案例,还有冬奥、阅兵和神"十三"三个主题教学中的德育案例。不仅有学科教师撰写的德育案例,而且有学校德育干部的点评,涵盖学科门类齐全、主题凸显时事,呈现了学校教师学科育人的整体风貌。由此可见,本书的问世,不仅丰富了学科育人的理论研究成果与实践探索样态,也必将会给广大一线中小学教师实施学科育人带来切实的帮助与启示。

党的二十大报告强调"实施科教兴国战略,强化现代化建设人才支撑",要办人民满意的教育,发展素质教育。每位教师都应肩负起时代的教育使命,践行学科德育,实现学科育人,履行教书育人的职责。期待宋继东校长继续带领教师团队在此耕耘,期待广大一线教师不断积极探索学科育人理论与实践,为学科育人贡献力量。

（首都师范大学初等教育学院院长、儿童与未来教育创新研究院院长）

2023 年 6 月于西山艺境

目　录

Contents

第一部分
学科德育概述

第一章

什么是学科德育

　　当今,世界道德教育改革趋于综合化、生活化,强调利用学科优势,利用家庭与社区资源,与儿童的整体生活融为一体的整合特征日益显现。例如,英国体谅模式创始人麦克菲尔建议,道德教育教材《生命线》应当融合到各科教学中使用,不一定设置单独的道德教育课。美国很注意结合各科教学的特点实施道德教育。如在数学课中, 通过向学生介绍世界上通用的公制单位、外国货币的使用等,对学生进行全球教育。日本把各种文化课称作"真理教育",他们认为通过各种文化可使学生掌握真理,培养对事物的科学态度和逻辑思维方式,形成良好的品德。在中国,德育研究也逐渐将更多的目光投向学科德育的研究上来。在"德育为先、立德树人"的时代背景与政策期待下,必须重新思考德育实践的可行路径。德育不仅是学校德育处、班主任的事情,不仅是道德与法治类课程的事情,而且是全体教师的事情,需要融入学校教育教学的全过程。因为,教学是一项价值负载的事业,总是体现着道德教育的意涵。①也正是学科教学内在的德育优势为学科德育提供了合理性。

---

　　① 李树培.教学道德性:学科德育的重要视角[J].教育发展研究,2019,39(18):64-70.

一、学科德育的基本内涵

学科德育的思想和行动，并非教育研究和教育实践中一项新的创造，实际上是对早在赫尔巴特时期就提出的"教育性教学"理念的认同、复归和践行。麦克莱伦也曾说过：没有道德性的"教"（如训练、灌输、建立条件反射等），是"教"的"赝品"；有道德性的"教"才是"教"的"真品"。

学科德育是现代学校德育系统的重要组成部分，是通过各学科课程实施的德育。学科德育，这里指学科教学中的德育，是在学科知识的教学活动中，充分挖掘渗透于其中的德育资源，对学生进行德育的一种方式，是整个德育系统中的一个非常重要的组成部分。[①]学科德育有机存在于课程内容、过程、方式、活动、要求之中。随着德育改革的推进和德育理念的进步，人们逐渐从单纯依赖专门的道德课程转向更多依赖于利用学科优势、校园文化与社区家庭资源等多渠道的整合。借助学科优势进行道德教育，既是开发学科教育资源的需要，也是淡化教育痕迹、提高德育艺术性、实现道德内化效力的必由之路。

学科德育不是简单的"学科+德育"，要避免两种较为极端的学科德育认识倾向：一种是对学科德育内涵的泛化认识，另一种是对学科德育内涵的学科化认识。泛化认识认为，学科德育属于德育的范畴，需要体现德育的各个要素。学科化认识认为，学科德育只是学科教育的衍生物，应是学生在学科学习过程中自我领悟的内容，是在学科知识和学科能力之外的情感和精神部分的内容，但是这部分内容不能喧宾夺主。这两种认识虽然都有一定的合理成分，但也存在片面性。学科德育虽然属于德育的范畴，但是并非包罗万象，是在学科的教育教学中自然生成且与学科的特征有着密切联系的德育，

---

① 朱小蔓.中国教师新百科(小学卷)[Z].北京：中国大百科全书出版社,2002：425.

是学科教育中所能企及的德育部分。[①]因此,学科德育的内涵与一般德育的内涵有所区别,而且不同学科的道德教育对学生的道德的影响也会存在差异,不能把学科德育简单视为学科教育中的衍生物。事实上它也是学科教育的目标之一,是不可或缺的主食而不是锦上添花的甜品,需要学科教师在教育教学过程中对学生进行有意识的培养。

二、学科德育的特点

学科德育是指在进行学科教学的同时,将在各学科教学内容中蕴含的思想、道德因素,通过有效的情感联结,自然地融合到课堂教学的各个环节中,从而实现其育人功能。因此,学科德育具有间接融合性、真实情感性和随机生成性的特点。[②]

(一)间接融合性

学科德育是在各学科教学过程中实现德育功能,具有间接融合性。所谓间接融合性,指学科德育的实现需要借助一定的中介或载体,或通过内容的升华、融合,或通过过程的道德互动,力戒用贴标签的方式直接"外加"德育。基础教育课程改革,强调转变学生的学习方式,引导学生的自主探索性学习,关注课堂的生命性,使学科教学超越"双基"与能力的范畴,提升到精神、思想、方法、审美的境界。如人文与艺术类课程中的赏析教学、科学类课程中的科学史与方法论教学,都是一种超越学科之上的"中介"型课程,是实现学科德育的良好载体。

学科德育提倡一种潜移默化的道德教育模式,反对直接的道德知识教学。我国自古以来就是一个强调道德教育的国度,同时也是一个强调道德知

---

① 黄友初,尚宇飞.学科德育的内在逻辑与发展路径[J].教育科学,2021,37(04):33-40.
② 王健敏.道德学习论[M].杭州:浙江教育出版社,2002:153.

识传授的国度。但是道德知识的传授所发挥出来的道德教育效果是有限的。因为，受教育者所需要培养的是道德行动的能力，而不只是道德知识的能力。学科德育恰恰反对过度的道德知识的传授，主张在各个学科的教学活动中适当地渗透道德教育的内容，通过学科教学中的各种活动、各种寓言、故事或者突发事件等使学生认识到道德的价值，帮助学生参与到道德行动中，而不是只教给学生一些道德知识。

（二）真实情感性

从心理学角度来看，学科德育的实现以情感为中介，实现知识向信念的转化。信念是认知与情感的结晶，知识只有与情感相结合，才能转化为信念，才能成为精神力量。学科教学是按照学生的知识体系来组织的，如何在认知过程中实现情意发展与精神提升，这是学科教学实现德育功能的关键。首先，以情感目标引导认知过程，使求知过程成为意志并举与道德完善的过程。如生物、自然的学科教学，在学习生命世界的生物知识与生态关系中产生对大自然的感恩、敬畏、关怀之情，实现"求真中求情"。其次，实现教学过程与道德实践的一体化。教学过程是一种人际交往过程，本身充满着无数的道德互动，教学过程必然是学生道德实践的重要方面。以信任、关怀、平等建立师生与生生关系，以教学艺术和现代教学媒体创设丰富的教学情境和支持性的教学气氛，让每一位学生体验"尊重"与"责任"，实施情感化教学，这是教学过程中实现德育效能的基本策略。需要依托教师的情感资质、移情能力和人格魅力。

此外，教师的道德榜样作用是巨大的，教师的人格魅力可以让学生更深刻地认识到道德的力量和价值。所以说，"在教师为学生树立的所有道德榜样中，教师自身的行为示范对学生最具感染力"。并且，各个学科的教师，往往是学生在生活中接触最频繁的人之一。学科教师自身的品格力量和人格感召力自然地就会影响到学生的品德发展，对学生的道德自主建构起到正向的或者负向的作用。①学科德育强调学科教师都参与到德育工作中,很重要的一点就是要求学科教师要注重自己的人格榜样作用,通过情感来影响学生,使学生的道德品格朝着积极的方向发展。

(三)随机生成性

所谓随机生成性,是指受具体教育情境变化和教育对象个别差异的制约,使得教师对学科德育的时机难以进行预先设计。对随机教育的把握,反映了一名教师的教学智慧。学科德育是隐含在各科教学之中的一条暗线,并非像知识技能那样明了,可以进行有系统、有计划地操作控制,通常是随着教学过程的展开而自然生成的,因而学科德育在实现方式上具有随机生成性的特点。

现代学校的德育应是社会的要求与学生的品德、人格需要的统一。这样的德育要求,其基本方面可以概括为:指向性、品味性、方法性、能力性等品德、人格素养。所谓指向性要求是一个人的价值取向、情感取向、行为取向等的总和;品味性是一个人在社会活动中所表现出的眼界、气度、胸襟等的状况;方法性是实现其自身追求所采取的方法、策略水平;能力性是践行其学识、学养而呈现的品德、人格素养等。②学科德育超越了过去仅仅从技术层面推进课堂教学质量的思路,更加凸显了"基于德性引领"的伦理意蕴,增强了学科的文化韵味。在学科德育的课堂中,教师将自己专业的德育知识和能力巧妙地糅合在学科教学之中,让知识学习焕发出情感和人伦的气息。

---

① 叶飞,楚燕.学科德育的实践困境及其解决[J].教学与管理,2009(34):36-38.
② 何晓文.学科德育的探索与实践[M].上海:华东师范大学出版社,2006:17.

第二章

学科德育的发展

一、学科德育研究与实践的发展历程

中国的德育研究与德育实践自新课程改革以来不断推陈出新，努力探索新的、有效的德育途径和模式，先后对间接德育、隐性德育、学科渗透等一系列研究话题或领域给予了高度关注。关于这些话题的研究和探索与学科德育思想的产生和发展有着紧密关联，从一定程度上说，正是在不断深入探讨一系列德育概念的过程中，学科德育的思想才得以确立和发展完善。

（一）"间接德育"进入研究者的视野

学校道德教育应当依靠专门的课程渠道来实施，即采用直接德育形式渗透在学校各科教学与管理之中，采用间接德育形式，一直是世界各国道德教育领域关注的问题。事实上，包括中国在内的许多国家都采用直接德育（即专设德育课）与间接德育相结合的方式。杜威在20世纪早期就做过关于"直接的道德教育"与"间接的道德教育"的阐述，即"当我们考虑到通过教育使道德成长的整个领域时，直接道德教育的影响，充其量说，在数量上是少的,在影响上是微弱的。所以这种更大范围的、间接的和生动的道德教育,通过学校生活的一切媒介、手段和材料对性格的发展就是我们现在讨论的题目"①。杜威谈及的新的讨论题目即"间接德育"问题。

间接德育的概念与直接德育的概念相对应。最初使用这两个概念时,研究者对其具体的"所指"并没有给予清楚的界定,大多数研究者是以课程为依托,认为直接德育是依托德育课程的开设来实施的德育,于是间接德育便包括了直接德育课程之外的所有德育资源和途径,既有依托其他学科开展的德育活动,也有课间及学校日常生活中的德育形态。这容易造成人们对一系列德育概念形成含混不清的认识,如间接德育与隐性德育、间接德育与学科渗透。不过,间接德育概念的提出让更多的研究目光转向了专设的德育课程之外的学校教育时空。

(二)"教学的教育性功能"一直是一个价值性很强的论题

"教学的教育性功能",从本质上来看,关注的就是知识学习过程中的道德教育问题。从一般意义上说,"教学"主要指的是传授具体的知识和技能,重点帮助学生完成一定的课业;"教育"则主要是指对于学生价值取向的引导,重点促进学生品德的形成。赫尔巴特曾经指出,"我不承认有任何'无教育的教学'","教学如果没有进行道德教育,只是一种没有目的的手段"。亚里士多德说过,教育心智而不教育心灵就是没有进行教育。知识技能固然重要,但是与做人的方向和价值观相比,就不能不具有工具的性质。这是从理想教学状态来说的,事实上,并非所有的教学都具有教育性。

教育本身必须是包含一种价值的活动,课堂教学不可能回避价值问题,科学、书本知识在课堂教学中只是"育人"的手段和资源。现代教育的弊端之一就是"无教育的教学",将人当成无生命的认知机器。我国新基础教育课程

---

① 杜威.学校与社会·明日之学校[M].北京:人民出版社,2008:137.

改革的核心是形成教学共同价值观的基本理念,实现学科教学的情感、态度与价值观目标。这意味着要求课堂教学要从单一地传递教科书的现成知识转为培养能在当代社会中实现主动、健康发展的一代新人。

教学的教育性功能是一个常论常新的话题,被每一个时代的教育者所重视和认可。然而究竟如何在教育生活中较好地实现教学的教育性功能,人们并没有在实际的教育实践中找到令人满意的答案。有一些教育外部的环境因素需要我们去清理和创新,但在更大程度上是教育需要从内部去寻找各种可能实现教学的教育性功能的教育途径。

(三)从"学科渗透"研究到"学科德育"实践

德育"渗透说"是在新中国成立初期德育"政治化"、德育"工作意识",以及独特的历史环境和语言环境等综合因素作用下产生的德育认识,现代普遍认同的德育渗透是指将德育目标通过各种途径,依据德育与其他领域的联系,运用各种手段与措施以不易察觉、润物细无声的方式将德育内容缓慢地传递给学生的过程。学科德育是我国学界对"在各科教学中进行德育"的简称,其作为与直接道德教学有效补充的德育方法被赋予"间接式、渗透式、隐蔽式"的特征。但由于"渗透"一词在使用中的模糊性和误导性,造成德育实践上的困境。[①]

20 世纪 90 年代,德育界展开了对"学科渗透"说得激烈讨论。虽然最终没有得出一个立场鲜明的定论,但褒贬不一的争论不断促使人们对德育的实效性问题进行反思,并激发出人们努力寻求各种可能的解决途径的热情。在"学科渗透"说的推动下,人们越来越从单纯依赖专门的道德课程转向更多依赖于利用学科优势、校园文化与社区家庭资源等多渠道的整合。研究者们在很大程度上取得了共识,认为借助学科优势水到渠成地进行道德教育,既是

---

① 田保华.试论学科德育的问题与出路[J].课程·教材·教法,2015,35(07):3-11.

开发学科教育资源的需要，也是淡化教育痕迹、提高德育教育艺术性、实现道德内化效力的必由之路。

一些学者从不同角度，对德育渗透进行了研究并作了界定。可以从不同时期人们对"德育渗透"的概念界定看到"学科德育"的研究思路逐渐清晰起来。"德育渗透是指教育者的意图通过载体对被教育者的一种耳濡目染、潜移默化的教育。它通过借助载体、建构氛围去感染、陶冶教育对象。"①"德育渗透就是在教学过程中贯穿德育教育，把教书与育人统一起来。具体地说，德育渗透就是指办学者和教师端正办学方向，把党的教育方针、培养目标及品德要求、道德信念融会贯通于各学科之中，使受教育者在接受知识的过程中，同时吸收道德的营养。"②"所谓德育渗透，就是指德育工作不能流于空泛的说教，而要借助科学的方法把德育内容和具体的科学知识糅合在一起，在讲授科学知识的同时，通过创设和利用科学知识所具有的教育意义的情景，潜移默化地培养学生的高尚道德情操。"③

更多的研究者一致认为，"学科德育"比"学科渗透"更准确地体现了各科教学中德育的实现方式。因为"渗透"一词，隐含着将一物放入另一物之中，即认为德育作为一种势力或事物逐渐进入学科教学之中，其暗示了进入之前的学科教学中不存在德育或不追求德育，不免有从外部强加之意。在教育现实中，用贴标签的方式去体现学科教学德育目标的现象屡见不鲜。许多教师就把学科德育理解成"在课堂教学中将主流意识形态和价值观以及社会公认的道德规范传递给学生"。基于此，多数学科教师便在教学中寻找、挖掘或创造德育资源和条件，研究渗透方法，绞尽脑汁追求德育实效，结果却普遍产生形式化的德育。而道德学习与学科学习的统一是内在的，体现为内容上的深层交叉与过程中的全面融合。究其原因在于割裂了"教学"与"德育"之间的

①　余潮青.关于德育渗透若干问题的思考[J].嘉应大学学报（社会科学），1996(03):89–92.
②　白正梅.德育渗透与主体接受[J].警学研究，1998(01):45–48.
③　张云贵.德育渗透浅论[J].教育探索，2000(06):66.

内在联系,将德育视作教学之外的事物,岂不知教学与德育是硬币的两面,教学的过程就是德育的过程。[1]基础教育课程改革强调道德教育回归生活,如果对于学生来说,其生活的主导内容是学习,那么各科教学应当是学生道德生活的重要平台。正是在这一意义上,学科教学必然是道德教育的重要途径,或者说道德教育的更广泛、更普遍的课程形态是学科课程,以一种内隐的、随机的方式实现道德教育。

反观现实中的德育实践,奉行"德育渗透"说的研究者也逐渐发现,关注学科教学的德育渗透容易让任教的学科教师产生错误认知。提倡德育渗透,从根本上来说,仍只是从学校德育的角度来研究、探索学科德育,把学科教学仅仅看作是学校德育工作的一条途径。这种研究和探索注重把德育的要求通过有关学科教学的渗透来达到育人的目的。此类研究把目标定在"渗透"的有关问题上。就实践而言,不少教师为此产生困惑,在认识上把学科教学应有的育人要求当作额外负担;在方法上暴露出种种形式主义、贴标签式的学科德育"渗透"。再加上片面追求升学率和分数制约机制的作用和影响,使课堂教学的育人问题长期未能得到根本解决和扭转。[2]

二、学科德育:教育改革的突破口

学科德育旨在将所有教师纳入学校育人的行列中来,充分挖掘中小学各学科的德育内涵,力图调动所有学科的德育资源,使学生在学习知识的过程中成为形成正确价值观的过程,真正实现全员育人、全科育人、全程育人。在教育改革的大背景下,德育的性质与规律、德育改革的深化、教育活动的应然诉求等,都决定了在中小学开展学科德育是推进基础教育领域综合改

---

[1] 田保华.试论学科德育的问题与出路[J].课程·教材·教法,2015,35(07):3-11.
[2] 金根.对学科德育的若干思考[J].思想·理论·教育,2001(04):23-25.

革、深化素质教育的宝贵尝试。①

（一）德育的性质与规律决定了学科德育是教育改革的重要途径

学生的品德心理结构是由知、情、意、行四部分构成的统一的、不可分割的整体,学生道德水平的提高既需要道德知识的习得,又需要道德情感的熏陶、道德意志的磨炼,还需要实践中道德行为的改进。直接道德教学是学校德育的基础,但道德教育仅仅止步于知识的传授、技能的获得是远远不够的。道德教育的核心是情感、态度、价值观的体验与改进,还需要其他学科、课外活动、学校文化等间接德育潜移默化的影响以促进学生良好情感、态度与正确价值观的形成。因此,提升学校德育的有效性不仅要求直接德育,更需要加强间接德育,二者缺一不可。与直接德育相比,间接德育对学生道德发展的作用更为有效,学科德育作为间接德育的重要环节可以弥补直接道德教学注重道德知识传授的倾向,强调各学科对学生道德情感的熏陶、态度与价值观的形成,力图调动所有学科教师育人的积极性、主动性、能动性。所以,学科德育的重要性使之理应成为中小学德育的重要途径。

（二）德育改革的深化呼唤学科德育

1988 年,国家教委颁布的《中学德育大纲》（试行稿）明确规定:"各科教师均要教书育人,寓德育于各科教学的教学内容和教学过程的各个环节之中,把德育大纲的贯彻实施,看作是各科教师的一项重要任务。"②1994 年《中共中央关于进一步加强和改进学校德育工作的若干意见》明确指出:"按照不同学科特点,促进各类学科与课程同德育的有机结合。"③再到 1995 年颁布的《中学德育大纲》指出:"各学科教学是教师在向学生传授知识的同时进行

---

① 程伟,于冬冬.关于学科德育的几点思考[J].教学与管理,2015(09):100-102.
② 中学德育大纲（试行稿）[J].人民教育,1988(12):7-10+15.
③ 中共中央关于进一步加强和改进学校德育工作的若干意见[J].人民教育,1994(10):3-5+11.

德育的最经常的途径对提高学生的政治思想道德素质具有重要的作用。各科教师要教书育人,为人师表,认真落实本学科的德育任务与要求结合各学科特点,寓德育于各科教学内容和教学过程之中。"①1999 年 6 月,中共中央、国务院印发的《关于深化教育改革全面推进素质教育的决定》明确规定,"进一步改进德育工作的方式方法,寓德育于各学科教学之中,加强学校德育与学生生活和社会实践的联系,讲究实际效果"②。

2000 年 12 月,中共中央办公厅、国务院办公厅印发的《关于适应新形势进一步加强和改进中小学德育工作的意见》指出,"德育要寓于各学科教学之中,贯穿于教育教学的各个环节"③。2010 年 5 月国务院颁布的《国家中长期教育改革和发展规划纲要(2010—2020 年)》指出,"坚持德育为先。立德树人,把社会主义核心价值体系融入国民教育全过程。……夯实学校教育主渠道,把德育渗透到教学实践的各个环节,融入校园文化的各个方面"④。2014 年 3 月,教育部印发《关于全面深化课程改革落实立德树人根本任务的意见》,明确提出要进一步提升数学等课程的育人价值,发挥学科独特育人功能。⑤

2017 年 8 月,教育部颁布的《中小学德育工作指南》在第五部分"实施途径和要求"中提出要通过"课程育人",并且"充分发挥课堂教学的主渠道作用,将中小学德育内容细化落实到各学科课程的教学目标之中,融入渗透到教育教学全过程","要根据不同年级和不同课程特点,充分挖掘各门课程蕴

① 中学德育大纲[J].人民教育,1995(04):9-13.

② 中共中央 国务院关于深化教育改革全面推进素质教育的决定[J].人民教育,1999(07):4-7+12-13.

③ 新时期中小学德育工作的行动指南——学习《中共中央办公厅国务院办公厅关于适应新形势进一步加强和改进中小学德育工作的意见》[J].思想政治课教学,2001(02):3-4.

④ 中华人民共和国教育部网站.国家中长期教育改革和发展规划纲要(2010—2020 年)[EB/OL].http://www.moe.cn/publicfiles/business/htmlfiles/moe/moe/838/201008/93704.html.

⑤ 《关于全面深化课程改革落实立德树人根本任务的意见》节选[J].教育科学论坛,2017(20):3-5.

含的德育资源,将德育内容有机融入各门课程教学中。"①2018年,习近平总书记在全国教育大会上的讲话中指出,"培养什么人,是教育的首要问题"。"要把立德树人融入思想道德教育、文化知识教育、社会实践教育各环节,贯穿基础教育、职业教育、高等教育各领域,学科体系、教学体系、教材体系、管理体系要围绕这个目标来设计,教师要围绕这个目标来教,学生要围绕这个目标来学。"由此,学科德育成为新时代深入推进党和国家教育方针贯彻落实的重要途径。

德育改革的深化呼唤学科德育。新课改以来,学校德育由侧重知识传授的知性德育逐步转向回归儿童生活、强调参与实践的生活德育。十几年来,中小学德育课堂发生了翻天覆地的变化,德育课程更加贴近儿童生活实际,活动性、趣味性不断增强,学生对德育课程的喜好程度也不断增加,德育课程改革取得了明显成效。随着课改力度的加大,未来几年,中小学德育改革应当走出德育课堂,走进所有学科。能否深入挖掘所有学科的德育内涵,调动所有学科教师育人的积极性将成为制约德育改革深化的关键因素。

(三)学科德育是教育活动的应然诉求

一般来说,各学科的知识是人类直接经验的沉淀物,也是学生认识物质世界和精神世界、形成整体认知图式的必要素材。但是如果学科的教育价值和任课教师的专业化水平简单以学生的学业成就为唯一评判标准,这不仅会导致学科教学的功利化,也是对学科道德教育价值的漠视,与教育的根本性目标在于育人这一指导思想也是相背离的。因此,学科德育的应然诉求表现在学生的生活处事、人格品质和教育目的等三个方面。②

首先,学科德育的应然诉求要体现在培养学生积极求实的生活处事态度

① 教育部.中小学德育工作指南[EB/OL].(2017-08-17).http://www.moe.gov.cn/srcsite/A06/s3325/201709/t20170904_313128.html.

② 黄友初,尚宇飞.学科德育的内在逻辑与发展路径[J].教育科学,2021,37(04):33-40.

上。在中小学阶段,学生的生命观还未成熟,他们需要在各个学科的学习中通过真善美的感化、情感的熏陶和文化的积淀,养成积极的生活态度。各学科课程都蕴含着丰富的生命教育素材,尤其是文科类课程,应该在教育教学中注重美好生活和积极情感等道德要素的渗透,这些积极的要素对学生未来的发展有着重要的影响。在中小学阶段,学生的行为还处于他律期,他们的处事方式具有较强的主观性和随意性。各学科课程都有较强的逻辑脉络,尤其是理科类课程,从已知条件到问题解决的每一步都要有理有据。在各学科的教学过程中,教师应该帮助学生领悟到唯事实、讲证据的重要性,并帮助他们逐步养成唯理求真的处事方式。这种处事方式,是社会场域群体交往的基本准则,也是帮助儿童实现从依附型个体走向独立型个体的关键。

其次,学科德育的应然诉求还要体现在培养学生刻苦不懈的人格品质上。每个人都需要不断成长,儿童更需要在各方面都获得有效的提升,在提升的过程中,他们会遇到很多的困难和挫折,只有耐心坚持、不懈努力,才能取得突破和成功。各学科课程都蕴含着丰富的励志案例和积极向上的课程资源。例如,在数学课程中,无论是数学知识体系的构建,还是数学符号的演变,都凝聚了中外数学家的心血,从数学的历史文化中传递出他们顽强的精神和坚毅的品格。这些精神和品格对学生良好人格品质的培养具有直接影响和积极作用。而且在各学科学习的过程中,学生也会碰到各种挑战,需要解决各种难题,他们只有不畏困难,努力探究,才能到达成功的彼岸。这种刻苦不懈的人格品质,是个体发展的内在源泉,是勇攀高峰的必要条件,对个体的生活态度和学业成就都有着极其重要的影响。

最后,教育的根本目标在于立德树人,为社会培养合格的人才,这种人才应以国家富强和民族复兴为己任,具有"为中华之崛起而读书"的胸怀和理想。①中小学的课程具有较强的基础性,可为后续科技素养和人文素养的发

---

① 檀传宝.合乎道德的教育与真正幸福的追寻——当代中国教育的伦理思考[J].课程·教材·教法,2015,35(08):32-36.

展奠定坚强的基石。因此,在各学科教育教学过程中,教师应该帮助学生更好地认识各学科的价值,培养正确的学习观,帮助他们树立学好各学科可以更好地担负民族复兴使命的理想情怀。这种学习观超越了为考试和分数而学的动机,也超越了为个人名利而学习的狭隘认识,是以家国情怀为追求的理想信念,是社会主义核心价值观的具体体现,是学生发展核心素养的要求,也是教育的价值所在。

总的来看,在信息化时代背景下,社会对人才有了新的需求,综合知识与技能的素养成为教育发展的重要目标[1],更注重学生的全面发展,注重内化和养成,而各学科学习中所生成的知识、能力和道德品质都将在儿童素养的发展中扮演重要角色。如果说,知识和能力可以有效促进儿童认知和思维的发展,学科德育则可以更好地帮助学生形成正确的价值观、理性精神和人格品质。中小学也是个体发展的初始阶段,是个性发展的关键期。在这一时期,学生的心智尚未发展成熟,他们的性格开始养成,品格开始塑造。各学科是学校教育的重要内容,其课程内容的选择与组织,既体现了学科的发展逻辑和儿童的认知发展特征,也体现了国家、民族的意志和人民广泛认同的价值观,能在学生的道德品质发展中扮演独特的角色。教育活动的根本目的就在于能在各学科课程的教育教学中,最大限度地促进学生的个性和社会性发展。[2]

三、学科德育的迫切性

在当前的中小学教育实践中,学科德育的实施状况不容乐观。首先,“知识主义”立场,造成学科教师的德育意识淡薄。在教学中,学科教师往往面临

---

[1]　褚宏启.中国教育发展方式的转变:路径选择与内生发展[J].华东师范大学学报(教育科学版),2018,36(01):1-14+159.

[2]　刘磊.论教育中的奖励[J].教育研究,2011,32(02):41-46.

知识教学和品德教育之间的选择困境。学科教师作为各门具体学科的教学实践者,他们需要讲授不同学科的具体知识,知识教学显然构成了他们的主要工作职责。学科任课教师也更多关注学科课程的知识逻辑,在学科的教学中注重学理性的演绎和知识体系的构建。除了知识教学之外,学科教师是否还应当承担品德教育的任务? 在基础教育课程改革之前的应试教育体制中,这一问题的答案是比较明确的,即学科教师的主要任务就是"教知识",培养"知识人"[1]。基础教育课程改革以后,新的教育理念已经超越了培养"知识人"的教育目标,它要求培养"健全的人"。但是在教学实践中理论与现实的差距依然是相当大的。新的教育理念虽然呼吁学科教师的德育参与,但是在具体的教学实践中,很多学科教师仍然认为品德教育是德育课程和德育教师的事情,并不属于自己的工作范畴。[2]这就导致很大一部分学科教师在知识教学过程中忽视了德育工作。

其次,"唯分数论"使学科德育的价值尚未得到普遍认同。目前在中小学应试教育还较为常见,唯分数的学科教育对知识来源和学习目的性的诠释远远不足,忽略了人文价值和理性精神的传递,也割裂了儿童学习与生活的联系,给学生造成了很大的学业负担。这不仅会影响学科内容与学生自身认知的有效联结,也不利于学生正确的学科情感和学习观的培养。例如,在很多学生眼里,数学是枯燥无用的,学数学是痛苦的;学语文和英语就是背诵和默写;学习就是为了考试得到一个好的成绩,能够满足家长和老师的要求与期望,受学科课程智育评价观的影响。由此可见,以知识和技能的传授为中心、以知识的掌握程度为标准的课程价值认同观,追求的是学科的工具理性价值,忽视了学科本身固有的道德价值,疏于学科思想的启迪和人文素养的培育,将会导致学生的精神信仰危机。[3]事实上,如果缺乏了各学科的支持,没

---

① 鲁洁.一个值得反思的教育信条:塑造知识人[J].教育研究,2004(06):3-7.
② 叶飞.从"德育忽视"走向"德育自觉":学科教师的教育使命[J].教育导刊,2011(07):15-17.
③ 田保华.试论学科德育的问题与出路[J].课程·教材·教法·2015,35(07):3-11.

有建立在对世界和人的广泛认识的基础上，儿童的道德发展将难以取得令人满意的效果，教育的理想之光也将黯然失色。①这些都表明了，学科课程道德教育的价值还没有得到普遍的认同，这种情况也阻碍了学科德育的有效落实。

此外，由于教师的理解偏差以及操作不当，造成学科德育的空场。不少学校在推进学科德育的过程中还存在着为落实而落实、为渗透而渗透、为融入而融入的功利化或走过场现象，他们对投入多、难度大、见效慢，且在绩效考核和薪酬分配中难以量化的学科德育缺乏应有的敬畏，导致学科德育的实施效果不佳。在一定程度上坠入了逐名夺利、僵硬注入、知而不行、矫揉造作的泥潭中无法自拔。不少学科教师奉行的是一种狭隘的德育工作意识，将学科德育视为自己不得不完成的专属任务，因而操纵话语霸权，在学科教学中不顾学科自身独特性，青睐模式化一的学科教学节奏，刻意设计千篇一律的德育环节，以独白、高压或控制的方式生硬植入，侵害和剥夺了学生的道德地位，扼杀了学生反思、质疑与创造的道德自主精神，致使学科德育本末倒置。②

这种形式化的学科德育，僭越了学科德育的道德边界，极易诱导学生言行不一、名实相离的双重人格或伪善人格，其对学生道德发展的毒害尤甚，这不能不引起我们的高度警惕。总之，无论是德育课的存在形态还是现实中小学德育改革的发展趋向，无论是德育的性质、特点、规律还是当前中小学学科德育的现实窘境，都要求着力加强中小学学科德育工作。

---

① 朱小蔓.课程改革中的道德教育和价值观教育[J].全球教育展望,2002,31(12):3-7.
② 冯永刚.学科德育的价值、困境及路径选择[J].中国德育,2019(16):50-56.

第三章

学科德育的多元动态分析

一、从学校角度认识学科德育

考察当下的学校德育工作，大家普遍感到德育与智育的矛盾表现得尤为突出，其实这种现象不足为怪。早在 100 年前，杜威就研究过这种现象，并由此提出一系列精辟的观点，为世界教育理论宝库贡献出极其重要的资料。杜威期望"使道德目的在一切教学中——不论是什么问题的教学普遍存在并居于主导地位"。他还提出"学校道德的三位一体"新构想：一是本身就是社会机构的学校生活；二是学和做的方法；三是课程。他认为："只要学校本身在精神上能代表真正的社会生活；只要我们所称的学校纪律、管理、秩序等是这种固有的社会精神的表现；只要所用的方法对积极的建造能力有吸引力，允许儿童发表，因而允许他服务；只要课程的选择与组织能提供材料，使儿童认识他必然在其中起一份作用的世界，认识他必须满足的需要；只要这些目的都达到了，学校就是组织在伦理的基础上。"①由此可见，根据杜威

①　[美]杜威.学校与社会·明日之学校[M].赵祥麟等译.北京：人民教育出版社，1994：142，158–159.

关于学校道德三位一体的观点,学校德育根本离不开学校生活,离不开学生的学习活动,也离不开课程学习。由此可见,德育与智育不仅不应对立,而且更应该走向统一。因为德育不进入学校课程与教学领域,又怎么谈得上扎根于学校的土壤中呢? 在实践层面,至少应注意努力实现教学的三维目标和德育引领全面发展的导向功能的两个问题。①

第一,努力实现教学的三维目标,体现教书育人的共同方向。在经典教育学理论中,一直把教学定位于全面发展教育的基本途径,当然也应该是德育的基本途径。只是在实践过程中,人们对教学的理解发生了重大偏差,仅仅把它视为智育的途径,这就比"全面发展的基本途径"大大窄化了。新一轮课程改革强调三维目标观,尤其是将"情感态度价值观"纳入教学目标之中,这对完整理解与全面实现教学的育人目标具有重要的规范与导向作用。从德育的角度而言,我们要充分发挥教学的主渠道、主阵地作用,努力使德育贯穿教学的全过程,使德育获得阵地与智力的保障。从教学的角度而言,在全面发展教育的完整体系中,德育与其他各育并不是一种并列关系,杜威用"主导地位"来表述是比较恰当的。首先,德育的主导性表现为德育引导各育的运行方向。其他各育的发展都应遵循道德的原则,而不能片面追求自身的指标。其次,德育的主导性表现为德育提升各育的运行质量。学校各方面工作都内含着道德的元素,也负有实施德育的任务,如果人为地抑制这一方面的内容,将影响某项工作的水准与境界。所以,大力加强德育,科学实施德育,一定可以提升各项工作的运行质量,如进一步调动学习主动性,激发学生刻苦学习;进一步端正教风、学风,不断提高教学质量;进一步融洽人际关系,使师生都保持高昂的进取精神,等等。最后,德育主导性表现在德育对各育资源的整合,形成学校发展的强大合力。德育一方面存在于各育之中,另一方面也为各育资源的整合提供有效的平台,使各项工作贯通起来,产生综

---

① 杨江丁.学科德育应扎根于学校的土壤中[J].思想理论教育,2008(16):4-8.

合效应。

第二,努力实现德育引领全面发展的导向功能,体现促进发展、服务成长的根本价值取向。一段时间以来,我们往往只看到德育对人的约束作用,而忽视德育在人的发展中的核心地位,这是认识上的误区。苏霍姆林斯基认为:"教育者在关心人的每一方面、特征的完善的同时,任何时候也不要忽略人的所有各个方面的特征的和谐,都是由某种主导的、首要的东西所决定的。……在这个和谐中起决定作用的、主导的成分是道德。"[1]根据德育理论研究成果,德育在个性教育中处于核心地位。具体表现在以下几个方面:首先,德育对人的个性发展起着定向作用。德育引导个性发展的方向,尤其重要的是影响人的世界观、政治观、价值观等这些个性的核心部分。其次,德育对人的个性发展起着合理的建构作用。德育帮助人充分认识个性中的长处和短处,扬长避短,长善救失,促使个性和谐发展。最后,德育对人的个性发展起心理保健作用。从积极方面说,德育指导讲究心理卫生,预防心理疾病,增进心理健康,培养完整人格;从消极方面说,可以通过思想疏导治疗心理疾病。近年来,很多学校在德育工作中创造了成功经验。事实不断证明,加强德育可以有力地影响、促进学生健康成长与全面发展;只有把德育扎根于学生的心中,才能更好地发挥德育在学生发展中的核心作用。

二、从课程角度认识学科德育

(一)文本的透彻把握,就是德育尺度的把握[2]

学科知识是道德理性形成和发展的基础。理性是对事物的沉思和推理,

---

① [苏]苏霍姆林斯基.给教师的建议[M].杜殿坤编译.教育科学出版社,1984:369-370.
② 该标题是窦桂梅老师在"学科德育渗透"研讨会上发言中的标题,它很好地揭示出学科知识与学科德育渗透的内在深层关系。

对事物的沉思和推理建立在对事物的了解和认识的基础上,正确、完备的知识能够促进理性的发展和成熟。道德认知是引导人产生合乎道德的情感、态度,采取合乎道德的行为观念。道德认知不是无缘无故产生的,也不是什么天赋之物,道德认知建立在对周围的人、事、物的知识的基础上。道德德性之实现活动是离不开理智德性参与的,而理智德性又离不开知识。知识成为道德教育中的一个重要的、基础性的东西。然而道德知识的获得并非完全依靠专门的德育课程的知识授受,更多、更深刻的德育知识隐藏在学生的日常生活和教育生活中。其中,学科课程中就包含着大量丰富的德育知识,这些德育知识附带在学科知识之上,需要教师的教育智慧来挖掘和利用。

正如窦桂梅所说的那样:如何跳出德育看德育,如何让所有的教师明白知识就是德育的一部分,这是一个十分重要的问题。教师不必刻意寻找有教育点的学科内容,但是一定要提醒自己:比你选择的内容更重要的是你对学科本身的认识。学科特点体现得越明显,德育效果就越显著。当一切学科知识成为促进学生成长必不可少的养料时,学科德育的"育德"过程也就真实地发生了。

(二)学科课程中蕴藏着可能的道德教育资源

学科德育的实现需要依托多种途径,其中充分挖掘学科知识中的道德教育资源是其中最基础的一个方面。已有不少研究成果从不同学科出发,探讨了不同学科知识中所蕴藏的不同道德教育资源。朱小蔓教授曾从学科分类入手,对不同学科知识所蕴含的道德价值做过较好的归纳和总结,如表1-1所示。①

---

① 朱小蔓.对策与建议:2005—2006年度教育热点、难点问题分析[M].北京:教育科学出版社,2006:52.

表1-1　不同学科课程蕴含的道德价值

学科			素材形式		蕴含的道德价值	
分类	特征	科目	学科内容	学科方法		
人文学科	伦理正义关爱审美	语文	字词句章人类文化人物感情伦理	榜样示范阅读审美情感语词敏感	伦理正义同情人际敏感人道主义	教与学的方式生命叙事讨论交流分享案例分析角色扮演
		历史	典籍人物事件价值观	批判性独立思考叙事历史感辩证思维	正义宽容理解	
		外语	语言文字文化风俗	情景交流对话语感	尊重倾听国际理解宽容	
自然学科	理性秩序和谐有机性复杂性	数学	公理公式计算数学家发现	推理演绎归纳计算	严谨理性坚韧审美	
		物理	定律公式计算物理学家发明	实验观察计算设计	严谨专注理性坚韧求实	
		自然	物种多样性环保组织志愿者发现	观察分析描述感受	多样性和谐敬畏感恩审美	
综合实践课程	探索情景做中学创造性伦理性参与体验	研究性学习	现象方法原理研究报告	探索实验动手操作分析论证独立思考辩证思维	严谨独立性合作超越	参与体验交流
		社区服务与社会实践	伦理义务服务技能社会体验	参与体验责任承担	热情投入责任义务感	案例分析

　　因此,我们提出,学科知识的教学实现程度是学科德育的有效量尺,由学科知识汇聚而成的德育资源能够不断促进学生道德认知和道德理性的发展与成熟。[1]

----

① 李敏,张志坤.审议与反思:学科德育的教学表现样态[J].教育发展研究,2014(22):12-15.

(三)整体布局学科课程中的德育要素

德育内容本身是一个多层次的整体结构系统。教材的知识也是由浅入深的整体结构系统。因此,以教材、课堂教学为载体的学科德育,也是由浅入深地构成了德育的层次系列。同时,学生的身心发展、认识水平、思想品德发展、创新精神和各种能力的发展都具有顺序性、阶段性和层次性。因此,在学科德育中要对学科课程中的德育要素做到整体布局, 德育内容分层次地贯穿在各学科的各个阶段,尽管有不少内容反复出现,但不同阶段的侧重点、深广度的层次要求是不相同的,不能视之为简单重复,而是由浅入深、螺旋上升的整体。

学科课程中德育要素的整体布局,更有利于教师高效地实施学科德育。在认识到各学科所蕴含的道德价值后, 教师要整体把握本学科课程教材中的德育要素,明确德育要素贯穿各阶段,从学科细化到教材、从教材细化到单元、从单元细化到课时、从课时细化到每一个教学活动之中,这样的不断落实是实施学科德育的有力保障。

三、从教学表现样态角度认识学科德育[①]

前面我们谈到,若认识到课堂教学自身所具有的伦理、道德特质,那么学科德育和学科教学将很可能同质共存于教书育人的完整活动中。然而反观现实我们发现,情况并非如此。一线教育工作者除了对课堂教学所固有的伦理、道德特质关注不足之处,还较少思考具体的学科德育实现方式背后的德育观。而德育观的不同极易固化教育者的思想和行动,它会让一线的教育工作者或作茧自缚,身陷学科德育的误区和困顿之中;或柳暗花明,找到学

---

① 李敏,张志坤.审议与反思:学科德育的教学表现样态[J].教育发展研究,2014(22):12-15.

科德育真正扎根于课堂的可能性。

(一)学科德育在教学表现中的两种"问题"样态

1."规范德育"易造成教学中的"附加式"学科德育

"附加式"学科德育又称穿衣戴帽式的学科德育,这类学科德育试图在课堂教学之外附加新的道德学习任务,主要表现为在课堂教学中预留独立的德育时空、过度放大或演绎学科内容中的"德育点"、刻板地说教或煽情以获取即时课堂德育效果等。

需要特别注意的是支撑"附加式"学科德育教学实施的隐性德育观,这一德育观以"规范性"为显著特征。"规范德育"讲求的是学生无条件接收和遵从成人给出的道德法则,道德教育者缺少足够的耐心从学科知识和学科教学中寻找德育资源和德育契机,他们会很轻易地选择附加的方式来做学科德育,并在推行学科德育时用"绝对律令"的姿态来实施德育。下面这个故事可以让我们感受"规范德育"是如何发生以及如何影响德育过程的。

一位英国教师对她的学生说:你们必须追求内心的纯洁,不然我就要惩罚你们。久而久之,学生们却发现无论他们表现得"好"还是"不好",他们都会经常莫名其妙地挨揍,后来学生们终于明白了"纯洁"的标准事实上掌握在教师手里,只要这位教师认为你不"纯洁"自己就要受到惩罚。于是为了使自己免遭皮肉之苦,大家只好"投师所好"而不敢越雷池一步,儿童的个性品质在这位教师的强权道德之下受到了极大的压抑和摧残。①

实际上,当教学秩序过度向道德教育僭越或溢出时,所谓的"规范德育"也常常会出现违"规"的状况,就像上述案例中所揭示的,当"好"与"不好"可以随意决定或更改时,教师实施的教育事实上是伪德育甚至是反德育的教

---

① 梁治平.文明、法律与社会控制《通过法律的社会控制法律的任务》读后[J].读书,1987(07):40-46.

育。规范德育重视的不是学生的价值如何建立的问题,而是教育的秩序如何维护的问题,这就容易出现附加式的学科德育表现样态。

2."利他德育"易导致教学中的"灌输式"学科德育

"灌输"是德育研究中的高频词。现代德育理论与实践一直在努力地与"灌输式"德育划清界限。尽管如此,我们却不无遗憾地看到,"灌输式"学科德育仍然统治着课堂教学的半壁江山。这类学科德育容易给人造成问题根源在于教师施行绝对权威的假象,事实上,"灌输式"学科德育背后的德育观是一种"利他"的德育观,即教师多站在个人权益服从集体权益、人的自然属性让位于社会属性的立场来实施道德教育。

"利他德育"最致命的问题是置学科德育于虚无之地,因为单向度的德育建设方向极易使学生失去对德育的兴趣和信任。"利他德育"在课堂教学中有两种具体表现:其一,教师引导学生牺牲个体选择的多样性来换取社会"善"的累积;其二,用描绘"道德的生活"替代引导学生"过道德的生活"。这两种表现也反过来说明了教师在施行"灌输式"学科德育。

首先,人的道德发展本应在个体道德和社会道德之间取得平衡。然而在许多中小学课堂上,我们发现,即使教师在讲授个体道德,比如自尊、节制、诚实等德目,也是以有益于他人和服务于社会为旨归的。如此一来,对于个体的需求,教师常使用禁止个体行为的语言,如不要说谎、不要伤害他人、不要偷盗等;而对于社会需求,教师常使用鼓励利他行为的语言,如你应当帮助他人、应该见义勇为等。对学生而言,在德育过程中,教师更多的时候在用"文明的方式"约束学生各种各样的"个体的欲望",这种德育方式更多的不是以满足个体需要为特征的。这种对个体道德的过度抑制和对社会道德的过度推崇,无疑会给学科德育打上"灌输"的烙印。

其次,向学生描绘"道德的生活"与引导学生"过道德的生活"会带来两种不同的课堂格局。当向学生描绘"道德的生活"时,教师往往站位于"大社会"的角度,倾向于空谈人类理想的生活形态,久而久之,势必让道德的精神元素陷入静态化、纯粹化和目标化,道德教育便像风干的腊肉,没有了油脂和水分,学科德育也渐渐沦为灌输和说教。而理想的学科德育应努力引导学生"过道德的生活"。引导学生"过道德的生活"意味着德育要由个体的"小生活"切入,要触及生活的世俗性与复杂性,这样的德育课堂具象而真实,学生的复杂性思维、批判性思维会得到有效的锻炼,学生会在学科德育中学会思考、判断和选择,这样的学科德育也会摆脱"灌输"的色彩。

(二)"表达式"学科德育:一条新的实践路径

"附加式"学科德育和"灌输式"学科德育是当前中小学学科课堂在实现德育功能时的两类征候表现,通过分析我们发现,这两类征候表现背后的隐性德育观是亟须教育工作者共同关注和厘清的深层症结。"附加式"学科德育背后的隐性德育观是"规范德育","灌输式"学科德育背后的隐性德育观是"利他德育"。前一种德育观过度放大了教学规范的效力,极易导致学科德育的焦躁、外表化和形式主义;后一种德育观单向强调了社会道德的神圣性,极易导致学科德育的教条化和空洞化。为摆脱这两种学科德育的困境,我们认为,应该用"享用德育"的德育观来引领和探求学科德育发展的新方向,并以此寻找优化学科德育实践与价值的最佳路径——"表达式"学科德育。

鲁洁早在1994年的《德育新论》中就提出德育具有个体享用功能。"德育的享用性功能,可使每个个体实现其某种需要、愿望(主要是精神方面的),从中体验到满足、快乐、幸福,获得一种精神上的享受。"[1]只有德育的个体享用性功能不断得到提升与发挥,才能使儿童把对各种道德规范的遵从逐渐从他律转变为自律,使他们不是把各种道德规范视为约束与限制,而是当作自我肯定、自我发展的需要;使他们不是把道德、道德教育视为一种异己的力量,而是作为自身的主动追求,一种与自身不断完善化、理想化相一致的力

---

① 鲁洁,王逢贤主编.德育新论[M].南京:江苏教育出版社,1994:213.

量。[①]从中不难看出,德育的享用性功能层次较高,它是在一定程度上实现了德育的个体发展性功能和社会进步功能之后才能达到的。

选择这种德育观来指导学科德育的实施,应尽可能尊重德育的专业性,而不是强调教学的规范性;应采取自个体而社会、尊重学生个体自主道德建构的德育立场和德育方式,而不是过度偏向个体道德或社会道德任意一方。"享用德育"留给学科德育许多弹性的表达空间——既重视教师对学科知识、学科教学进行体现教学伦理特质和遵循德育规律的德育资源开发,同时也应留给学生充分的表达空间。在"表达式"学科德育的课堂上,道德应能增强课堂的幸福感,而不是干扰或降低课堂的幸福感。为实现这一目标,"表达式"学科德育需遵循三个基本课堂原则:①学科德育的资源是在课堂教学中自然生成的,由教学资源自然体现;②学生在道德故事或道德事件中处于自由、有意识的状态;③学生愿意走近课堂中的道德资源,并能够在其中积极思考,同时伴有正当的情感与态度。

对学生而言,在"表达式"学科德育的课堂上,学生能触及真实的道德生活,能感受到课堂文化对个体选择的尊重,愿意积极参与课堂并主动寻求道德对话的机会;对教师而言,在"表达式"学科德育的课堂上,教师应鼓励学生努力澄清进行道德判断和选择的理由,而不是催促学生急于做道德上的最终判断和选择。总之,"表达式"学科德育不仅会让课堂实效在"育德"和"育智"上有所增益;更重要的是,师生双方会在珍视"表达"的课堂上共同经历一段润泽彼此生命的道德旅程,这也正是我们所说的"享用德育"的过程。

---

①　鲁洁,王逢贤主编.德育新论[M].南京:江苏教育出版社,1994:215.

四、从专题角度认识学科德育

以专题教学开展的学科德育,通过结合日常生活、社会生活中的某一话题,挖掘各学科中蕴含的德育资源,以全学科协同育人的方式,发展学生核心素养。全学科视角的专题教学,旨在借助各学科独特的德育价值,帮助学生从多角度学习同一主题中的各学科知识,提升学生的综合素养。

(一)以德育视角发掘学科教学中的德育契机

开展学科德育,必须以落实学科教学目标为前提。由于德育内容并不是非德育学科的本体性内容,因此决定了学科德育必须采用浸润的方式,找准德育内容与学科教学过程中的学科思想观念、情境、知识等基本要素的结合点,实现学科素养培育目标和德育目标的共同达成。为此,教师既要能以学科视角发现德育领域的学科问题,也要能以德育视角发现学科教学中的德育契机,以专题学习的方式开展学科德育。[①]例如,以阅兵为主题开展学科德育专题教学。阅兵是一场伟大的爱国主义教育,学生爱国情感的培养需要通过这样实实在在的场面去激发。在教育教学中教师应意识到阅兵仪式对于学生爱国情感、民族精神培养的重要意义。各学科所蕴含的德育资源不同,因此对学生的德育意义通常有学科的特有价值。通过开展阅兵主题的专题教育,让学生从不同学科的视角出发,走近阅兵仪式,不仅学习了各学科的相关知识,而且在这一过程中学生的爱国意识也将得到潜移默化的提升。对阅兵之美的学习,也意在引导学生挖掘各学科现象背后隐含的深层教育意义,捕捉自己的感受与成长,在唤醒学生学习兴趣的同时助长学生的爱国情怀。

---

① 顿继安,白永潇,王悦.挖掘价值点·找准渗透点:让学科德育真实落地[J].中小学管理,2020(11):39–41.

(二)从日常生活发现学科教学中的德育契机

鲁洁提出:"在生活中,道德存在于它和生活的方方面面联系之中的。道德附着于生活的方方面面,反过来,生活的方方面面也都负载着道德,道德作为生活的一个维度,它无所不在。"①专题学习能够与学生生活的真实情景中联系,从学生的生活实际出发,避免学生往往只相信书本上的知识,特别是经过权威诠释过的理论与知识,而不相信自己的生活经验和感觉。在主题教学的过程中,学生们通过生活的情景,不断发展、自我成长,以更加全面的视角看待生活的意义。例如,以疫情为主题开展学科德育专题教学。突如其来的新冠肺炎疫情给所有人的生活都带来了很大的影响,对学生来说不仅是学习环境的变化,而且有心理的影响,学生心中有太多的未知,甚至产生了恐惧。作为教师要做的是,帮助学生充分了解各类信息,学习与疫情相关的知识,帮助孩子打破未知,逐步消除恐惧。通过疫情主题的专题教学,能够让学生更加全面的认识疫情,了解与疫情相关的学科知识,同时能够架构起学生对生命健康的认识。这一主题,从学生的日常生活出发,通过与疫情相关的各学科知识教学,促进学生对疫情形成更科学的认知。

(三)从社会生活洞察学科教学中的德育契机

在学习化的时代,教育成为一系列不同的活动,为各个年龄段的人服务,为他们提供学习条件,他们使用不同的方法学习不同的内容。而且人们的学习方法和内容随不同的需求而不断发生变化,从而适应快速发展的社会需要。教育离不开社会发展变化的背景。在专题教学的创设中,需要教师自觉关注发生在国家和社会生活中的大事,洞察知识背后所隐含的广泛而鲜活的现实意义。

---

① 鲁洁.德育课程的生活论转向——小学德育课程在观念上的变革[J].华东师范大学学报(教育科学版),2005(03):9-16+37.

例如,在北京举办冬奥会的背景下,我国普遍已进入冰雪运动发展的新时期。以"冬奥"主题开展学科德育是适应社会发展的德育契机。从动态层面来看,教师可以带领学生直接参与冰雪运动。以北京冬奥会为契机,在全校范围内推广冰雪运动,以"点"带"面",让学生参与冰雪运动,学习冰雪运动技能,起到了良好的以体育育人效果。冰雪运动的魅力是永恒的,不仅是技术水平和智力的博弈,更重要的是良好的体育精神、友善的态度和高尚的品格。从"静态"层面来看,教师可以将学科教学与冬奥知识相结合来设计专题活动。通过专题的学习过程培养学生"设疑—分析—实证"的科学思维,培养学生的学科实践力和多角度辩证分析问题、解决问题的科学精神。

(四)从航天科技探寻学科教学中的德育契机

探索浩瀚宇宙,发展航天事业,建设航天强国,是我国不懈追求的航天梦。航天梦是强国梦的重要组成部分,载人航天事业的成就,充分展示了伟大的中国道路、中国精神、中国力量,坚定了全国各族人民实现中华民族伟大复兴中国梦的决心和信心。对于教育者来说,教师要善于发掘我国航天科技发展中的学科知识内容,发挥教师的教育机智,从各学科角度发现航天科技中蕴含的德育资源。例如,以"神十三"为主题开展学科德育的专题教学。"神十三"的成功发射与返回对我国的航天事业具有重要的奠基作用,结合各学科的专题教学,向学生传授"神十三"中蕴含的学科知识,同时培养学生正确的科学态度与责任,让学生深刻认识到航天梦和中国梦的关系,并将个人梦想与中国梦结合起来,学习中国航天的精神品质,感受祖国的强大与富强,发扬爱国主义精神与载人航天精神。

五、从教师角度认识学科德育

学科教师履行德育的职责,这不仅对教师自身素质要求很高,在更为根本的层面上来说,需要教师不断提升自身的德育专业化水平。在大多数情况下,教师首先要认可教材内容及其所携带的道德价值。同时,教师要以较高的教学艺术组织好课堂教学,以便顺利传达可能的道德价值和精神。我们将从以下五个方面来归纳学科德育中教师应当努力的方向。

(一)教师应具有"德性本位"教育观

学科德育对教师提出的高要求首先体现在对教师个人德行修为的重视,换言之,要求所有学科教师都应具有"德性本位"教育观。

"德性本位"教育观的核心在于教师从德性生命的高度来认识和理解教育目的、教育过程、教育对象、教育内容、教育方法,形成以发展学生的德性生命为本的教育观、人才观、教学观、课程观等。

"德性本位"教育观是一种完整的、统合地创造教育观。这种创造教育观认为,创造教育是以德性为本,以促进学生德性生命和谐的、圆融的、自主的、可持续发展为目的的教育活动。教学活动是对完整、特殊的德性生命潜能(道德和智慧)的发现与创新,是探索德性潜质的丰富性与独特性、稳定性与生成性、内源性与外发性,为之创造各种有利的教育情境,促进其丰满与实现的活动。德性生命潜能是一种潜在的、具有巨大能量的精神力量,教师应立足解放人的德性潜能, 使人的潜能得到充分扩展和发挥, 最终造就自主、自立、自成、自由、德性丰满的人。

"德性本位"教育观的本质精神,可理解为新时代的人文教育精神。它以鼓励人的自主发展为旨趣,以教育爱为核心或基石,从而正确地认识人、理解人、尊重人、信任人,研究开发人的心智,提升人的德性人格为本。主要包含三个新的时代价值取向:以对学生的德性生命的成长与发展的关怀为根本宗旨,关怀所有学生的精神生活,关怀学生的全部精神生活,关怀学生完整生命的发展;不但关怀学生逻辑理智与道德情感统一的发展,而且关怀学生人生信念与实践行为统一的发展;不但关心学生的现实人生的幸福,而且关怀学生的未来人生的幸福,关怀学生自主的、终身的发展。[①]

(二)努力推进教师的德育专业化

学科教师需要努力实现自身的德育专业化发展,这是德育专业发展的时代新需求,也是学科德育向任课教师提出的新要求。檀传宝从现实的角度,讨论了包括德育教师在内的全体教师的德育专业化所具有的最重要的内涵。所谓教师的德育专业化,就是指逐步使所有教师都具备起码的从事德育工作的专业素养(达到专业标准)。一般来说,教师的素养结构从内容上应由三个基本维度构成,即道德与文化素养、学科专业素养和教育专业素养。其中,所有教师都应当具有有关德育的"教育专业素养",这是当下教育发展和德育改革日益关注的新诉求。教师对于教育对象品德发展特点与规律性的理解,教师对德育的目的、过程、课程、活动、途径、教育策略、方法与技巧等问题的认识,以及对相关事务的实际处置能力等都直接影响到德育活动的具体开展及其效果。对此,檀传宝指出,第一步应当是在制度上建立职前、职后教师教育与教师发展的德育专业标准。不达到起码标准者,就不能进入教师行业。[②]

(三)教师应有适宜的情感表达

教师应有适宜的情感表达是"教育性教学"所必需的。教师感情的流露必须"激发起儿童本人与其相一致的感情,这种流露是教学范围内应当出现的,甚至应当在特定的课上出现"。赫尔巴特认为教师的情感对学生的感染是十分重要的,教学中对情感的关切应丝毫不亚于对知识的关切。因此他认为教育者要为学生牺牲他本人情绪方面的自由,这不是说教师就不能表露情绪,而是指不能任意表露或不表露喜怒哀乐等情绪。他举例说,假如一名教

① 吴安春.从"知识本位"到"德性本位"——教师创造教育观的整体性与根本性转型[J].教育研究,2003(11):75-79.

② 檀传宝.德育教师的专业化与教师的德育专业化[J].教育研究,2007(4).

师总是保持着一种冷漠的态度,那么他怎么可能使儿童具有强烈的同情心和敏锐的理解力呢? 学生从教育中获得的感染力、约束力只能从教育者的心灵中去寻找。"假如学生在惩罚自己的教育者的情绪上看出对于自己的失德的憎恶,对于自己爱好的不满,对于自己一切恶作剧的反感,那么他就会转向其教育者的观点,不知不觉地用这样的观点来看待一切,而且这种思想将会变成为一种对付自己倾向的内在力量。"①

同时,教师要了解和关注学生的情绪生活和情感体验。学生在教学中首先反应和记住的是积极或消极的情绪,然后才是经验内容,教学过程应该成为学生一种愉悦的情绪生活和积极的情感体验。这些必需的关注就要求教师用"心"施教,不能做学科体系的传声筒。②此外,教师适宜的情感表达是教育者和学生之间和谐交往所需要的,温柔的爱抚、单独的交往将有助于师生之间形成爱的人际关系。赫尔巴特的这一思想,值得拿来对我们今天教育中存在着的重视知识传授而忽视情感交流的现象进行反思。

(四)课堂道德交往中教师应扮演多元角色

有人这样形容课程改革下的教师专业瓶颈:视野不宽,知识贫乏,学识单薄干瘪,以本为本,搬教参,对答案,不善举例和比喻,不善联系和联想,不能把知识扩展和深化,教不活,化不开;底蕴不厚,缺乏理解力和创造性,智慧疲软,人云亦云,教学没有深度和厚度;修养不足,育人乏术,责任心似乎挺强,艺术性却很差,好像很优秀,其实问题多,自我感觉良好,反思能力低下;情趣不多,生活乏味,类似套中人,心灵缺乏阳光,难与学生交往沟通,一句话,这样的教师真是"认认真真"误人子弟!③这是人们对当下教师能力低下情形的

---

① 周晓静.课程德育:走向整合的学校道德教育[J].教育学术月刊,2009(02):24-30.
② 邓艳君.论高校学科教学中的德育渗透[J].现代大学教育,2004(03):57-59.
③ 在"学科德育渗透"课题研会上的演讲.http://www.360doc.com/content/10/0616/16/1646464_33418882.shtml.

描述,事实上,我们在努力提升教师专业水平的时候,同时在不断地向教师的德育能力提出要求。

朱小蔓指出,无论是怎样的学科课程,其教师都应该扮演多种角色——榜样、伙伴、聆听者、提问者、引导者、关怀者、赞助者等,实际上在扮演不同的教师角色的同时,已经在向学生传递一定的道德价值,如真诚、平等、尊重、公正等,这些道德价值的传递在很多时候能够激起学生的积极认同和体验,进而有助于形成或推进学生相应的道德品质,具体表述请见表1-2。[①]

学科的课堂不仅是知识的课堂,更是道德的课堂。教师在课堂上与学生共谱的不仅是知识的华章,而且是在这样一个独特的社会空间里让学生感受求知背后的人之存在的意义与价值,换言之,引导学生感受做道德的人和过道德的生活的价值与意蕴。为此,师生之间展开的课堂道德交往需要教师饰演不同的角色,自由地在各种角色中穿梭,给学生营造一种温馨又不失庄严、热闹又不失规则的班级环境和校园环境,"润物细无声"地培育和提升学生的道德感。

表1-2 教师角色与道德价值

道德价值	教师角色	要点	学生的体验及可能成效	期望传达的道德品质
真诚	榜样	将自己真诚的一面展示给学生	归属感 同感 共受	真诚
平等	伙伴	平等对待学生、给学生提供平等的机会	安全 分享 自尊	平等
尊重	聆听者 欣赏者	重视学生当下的感受,不伤害学生的自尊心,给学生以更对的自主权	自由表达意见 敢于质疑 独立见解 责任感	尊重
公正	提问者	将评价的原则及依据的理由向学生公示	安全感 正义感	公正

---

① 朱小蔓.对策与建议:2005—2006年度教育热点、难点问题分析[M].北京:教育科学出版社,2006:53.

续表

道德价值	教师角色	要点	学生的体验及可能成效	期望传达的道德品质
宽容	引导者 导师	将学生的错误看成是其成长过程中的正常现象,给学生的成长"留有时间"	合作意识 创造力	宽容
同情	关怀者 照顾者	丰富的感情,为处于困境(学习、心理、交往等方面)中的孩子提供帮助	依恋感 关注他人 感恩	同情
关爱	赞助者 激励者	表扬与批评对事不对人,赞扬指向德性本身	感恩 积极改正 不骄傲	关爱

(五)实现"生活化"的教学,达成学科德育目标

新课程改革的核心理念,是"以学生为本",学生不是被人任意控制和塑造、供人驱使和使用的工具,而是具有内在价值追求的特殊存在。学生首先是人,是需要走向生活的人。人只有走进生活,才能够变得真实;知识只有用于生活,才能具有德性。实现"生活化"的教学,可以从两层意义上理解。

一是"意义"层面,即"教和学是教师和学生的一种存在方式,教学世界也是教师和学生在自己的生命活动中创造着有意义的'生活世界'"①。实现"生活化"的教学,使教师不再把教学看作是一种谋生的手段,而是人生一段丰富的生活体验,教师可以从自身的成长和与学生们的感情交流中获得生活的意义,从而对工作充满激情与责任;学生也不再把分数作为学习的目的,而是主动投入有意义的生活的建构之中,感受学校生活的乐趣,进而实现自主的成长与发展。二是"事实"层面,即教师应更多地创设生活化的教育情境和课程活动,使学生尽量能够在实际生活境遇中感受学科知识的价值及其中蕴藏的人性光辉,获得学科思想的理解与应用,从而主动参与道德生活的实践,实现

---

① 迟艳杰.教学意味着"生活"[J].教育研究,2004(11):31-34.

道德问题的解决。生活化的教学更加注重学生面对现实问题时的理解、判断、反思与解决，更加注重师生之间的平等对话，更加关注学科知识在实际生活中的应用和在个体道德实践方面的价值体现。因此，教学必须要走向"生活化"，也只有在生活的训练场中，才能真正培养起学生内在的道德理性、道德情感与道德行为，才能最终达成学科德育目标，教学才能全面成就其价值。

第二部分

常态学科德育案例

第一章

小学学科德育案例

一、小学语文学科德育案例

《义务教育语文课程标准》(2022 年版)明确指出:义务教育语文课程培养的核心素养是学生在积极的语文实践活动中积累、建构,并在真实的语言运用情境中表现出来的,是文化自信和语言运用、思维能力、审美创造的综合体现。其中,文化自信是指学生认同中华文化,对中华文化的生命力有坚定信心,通过语文学习,热爱国家通用语言文字,热爱中华文化,继承和弘扬中华优秀传统文化、革命文化、社会主义先进文化,关注和参与当代文化生活,初步了解和借鉴人类文明优秀成果,具有比较开阔的文化视野和一定的文化底蕴。这也是语文学科德育的重要功能。

(一)语文学科德育的整体认识

《中小学德育工作指南》指出:语文学科要利用课程中语言文字、传统文化等丰富的思想道德教育因素,潜移默化地对学生进行世界观、人生观和价值观的引导,使学生初步学会运用祖国语言文字进行交流沟通的同时,吸收古今中外优秀文化,提高思想文化修养,促进自身精神成长,为学生今后的成长铺就人生的底色。语文学科教学本身蕴含着德育内容,语文学科与德育密不可分。

1.立足统编版教材的"双线结构",保有语文的学科底色,达成工具性与人文性的统一

教师在使用教材时,要关注教材双线结构中的人文主题,梳理教材体系,形成人文主题的渐次构建,将社会主义核心价值观、中华优秀传统文化、革命传统、良好的思想道德风尚等将人文教育内容自然融合于教材的建构体系。教师还要以现实的视角审视学生的道德需求,以教材为基本素材进行目标的设定。教师要在把握学科基本属性,聚焦文字的过程中落实育人,让语文学科价值与育人价值共生同长,在语文课堂中链接识字与积累、阅读与表达等语言学习实践活动,在学习语文运用的过程中,构建指向思维发展、审美提升,弘扬中华民族优秀文化,增强民族凝聚力和爱国主义感情等内容的育人要素,实现关键能力与必备品格的融合发展。语文学科的育人要体现学科自身的特点,理想信念、社会主义核心价值观、中华优秀传统文化、生态文明、心理健康、审美、文化视野教育的落实,要始终置于语言文字的学习过程中,实现工具性与人文性的统一。

2.聚焦教材的应然要求,关注学生的实然状态,凸显核心育人的价值

学科德育是一项长期的、系统的工程,需要一个逐步构建的过程。教师要借助教材等学习资源,根据学生实际状态,科学合理地设置适宜当下、循序渐进的德育目标,形成层次递进、不断完善的德育目标体系。

教材是实施学科德育的主要载体与媒介,教师要在明确学科德育内涵的基础上,加大教材研究。教师要关注导语、思考题、插图等隐藏着的意图,知识、能力、情感、方法的融合要整体解读,要互动解读文本与文本之间的关系;要关联解读提示语、语文园地与课文的关系;要系统解读单元与单元的进阶。教师基于教材关键问题及学生前测中提炼出核心问题与学习任务,在

单元教学中,以课文为例文,学习重点表述的方法并让学生在口语交际与习作中学习表达自己的主要观点以及怎样把主要观点作为重点内容加以表述,形成语文核心能力与品德核心行为的双重增值。核心问题要指向语言形式与情感,关键能力与必备品格,凸显核心育人价值。

语文教材是落实学科德育的重要载体,但不是唯一载体,教师要具有审视、组合学习素材的能力。现行语文教材以单元组织学习素材,教师要整体性解读单元学习素材,找准每一篇文本的单元定位,形成学习素材之间的关联,使之结构化。基于教材组合特点,教师要以教材为核心。在整合学习素材的同时,还要把学科德育与生活紧密联系,开发可利用的学习素材,形成学习素材的有机整合。让学科德育还原于学生的生活,实现学科素养和学生生活经验、实践活动的融合迁移。

3.设计注重体验的活动情境和挑战性任务,让学生在真实情境与任务中提升语文综合素养

语文学科核心素养是学生在积极的语言实践活动中积累与建构起来,并在真实的语言运用情境中表现出来的语言能力及其品质;是学生在语文学习中获得的语言知识与语言能力,思维方法与思维品质,情感、态度与价值观的综合体现。当语文学习是真实的、自然的、完整的,有意义的、有趣味的,是基于学习者个人的经验与学习者有关,是日常生活的一部分并具有社会功能的时候,这时候的语文学习才是贴近学生的真实需求的有意义的学习。因此,我们以学习方式的变革撬动语文课程育人功能的达成,要创设真实的语言运用情境,在情境中让学生的个体言语经验和言语品质、思维方法和思维品质,情感、态度、价值观及审美情趣和文化感受能力得以综合体现。教师要基于目标的达成,将学习内容和真实生活关联起来,组织融合真实的语言运用、情感表达等目标达成为一体的活动情境,设计挑战性的学习任务,造成认知冲突,面临情感判断。学生在问题情境中基于学习任务主动学习,获得语言、思维、审美、德行的同步发展,在习得语言文字的同时升华情

感,净化心灵,获得道德的拔节,实现目标的多维达成。

4.积极推进评价改进,以多元的评价指向育人目标的达成

真实的语言情境学习要具有标准导向、目标导向,学习评价要指向目标的达成,不仅要有终结性评价,更要有过程性评价。在情境学习中让学习过程成为学习目标达成的重要组成。评价主体不仅是教师,学生、家长、社会资源同样可以成为评价主体;评价指向要注重不同的阅读能力层级,关注不同学生的差异发展及综合提升。例如, 在五年级上册第八单元的人文主题是"好书不厌百回读,熟读深思子自知",语文要素是把握内容要点以及根据表达需要分段表述,突出重点。教师借助班级读书会为学生搭设语言实践的活动平台,同时把语文要素作为班级读书会推荐书目、喜欢的人物及分享读书感受的评价要点,分出不同的能力层级。

表2-1　"班级读书会"活动评价标准

评价标准:在相应等级下画"√"	☆☆☆	☆☆	☆
完成一本阅读书目			
能说出喜欢的人物及原因			
能阅读任何一个自然段			
能简单说出该自然段大意			
能为本单元习作列简单提纲			

这样的评价注重情境活动中非过程性评价, 既以活动激发学生的参与热情,同时又以活动要求融入语文要素,评价主体可以是学生自己、同伴、家长、教师。

(二)语文学科德育的要素

1.单元学习中挖掘出潜藏的德育线索

关于单元教学, 华东师范大学教授钟启泉有这样的描述:"单元是基于一定目标与主题所构成的教材与经验的模块、单位。"以明确的单元主题为

导向,通过对教材内容的整合和补充,创设基于生活和经验的情境,以任务驱动,以活动为载体的教学形式。同样的原理,不光是语文知识,要进行大单元教学,其中蕴含的德育教育,也要发掘全面,进行整合,以统编版语文教材五年级上册为例,提取所有单元的人文主题德育要素点。

表2-2　五年级上册各单元人文主题梳理表

	单元	主题	人文要素
五年级上册	一单元	万物有灵	一花一鸟总关情
	三单元	民间故事	民间故事,口耳相传的经典,老百姓智慧的结晶
	四单元	爱国情怀	为什么我的眼里常含泪水? 因为我对这土地爱得深沉……——艾青
	六单元	舐犊情深	舐犊之情,流淌在血液里的爱和温暖
	七单元	自然之美	四十景物皆成趣
	八单元	读书明智	旧书不厌百回读,熟读深思子自知——(宋)苏轼

再以统编版语文五年级上册教材中第四单元为例, 本单元的人文主题是艾青的诗:为什么我的眼里常含泪水? 因为我对这土地爱得深沉……本单元以"爱国情怀"为主题,编排了精读课文 3 篇,略读课文 1 篇。

表2-3　五年级上册第四单元课文主题梳理表

五年级上册第四单元	
12.《古诗三首》	表达了诗人强烈的爱国情感
13.《少年中国说》	描绘了少年中国光辉前程,激励中国少年奋发图强,勇挑建设少年中国的历史重任,表现了作者对祖国繁荣富强的热切期盼
14.《圆明园的毁灭》	抒发了对祖国灿烂文化的无限热爱,对侵略者野蛮行径的无比愤慨,激发人们不忘国耻,增强振兴中华的责任感和使命感
15.*《小岛》	表现了驻守在小岛的战士们扎根海岛、艰苦守岛的精神和热爱祖国的高尚情怀
习作:二十年后的家乡	旨在引导学生从现实生活体验出发, 想象二十年后家乡的样子,规划未来家乡发展的蓝图
语文园地四"日积月累"	词语是表示国家兴衰的四字词语, 意在让学生感受太平盛世时,也不能忘记国家耻辱和战争的残酷

综上所述,本单元从古代到现代,贯穿了中国人代代相传的爱国情怀,表现了中国人"天下兴亡,匹夫有责"的责任感和使命感。本单元内体裁多样,主要有古诗、近代白话文、散文、叙事文等,这些体裁语言表达方式不同,学习不仅学习语言表达,更是从表达中感受蕴含的德育要素——爱国情。

2.课时教学中明确指出德育要素

课堂教学是落实德育教育的主阵地,语文课时教学更是"春风化雨,润物无声"地落实德育教育。首先在明确单元德育要素的基础上,明确课时德育要素。并且要准确把握教材中德育要素与学生思想品德实际的契合度,要防止过又要克服不及的德育渗透。其次要捕捉最佳德育渗透时机,在恰当的环节中进行德育渗透。

《圆明园的毁灭》是人教版五年级上册第四单元的一篇精读课文。这篇精读课文描述了圆明园昔日辉煌的景观和惨遭侵略者肆意践踏而毁灭的景象。围绕这一中心,作者着重写了两个方面内容,一是圆明园的宏伟壮观和收藏的大量无价之宝,突出了它是"园林艺术的精华,建筑艺术的瑰宝";二是强盗们肆意毁坏圆明园的罪行,激起了人们对侵略者的无比仇恨。通过对比,学生潜移默化地受到了近代史教育和爱国主义教育,更进一步认识到:侵略者之所以胆敢如此为非作歹,是因为清政府的腐败无能,从而激发学生不忘国耻,振兴中华的责任感和使命感。

以《圆明园的毁灭》第二课时为例,在学习第三自然段,原文是:

圆明园中,有金碧辉煌的殿堂,也有玲珑剔透的亭台楼阁;有象征着热闹街市的"买卖街",也有象征着田园风光的山乡村野。园中许多景物都是仿照各地名胜建造的,如,海宁的安澜园,苏州的狮子林,杭州西湖的平湖秋月、雷峰夕照;还有很多景物是根据古代诗人的诗情画意建造的,如蓬莱瑶台,武陵春色。园中不仅有民族建筑,还有西洋景观。

本段在朗读课文时,学生需要体会对比举例的手法,简称对举的手法,写出了风格各异的建筑。学生通过反复朗读对举的片段越能感受到昔日圆明园的辉煌,进而感受到中国劳动人民的智慧。这就是对祖国文化产生认同感的过程,潜移默化地进行了德育教育。同理,在学习第四自然段体会文物的珍贵时,运用了"上自……下至……"表示时间的词语,这是语言表达的知识技能,正是运用了这样的语言技能,才能让学生感受到中国文化的丰富多彩。这也是在潜移默化地进行德育教育。

对于五年级的学生来说,他们对语言文字有了一定的理解能力,但由于《圆明园的毁灭》一文中的内容距离学生的生活实际较远,涉及的史料也比较多,因此为学生的阅读带来一定的困难。《语文课程标准》中指出:为解决与学习和生活相关的问题,利用图书馆、网络等信息渠道获取资料;初步了解查找资料、运用资料的基本方法。据此要求五年级学生要具有初步搜集和处理信息的能力。所以在讲授《圆明园的毁灭》时,要求学生课前通过上网查阅、到图书馆搜集、向别人请教等方式获取大量有关圆明园毁灭的史料。这是对学生搜集资料能力的培养,体现了语文学科的工具性。上课时学生通过交流搜集的资料,作为对文章内容的辅助,强化了学生对圆明园毁灭的痛惜之情,促使学生产生爱国之情,有使命担当。这就是知识性与人文性的统一,是在教语文时也在进行德育教育。

3.教学活动中关注自然发生的德育事件

在教授《圆明园的毁灭》一课时,播放《圆明园》电影片段时,学生愤恨地说出:这些敌人太可恨了,我要杀了他们。"杀了他们"显然在课堂上是负面的情绪,暴力的体现,虽然情感表达正确,但用词不当。这时教师就要跳出来,进行引导,说:"老师知道了你的感受很强烈,但如果用'野蛮'来形容侵略者会更恰当。"词语的改变是知识技能的传授,及时指出学生的错误,并加以正向引导,这就是在课堂中自然而然生成的德育渗透。在课堂上解决以下问题时:课文题目是"圆明园的毁灭",作者为什么用那么多笔墨写圆明园昔日的辉煌？在充分学习完课文的基础上，解决这个问题，有一个学生说出了这样的答案：把圆明园昔日的样子写得越辉煌，毁掉了就越可惜，会更加痛恨侵略者。这是学生一针见血的见解，准确的表达出了爱国情感。老师这是抓住了学生说的"越……越……"这个句式，点拨并夸奖学生：这样的句式运用说明你已经感受到了对比反衬的表现手法，真棒！"越……越……"的句式、反衬的手法，都是语文的知识与技能，老师的夸奖会让学生感受到自己答对的自豪感，这也是在激发学生更加热爱语文的学习，跳出课文中的德育要素，在课堂上自然而然地进行核心素养的教育也是一种知识性与人文性的统一，达到了学科德育落地的效果。

(三)语文学科德育的课时设计

1.教学目标

(1)借助搜集资料、抓住关键语句等方法，说出作者对圆明园的毁灭表达出的痛惜之情。

(2)通过语调、语速、重音的变化及多种朗读方式，读出圆明园昔日的辉煌和对圆明园毁灭的痛惜之情，学生能产生"不忘国耻""振兴中华"的使命感。

(3)通过对比圆明园昔日的辉煌和毁灭的过程，总结课文运用反衬的写作方法。

2.蕴含的德育要素

(1)从圆明园布局的奇特、建筑风格多样、文物珍贵，感受中华民族千百年来文化的灿烂，劳动人民的智慧结晶伟大。

(2)从圆明园毁灭过程的惨烈，感受侵略者的野蛮，懂得落后就要挨打的道理。

(3)通过圆明园昔日的辉煌及毁灭过程的惨烈，激发学生爱国热情及复兴的使命担当。

3.学科德育目标

(1)通过圆明园建筑的辉煌、文物的珍贵,学生了解中国文化的绚烂。

(2)通过圆明园毁灭的过程,学生感受侵略者的野蛮,战争的可怕。

(3)了解中国屈辱史,学生产生"不忘国耻""振兴中华"的使命感。

4.教学策略

环节一:谈话导入、整体感知

回顾主要内容,学生概括主要内容。

环节二:感情朗读,体昔日之辉煌

结合资料,为什么说"圆明园的毁灭是中国文化史上不可估量的损失,也是世界文化史上不可估量的损失"。

出示自学提示:

(1)默读课文,找出相关段落,画出关键语句,结合资料及有关资料做批注。

(2)小组交流,有感情朗读课文。

结合批注及学生搜集关于圆明园的历史资料,小组内交流。

理解"众星拱月"般的布局,了解圆明园布局的奇特。

学生感受:圆明园蕴含着中国灿烂的建筑文化。

补充资料进一步让学生体会圆明园宏伟的建筑。

学生感受:圆明园建筑风格的迥异,是中国千百年来劳动人民智慧的结晶。

补充圆明园的有关文物图片。了解圆明园内文物藏品不仅丰富而且珍贵,感受中华民族文化的灿烂。

活动意图说明:通过分享多段资料,进一步领悟到落后就会挨打的深刻道理,进而激发学生的爱国情怀和振兴中华的使命感。同时,培养运用资料理解课文的能力。

环节三：结合资料，悟毁灭之愤慨

从文中提取重点词句，感受毁灭的痛惜之情。

学生分享文字资料、教师播放电影《圆明园》片段的资料，强化痛惜之情，感受侵略者的野蛮。

复看板书、探讨写法，这篇文章题为《圆明园的毁灭》，而那么多笔墨描写昔日的辉煌，为什么作者这样安排，说说你的想法。

活动意图说明：围绕文本，抓住关键词句，朗读并加以理解，感受毁灭过程的惨烈。同时资料的及时补充，强化情感，使学生对侵略者的野蛮行径产生愤慨之情，进而对中华民族伟大复兴产生强烈的使命感。

环节四：对比阅读，激发情感

对比阅读《圆明园的毁灭》《七子之歌》《和平宣言》，思考它们表达情感的相似之处。

讨论交流，在日常生活中如何表达自己的爱国情感。

活动意图说明：三篇文章体裁不同，但都蕴含着作者对祖国强烈的爱国之情，强化学生的爱国情怀。同时三篇文章同样表达了作者对祖国复兴的强烈愿望，生活在当今中国的学生也应有此担当。

5.教学反思

《圆明园的毁灭》是进行爱国主题教育的重要课文，能激发起学生强烈的爱国情感。在教学时，每个教学环节都很容易进行德育教育。但怎样更好地将语文的工具性与人文性进行统一，怎样将知识与德育进行统一？也是重要的反思点。

（1）抓住关键词，体会爱国情怀

学生在理解"众星拱月"般的布局时，学生的回答不是很清晰，是模糊的，不能具象地想象出"众星拱月"的样子。不理解这个词，就不能体会圆明园布局的奇特，没有达到喜欢圆明园的情感目标。这就是一个情感难点。教师通过多媒体一步一步画出圆明园各景区"众星拱月"的布局样子，使学生更加形象生动地理解这个词语,同学们不仅理解了"众星拱月"这个词语,更感知到圆明园布局的奇特,这样的词语教学不但实现了理解词语的目标,更感知到圆明园昔日的辉煌,为实现本课的德育目标奠定了基础。

(2)感情朗读,表达爱国情怀

本课第三自然段的朗读训练是教学重点,本自然段对举的表达方式十分鲜明,通过朗读训练,朗读准确"有……也有……""不仅……还……"等句式,不但能让学生积累对举的表达方式,而且更好感受到了圆明园建筑不光奇特,种类多样,从朗读中体会劳动人民的智慧,将语文知识技能与德育教育点相结合。

(3)补充资料,深化爱国情怀

"结合资料,体会课文表达的思想感情"是本课的教学重点。在教学中,学生也能分享资料感受课文情感,教师及时抓住学生有用的信息,如在理解文物的奇珍异宝时,学生搜集并分享了文物的数字:

　　我们先来看看道光年间内务府的一份奏折,此份折子详尽载明道光十五年奉旨清查宫内及圆明园库贮物件情况:一两重银锞共存569390个,其中宫内存290505个,圆明园存280694个;各式如意1621款,其中宫内存1194款,圆明园存450款;玉砚、笔洗等501件,其中宫内存142件,圆明园存337件;头等瓷炉、瓶、罐等共773件,其中宫内存337件,圆明园存291件……细看数据,圆明园的收藏情况,由此也略能窥见一斑。然而这些文物,对于偌大的圆明园,也只算是冰山一角罢了。

在学生探究学习的基础上,教师同样将搜集的资料利用多媒体课件呈现出来,出示精美的建筑图片,如平湖秋月、武陵春色,以及西洋楼等景点图,把学生带入了美不胜收、引人入胜的仙境,给学生的想象插上了翅膀。让学生领悟到圆明园建筑的各异,进而体会中国劳动人民的智慧是多么伟大,这样更加直观地让学生感受圆明园昔日的辉煌。播放火烧圆明园的电影片段，将侵略者的野蛮行径展现得淋漓尽致，然而这段历史离学生很遥远，光是靠文字的输入及自己的想象很难深入理解，于是本课借助了这段视频使学生对侵略者的愤恨之情推至最高点。

教师及时指出有用信息，提供更丰富的资料，引导学生要引用恰当的资料理解课文、感受情感。课堂中每次分享有用资料后，学生都会发出感叹：有对圆明园建筑奇特的感叹；有对文物丰富珍贵的感叹；有对侵略者野蛮的愤慨。学生情感在课堂中自然流露，说明资料分享是正确的。学生自主探究，教师主导引领，不仅培养了学生搜集资料、结合资料理解课文的能力，同时将德育教育集大成地呈现出来。

以上三方面的教学重要环节都在体现语文人文性与知识性的统一，潜移默化地进行学科德育的教育。

德育教育是素质教育的核心，语文教育和德育教育之间的关系，简单来说就像肥沃泥土中的沙土与水的关系，"你中有我，我中有你"不能分离。语文学科在推进学科德育中具有得天独厚的优势，语文课文中温润的文字，温情的故事足以打动学生。教师让学生在文字中行走，在故事中徜徉，与人物对话，与心灵交融，"德"便如涓涓细流滋润学生的心田。语文课时教学进行德育渗透，不是在教学中牵强附会的，加上点德育知识，也不是情感的随意宣泄，更不是纯粹的理论说教。通过语文学科教育，把德育教育真正落到实处，提高学生语文核心素养、提高全民族的整体素质。

德育干部点评

本节课立足统编版教材"人文主题"和"语文要素"的"双线结构"，把社会主义核心价值观融入语文教育的全过程，把国家、社会、公民层面的价值准则融入语文教育活动中，通过学习和了解祖国的变化、圆明园的历史，培养学生爱家乡、爱祖国的情感，增强社会责任感。《圆明园的毁灭》这篇课文充满着爱国情怀和"天下兴亡，匹夫有责"的使命感和责任感。在教学中，通过多种形式读出情感的变化，引导学生把读书的理解、感悟融合在一起。另外，还使用了文字、图片、视频等学习资料，丰富了学习内容，加深了对课文的理解，从而更加激发了学生的爱国情怀和责任感、使命感。在课内外相结合方面，学生在课下查找和搜集资料的过程，既提升了自主学习的能力，也奠定了情感。课上，通过小组合作、交流、分享等方式从课本内到课本外进行了深入而广泛地学习，激发了对侵略者的愤慨，从中受到了爱国主义教育。

（首都师范大学附属玉泉学校　王娜）

二、小学数学学科德育案例

《义务教育数学课程标准》（2022年版）把核心素养设定为义务教育数学课程的统领性目标，会用数学的眼光观察现实世界，会用数学的思维思考现实世界，会用数学的语言表达现实世界。

新课标育人目标更加明确"坚持素养导向，促进学生自主发展"。数学课程中数学知识之间、数学与其他学科之间、数学与生活之间的联系，运用数学的思维方式进行思考，增强发现和提出问题的能力、分析和解决问题的能力。了解数学的价值，提高学习数学的兴趣，增强学好数学的信心，养成良好的学习习惯，具有初步的创新意识和实事求是的科学态度。

（一）数学学科德育的整体认识

《中小学德育工作指南》指出：数学要加强对学生科学精神、科学方法、科学态度、科学探究能力和逻辑思维能力的培养，促进学生树立勇于创新、求真求实的思想品质。学科育人是小学数学教育的重要方向，小学数学学科育人应与数学学科教学浑然一体，在充分理解数学学科特点的基础上，发挥数学的德育价值：培养学生的理性精神，严谨认真的科学态度，应用数学服务社会的意识，感悟家国情怀等。

1.善于挖掘教材资源，促进数学与德育并行开展

数学是一门侧重于数量、概念和计算的抽象性学科，以往教材中的内容大多比较简洁直接，缺少德育情感等方面的内容，随着国家对立德树人的重视，数学教材进行了改革创新，其中蕴含的德育资源日益丰富，这为德育教育的开展提供了良好的资源支持。在小学数学教材中，有许多内容可以成为渗透思想品德教育的载体。很多德育素材藏在各种数学知识点中，因此教师在开展德育教育时要重视对教学内容进行科学分析和挖掘，然后在教学中潜移默化地渗透德育内容，让学生在不知不觉中接受并认可德育教育。可以让学生充分感受到祖国的伟大富强，从而产生强烈的民族自豪感和爱国热情，促进德育教育在教学中的渗透。

2.利用真实情境，结合数学知识在生活中的应用，促进学生优良品德的养成

在小学数学教学中，教师要紧密结合应用题的教学，通过对实际问题的研究解决，帮助学生逐步掌握"分析问题结构，处理数据资料，抓住主要矛盾，进行抽象推理，建立数量关系，合理推理求解，检验校正结果"的解决实际问题的基本方法，培养学生将来在急剧变化和激烈竞争中的适应能力。通过结合数学计算的正确性、解决方法的简洁性、图形结构的和谐性等特点，来培养学生顽强的学习毅力、实事求是的科学态度、健康向上的审美情趣。同时，应结合应用数学知识去解决生产生活中节约原料、节省时间、降低成本、提高效率等数学问题，帮助学生从小养成勤劳俭朴、勤俭节约、快捷高效的行为习惯，为他们将来能成为具有高度责任感和优良道德品质的社会主义现代化的建设者打下良好的基础。

3.创新教法，建立良好合作关系

在数学探索中，有很多结论和性质是通过探究、讨论和归纳总结出来的。这种探究性学习不仅可以培养学生动手和解决实际问题的能力，还可以养成学生独立思考的学习习惯，形成通力合作的学习精神。我们可以采用小

组合作的方式进行,通过小组成员的分工不同,来完成不同的学习任务,然后将学习结果进行归纳总结得出结论。让每一个组员意识到个人的目标是完成小组目标的前提,只有在个人成功的前提下,才能使集体取得成功,增强了学习的积极性,学会与他人交流和合作,共同享受成功的喜悦。

(二)数学学科德育的要素

1.单元学习中挖掘出潜藏的德育线索

数学教学应重视学习者对所学知识的理解,明确所学内容之间的关联。应重视知识学习的结构化和系统化,在基于单元整合的理念下,提高小学生的数学综合学习能力和分析能力。在授课中结合单元整合教学法,不仅能深化学生对知识概念和方法的理解,还能帮助其将学过的知识内容进行系统化整理,从而有效推动学生展开思维碰撞,促进其个性化发展。从单元这一视角出发,对教材内容进行整合,提取出蕴含的德育教育,以北师大版数学教材二年级上册为例,提取所有单元的人文主题德育要素点,如下:

表2-4　北师大版数学二年级上册单元人文德育主题德育要点

单元		主题	人文要素
二年级上册	一单元	加与减	在计算过程中养成认真、细心、耐心检查的良好学习习惯
	二单元	购物	养成爱护人民币以及勤俭节约的良好习惯
	三单元	数一数与乘法	发展初步的应用意识,发展初步的分析问题和解决问题的能力
	四单元	图形的变化	对图形感兴趣,感受数学的美
	五单元	2—5的乘法口诀	体会数学与生活的联系,感受学习的乐趣
	六单元	测量	体会测量长度在日常生活中的重要意义,发展观察、操作的能力
	七单元	分一分与除法	感受出发与生活的联系,培养合作意识,体验成功的快乐
	八单元	6—9的乘法口诀	感受乘法口诀的魅力,激发学习兴趣

内容来源:摘自北师大版数学二年级上册《教师教学用书》,第2页、第25页、第40页、第73页、第89页、第135页、第166页、第212页。

以北师大版数学二年级上册教材中第六单元为例，本单元的人文主题是：体会测量长度在日常生活中的重要意义，发展观察、操作的能力。本单元以"测量"为主题，编排了 3 节课。

表2-5　北师大版数学二年级上册第六单元每节课的人文主题

第 1 节课	感受方式的多样性，测量工具的多样性，体验了非标准长度单位测量	做好铺垫
第 2 节课	学生产生测量的需要、为什么测量、用什么测量、怎样测量、如何记录……统一标准测量长度	引发思考
第 3 节课	学生再一次积累单位长度累加的经验，知道 1 米 =100 厘米，巩固标准长度单位	深入探究

（内容来源：摘自北师大版数学二年级上册《教师教学用书》，第 139 页、第 143 页、第 147 页。）

学生本单元学习《测量》的过程，起到了承前启后的作用。这节课的学科德育主要是让学生在探究的过程中提升创新意识和能力，让学生在合作中培养合作意识。本单元的着力点是让学生体会统一长度的必要性。通过操作、反思、提问、答疑、调整，感受单位的统一和多样，操作中感受单位的累加，积累测量活动经验，体会测量的本质——度量单位的累加。学生对度量的认识经历由"知"到"识"的过程，迁移到为学习分米、毫米、千米三个长度单位做铺垫。这三节课都是在探究长度，在探究的过程中学生会养成科学的态度和精神，在探究的过程中先自己进行探究，然后小组进行合作探究，在合作的过程中需要每个成员有合作意识和团队精神，包括讨论分享中能自信地在讲台上进行分享。所以在整个单元中学生也需要有积极的学习态度、正确的思维方法和习惯、创新意识和能力都是数学学科德育的体现。

2.课时教学中明确德育要素

小学数学学科育人应与数学学科教学浑然一体，在充分理解数学学科特点的基础上，发挥数学的德育价值，培养学生的理性精神，严谨认真的科学态度，应用数学服务社会的意识，感悟家国情怀等。教材中包含丰富的德育元素，因此教师在开展数学学科德育渗透的时候需直接将教材中的理性精神、思维严谨与数学审美作为挖掘目标,但这只是属于数学学科德育的范畴,实际教学中还需教师深度挖掘教材中包含的精细小点,以此突出重点。

《课桌有多长》是北师大版教材二年级上册第六单元《测量》的第二课时,主要是认识厘米,体会厘米的实际含义。

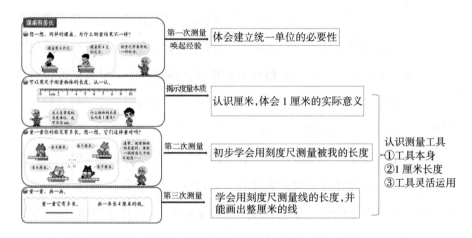

图2-1　《课桌有多长》的课时教材分析
(内容来源:图片摘自北师大版二年级上册教科书第51页。)

在学习《测量》单元之前,学生已经有了两次关于长度单位的直接经验,即一年级上册的"比长短"和本单元第一课时的"教室有多长(自选长度单位的测量)"。在这样的测量活动经验的积累中,学生已对长度概念有了一些直观认识,如会用"长、短、一样长、长得多、有几个物品那么长"等,来描述物体的长度特征,体会了测量工具、测量方式的多样性。但由于低年级学生的思维及理解能力有限,对"长度"这个概念的理解比较模糊。

本节课是在此基础上,开始学习用定量的方法,第一次测量,唤起学生已有的经验,让学生体会建立统一单位的必要性。认识厘米后,第二次测量学生要掌握用刻度尺测量实物的长度,认识测量工具。第三次测量,学生学会用刻度尺测量线的长度,并能画出整厘米线段。在探究的过程中学生也需要有科学的态度和精神、合作意识和团队精神、积极的学习态度、良好的思维方法与习惯。

3.教学活动中关注自然发生的德育事件

在讲授《测量口罩的长度》一课时,生活委员发现,同学们在课间喝水,中午用餐的时候,就把口罩随手放在一边了。户外活动的时候,有的同学把口罩装在口袋里,有的同学把口罩套在胳膊上,这样特别不卫生,建议大家准备一个口罩盒,科学保管自己的口罩。教师竖起大拇指肯定生活委员的发现,说:"听,我们的生活委员多么细心,为了更好地保管自己的口罩,建议同学们准备一个口罩盒,你们觉得在准备口罩盒的过程中,要考虑哪些问题呢?"有的同学说:"我想准备一个漂亮的口罩盒。"有的同学说:"每天放在书包里,我想准备一个轻便的口罩盒。"有的同学说:"口罩盒每天都需要用,我想准备一个材质坚固的口罩盒。"有的同学说:"我想知道口罩的长边有多长,短边有多长,这样方便我们挑选合适的口罩盒。"教师听后,连连点头夸赞:"同学们能够全面思考问题,真好!"数学源于生活,用于生活,没有很好收纳口罩的现状源于现实生活,鼓励学生多角度思考问题,能帮助学生沟通数学知识与生活实际的联系,可以很好地培养学生的应用意识,还能让其感受数学的应用价值。教师赶忙追问:"哪个是口罩的长边,哪个是口罩的短边?快来指一指?"为了激发学生的学习兴趣,班级同学统一选取中国红口罩,培养学生的爱国情操。教师引导学生在自己的口罩上真实地找一找、摸一摸自己口罩的长边在哪儿和短边在哪儿,将抽象的数学问题转化为直观的几何问题,让学生充分意识到测量口罩长边和短边的长度,其实是需要测量两条线段的长度。在此过程中,教师鼓励学生探究学习,一步一步地引导学生,敢于质疑。在探索中,增强了学生的数学逻辑思维,用生活实例进行德育的渗透可以使学生在不知不觉中提高思想认识和道德水平。

(三)数学学科德育的课时设计

1.教学目标

(1)再次经历用不同方式测量同一物体长度的过程,体会引入厘米这个长度单位的必要性。

(2)认识厘米,体会1厘米的实际意义,体会相同测量单位累加的过程。

(3)初步学会用刻度尺测量物体或线的长度(限整厘米),解决实际问题,培养数学学习的兴趣。

2.蕴含的德育要素

(1)在新冠肺炎疫情期间,每天都需要佩戴口罩的背景下,了解口罩的种类、作用,养成科学佩戴口罩的好习惯。

(2)测量口罩长边、短边的长度,开展制作口罩盒的活动,养成管理好自己物品的好习惯。

(3)通过精准测量、小组合作等活动丰富课程内容,感受自主探究的乐趣,培养严谨求实的学习态度和积极思考的良好习惯。

3.学科德育目标

(1)了解口罩种类,科学佩戴口罩,健康防疫。

(2)在用不同方法测量的过程中,培养严谨认真的研究态度,养成多角度思考问题的好习惯。

(3)发现生活中的真实问题,激发数学学习的兴趣,提高学生解决问题能力,感悟测量的本质,感受数学的应用价值、社会价值。

4.教学策略

图2-2 教学流程图

环节一:引发冲突,统一度量单位

(1)谈话引入。新冠肺炎疫情期间,为了更好地防疫,老师和同学每天都需要戴口罩,生活委员发现同学们在喝水、中午用餐的时候,就把口罩随手放在一边了。户外活动的时候,有的同学把口罩装在口袋里,有的同学把口罩套在胳膊上,这样特别不卫生,建议大家准备一个口罩盒,可以更好地保管自己的口罩。

图2-3　学生口罩管理情况

（2）引入课题。了解口罩的种类和作用。

（3）选择测量工具。测量儿童常用的一款长方形口罩长边的长度。

活动意图说明:创设贴近学生生活实际的情境,了解口罩种类,科学佩戴口罩。第一次测量,找同一单位长度的物品测量口罩长边的长度。引发思考,选择的标准不一样,测量的结果就不一样,感受统一工具的必要性。

环节二:聚焦本质,认识厘米

图2-4　学生用小棒拼摆的作品

（1）教师提供同样长度的1厘米小棒,引导学生用长度为1厘米的小棒量一量口罩长边有多长。

（2）教师组织学生观察同学的作品,联想到学习用具尺子,在尺子上找1

厘米,认识 1 厘米。

活动意图说明:第二次用长度为 1 厘米的小棒测量口罩长边的长度,在测量过程中,建立 1 厘米表象。为认识测量工具做准备,学生的思维不断被激发和唤醒,培养严谨求实的学习态度和积极思考的良好习惯。

环节三:辨中有感,用尺子测量

(1)教师引导学生正确使用尺子,量一量口罩的短边的长度。

(2)学生知道了口罩长边大约有多长,口罩短边大约有多长,尝试为自己制作一个口罩盒,科学保管口罩,健康防疫。

活动意图说明:学生第三次测量中,进一步帮助学生巩固学习测量知识,掌握测量技能,帮助学生积累测量经验,发展测量意识,注重知识不断迁移。在测量活动中,发现生活中的真实问题,激发数学学习的兴趣,提高学生解决问题的能力,感悟测量的本质,感受数学的应用价值、社会价值。

环节四:感中有悟 归纳总结

(1)教师引导学生,用尺子画一条 9 厘米的线。

(2)学生挑战用"断尺子"画一条 9 厘米的线。

(3)全科总结:通过测量知道了口罩长边有多长,口罩短边有多长,为我们选择口罩盒,提供了很好的帮助,测量还能够解决生活中的很多问题,在今后的学习中,继续研究。

板书设计

选择口罩盒
1 厘米 1CM

工具	结果
点赞卡	2 张多一点
曲别针	5 个多一些
小木块	8 块少一点

图2-5 板书设计

5.教学反思

数学思想的核心是理性精神,"差之毫厘,失之千里",在数学运算、推理证明与建模过程中,都需要学生具备严谨认真的学习态度。"厘米"是最基本的长度单位之一,厘米的认识需要有丰富多样的现实材料做支撑,帮助其建立厘米这个长度单位实际大小的表象,鼓励学生以自身或周围的材料为主,敢于质疑,不断超越和创新。

(1)德育渗透,重在"挖"

紧贴实际生活的情境,用丰富的教具,帮助学生借助直观和操作体会测量的本质——长度单位的累加,培养学生的"善"。在新冠肺炎疫情期间,每天都需要佩戴口罩的背景下,了解口罩的种类、作用,科学佩戴口罩,健康防疫。教学中多次提供了大量的测量机会,学生选择不同的方法去测量。在三次测量中,鼓励学生沿着"运用非标准长度单位测量—运用标准单位测量"的顺序进行学习,帮助学生建立 1 厘米表象,借助直观和操作体会测量的本质——长度单位的累加。数学源于生活,亲身经历测量活动过程,帮助学生沟通数学知识与生活实际的联系,培养学生的应用意识。学生感受数学的应用价值和社会价值,养成思维的严谨性。

(2)德育渗透,巧在"用"

给予学生足够的空间,为学生创设思考的机会。课堂上教师不要急于求成,直接告诉学生从刻度 0 到刻度 1 之间的长度是 1 厘米。本节课上,为学生的思维发展提供了足够的时间和空间,安排了用同样长度的小棒测量口罩有多长。为学生创设自主探索、自主发现和自主思考的机会,感受长度单位的累加。让数学课堂真正成为学生思维发展的有效平台,让学生变得能思维、会思维和善于思维。在合作中学会和谐地交流,学会取长补短,培养学生的自信心,感受数学学习的快乐,这是在以后成长和工作中必不可少的一项技能。

德育干部点评

德育教育不是只有语文、思品等某些学科需要渗透,或者说适合渗透,对于所有学科教学来说,都应该挖掘其本身存在的教育价值点。数学是人类文明的一种文化,它的内容、思想、方法和语言是现代文明的重要组成部分。小学数学学科育人应与数学学科教学浑然一体,在充分理解数学学科特点的基础上,发挥数学的德育价值,培养学生的理性精神,严谨认真的科学态度,应用数学服务社会的意识。

同时数学学科的教学中也可以挖掘到很多爱国主义思想教育的契机。例如,学生学习圆周率时,通过阅读材料使学生了解到我国古代祖冲之是世界上第一位将圆周率计算到小数点后第七位的人,比西方国家要早几百年,激发学生的民族自信心和自豪感,这样的例子有很多。

本节课隶属于北师大版教材图形与几何领域,在学习测量知识的过程中,要善于挖掘教材资源,促进数学与德育并行开展。教师巧妙地在疫情大背景下,把生活中遇到的实际问题——口罩盒的制作与数学教学中测量学习内容相结合,让学生感受到长度单位的产生以及单位统一的必要性,在制作的活动中,进一步体会测量的本质是测量单位不断累加的这一过程。本节课在探究性学习的过程中,培养了学生动手解决实际问题的能力。学生通过小组合作,利用数学知识来解决实际问题的积极性增强了,帮助学生养成学生独立思考的学习习惯,形成通力合作的学习精神,养成了尊重和接纳他人的道德品质,形成创新思维,独立思考,迎难而上的科学精神。在探索中学习,增强了学生的数学逻辑思维,用生活实例进行德育的渗透可以使学生在不知不觉中提高思想认识和道德水平。

数学源于生活,教师要引导学生发现现实生活中的数学问题,并尝试用数学的方法解决问题,感受数学的应用价值、社会价值,培养学生的"善",发挥数学的德育价值,真正达成全面育人的目标,促进学生的健康发展、终身发展和可持续发展。

(首都师范大学附属小学　葛少芬　罗予晴)

三、小学英语学科德育案例

《义务教育英语课程标准》(2022年版)中指出要坚持育人为本。教师要把落实立德树人作为英语教学的根本任务,准确理解核心素养内涵,全面把握英语课程育人价值。

(一)英语学科德育的整体认识

党的十八大首次确立"立德树人"为教育的根本任务。《中小学英语学科德育实施指导纲要》指出:英语课程在培养学生英语语言运用能力的过程中,渗透着情感、态度、价值观的教育,集中体现为对学生进行具有多元文化素养、国际视野和家国情怀的人文教育特性的培养。"英语学科核心素养"中指出,语言是文化的载体,文化传播依靠语言。文化意识的培养是外语教学中不可缺少的环节。在文化意识的培养过程中,我们应该随时注意德育的渗透,随时注意育人的价值。如果不能准确把握英语学科的育人价值,就不能理解英语学科核心素养的内涵。程晓堂等人在《英语学科核心素养的实质内涵》中提出,其根本出发点就是立德树人,促进学生全面发展,更好地适应社会。①

1.立足课堂,充分发掘英语教材中的人文内涵

课堂教学是实施学科德育的主渠道,英语教材是德育的重要载体。教师在课堂上要充分利用图片、视频、音乐等媒体手段和资源,创设真实生动的学习情境,激发学生学习兴趣,拓展学生思维,让学生感受语言的情景之美,在贴近生活的场景中用语言做事情,在不断学习语言知识的同时,促进学生心智发展,提高人文素养。

---

① 程晓堂,赵思奇.英语学科核心素养的实质内涵[J].课程·教材·教法,2016,36(05):79-86.

小学英语课文中所涉及的题材比较广泛,具有思想性、科学性、实用性、启发性和创造性。这些教学内容都含有德育因素,教师应努力挖掘这些德育因素,以语言教学为载体,适时适度地在教学中渗透人际关系、思想品质、爱国主义等方面的教育。让学生在学习英语的过程中,既能得到语言技能的训练,又能受到道德品质的教育。

2.实践英语学习活动观,培养学生英语核心素养

《义务教育英语课程标准》(2022年版)中强调,要秉持英语学习活动观组织和实施教学。英语学习活动观是以核心素养为目标,以学生为主体,由师生共同参与的一系列相互关联、循序渐进的活动构成。英语教学设计与实施是以主题为引领,以语篇为依托,基于已有的知识,围绕问题的解决,展开意义的探究。通过学习理解、应用实践和迁移创新这三类活动,将语言能力、文化意识、思维品质和学习能力的发展整合为一体,成为落实英语学科核心素养的重要活动形式和实施路径。

3.改变评价方式,促进学科育人

《义务教育英语课程标准》(2022年版)指出教学评价应采用多种评价方式和手段,将形成性评价和终结性评价相结合,定性评价与定量评价相结合。形成性评价与终结性评价是教学常见的评价手段。我们要基于不同的评价目的,设计不同的评价方式与标准,使其充分发挥促进英语学习、改善英语教学、完善课程设计、监控学业质量的作用,促进学生核心素养的形成。

课堂评价作为评价体系中的重要一环,我们应尽量避免评而无效、评而无判、评而无价等问题。以核心素养为导向,围绕语言能力、文化意识、思维品质和学习能力这四方面展开,以学业质量标准作为课堂评价的标准。"准确把握教、学、评在育人过程中的不同功能,树立'教-学-评'的整体育人观念"(《义教课标2022版》)。教师要将评价活动渗透在教学全过程,真正实现"教-学-评"一体化设计与实施。使我们的教学最大限度地实现育人目标。

(二)英语学科德育的要素

1.单元学习中挖掘出潜藏的德育线索

以人教版英语教材四年级上册为例，提取所有单元的人文主题德育要素，如下：

表2-6　四年级上册各单元主题与人文要素

单元		主题	人文要素
四年级上册	一单元	Sports and Games	积极锻炼，健康生活
	二单元	On the Weekend	多彩周末，快乐生活
	三单元	Transportation	便捷出行，美好现代城市生活
	四单元	Asking for Help	有效自救，乐于助人
	五单元	Safety	提高安全意识，防止意外伤害，安全生活
	六单元	Jobs	了解社会职业价值，形成职业认同，对未来生活充满美好向往

以本册教材中第五单元为例，单元主题是 Safety。围绕这一主题涉及五个语篇，包括两篇配图短文、一组对话、一组规则语段和一个配图故事。

语篇一是在居家环境中，几个小同学做出不安全行为，父母和朋友对他们进行提示和劝阻。该语篇旨在引发学生思考哪些行为会引发危险的后果。语篇二是日常生活对话。对交通出行时的一些不安全行为进行提示和劝阻。引导学生思考在上下学及出行时要遵守哪些安全守则。呈现了提示或劝阻时使用的基本祈使句式。语篇三是一组规则语段。学生通过前两个语篇的学习，能够意识到生活中存在的一些不安全行为，尝试对其进行提示和劝阻。在此基础上这篇语段复现了安全提示的核心语言，进一步引导学生强化规则意识，养成主动遵守规则的习惯。语篇四是配图短文，拓展了更多生活中的行为隐患与安全提示，引发学生联系自己的生活实际，思考真实生活中要如何提高自我保护意识，避免意外伤害的发生。语篇五是配图小故事，主人公 Little Bear 不听父母和朋友的劝告,总是不小心,做了许多危险的事,给自己的身体造成了严重的伤害。最后终于意识到生活中要时刻记得安全第一。

2.课时教学中明确出德育要素

第一课时为居家环境,以图片形式呈现 climb on the window ledge, run down the stairs, play with fire 这些不安全行为,用听的形式呈现核心语言"Don't climb on the window ledge. It's dangerous! ""Don't run down the stairs. It's dangerous! ""Don't play with fire. It's dangerous! "并运用这些语言对这些行为进行劝阻。

本课时的育人价值体现为帮助学生建立居家安全意识和自我保护意识,对危险行为进行识别、提示、劝阻和建议,初步意识到这些危险行为可能产生的后果,明确安全是我们生活中的头等大事。

3.教学活动中关注自然发生的德育事件

在教授 Be Safe at Home 这一课时,在拓展环节,教师借助多媒体课件,出示几张图片:①throw things out of the window,②play with scissors,③run down the stairs,④play with fire,⑤climb on the window ledge,⑥walk in the room,⑦play football on the playground 等,引导学生对这些行为进行讨论,并判断哪些是安全的行为,哪些是不安全的行为。经过判断很明显⑥⑦两种行为是正确的,其他行为是不安全也不正确的,我们要对其进行劝阻和警告。有学生在讨论时提道"Don't throw things out of the window. You might hurt others.""Don't play with scissors. You might hurt others." 教师及时给予鼓励"You are right.""We shouldn't do that. Be careful and be good."教师借助知识的传授,唤起学生对道德现象的情感体验,逐步培养学生善良的品质,让学生自觉地克服不良的行为,润物细无声地对学生进行遵守规则、讲究公德的教育。

（三）英语学科德育的课时设计

1.教学目标

（1）通过观察图片和师生交流，能够找出对居家不安全行为进行劝阻的语句。

（2）通过听音模仿、跟读等方式，能够发音准确、声音洪亮地朗读绘本，运用 Be careful! Don't … 说出相关居家安全常识。

（3）通过教师引导，同伴合作，阐述安全规则，能够尝试表演家中某个场景所做的活动，强化安全意识。

2.蕴含的德育要素

通过对安全问题的学习，能够针对居家生活场景的各种危险行为，提出劝告和建议；提高安全意识，加强自我保护和防范意识；确保自身的安全，防止意外伤害的发生。

3.学科德育目标

（1）知道安全问题存在于生活中的各个方面，关注到生活中方方面面的不安全行为。

（2）对危险行为进行提示、劝阻和建议，简单说明危险行为的后果，明确安全的重要性，强化安全意识，避免意外伤害。

4.教学策略

环节一：歌谣引入（全体活动）

观看视频"Five Little Monkeys"歌谣，师生就歌谣内容谈论小猴子在哪？做什么？怎么了？医生说什么？

Five little monkeys jumping on the bed. He fell off and bumped his head. Doctor said："No more monkeys jumping on the bed."

通过谈论歌谣引出本课主题 Be Safe at Home，引导学生关注本课主题——居家安全。

环节二:创设情境,学习词汇(全体活动,同伴活动)

(1)观看图片，思考 What is Binbin doing? What do you want to say to him?

教师出示词卡 Be careful! It's dangerous.教学生学习词汇。

(2)教师播放视频,学生从视频中提取居家危险行为,学习短语并表达劝阻。

图2-6 绘本视频截图

(资料来源:海淀区教师进修学校小学英语教研组原创资源"Be careful! Binbin!"《新起点英语》四年级上册)

Don't climb on the window ledge.

Don't play with fire.

Don't run down the stairs.

…

(3)教师播放录音,学生跟读。师生讨论危险行为可能导致的"后果"。

What might happen if you don't follow the rules?

You might get hurts.

You might hurt others.

(4)引导学生作为 Binbin 如何回应别人的劝阻。

If you were Binbin. What should you say?

OK.

I won't do that again.

Sorry.

本环节通过观看视频和图片,学生理解目标短语的意思;通过问题引发学生思考这些活动的危险之处,并联系生活实际,思考正确、安全的行为方式。

环节三:读写结合,巩固操练

(1)说唱韵文,巩固操练词句。(全体活动)

Don't run down the stairs. It's dangerous!

Don't play with fire. It's dangerous!

Don't climb on the window ledge. It's dangerous!

…

(2)学生自读录音材料,提取关键信息,完成书写练习。(全体活动,个体活动,小组活动)

Be careful!

图2-7　学生书写练习截图

(图片来源:人教版四年级上册教材)

①师生共读第一个配图短文,圈出短语信息,并抄写在练习单上。教师引导学生关注词语书写格式及标点符号。(全体活动)

②学生自读另外两个配图短文,完成书写练习。(个体活动)

③小组内共读练习单,互查书写正误并订正。(小组活动)

本环节在歌谣朗读、语句书写和小组互查过程中,学生再次巩固这些安全提示的内容,在规范书写过程中培养规则意识。

环节四:知识拓展

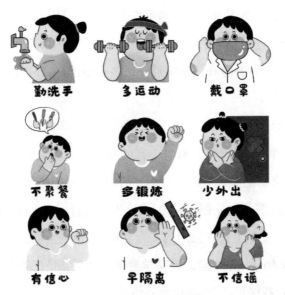

图2-8　新冠疫情防护行为提示

(图片来源:网络百度图片)

Because of COVID-19, what rules should we obey?

We should stay at home.

wear a mask

wash hands

exercise

本环节结合新冠肺炎疫情,引导学生关注疫情下的安全注意事项,从自身做起,共同抵抗病毒侵扰,维护安全、健康生活。

环节五:教师组织学生分角色选择家庭中的场景进行表演。(小组活动)

本环节从操练语言过渡到运用语言,通过问题引发学生关注更多家庭生活中的不安全行为,以表演的形式,学生运用所学语言表达对这些行为的劝阻和建议。

环节六:总结与作业(全班活动)

(1)总结:组织学生依据板书和练习单,谈论如何保证自身的居家安全。

How can we keep safe at home?

(2)作业:朗读练习单并设计居家安全守则。

本环节学生通过归纳总结本课涉及的居家生活中的安全问题,梳理自己应该遵守的安全规则,并在生活中遵守这些规则,避免自身伤害的发生,达到学以致用的效果。

5.教学反思

课堂教学本身就是生活,有着丰富的育人价值。本单元教材主题"Safety",话题涉及家庭生活、学校生活、户外活动及交通安全等,都是我们共同关心的话题。因此我通过挖掘教材内容,将安全教育形式多样、趣味地、生活化地展示给学生,使学生树立强烈的安全意识,认识到生命的可贵和脆弱。帮助学生掌握基本的自护技能,提高学生在各种危急情况下的自救与互救意识,增强学生自我保护能力,避免意外伤害的发生。

(1)找准知识与育人"结合点",实现"学科育人"

英语学科的育人过程,就是根据教材的总体内容,将外来优秀文化、现代文明与健全人生融为一体的教育过程。因此,设计之初笔者充分挖掘教材中的德育素材,根据教材的特点和学生的实际,找准本课知识教学与德育的"结合点",把安全教育、英语语言知识教学和英语语言学习能力的培养有机结合起来,在课堂教学过程中,我力求当好一名设计者、组织者、材料提供者、鼓励者、参与者和评价者。从而提高学生的思维品质,达到"学科育人"的目的。

（2）创设真实情境，在情境中发挥育人功能

在分析教材过程中，笔者发现本单元主题就是安全，教材内容涉及家庭安全、道路安全、学校安全、户外安全等与学生日常生活联系非常紧密的生活场景。在充分运用教材资源的基础上，采用丰富的生活资料和互动的教学方式，以教材情境为出发点，延伸到学生真实的居家生活场景；在学习操练目标语言的基础上，引导学生在真实生活情境中运用语言。使学生切身感受到遵守安全规则的重要性，关注生活中的不安全行为，深入思考并选择安全的行为方式。学生通过观看视频、观察图片和角色扮演，直观感受这些行为的危险性，明白安全行为的重要性。

（3）充分发挥课堂评价的正能量

要让学生愿意学，首先就要有融洽的师生情感互动，教师通过自己的一举一动去感染学生，把亲切、尊重、平等、友好的情感传递给学生，让学生从教师的鼓励中，体会到成功的快乐。为此，我根据不同的教学目标和学生的个体差异，制定出多种评价活动和不同层次的评价要求，对学生的学习实行多角度、多形式的分层评价。教师只有正确认识课堂评价的功能，才能帮助学生建立学习的自信心，才能让学生学有长进。

（4）科学有效设计作业，提高课堂教学质量

有效的作业应具备三个要素：延续性、操作性、检测性。依据这一原则，我在本课的作业环节，要求学生流利、大声地朗读歌谣和练习单词；并依据板书框架和练习册的内容，梳理出生活中我们应该遵守的安全守则，尝试用英语进行分享。通过作业使学生在掌握好本课语言知识的同时，加强了安全教育。

德育干部点评

将学科德育与英语学科教学同步融入课堂已经不是一个陌生的话题。纵观小学英语各个年级的教学内容，其中蕴含了丰富的学科德育内容，需要教师在授课的过程中不断思考和挖掘，并在学科教学的各个环节自然融入

和体现。

李蕊老师执教的这一课是小学英语五年级"安全"这一单元的第一课时《居家安全》。本节课集中体现了以下几点：

第一，创设真实情境，将学生带入生活场景。教师借助视频、图片、教室场地等再现家庭生活场景，让学生寻找安全隐患，为学生的学习提供了直观的教学手段，学生体会深刻，寓教于乐，在看中悟、在说中学。

第二，将道德品质教育与学科教学紧密结合。遵守安全规则，这是每一个公民的责任，教师在教学中通过让学生做动作说词组、判断行为对错等活动让学生深刻领会哪些行为是危险的，哪些行为是安全的，可以说是用英语给孩子们上了一节道德教育课，孩子们在掌握英语知识的同时将正确的行为规则铭记于心。

第三，学生深度参与课堂学习。李老师在教学中把大多数时间用在了学生独立思考、小组合作、学生表演等环节，课堂时间是学生发挥想象、自主讨论、合作学习的天地。学生的身心是愉悦的，身体多感官被充分调动起来，对于学生的学习起到了积极作用。

（首都师范大学附属玉泉学校　李蕊）

四、小学音乐学科德育案例

《义务教育艺术课程标准》（2022版）明确指出：义务教育艺术课程以立德树人为根本任务，培育和践行社会主义核心价值观，着力加强社会主义先进文化、革命文化、中华优秀传统文化的教育；坚持以美育人、以美化人、以美润心、以美培元，引领学生在健康向上的审美实践中感知、体验和理解艺术，逐步提高感受美、欣赏美、表现美、创造美的能力，抵制低俗、庸俗、媚俗倾向；引导学生树立正确的历史观、民族观、国家观、文化观，增强爱党、爱国、爱社会主义的情感，坚定文化自信，提升人文素养，树立人类命运共同体意识,为实现中华民族伟大复兴而不懈奋斗。

(一)音乐学科德育的整体认识

2017 年 8 月,教育部发布了《中小学德育工作指南》(以下简称《指南》),旨在为深入落实立德树人的根本任务做出导向性作用。它明确了在新的形势下中小学对德育工作实行的基本原则与指导思想,同时细化了德育工作实施途径与要求。此《指南》提出了"六大实施途径":一是课程育人,二是文化育人,三是活动育人,四是实践育人,五是管理育人,六是协同育人。《指南》中明确提出:音乐、体育、美术、艺术等课要加强对学生审美情趣、健康体魄、意志品质、人文素养和生活方式的培养。音乐教育是美育的重要组成部分,美育通过培养人们认识美、体验美,从而具有美的情操、美的品格。同时,音乐教育蕴含着德育价值,担负着道德教育任务。在人们欣赏音乐的过程中,不仅能够感受音乐的美,而且能够振奋精神、鼓舞斗志,同时,心灵也会得到净化,形成完整健康的人生观、世界观和价值观。

音乐学科的艺术属性与德育属性相辅相成,缺一不可。正如一部优秀的音乐作品,除了具有优美动听的旋律外,必然蕴含着真、善、美的道德内涵;同时,德育的抽象与理论化的内容,借助音乐独特的富有美的表达方式,潜移默化,以美育人。

2018 年 9 月 10 日,习近平总书记在全国教育大会上强调,要坚持把立德树人作为教育的根本任务。小学音乐教育通过其自身优美、动听的音乐旋律,净化学生的心灵,使学生身心得到健康发展,陶冶良好人格品质,这是音乐教育德育功能的特点及优势。音乐教育的根本目的是通过音乐审美教育培养高尚、完美的人。小学音乐教育的核心素养明确了培养德育内容的基本目标,教材的选择设置上也充分蕴含德育内容,并提供多种德育实施方法和途径,不仅落实了立德树人的根本任务,也是不断努力应对来自全球化、价值多元化的挑战。

1.立足音乐核心素养,坚定音乐德育目标

《义务教育课程标准》(2022年版)进一步明确了音乐课程核心素养的重要地位,核心素养是课程育人价值的集中体现,是学生通过课程学习逐步形成适应个人终身发展和社会发展需要的正确价值观、必备品格和关键能力。艺术课程要培养的核心素养主要包括审美感知、艺术表现、创意实践、文化理解等。这与《指南》中提出的"艺术教育是对学生审美情趣、健康体魄、意志品质、人文素养和生活方式的培养"几乎契合。

2.基于音乐教材资源,深挖音乐德育内容

在《义务教育课程标准》(2022年版)中要求中小学音乐教材的编写要充分体现艺术课程标准的基本理念和各项要求。其中最重要体现为坚持育人导向,坚持以习近平新时代中国特色社会主义思想为指导,牢牢把握正确的价值方向,确保党的教育方针落实到教材的各个环节。加强爱国主义、集体主义、社会主义教育,培养德智体美劳全面发展的社会主义建设者和接班人。要有机融入社会主义先进文化、革命文化、中华优秀传统文化。以及国家安全教育、法治教育、中华民族共同体意识教育和环境教育等内容,并努力使之整体化、系列化、长效化。在育人导向的引领下精选内容素材,体现中华民族共同体意识和国际视野,注意借鉴和吸收人类优秀艺术成果,凸显艺术教育的文化性质,突出思想性、经典性、时代性、民族性、实践性,有效满足学习任务要求,落实核心素养培养。

从这个层面上,我们会发现在小学音乐教材中绝大多数作品都蕴含着极其丰富的道德教育资源,对于小学生树立积极向上的人生观、世界观与价值观有着极其重要的意义。

3.依托音乐实践活动,构建音乐德育品质

《义务教育艺术课程标准》提出:音乐课程要坚持以学生发展为本的教育理念,坚信每一位学生都具有学好艺术的潜能,面向全体学生,丰富艺术实践活动,建立学会、勤练、常演于一体的机制,创造更多的交流机会,激发每一位学生的艺术潜能,调动学生学习的积极性,发展学生的艺术素养,培养学生的艺术特长。

在这样的界定中,愈发突出了音乐实践活动的重要之处和实际意义。在活动中,教师努力营造促使学生积极参与、敢于质疑、乐于交流的学习氛围,保护学生的好奇心、求知欲,激发学生艺术学习的内驱力,尊重学生的个体差异、艺术个性及独特发现,提供多种选择,加强个别指导,满足学生多样化的学习需求;鼓励学生分享交流艺术学习的体验和成果。引导学生通过表演和展示,获得艺术创造的成就感,增强学习艺术的自信心。同样,这些好奇心、求知欲、内驱力、艺术个性、成就感、自信心……都将成为音乐德育的重要品质。

4.完善音乐评价体系,建构音乐德育评价

评价是检验、提升教学质量的重要方式和手段。要充分发挥评价的诊断、激励和改善功能,促进学生发展。音乐教学的评价包括学习态度、过程表现、学业成就等多方面,贯穿艺术学习的全过程和艺术教学的各个环节。

在音乐评价中,建构音乐德育评价围绕学生艺术学习的实践性、体验性、创造性等特点,注重观察、记录学生艺术学习、实践、创作等活动中的典型行为和态度特征。注重关注学生真实发生的进步,捕捉、欣赏、尊重学生有创意、独特的表现,并予以鼓励,不断加深学生的艺术体验,对于引导学生发现自己的艺术潜能,发展自己的艺术特长尤为重要。

(二)音乐学科德育的要素

1.单元学习中挖掘出潜藏的德育线索

单元教学,是以明确的单元主题为导向,通过对教材内容的整合和补充,创设基于生活和经验的情境,以任务驱动和活动为载体的教学形式。同样的原理,不只是音乐知识,要进行大单元教学,其中蕴含的德育教育,也要全面发掘,进行整合。

以人音版音乐五年级上册为例：

表2-7　人音版五年级上册德育要素

单元	课题	人文主题德育要素点
第一单元	1.《飞来的花瓣》 2.《校园的早晨》 3.《每当我走过老师的窗前》 4.《送别》	中华优秀传统文化——尊师重教
第二单元	1.《歌唱二小放牛郎》 2.《雨花石》 3.《我怎样长大》	爱国主义教育、革命教育
第三单元	1.《山童》 2.《森林狂想曲》 3.《花蛤蟆》 4.《小青蛙，你唱吧》	自然教育、环境教育
第四单元	1.《晨景》 2.《渔舟唱晚》 3.《清晨》 4.《晚风》	自然教育、环境教育
第五单元	1.《回家》 2.《可爱的家》 3.《外婆的澎湖湾》 4.《牧场上的家》 5.《卡普里岛》	家庭教育
第六单元	1.《春节序曲》 2.《苹果丰收》	中华优秀传统文化教育 中华民族共同体意识教育
第七单元	1.《打字机》 2.《土耳其进行曲》 3.《乘雪橇》 4.《平安夜》 5.《铃儿响叮当》 6.《雷鸣电闪波尔卡》	多元文化教育

从人音版音乐五年级上册教材第二单元第三课中,我们可以看到,本单元拟定的主题是红色的歌——爱国主义的情绪与情感在音乐中的感受与表达,由三首作品组成,包括《歌唱二小放牛郎》(聆听)《雨花石》(聆听)和《我怎样长大》(演唱)。这三首作品在音乐结构上分别是一段体、两段体以及两段体+结束句,乐句方整,旋律特点都是前面曲调比较平稳,后面旋律起伏较大,与之形成对比。《歌唱二小放牛郎》为2/4拍,速度与力度是随着故事情节的发展有所变化,从第三段歌词开始,随着紧张的气氛,力度增强,速度加快,同时加入了对白、声效等多种表现手法使作品有更强的艺术感染力,最后两段歌词,歌曲回到原速,多声部交织在一次,用明亮的音色和清晰的咬字深情赞颂小英雄王二小的感人事迹。《雨花石》为2/4拍,中速,第一乐段采用了重复的创作手法,像诉说一样娓娓道来,旋律亲切感人。第二乐段力度加强,整段旋律多处出现音程大跳,把歌曲推向高潮。尾音在高音"mi"的长音上结束,把歌曲情绪再一次加强。整首歌曲演唱需要咬字清晰,用明亮的音色表达人们对无名先烈的深情怀念与赞颂。《我怎样长大》是一首合唱作品,两段体结构,3/4拍,整体为中速,第一乐段用亲切的语气表达孩子们的天真形象,力度不大,曲调平稳;第二乐段演唱形式变为二声部合唱,曲调舒展,力度明显增强,并在句中使用了音程大跳,与第一乐段形成鲜明对比。演唱时除了语气坚定,咬字也要清晰,用明亮的音色表达勇敢坚强乐观的成长。同时,作品里都使用了"重复"的创作手法,能够让旋律的印象更深刻。

这三首作品均是从情绪情感方面对学生有爱国主义情怀的教育,能够在音乐中获得情感价值观的启发。而这三首作品的爱国主义情感和赞颂情绪也是贯穿本单元的主线,让学生从聆听感受到演唱体验这种情绪情感,从赞扬主人公到第一人称的代入,再到仿佛两个人的对话,好像革命先辈的期许,使学生更好地把握这种爱国主义精神。

2.课时教学中明确德育要素

课堂教学是落实德育教育的主阵地,音乐课时教学更是"春风化雨,润物无声"的落实德育教育。首先在明确单元德育要素的基础上,明确课时德育要素。而且要准确把握教材中德育要素与学生思想品德实际的契合度,要防止过又要克服不及德育渗透。其次要捕捉最佳德育渗透时机,在恰当的环节中进行德育渗透。比如歌曲《歌唱二小放牛郎》通过聆听、感受叙事歌曲特点,了解抗日小英雄王二小的事迹,从中受到情绪的感染,接受爱国主义的思想教育。歌曲《雨花石》通过聆听与部分乐句的演唱,准确知道作品的音乐结构为两段体,并且运用了"重复"的创作手法,欲扬先抑,把自己代入情境中,感受无名先烈为了人民的解放事业默默地奉献,让人们去迎接黎明,迎接欢乐的无私奉献精神。歌曲《我怎样长大》通过前两首聆听作品延伸到合唱作品,学生能够判断出歌曲为两段体,第一乐段运用对称乐句,结构方整,旋律积极向上;第二乐段前两乐句节奏重复,后两乐句变化重复。整体速度为中速,力度由弱变强,从齐唱变为合唱,扩充部分在长音结束,再次加强这种赞颂的情感,从这些特点中让学生更好地体会爱国主义精神,需要学生用合适的音色、力度表现歌曲的情绪。

对于五年级的学生来说,在学习本单元之前,学生已经有了良好的聆听习惯,较稳定的音高感,能够积极地参与到音乐艺术表现实践活动中去。学生能够用自然的声音完整连贯地演唱歌曲,用模唱、听唱、视唱等方法进行歌曲学习、音乐语言表述音乐情绪及乐句的划分。学生对两段体结构的音乐作品有相当积累,尤其在句式的组织结构上(相同、相似、不同),旋律节奏的陈述与发展上有一定认知和积累。对于二声部作品,尤其是三度和声音程,孩子们也有一定积累。在之前的学习中,学生初步感知体验了革命历史题材的歌曲。对革命英雄人物的事迹和革命历史歌曲坚定有力的情绪有了基本的认识和表达,为本单元的学习奠定了基础。在语文课教材中,每年都有涉及爱国主义相关的学习,在建党 100 周年庆祝活动和电影,学校的升旗仪式等能够渗透爱国主义教育,实现知识性与人文性的统一,在音乐中进行德育教育。

3.教学活动中关注自然发生的德育事件

《我怎样长大》为本单元学习的最后一首作品,是在前两首红色历史背景作品的感知、欣赏积累基础上,通过前两首作品的音乐要素分析,能够独立地说出作品的音乐结构,简单分析出乐句的特点以及"重复"的创作手法,并且进一步通过歌唱表达爱国主义情怀和歌颂、赞扬的情绪。歌曲《我怎样长大》本是影片《烛光里的微笑》中的一首插曲。原曲为教师与学生的心灵对答,在本单元的教参中,这首歌借鉴为革命先辈与少年儿童的对话。歌曲曲调优美抒情,借"小树"这一形象抒发了孩子们不怕困难、不怕风吹雨打、幸福成长的亲切情感。歌曲二段体结构,第一乐段共有四个对称乐句,第一乐句曲调平稳,表现了孩子天真可爱的形象;第二乐句进行了八度大跳,增强了孩子们盼望长大的急切愿望;第三、四乐句是前两个乐句的旋律模进。第二乐段是歌曲的合唱部分,与前一段形成了对比。旋律以三度和声进行,句中有大跳音程,表现了在成长中坚韧不拔的精神面貌。最后是歌曲的扩充,在重复第四乐句后旋律更加平稳舒展,抒发了长大后的甜美幸福。遵循教育教学规律,注重温故知新、学以致用的特点,通过循序渐进的方式,有机组织本课教学的实施,在教学过程中,通过聆听——学习歌曲第二乐段——对比两个乐段——完整学习歌曲——作品关联复习五个教学环节的设计,培养了学生自主学习的能力和素养发展。遵循学生身心发展规律,注重学生音乐认知阶段性发展和音乐经验积累的特点,有机挖掘体裁这一主线,从已知的进行曲风格到本单元的叙事歌曲,再到本课的抒情歌曲,由浅入深地学习红色歌曲,进一步认知与理解红色歌曲的意义,达到了学科德育落地的效果。

(三)音乐学科德育的课时设计

1.教学目标

(1)情感态度价值观:学生能够乐于参与演唱活动,积极、主动、独立地进行深度学习,实现音乐素养的获得,在学习中表达爱国主义精神。

（2）过程与方法：以学习者为中心，以学生的主动、独立、合作、深度的学习过程贯穿本课。牢牢抓住知行合一的学习方法，在音乐实践中注重听、唱、分析的整体学习。本课体验、感受、表现、沟通与交流过程中，集中认知把握和理解爱国主义精神在音乐中的表达。

（3）知识与技能：能够有感情的、自信的演唱歌曲。能够运用音乐要素分析歌曲表达的爱国主义精神。

2.蕴含的德育要素

从革命历史和革命英雄的认识入手，在音乐中感受深情赞颂的情绪，并通过歌曲的音乐结构分析以及乐句和旋律特点分析，找出相同点与变化，并能够运用恰当的音色、力度、声部的变化有感情地演唱和表现歌曲。

3.学科德育目标

通过对歌曲的聆听和演唱，感受本单元音乐作品坚定、深情的音乐情绪，在音乐中获得对革命历史歌曲的审美体验。有感情的参加音乐活动，培养学生深厚的爱党爱国情感从而进一步感知积极向上的爱国主义精神。

4.教学策略

环节一：情境导入

教师由建党百年引入本课，并播放音频片段，学生初步聆听歌词内容。再次播放音频片段，加深学生对作品的感知，请学生说出最打动自己的地方。

活动意图说明：通过情境导入，激发学生的爱国情绪，同时引出新课的学习内容。

环节二：学习歌曲第二乐段

出示第二乐段乐谱，学生自主识读。

图2-9 课件 合唱谱例

两个声部分别唱好后,合唱。教师解决音准、音色等难点。教师出示歌词,指导学生学习。

学生分声部、自主与分小组自主识读乐谱相结合。接着学生演唱自己声部的旋律,同时能用和谐连贯的声音进行演唱,用合适的音色及情绪演唱歌词。

活动意图说明:锻炼学生自主识读乐谱的能力的同时,也要关注到声部间的配合;激发学生的爱国情怀,从而更好地带着情感演唱。

环节三:学习歌曲第一乐段

教师播放第一乐段音频,出示第一乐段乐谱,学生聆听学习。教师弹奏第一乐段旋律,学生跟唱歌词。出示第一部分乐谱,请学生观察旋律、节奏有什么特点?教师演唱旋律上行与旋律下行的歌曲,请学生对比。

图2-10 课件 《我怎样长大》谱例

学生边听音频边观看乐谱，心里演唱。跟随教师钢琴演唱第一乐段歌词，注意音乐、气息等。仔细观察第一乐段的乐谱，发现弱起节奏，句尾长音，旋律积极向上，起伏有致，乐句方整，段落清晰。聆听教师演唱，对比旋律上行与旋律下行带来的不同情绪的感受。

活动意图说明：通过聆听观察，让学生利用已学知识简单分析乐句特点与创作手法；用听唱法学习第一乐段，与合唱部分的学习形成对比。

环节四：完整演唱歌曲

教师弹奏钢琴，学生跟随演唱。出示扩充部分，学生观察，有什么发现？教师提问：如果没有扩充部分，直接第二乐段结束可不可以？教师根据学生回答总结，扩充部分为了更好地表达情感，在歌曲里抒发得不够，还要在扩充句里补充，并且长音结束。出示欣赏卡，带领学生一起分析歌曲音乐要素。

图2-11　学习任务单　欣赏卡

学生跟随教师钢琴伴奏，有感情地演唱歌曲。观察扩充乐句，发现第二乐段的乐句有重复变化发展。学生唱好结束句，注意尾音长音时值要够。填写欣赏卡，分析歌曲音乐要素。

活动意图说明：调解学生注意力，通过学生完整聆听歌曲，找出缺失的结束句，使歌曲更具有完整性；出示欣赏卡，使学生对作品的音乐要素更加清晰明了，并且可以学以致用。

环节五：关联复习

教师提问：以前还学过哪些红色歌曲？体裁分别是什么？总结体裁的变

化是随着他们的年龄与认知特点发生变化的。

学生回忆学过的歌曲,并选唱其中 1~2 首。

活动意图说明:通过关联复习作品,让学生更加清晰音乐体裁的变化是遵循他们身心发展的规律。

5.教学反思

根据本课的难点,如何在感性方面的积累再充分些、有针对性地聆听再多一些,那么学生在对比要素的认知上就会有更多的依据,归纳和总结也会更加顺畅。在今后的教学内容安排上需要更进一步有序的积累与延伸。

德育干部点评

优秀的音乐作品中蕴含着积极向上的价值观念和思想情感。德育教育在小学音乐课堂中的应用能够有效培养学生审美能力和艺术素养,并帮助学生建立正确的价值观念。将德育知识点与音乐知识点相结合,更加符合学生学习要求,更能充分发挥德育教育的积极作用。

本节课通过《我怎样长大》这首合唱作品中所表现的对祖国山河、人民、历史、文化和社会发展的赞美和歌颂,培养学生的爱国主义情感。在音乐实践活动中,培养学生良好的行为习惯和宽容理解、互相尊重、共同合作的意识,增强集体主义精神。在教学中循序渐进地学习,通过聆听、学习第二乐段、对比到最后完整演唱,以及关联复习五个环节层层相扣,同时在歌曲的题材中,由浅入深地学习红色经典歌曲,进一步理解红色歌曲的意义,体会爱国主义精神。

音乐教育是以音乐艺术为手段,在潜移默化中对学生进行情感教育。音乐教学能够培养小学生的审美能力和鉴赏能力。在课堂教学中融入德育知识内容,同时转变老师音乐教学手段和对德育教育的教学观念,可以提高学生思想道德水平和音乐艺术素养,引导学生在音乐学习中树立正确的价值观念。利用音乐学科的特殊性,深入挖掘音乐歌曲中内在的思想情感教育因素,把这些思想情感充分地展示给学生,让他们更好地感受、体验和表现,在情操上受到陶冶，道德上受到影响，心灵上受到启迪，意志上受到熏陶、感染，达到"润物细无声"的德育境地，促进学生全面发展，使学生对知、情、意产生正确的认知，在增强学生音乐审美意识的同时促进其形成高尚的情操。

（首都师范大学附属小学　杨杉）

五、小学体育与健康学科德育案例

《义务教育体育与健康课程标准》（2022 年版）明确指出："体育与健康教育是实现儿童青少年全面发展的重要途径，对于促进学生积极参与体育运动、养成健康生活方式、健全人格品质，提升国民综合素质，推动社会文明进步，建设健康中国和体育强国，实现中华民族伟大复兴具有重要的现实和长远意义。"学校体育与健康课程是贯彻和落实立德树人根本任务的一门显性课程，是弘扬和践行社会主义核心价值观的重要阵地，是实施素质教育、促进学生全面发展的重要途径，是完善学生人格、开展学科育人的一个重要载体。体育与健康课程以"健康第一"为指导思想，发挥课程"健身育人"的独特功能，强调学科知识与技能、过程与方法、情感态度与价值观的有机整合，融入体育文化，增强科学精神、创新意识和体育实践能力，加强民族精神和生命教育，促进学生正常生长发育，练就适应社会发展和未来职业需要的健康体魄，培养学生勇敢顽强、超越自我、遵守规则、诚信自律、文明礼貌、团队协作等优良品质，拓展学生国际视野，增强学生的民族自信心和社会责任感，懂得体育欣赏，形成乐观开朗、积极进取和充满活力的人生态度，为新时代健康文明生活做好准备。

义务教育阶段体育与健康课程标准，明确将体育品德列为体育学科核心素养体系的重要维度，从而有效促进体育学科，将立德树人真正落到实处。新课程标准更为凸显学校体育的育德价值，将"立德树人"和"健康第一"两个课程理念有机统一，实现体育德育目标的体系化、体育教材内容德育价值蕴含的整体规划,这些都是新时代背景下体育课程标准具有重要历史意义的变革,将有效促进学校体育的德育发展,从而充分发挥中小学体育学科在促进学生品德发展具有的不可替代的作用。

(一)体育与健康学科德育的整体认识

体育作为学校素质教育不可缺少的组成部分,担负着提高青少年身体素质的重要任务。体育蕴含着德育,德育的目的在于提高人的思想道德素质,培养人的创造性。体育教学过程中蕴含着丰富的德育元素,不仅为德育对象提供了一个健康的体魄,甚至体育本身已具备了德育的功能。体育是德育发展的重要保障。①

体育是全面实施德育的重要载体。体育活动的内容极其丰富,各种运动项目的特点和要求含有许多思想品德教育因素,从事不同运动项目的锻炼,都能实现对青少年思想品德和个性的培养。体育运动可以在较短的时间内,为学生提供大量的情感体验机会,使某种品质在一次或某一时期的训练比赛过程中得到反复的多次强化体验,从而促进优良品质的形成。体育运动中强烈的情感体验,能深刻触及人的精神,这是其他任何一门学科中渗透德育教育所无法达到的。情感体验是学生品德形成的关键环节,情感体验是学生道德发展的基础,情感体验能抑制"双重人格"的形成。青少年具有丰富的情感体验,对其道德品质的发展起着重要的作用。

---

① 陈立国.在体育教育中进行德育的探索[J].体育文化导刊,2005(09):53-54.

1.立足体育课堂,发掘德育元素

表2-8　体育与健康学科德育要素

体育精神	体育道德	体育品德
积极进取 勇敢顽强 不怕困难 坚持到底 团队精神等	遵守规则 尊重裁判 尊重对手 诚信自律 公平竞争等	自尊自信 文明礼貌 责任意识 正确的胜负观等

在体育与健康学科中蕴含着丰富的德育元素,有意识的融入德育教育,不仅能锻炼学生的意志,更重要的是能培养学生的爱国主义和集体主义精神,培养学生服从组织、遵守纪律、诚实、机智、积极进取的心理品质,培养学生具有良好的体育道德风尚,如遵守竞赛规则;公平竞争;胜不骄、败不馁;正确对待观众等。通过体育运动,特别是结合各种不同运动项目的特点和要求,能较全面地实现对学生的思想品德教育和个性的培养。在学校体育课上,通过严密的组织和严格的纪律,培养学生正确处理个人与集体,自由与纪律的关系;通过集体活动,使学生养成团结互助、遵守纪律等优良品质。竞赛有助于培养学生的竞争意识和开拓精神,使其胜不骄、败不馁,激励他们力争上游、奋勇拼搏;竞赛后的奖励优胜,能使学生比较容易的意识到个人的努力程度将影响到集体的荣誉,而集体的荣誉又会影响每个成员,这有助于培养他们的责任感、义务感和集体荣誉感。

2.结合实际,综合运用体育教学教学方法

体育教学对德育的重要作用关键在于它能够让学生体会到丰富的德育情感体验。体育对德育的作用体现在教学过程中,而要想德育取得好的效果,良好的教学方法的运用尤为重要,可以使德育与学生的学习生活紧密联系起来。教师在进行体育教学时,运用多种教学方法,如激发兴趣法、增强信心法、个别谈心法等,适时地对学生进行德育教育,能满足学生的情感需求,

既能让学生接受德育的思想，促进学生健康行为习惯和良好道德品质的形成，又能提高体育教学的质量。

3.关注课外体育活动,促进学科育人

课外体育活动作为学校课余生活的重要部分,将对德育融于生活起到一定的促进作用。所以,通过开展课外体育活动,引导学生积极参与其中,使学生不断地在体育活动中体验到运动的快乐,锻炼学生的运动参与和团结协作能力等,使学生在潜移默化的生活中受到德育教育。教师要充分利用课外体育活动,使德育教育生活化,就能够有效地发挥体育与健康学科的育人作用。

(二)体育与健康学科德育的要素

1.单元教学中挖掘潜藏的德育线索

体育与健康课程单元教学是对各运动项目的教学内容的划分、教学目标的分层细化、教学重难点的设置、教法措施的选用的一个整体的教学规划,是课时教学的依据。每个单元教学都有潜藏的德育线索,教师要明确并把握其要点,在教学中与运动能力、健康行为、体育品德三个方面有机结合实现。以人教版教材小学三年级(下册)体育教学为例,挖掘出潜藏的德育要点,具体如下:

表2-9 三年级下册单元教学中的德育要点

单元		教学内容	德育要点
三年级·下册	基本身体活动	跑 跳跃 投掷	体育精神:积极进取、勇敢顽强、不怕困难、坚持到底 体育道德:遵守规则、公平竞争 体育品德:正确的胜负观
	体操类活动	基本操、技巧、器械体操、韵律活动与舞蹈	体育精神:积极进取、勇敢顽强、不怕困难、坚持到底 体育道德:遵守规则、公平竞争 体育品德:正确的胜负观
	球类活动	小篮球 小足球 乒乓球	体育精神:积极进取、勇敢顽强、不怕困难、坚持到底、团队精神 体育道德:遵守规则、尊重裁判、尊重对手、公平竞争 体育品德:反应能力、正确的胜负观
	武术	武术基本动作 武术组合动作	体育精神:勇敢顽强、不怕困难 体育道德:遵守规则、尊重对手 体育品德:文明礼貌、正确的胜负观
	民间体育	打陀螺(一) 打陀螺(二)	体育精神:积极进取、坚持到底 体育道德:遵守规则、公平竞争 体育品德:正确的胜负观

2.课时教学中明确内在的德育要素

　　每个单元教学的德育要点都是通过一次次课来落实的,而每一次课的具体教学内容和教学方法不同,德育要点自然也不一样。比如,人教版教材小学三年级体育教学(下册)在跑的单元教学中,在第1课时,主要是自然地形跑,这主要磨炼学生的意志品质,培养学生主动观察、及时应变、吃苦耐劳、坚韧不拔的精神;第2课时,主要是站立式起跑(水平二)的内容,这有利于培养学生公平竞争、遵守规则、敢于拼搏的精神;而在第6课时,主要是多种方式的接力跑,这是培养学生遵守规则、团队协作、公平竞争的精神。教师既要把握单元教学中的教学安排,又要把握教学过程中的德育要素渗透,对每节课的德育要点做到手里有教案、心中有方法、实践有内容、全程有德育。

3.教学活动中关注自然发生的德育事件

在课程实践中经常会自然发生一些德育渗透的时机，这是对学生进行意志品质、思想品德和安全意识教育的有效契机，教师要善于抓住时机，进行有效的处理和引导。例如，在投掷比赛中，有些学生为了追求更远的投掷距离，不遵守比赛规则，教师不仅要及时纠正这一现象，重新讲述规则，而且还可以让学生讨论规则的重要性。再如，在接力跑等团队比赛活动中，个别队员出现失误而导致团队在比赛中失利，其他队员因此而埋怨失误的队员，此时教师应该及时帮助学生分析如何才是真正的团队协作，团队协作应该要做到什么，团队之中如何包容团队成员存在的失误现象等。这种自然发生且就在身边真实发生的事件，都是不可忽略的德育教育素材，教师要对学生进行及时有效的教育。有效抓住课程实践教学过程中的德育时机，通过语言或行动对学生进行直观引导，巧妙运用德育教学方法，在课程实践中落实适时的德育渗透很关键。

（三）体育与健康学科德育的课时设计

以人教版教材小学三年级（下册）–基本身体活动单元–跑–多种方式的接力跑为例。

1.教学目标

（1）通过跑步练习，进一步提升学生的奔跑能力、身体协调能力以及心肺功能。

（2）通过多种传接棒的练习，提升学生的交接棒能力，80%以上的学生能完成基本的接力跑交接棒的技术。

（3）通过练习，培养学生敢于拼搏、遵守规则、团队协作的精神。

2.蕴含的德育要素

（1）接力跑的基础是能够坚持奔跑，超越自我，培养学生吃苦耐劳的精神。

（2）通过同学之间在规则之内合作完成交接棒,有助于提升学生的规则意识和交流合作能力。

（3）进行适当的接力赛跑,有助于提升学生的竞争意识、团队荣誉感以及正确的胜负观。

3.学科德育目标

（1）通过接力跑规则讲解,提升学生的规则认知与规则意识。

（2）通过分小组的接力跑学习与交流,可以有效带动学生积极思考,促进学生间积极交流沟通,提高交接棒的完成能力,增强合作意识。

（3）通过多种形式的接力跑辅助练习,降低学习难度,再逐渐提高练习难度,让学生敢于尝试,克服畏难情绪,勇于挑战自我。

4.教学策略

环节一:规则讲解。讲解接力跑交接棒的基本规则、交接棒的技术类型,引导学生更近一步的认识接力跑。

活动意图说明:组织学生在场地进行接力跑规则的学习,激发学生的练习兴趣,提升学生的规则认识,使学生在快乐的学习中身心得以全面的调动。

环节二:交接棒练习。教师进行示范讲解、学生集体进行接力跑交接棒技术的学习,提高学生的基本运动技能。

活动意图说明:教师语言引导、营造探究学习环境,让学生去体验。通过强化传接棒练习,使学生初步掌握技术,并能加以应用和发展。

环节三:学生分组合作练习。由学生根据自身实际,自主选择交接棒方式进行练习。在练习中,教师密切关注,提示安全注意事项,及时纠正错误动作,表扬和鼓励技术动作练习认真的小组中的同学,促进小组的合作意识。

教师提出问题:"怎样才能更好的把接力棒交给队友""接力跑的过程中持接力棒的手臂需不需要摆动"。

学生分组练习:接力棒要强调接力规则、小组合作。

学生小组讨论:针对组内交接棒的完成情况进行分析,提出有效的改进方法。

小组针对性练习:学生根据自身实际结合同学的建议,进行针对性练习(调整握持交接棒的方法、调整交接棒的时机、接力跑的过程之中应当注意摆臂动作),尝试全速跑,提升交接棒与同学之间的配合默契。

活动意图说明:学生分组练习设计不仅能让学生更好的练习如何做好接力跑,而且能增强学生的小组合作意识。

环节四:学生分组竞赛练习。学生基本掌握接力跑的技术要领之后,分组竞赛,提高学生遵守规则、奋力拼搏、团队协作的精神。

活动意图说明:竞赛练习可以让学生更好的理解接力跑的比赛规则,在竞赛练习中增强学生参加体育运动的兴趣。

5.教学反思

接力跑是田径运动中唯一的集体项目,本节课从学生的身心等特点出发,设计了多样的学习体验活动,让学生在团队合作练习中,逐步探讨和掌握运动技能。通过接力跑的学习、练习可以培养学生勇敢、顽强和团结协作的意志品质。在教学时要做到:规则讲解细致,树立规则意识;引导方式得当,提升学生的思考与沟通能力;分组探讨练习,提高学生的合作探讨,提升学生发现问题解决问题的应变能力。安排好教学内容,选择好引导方式,把控好教学节奏是一堂有技术、有理论、有体育、有德育的完整的新时代体育与健康课程。

德育干部点评

"体者,载知识之体而寓道德之舍也",这句话形象地说明了体育和德育之间的关系,体育以其丰富的活动性、社会性不断地对人的思想品德进行教育,并起着重要的影响。德、体是五育并举中的两个重要内容,以体育德,以德促体,二者密不可分,互相促进。体育是进行德育教育的有效载体,德育是推进体育教育的重要保障。在体育与健康课程中推进学科德育,必须要与体育教学的特点、内容和形式紧密结合起来,使德育内容中的抽象化概念具体化,使之成为可观测、可评价、具有可操作性的实际内容。

体育运动中的德育渗透是体育学科教学的重要议题。小学体育与健康学科教育应注重运动兴趣的培养,规则意识的树立,意志品质的塑造。本节课中,教师以接力跑这一教学内容为基本立足点,结合学生基本特征,在教学目标设定、教学组织形式、教学语言应用、学练内容选择上进行了适时调整,体现了小学体育课程不同水平要求的阶段性特征,使学科教育凸显德育育人价值上更具针对性。

《义务教育体育与健康课程标准》(2022年版)在学科定位、课程理念、课程目标、课程内容、学习评价等方面都有了较新的、积极的调整和变革,体现了理论创新的勇气和智慧,顺应了新时代学科教育对德育工作的需求,为学科德育"知易行难"问题的有效解决指明了发展方向,可以有效推动中小学体育教师在体育教学过程中对体育德育的高度重视,从而突破学科教育德育渗透的瓶颈,将德育充分融入中小学体育学科,通过体育教学有效促进中小学生道德素质水平的提高。

(首都师范大学附属玉泉学校　郭雅莉　崔超)

六、小学美术学科德育案例

《义务教育艺术课程标准》(2022年版)明确指出:义务教育艺术课程以立德树人为根本任务,培育和践行社会主义核心价值观,着力加强社会主义先进文化、革命文化、中华优秀传统文化的教育;坚持以美育人、以美化人、以美润心、以美培元,引领学生在健康向上的审美实践中感知、体验与理解艺术,逐步提高感受美、欣赏美、表现美、创造美的能力。美术教学作为小学教学体系中的重要组成,能够运用学科自身优势将德育教育发挥出来。通过将德育教育融入美术教学,不仅将美术课堂教学提升了一个高度,而且让学生在潜移默化中品行得到熏陶的重要途径。美术教学能够运用新颖的教学理念、创新的教学模式和丰富德育教育内容在小学美术中渗透德育教育。坚持德育为先,加强美育,在育人的全过程中,确保"五育"并举,五育融合的教育理念,促进学生健康、全面发展。

(一)美术学科德育的整体认识

《中小学德育工作指南》指出:美术课要加强对学生审美情趣、健康体魄、意志品质、人文素养和生活方式的培养。因此,在小学美术教学中应该加强对学生的思想品德教育,帮助学生树立正确的人生观、世界观与价值观。这就需要教师不断优化教学方法,增强思想品德教育的针对性与实效性,实现美术学科的育人功能。

1.转变教学理念,实现美术与德育教育的融合

马卡连柯说:"不注重德育教育,就是在向社会输送废品。"美术教师是学生获取知识的引导者,教师只有具备较高的道德素养,才能更好地为学生提供好的、积极的、健康的德育知识。因此在素质教育的发展背景下,教师需要转变教学理念,树立素质教育的理念,不断地提升自身的德育教育意识,以小学生为主体,提高学生的德育学习动力和热情,让小学生在小学美术教学中深刻地认识到美术中与德育有关的知识和内容,提高小学生的美术素养以及思想道德素养。

2.立足美术教材,借助美术知识丰富德育内容

在小学阶段开展美术教学,主要是帮助学生建立美术学习的思维,使其在教师的带领下逐渐形成欣赏美术作品的能力。因此,教师可以借助美术教材内容融合德育进行教学。美术学科涉及的知识范围广,从绘画、雕塑、设计、建筑到书法、摄影等,都涵盖了大量的美学知识,这些内容能够帮助学生在欣赏作品的过程中逐渐建立学习思维,并且提高自身的欣赏能力。另外,教师在带领学生欣赏艺术作品时,可以向学生渗透民族文化,激发学生的民

族自豪感和认同感,使其形成传承意识。

3.注重情感体验,创设情境开展生态德育教育

美术教学中创设认知情境有利于调动学生的感官,发挥美术学科的育人优势,让学生在美术活动中受到精神的感染。优秀的美术作品不仅是技法的高超,更是品质的感染。因此,在小学美术教学中可以通过情境的创设,从生活出发使学生更好地走进课堂,也可以借助美术综合实践活动,通过情景体验,让学生在亲身体验中理解生态德育的意义。

4.创新评价机制,运用多种评价方式渗透德育

德育是通过渗透、影响、耳濡目染、模仿、默识与领会等,使学生形成高尚道德品质的过程。评价对于学生的影响是潜移默化的,评价中的德育渗透也是一种教育方式。在具体评价过程中,教师不仅要评价学生的美术作品,还要及时肯定学生在美术学习过程中所表现出来的良好言行,了解学生的内心活动和内心体验,促使学生产生积极履行道德要求的愿望,能够主动地按照道德意识调节自己的行动,从而自觉地完成道德行为。除了在美术评价内容上有所创新之外,教师还应该创新评价方法。在教师评价的基础上,引导学生开展自我评价、互相评价,让学生在对己、对他人的评价中能够保持公平、理性的眼光和态度,培养学生健康的心理、良好的情感态度和价值观,从而达到德育的最终目的。

美术学科的德育渗透,关键是要灵活多样,结合实际,因势利导,恰当地对学生进行德育的渗透,将德育融于美术教学中,真正做到教书育人。

(二)美术学科德育的要素

1.单元学习中挖掘出潜藏的德育线索

美国莫里逊在《中学教学实践》一书,首先提出莫里逊计划,使学生以数日或一周的时间学习一项教材或解决一个问题,即单元。单元划分可分为若干种类。

　　教育部印发的《中小学德育工作指南》中提及德育总体目标为：培养学生爱党爱国爱人民，增强国家意识和社会责任意识，教育学生理解、认同和拥护国家政治制度，了解中华优秀传统文化和革命文化、社会主义先进文化，增强中国特色社会主义道路自信、理论自信、制度自信、文化自信，引导学生准确理解和把握社会主义核心价值观的深刻内涵和实践要求，养成良好政治素质、道德品质、法治意识和行为习惯，形成积极健康的人格和良好心理品质，促进学生核心素养提升和全面发展，为学生一生成长奠定坚实的思想基础。

　　依据《艺术课程标准》（2022 年版）美术 4 类艺术实践和《中小学德育工作指南》，结合具体学习内容，将教学内容划分为以下内容，并归纳德育内容，以四年级下册为例。

表2-10　四年级下册德育内容归纳表

单元	教学内容	德育要素
第一单元 设计应用单元	第1课《小小旅行壶》	学生了解"实用与美观相结合"的设计原则，体会设计能改善和美化我们的生活，增强用设计改善环境与生活的美好愿望
	第18课《靠垫设计》	
	第2课《环保小屋》	
第二单元 中国画单元	第5课《中国画——学画大熊猫》	探索传统与现代媒材，体验中国画的笔情墨趣，丰富审美感受，感悟绘画与生活的关系，增强对传统绘画艺术的情感
	第6课《中国画——学画猫头鹰》	
	第19课《电脑美术——水墨画》	
第三单元 民间艺术单元	第3课《刻纸》	利用不同工具、材料和技能表现传统工艺品，在学习的过程中，了解民间艺术的艺术特色和悠久历史文化，感受身边艺术的魅力，喜爱民间艺术，传承中华优秀文化传统的精神，增强热爱民族传统艺术的情感。在学习过程中，形成坚毅、细致的学习态度
	第4课《点彩刻纸》	
	第17课《虎头装饰》	
	第16课《走访民间艺人》	

续表

单元	教学内容	德育要素
第四单元 色彩知识单元	第10课《画家凡·高》	从作品中体验、感悟画家内容的情感,感悟艺术来源于生活并高于生活的道理,促进可持续发展意识的形成
	第11课《向日葵》	
	第13课《画水果》	
第五单元 文化探索单元	第14课《北京的城楼(一)》	丰富视觉感知,感受古都北京的历史文化内涵,体验、感悟古建筑艺术的美,体会艺术表现的乐趣,增强对北京的热爱之情
	第15课《北京的城楼(二)》	
	第20课《造型各异的房屋建筑》	
第五单元 造型表现单元	第8课《摄影——精彩的瞬间》	感悟艺术传递情感,渗透艺术来源于生活而高于生活的道理,体会感恩、拼搏的文化内涵
	第9课《运动场上》	
	第7课《我的老师》	
	第12课《我们身边的植物》	

再以人美版六年级下册第一单元设计色彩知识单元为例,在单元教学中逐步达成德育要素的落实。《义务教育美术课程标准(2011版)》中指出,运用色彩等造型元素,以描绘和立体造型的方法,记录与表现所见所闻、所感所想,发展美术构思与增强创作能力,表达思想与情感。色彩是能引起我们共同的审美愉悦的、最为敏感的形式要素。色彩是最具有表现力的要素之一,因为它的形式直接影响人们的感情。本单元以色彩切入,围绕色彩的应用展开,通过本单元的学习,学生能够运用美术语言从色彩的角度描述自己对画面的感悟与理解,能够运用传统与现代媒材,创造有意味的视觉形象,表达自己的意图,形成对中华文化的认同感,理解不同文化所体现出的多元性。在活动中实现由知识学习到学科育人的转变。

2.课时教学中明确指出德育要素

李镇西在《走进心灵》一书中提到,不留痕迹地教育,能走进孩子心灵的教育更容易让人接受。在实施德育的过程中,以美术学科本质的学习实现对于祖国、中华优秀传统文化,保护生态环境的意识等德育内容的达成。将单元内容在课时中具体落在实处,具体课时德育要素见表。

表2-11　四年级下册单元下的课时德育要素

单元	教学内容	知识点	德育要素
第一单元设计应用单元	第1课《小小旅行壶》	学习用手绘图的方式,根据旅行壶的用途,设计形状、颜色、材质	学生养成关注身边的事物,以及勤于观察,敏于发现,增强用设计改善环境与生活的美好愿望
	第18课《靠垫设计》	从外形与功能相统一的角度,运用轴对称、中心对称或是自由纹样的纹样,设计、表现美观、实用的靠垫	学生感受装饰纹样在生活中的运用,学生提高对生活物品和环境的美化能力,养成热爱生活的态度
	第2课《环保小屋》	用建筑模型的方法,从造型、色彩、用途、材料与环境的角度,设计制作一个立体环保建筑模型	学生通过了解环保建筑,提升设计意识和创新意识、保护环境的意识
第二单元中国画单元	第5课《中国画——学画大熊猫》	运用中国画浓淡干湿、中锋侧锋表现大熊猫的形态,适当添加环境,构成一幅作品	在学习墨的浓淡、干湿,丰富技法的过程中,学生产生对笔墨的表现能力,产生学习传统绘画的兴趣,增强对传统绘画艺术的情感
	第6课《中国画——学画猫头鹰》	能用浓淡干湿的墨色,中锋、侧锋的笔法,通过墨破色、色破墨、浓破淡、淡破浓的方法,表现猫头鹰的形态特征	体验中国画的笔情墨趣,丰富审美感受,感悟绘画与生活的关系
	第19课《电脑美术——水墨画》	了解传统水墨画的基础上,设置电脑页面,选择相应笔刷,表现一幅具有水墨特点的电脑美术作品	结合新媒体,传承中国传统文化,在研究中,学生提升独立思考和创新思维的能力

续表

单元	教学内容	知识点	德育要素
第三单元 民间艺术 单元	第3课《刻纸》	知道刻纸是剪纸的一种形式，了解剪纸的阴刻与阳课的特点。会使用阴刻与阳刻的基本方法完成作品。学习线造型的表现形式与方法	学生通过体验民间刻纸的艺术形式，领悟剪纸的艺术特色和悠久历史文化，增强热爱民族传统艺术的情感
	第4课《点彩刻纸》	了解点彩方法，感受点彩艺术特点，通过艺术实践活动，感受刻纸点彩的艺术特点。在点彩过程中灵活运用色彩知识，注意混合色彩的效果。创新表现的能力和创新制作的能力，培养学生热爱民族艺术的情感	学生通过认识中华民族民间传统点彩刻纸的艺术特色，提升对祖国传统艺术的热爱。形成创造美好生活的愿望与能力。在过程中，形成坚毅、细致的学习态度
	第17课《虎头装饰》	学习设计制作民间艺术中虎头装饰的概括、夸张、变形、添加的表现方法	学生通过对民间虎头装饰的了解与设计，感悟"物以致用"的设计思想，养成善于发现、勤于思考、大胆想象、追求创意的良好习惯。增强学生对民间美术的了解以及对传统文化热爱的情感
	第16课《走访民间艺人》	了解什么是民间艺人，北京民间艺术有哪些种类。感受民间艺术品的特点以及具有的美好象征寓意。了解某一民间艺术品的材料和制作过程	感受身边艺术的魅力，喜爱民间艺术，传承中华优秀文化传统的精神
第四单元 色彩知识 单元	第10课《画家凡·高》	初步了解凡·高，知道他的绘画艺术特色，能认识他的绘画作品，学习评述其作品的方法，并大胆尝试用语言或文字的形式描述作品，表达感受与认识。搜集、查找资料，初步了解凡·高生平和作品。通过赏、听、想、说等活动，分析、体验和评述作品	从作品中体验、感悟画家内容的情感，学习凡·高对艺术孜孜求的精神

续表

单元	教学内容	知识点	德育要素
	第11课《向日葵》	了解同类色、邻近色的相关知识,并且学习运用这些知识表现向日葵,从而提高学生的色彩造型表现能力 探究向日葵的结构特点,并向画家学习运用同类色和邻近色表现向日葵的方法,进行艺术表现。鼓励学生充分体验的基础上,表达自己的感受	感悟艺术来源于生活并高于生活的道理,促进可持续发展意识的形成
	第13课《画水果》	学习色相知识。初步尝试水粉静物写生的方法,感受色彩变化的美 运用色相来表现一组水果静物,培养学生的观察、分析能力,初步尝试色彩写生的方法,提高学生色彩的表现能力和审美感受	学生感受色相的灵活运用带给我们的美感,提升学生美术学习的兴趣和热爱生活的情感
第五单元文化探索单元	第14课《北京的城楼(一)》	了解北京古城楼的相关历史,文化知识,以及城楼建筑的风格和功能 能评述城楼的建筑艺术特点及功能,感知古城楼的形式美感。采用对比观察的方法,分析思考城楼建筑的艺术特点	在欣赏评述中,丰富视觉感知,感受历史文化的内涵,增强对北京的热爱之情
	第15课《北京的城楼(二)》	进一步认识中国古典建筑艺术的代表——城楼,包括其造型结构和色彩的特点。认识版画的不同形式与表现方法 抓住城楼的建筑特点,综合运用版画技法,表现出北京的城楼。了解城楼的造型特点,领悟海绵纸、吹塑纸版画和纸版画等艺术形式表现城楼的方法	学生了解北京城楼雄伟恢宏的建筑特点,感悟城楼建筑艺术的美,感受民族文化的历史悠久,学生增强热爱北京古都的情感

续表

单元	教学内容	知识点	德育要素
	第20课《造型各异的房屋建筑》	运用泥板成型的基本方法创作出造型新颖、美观的建筑作品	了解泥板塑造建筑模型的悠久历史,感受用泥板塑造建筑的艺术魅力
第五单元造型表现单元	第8课《摄影——精彩的瞬间》	初步认识体育摄影,初步学习运动中人物的抓拍方法	感悟运动的瞬间之美,加深对我国运动员的理解与喜爱
	第9课《运动场上》	学会概括人物的动态特征,并将其夸张化表现在纸上	感受体育运动的拼搏精神,敢于表现富有个性的人物动态,渗透艺术来源于生活而高于生活的道理
	第7课《我的老师》	认识人物头部的造型特点,感受线造型的美感会运用各种各样的线表现老师不同角度的头部特征。深入学习自然界中线造型的表现形式与方法	学生通过学习线造型的表现形式与方法,体验人像创作过程,感悟爱师、尊师
	第12课《我们身边的植物》	了解植物的种类和形态特征,学习用线表现植物特点,体会线的疏密、穿插及遮挡关系。学习用线表现植物的方法,培养学生合作探究意识	感受植物的美,了解植物与人类的密切关系,学生提升热爱大自然的情感和可持续发展的意识

3.教学活动中关注自然发生的德育事件

在前置学习《风筝》这一课时,学生对于在风筝上表现哪些形象产生分歧,各执己见。借助此课内容与另外两课学习内容有关联的情况,采用单元的形式引发学生深入思考、学习。

在学习《色彩知识的魅力》时,学生通过欣赏经典中外作品,探究色彩表现特点,自由大胆地表达自己对绘画作品的感受和理解,并学会接纳和尊重世界多元文化。在学习《色彩纯度练习》时,学生通过对生活物品与装饰画进行对比,发现纯度变化的色彩为画面营造的不同感受,尝试创作一幅用主观色彩表现的作品。在学习《风筝》时,通过对风筝图案的观察,感受多以中国传统吉祥纹样进行的特点,创造性地选用色彩进行表现。

本单元围绕色彩的运用展开,通过对本单元的学习,帮助学生建构图像识读、文化理解、审美判断、创意实践的素养及相关能力,进而运用到自己的艺术创作中。本单元通过为学生设置情境教学,引导学生运用简单的美术语言对美术作品的内容与色彩进行分析,表达对美术作品的感受与理解,提升学生图像识读、审美判断和文化理解的能力。通过对具体艺术作品的分析,尝试运用色彩营造不同的画面氛围,提升学生图像识读、创意实践、文化理解的能力。第3课《装饰色彩的魅力》是本单元的第一节课,组织学生通过欣赏感悟装饰色彩带给人们的审美享受,体验艺术家们是如何以浪漫的情感表现作品,通过撰写评述短文大胆地表达自己对色彩的感受。为后面几节课的艺术实践做铺垫。第5课《色彩纯度练习》在学生对色彩初步认识的基础上,通过发现、比较、探究作品中的色彩纯度变化,进而引导学生了解色彩的纯度知识。通过运用色彩的纯度知识设计纹样表现画面情感倾向明确的作品,体验色彩纯度变化带给学生的审美感受。第4课《风筝》围绕北京最具代表性的沙燕风筝展开学习,通过微课视频,学生完成小组合作单,了解风筝的起源特点。通过探究,分析图案中色彩的应用,感受中国传统文化的魅力,运用色彩创意一件风筝作品。

依据布鲁纳的认知理论、皮亚杰的建构主义理论和加涅的信息加工理论,本单元教学设计把学习者原有的知识经验作为新知识的生长点,引导学生从原有的知识出发,以学生为中心,通过联系生活,观察探究等活动,根据审美需要,对色彩进行艺术的处理,从而架构出新的知识经验。第一课时,采用探究式教学模式,以问题为中心,通过视觉审美提升学生文化理解能力、文化鉴别能力的育人目标。第二课时,以之前的学习内容为支架,采用图片对比分析,潜移默化地提高学生对于色彩设计运用的能力。第三课时,提取原有知识解决具体情境下的问题,创意风筝作品,提升创意实践能力。第一课时《装饰色彩的魅力》是一节"欣赏·评述"课,是本单元的第一节课,本课的学习会为学生下一节课《色彩纯度练习》的艺术实践活动做铺垫。本课,学生欣赏到中外装饰画作品,初步感知画面的色彩。通过对比、交流,逐步了解装饰画对于色彩的主观变化。能够选择自己喜欢的装饰画作品,用简单的美术语言描述色彩的改变所产生的不同感受,为画面营造不同的氛围,在欣赏中外不同的装饰画作品时,学会接纳和尊重世界多元文化。第二课时《色彩纯度练习》是一节"造型·表现"课,是本单元的第二课,在对装饰色彩的理解基础上,本课通过观察发现色彩纯度的变化,通过对比、分析纯度的变化对于画面的影响,创意完成一幅具有色彩倾向的作品,感受色彩给人带来的视觉魅力。第三课时《风筝》是一节"设计·应用"课,是本单元的最后一课,在之前学习《装饰色彩的魅力》《色彩纯度练习》的基础上,本课通过观看微课自主学习了解风筝的起源、特点,通过 iPad 自主探究,总结色彩运用的特点,通过了解到的风筝文化,设计风筝图案,在体验中感受风筝的美感,感受中国传统文化的魅力。

(三)美术学科德育的课时设计

1.教学目标

(1)观看图片回答问题,说出自己了解的妈妈的喜好。

(2)学习一些简易的工艺制作和贺卡设计的知识。

(3)以妈妈的喜好作为设计元素,通过简单的设计装饰,制作完成一件或几件送给妈妈的生日礼物。

2.蕴含的德育要素

(1)从与妈妈的故事分享感受母爱的伟大。

(2)从回答妈妈最喜欢哪些食物和颜色等信息,学生增强回馈母亲的愿望和方式。

(3)为妈妈制作精美的礼物和贺卡感受亲人之间爱的传播。

3.学科德育目标

(1)通过观看妈妈与宝宝的照片,学生了解母爱的伟大。

(2)学生说一说自己和妈妈的故事,体会、理解"孝"文化。

(3)学生动手为妈妈制作精美的生日贺卡,理解互相馈赠的精神。

4.教学策略

小学美术二年级导学单

xué xí nèi róng 学习内容	gěi mā ma guò shēng rì 给妈妈过生日	shí jiān 时间	
xué xí mù biāo 学习目标	shǐ yòng duō zhǒng zhì zuò gōng jù tǐ yàn bù tóng méi cái de zhì zuò xiào guǒ gěi mā 使用多种制作工具,体验不同媒材的制作效果,给妈 ma zhì zuò shēng rì lǐ wù 妈制作生日礼物。		
xué xí zhǔn bèi 学习准备	zhòu wén zhǐ tiě sī shuāng miàn jiāo jiǎn dāo jiāo bàng cǎi zhǐ huà bǐ 皱纹纸、铁丝、双面胶、剪刀、胶棒、彩纸、画笔 děng 等 wēn xīn tí shì zhù yì gōng jù shǐ yòng ān quán 【温馨提示:注意工具使用安全】		
xué xí rèn wù 学习任务	tōng guò guān kàn shì pín zī yuán xué xí yǐ xià nèi róng 通过观看视频资源,学习以下内容 xīn shǎng tú piàn gǎn shòu yì shù zuò pǐn hé zì rán jiè zhōng de mǔ ài 1.欣赏图片,感受艺术作品和自然界中的母爱 xué zuò lǐ wù biǎo dá duì mā ma de ài 2.学做礼物,表达对妈妈的爱 lǐ wù xíng shì (1)礼物形式 tuò yìn huā shù zhǐ yì huā duǒ hè kǎ 拓印花束　纸艺花朵　贺卡 zhì zuò kāng nǎi xīn (2)制作康乃馨		

图2-12　《给妈妈过生日》学习单
(图片来源:百度图片)

环节一:谈话导入、整体感知

以妈妈和宝宝的图片课件引入,提问:你跟妈妈在一起有哪些感人或有趣的故事?

活动意图说明:通过资料导入感受与妈妈在一起的或有趣或感人的时光。

环节二:探索发现

回答问题:妈妈的生日是哪天?妈妈喜欢的颜色是什么?妈妈最喜欢吃什么?

结合生活观察,小组内交流。

学生感受:日常对妈妈的了解不够。

活动意图说明:通过分享自己妈妈的喜好,确定作品大概趋势。同时,培养在生活中细心观察的能力。

环节三:内容回顾,巧用旧知

回顾百变团花一课,展示用纸对折的方法完成对称纹样的制作并在制作团花的基础上找到共同点并分享康乃馨的制作方法。

学生回顾之前课程、教师展示制作资料,动手尝试发现接近不同的折痕来剪的花纹变化,强化多次对折完成形象的方法。

活动意图说明:回顾旧识,找到共通点。同时资料的及时补充,强化方法,学生加强对知识的串通能力。在综合的探索活动中学习美术,体验美术的功能与魅力。

环节四:结合旧知,学习立体贺卡

展示立体贺卡,学生小组讨论如何制作像教师示范一样的立体贺卡,结合旧知探究更多立体方式。

讨论交流,尝试研究。

学生有多种方式将贺卡立体化(如小扇子、纸弹簧等)也有很多同学的方法不太容易立起来。

教师找两个成功案例和一个失败案例进行分享,共同分享成果的经验,一起解决不成功的问题并在此之上进行改进。

活动意图说明:通过展示探究融入项目式学习概念探究贺卡立体方式。用动手尝试的方法参与探究过程,以学生为主体加深学习力,提高元认知和共同探究的能力。

环节五:创作实践

提实践要求:请用你喜欢的方法,以妈妈的喜好内容,设计一张贺卡或其他礼物。

同学们使用多种多样的方式来表现对妈妈生日的庆祝。

环节六:评价拓展

展示有创意的贺卡类型(造型和内涵)并邀请同学上台分享。

评价:根据评价标准欣赏台上的贺卡,说说哪个设计最吸引你,有什么独特之处。

5.教学反思

学生们都有爸爸妈妈忙着为自己过生日的生活经验,本次活动从我为妈妈准备生日入手,流露出浓浓的家庭亲情,在本次活动中再次感受到家的温馨。

活动的导入部分比较有趣,我从妈妈和宝宝的图片课件引入,创设了温馨感动的氛围,自然地将学生带入了想为妈妈过生日情境中以饱含热情的心理状态来迎接接下来的内容。

小组成员一起探讨如何给妈妈过生日。体现出孩子对妈妈的爱,流露出浓浓的家庭亲情,让孩子在活动中感受到家的温馨。通过活动让孩子更多地从生活的细微之处,爱自己的妈妈,感受浓浓的亲情和融洽的家庭气氛。孩子们在过集体生日中已经有了一些过生日的经验,也知道自己过生日时妈妈会给自己买蛋糕、礼物等来庆祝,体验到过生日的快乐;并且在导入活动中,学生已初步感受了妈妈对自己的爱,也知道了回报爱也同样很快乐。但是有很多孩子不知道妈妈的生日，也没有思考过可以用哪些不同的形式表达对妈妈的祝福、感谢与感恩，此时带入贺卡的制作和团花一课的回顾为学生引领大致方向。

成功之处

课前准备较充分，对教案的环节设计和教具都做了调整，课前仔细地研读了教案，结合学科特点，要让孩子去交往和体验，对之前教案上的第三环节进行了修改，通过代入式地感受妈妈的爱也引导孩子的回报精神每孩子在自我良好的情感是良好人格的基础，在小学阶段应特别注重对学生从小进行良好的情感教育。本课主要是学校童心美术教育中体现情感教育的重要一课，以孩子与妈妈的浓浓深情作为主线进行设计，把亲情渗透到了教学的每个环节，引导学生在亲情的感染下完成自己的作品，取得了很好的效果。教学中注意改进两点，一是使用音乐的配合，更容易将学生带入氛围，二是适当增加学生讲述自己作品的时间，更利于情感激发。

不足之处及整改

第一，在活动前没有对音效进行调试。在活动导入环节，我设计的是播放生日歌，用音乐导入来吸引学生的注意，同时唤起过生日的经验，但是在活动中音乐播放时声音小了一点，没能一下子吸引学生的注意，导致现场气氛不是很浓厚。

第二，可以加入角色扮演环节来进行情景还原，增加课堂的趣味性，可以用角色扮演的方式进行情景带入。

第三，此年龄段的学生其实动手能力已经比较强了，通过一学期的学习（头饰、挂饰、雪花飘飘等）有能力做出更加丰富多彩的礼物送给妈妈，用贺卡和花来引导学生制作礼物的方向确实可取，但也一定程度上限制了学生的想象力和动手制作能力，可以在最后加入更多的知识拓展环节，开阔学生眼界，设计出更加丰富的作品。

德育干部点评

美术教育与德育教育相结合,符合新课标的目标要求与发展趋势,而多样化的美术教学活动也为渗透德育教育提供了平台,二者相互融合具有诸多实际意义。首先,小学美术教学中渗透德育教育有利于拓展美术教学内容。其次,小学美术教学中渗透德育教育有利于丰富学生精神世界。最后,在小学美术教学中渗透德育教育有利于推动学生长远发展。

本节课教师把学习内容与德育进行了很好的融合,以孩子与妈妈的浓浓情感作为主线进行设计,把亲情渗透到了教学的每个环节,引导学生在亲情的感染下完成自己的作品,取得了很好的效果。

在小学美术的教学中融入德育教学内容,是当前教育行业发展的必然趋势,美术教师一定要创新教学内容,打破传统的教学模式,利用多媒体设备构建新型的教学课堂,将美术学科的教学内容同德育知识进行完美融合,为学生创设充满趣味性的课堂导入,利用教材拓展德育内容,走出教室,利用实践活动强化德育教学,真正实现美术课堂中的德育功能,促进学生的健康发展和正确价值观的确立。

(首都师范大学附属小学　窦欢)

七、小学科学学科德育案例

《义务教育科学课程标准》(2022 年版)明确指出:义务教育科学课程是一门体现科学本质的综合性基础课程,具有实践性。科学课程有助于学生保持对自然现象的好奇心,从亲近自然走向亲近科学,初步从整体上认识自然世界,理解科学、技术、社会与环境的关系,发展基本的科学能力,形成基本的科学态度和社会责任感,逐步形成正确的伦理和道德的价值取向,热爱自然,珍爱生命,具有保护环境的意识和社会责任感。为今后学习、生活以及终身发展奠定良好的基础。

(一)科学学科德育的整体认识

义务教育科学课程是一门体现科学本质的综合性基础课程，具有实践性。科学课程有助于学生保持对自然现象的好奇心，从亲近自然走向亲近科学，初步从整体上认识自然世界，理解科学、技术、社会与环境的关系，发展基本的科学能力，形成基本的科学态度和社会责任感，逐步树立正确的世界观、人生观和价值观，为今后学习、生活以及终身发展奠定良好的基础；有助于提高全民科学素质，促进经济社会发展和科技强国建设。

科学学科教学本身蕴含着德育内容，科学学科与德育密不可分。《小学科学学科德育实施指导纲要》指出：科学课程可以帮助少年儿童初步形成正确看待自然界和人类科学事业的观念和态度。可以帮助少年儿童获得初步的认识自然和改善自然环境的科学方法，还可以帮助少年儿童初步获得科学精神的滋养，养成学科学、用科学、爱科学的个性心理品质和良好行为习惯。初步理解科学技术具有"双刃剑"的效应，在给人类带来便利的同时，也会给人类带来一些不良影响，需要建立科学技术的制度规范体系、伦理道德体系和法律监督体系，预防和控制科学技术的负面效应，让科学技术更好地为人类造福，促进学生初步形成科学价值观。

1.帮助少年儿童初步形成正确的科学世界观

指导少年儿童通过观察身边大自然里的动物、植物、水、空气、岩石等，知道这些都是由物质构成的，初步认识到自然界一些物质是有生命的，一些物质是无生命的。指导少年儿童通过观察认识动植物的生长、食物链、天气现象、四季的成因、各种地貌的成因等，初步认识到自然界里的万事万物是互相联系和互相影响的。人和所居住的地球，以及大到宇宙空间，小到微观世界，都互相联系互相影响着，懂得人的各种活动也会影响到周围世界。人类为了生存需要向自然界索取，但这种索取是要有节制的，一旦造成了对大自然的破坏，又会受到大自然的惩罚。人类只有认识到自然界的相互联系和相互影响,才能够更好地利用自然、与自然和谐相处,更好地生存和发展。

指导少年儿童通过观察动物、植物的生长发育和生命过程、天气的变化、昼夜和四季变化、水的三态变化等,初步认识物质是变化的,物质的变化形式是多样化的,有些物质变化不产生新的物质,有些物质变化不仅有新物质的产生还伴随着能量的变化,从而认识到自然界的万事万物都处在变化之中。了解自然界物种的衍化、生物体的新陈代谢也都是物质变化的结果。通过分析这些变化,初步认识到自然界事物的变化是有规律的,人类只有认识和掌握自然规律,尊重自然规律,按规律做事,才能更好地生存。

2.帮助少年儿童获得初步的认识自然和改善自然环境的科学方法

指导少年儿童通过循序渐进地学习和经历提出问题、做出假设、制定计划、收集信息、获得结论、报告交流等科学探究的具体方法和过程,知道科学探究的主要方法、基本程序和规范要求,培养良好的问题意识以及在分析和思考中聚焦问题、确定并提出有探究价值的问题的能力。知道事实和证据是得出正确结论的根本保证,能够通过猜想与假设、有计划地观察或实验来收集可靠的科学事实或证据,运用分类、比较、归纳、分析、综合等科学逻辑思维方法对收集的证据进行解释与判断,形成可靠的结论,并能进行陈述与报告,意识到这样的过程是人们解决问题常用的一种行为逻辑和思维范式,是现代社会公民处理各种自然与社会事务应采用的基本方法。

指导少年儿童观察和反思个人的日常生活方式和习惯,尝试将科学探究的方法应用于各类学习和日常生活、社会实践活动,不断完善看问题、想事情和处理日常事务的思维方式和行为习惯,并积极影响周围的人去认同并仿效。

3.帮助少年儿童初步获得正确的科学态度和科学精神

指导少年儿童在科学学习中,通过深入细致和持续地观察、实验、调查、查阅文献等方法,搜集与整理信息,多角度、多层面地发现和提出问题,保持并持续增强对自然界和科学探索的好奇心和积极性,在科学学习中勇于批判、大胆质疑、追求创新,在科学探究活动中发扬不畏艰辛、不怕失败、不达目的誓不罢休的精神。指导少年儿童在持续性的观察、实验、收集数据等活动中,逐渐养成尊重证据、认真细致和持之以恒的科学态度,初步形成基于证据和推理来分析问题、作出判断、形成结论的意识和能力。坚持实事求是,积极自我反思,能够用科学的态度和方法修正与完善自己的观点与行动,主动思考并判断大众传媒信息的真实性与科学性,逐步树立崇尚科学、反对迷信的观念。

指导少年儿童通过科学探究、阅读科学故事、组织辩论会和故事会、访问科学家、参观科技馆等活动,对科学技术发展的历史与未来、进程与轨迹、速度与限度等形成大略的了解,初步学习用发展的眼光看待科学的进程。认同自然界中还有诸多未被人类认识的事物和现象,树立投身科学事业,探索未知、为人类排忧解难的信心与决心。指导少年儿童在科学探究活动中主动与他人合作,积极参与交流和讨论,善于发表个人观点,并乐于倾听不同的意见和理解别人的想法,尊重他人的情感和态度,不迷信权威。

4.帮助少年儿童形成初步的科学规范和公德

帮助少年儿童初步理解科学、技术、社会和环境对于人类生存和发展的意义及其相互关系,懂得科学和技术对社会和环境的影响。认识到人类只有一个地球,认识到资源的有限性与人类需求发展无限性之间的矛盾,认识到保护环境、节约资源是每一个地球村民义不容辞的责任。尝试从保障生命财产安全、节约资源并提高资源利用价值、保护并优化人与自然和谐相处的环境等角度,帮助少年儿童明确为什么要通过建章立制、签约立法等方式规范人类的科学实践行为,形成基本的科学规则规范意识。初步体会到社会需求是推动科学技术发展的动力,初步理解科学技术已成为社会与经济发展的重要力量。了解世界上一些重要的科学发明创造,对人类文明进步的促进作用,同时意识到科学技术有"双刃剑"的效果,一些科学技术在给人类带来福祉的同时,也带来了一些不利影响,初步认识到在科学技术的研究与应用中,需要遵守公共道德,需要接受法律的监督与约束。

5.促进少年儿童形成初步的公民科学价值观

指导少年儿童认识到科学能让自己生活得更美好。通过认识人和动物的生命特征和生长发育规律,初步体会到生命的意义和价值,意识到生命都是平等的和珍贵的,要尊重和敬畏生命,珍爱生命,指导少年儿童认识到科学能把国家建设得更富强。认识到科学技术是我们国家发展工农业生产,实现现代化,提升经济水平,改善人民生活,改善生态环境,增强国防实力和维护世界和平的重要前提,是实现国家富强、民主、文明、和谐、美丽的根本保证,指导少年儿童认识到科学能使社会发展得更和谐。认识到公民的科学素养是国家综合实力的重要体现,意识到提高科学素养,可以提升公民认识规律、尊重规律、遵守规则的科学意识、民主意识和法律意识,促进社会文明进步,有利于建立和完善中国特色社会主义民主和法制,构建自由、平等、公正、法治的中国特色社会,指导少年儿童认识到科学能提升自己报效祖国、服务社会的能力。认识到作为一名国家公民,需要通过学习科学,提高报效国家、服务社会的能力,增强为中华民族复兴担责、奉献的信心与愿望,才能真正发展为合格的社会主义建设者和接班人。

(二)科学学科德育的要素

1.单元学习中挖掘出潜藏的德育线索

以新教科版科学五年级下册教材为例, 提取所有单元的科学德育要素点,如下表。

表2-12　五年级下册各单元德育要素

	单元	主题	德育要素
五年级下册	一单元	生物与环境	认识到人类、动植物、自然环境的相互影响和相互依存的关系
	二单元	船的研究	人类的需求是科技发展的动力，技术的发展和应用影响着社会发展
	三单元	环境与我们	增强环保意识和责任感，积极参与环境保护活动
	四单元	热	能够科学地表达探究的规律，能不断尝试和创新

《环境与我们》单元一共设计了7课，可以分为三个阶段。

第一阶段，第1—2课让学生整体了解地球为人类提供的珍贵而独特的生存条件，了解地球面临的复杂、严重的环境问题。

第二阶段，第3—6课从研究水资源开始，到了解垃圾问题，再到能源利用问题、资源再生问题，具体地了解几个与学生生活贴近的环境问题。

第三阶段，第7课主要分析一个实际的环境问题。以某市城中湖生态环境成功恢复为例，探讨人与自然和谐相处之道。

通过本单元的学习，学生将认识到地球是我们唯一的家园，为我们的生存提供了珍贵的环境条件，意识到人类是自然的一部分，既依赖于环境，又影响环境。学生还认识到地球上的各种资源是宝贵的，能源是有限的，人类的日常生活消耗着大量资源并产生大量污水和垃圾，污水和垃圾危害环境，人类活动对环境的破坏达到了严重的程度。基于上述认识，学生将初步养成垃圾分类、节约资源的习惯，树立节约用水的意识，增强环保意识和责任感，积极参与环境保护活动。

2.课时教学中明确出德育要素

以新教科版科学《解决垃圾问题》一课为例。本课是五年级下册《环境与我们》单元的第4课，主要让学生感知垃圾问题的严重性以及日常生活中如何处理垃圾。本课共有四部分:第一部分——聚焦,直接提出"怎样解决垃圾问题"。第二部分——探索,安排了四个活动。活动一,讨论"什么地方产生垃圾? 产生了哪些垃圾? 这些垃圾的质量有多少? 它们都到哪里去了?",从垃圾的源头、种类、质量、最终去向等方面,引导学生了解垃圾问题的严重性,也是"为什么要重视垃圾问题"的缘由。活动二,家庭生活垃圾统计,教材安排了一个估算活动,估算全班、全校,乃至所在城市一天的生活垃圾的总量。教科书还提供了世界各地区每年垃圾的产生量柱状图和"越来越多的垃圾"文字资料,进一步证实生活垃圾数量庞大。根据班级记录表,把各种各样的垃圾名称写在卡片上,模拟对垃圾进行分类。活动三,了解解决垃圾问题的方法,减量化、再利用、再循环是国际上通用的解决垃圾问题的方法。活动四,说一说对于解决垃圾问题,我们还能够做些什么。第三部分——研讨,有两个问题。第一个问题:"垃圾分类有什么意义?"垃圾是放错地方的资源,不同的垃圾有不同的特点,有一些垃圾的某些部分具有再利用的价值,但只有分类的垃圾才能被合理利用。第二个问题:"我们还能想到哪些减少垃圾的方法? "这是让学生将所学内容与生活实际联系起来,学生会说出他们尝试过的其他方法。第四部分——拓展,让学生做一个堆肥箱。在一个又一个探究活动中,学生全面地了解了目前环境问题的形成原因,并尝试用科学的方法解决问题。不仅锻炼了学生分析问题的能力,还强化了环保意识。

每个学生每天都在制造垃圾、丢弃垃圾,但对于"垃圾里有些什么""垃圾问题有多严重"的认识是模糊的。垃圾处理不当,会导致大气污染、水污染、耕地污染等。处理大量的垃圾是非常困难的,每个学生都可以想办法减少垃圾的产生。教科书插图提供了几个例子,都是学生生活中可以实践和体验的, 这是减少垃圾总量的最有效的措施。垃圾分类是有效处理垃圾的基础,要让学生参与垃圾分类,并指导家长进行垃圾分类。在行动中,学生增强了珍爱生命、热爱自然、保护地球资源与环境的意识和责任感,同时也落实了学科德育。

3.教学活动中关注自然发生的德育事件

在教授《解决垃圾问题》一课时,有同学就对老师布置的回家进行垃圾分类任务提出过质疑。他在平时的生活中观察到:小区里虽然设有各类的垃圾桶,但是很少有人进行分类。就算有专人花费很大的精力分好类之后,这些垃圾还是被一股脑儿地装进一个垃圾车里运走了。由此他认为在家里进行垃圾分类是徒劳的,没有意义的。老师首先表扬了该同学平时观察得很细致,然后对其进行引导:垃圾问题的确是我们目前亟待解决的环境问题之一,但并不是一个只需要某几个人短时间内就能出现立竿见影效果的问题。现在最重要的是要在大家的心里树立垃圾分类的意识。俗话说,一传十,十传百。而最重要的就是从零到一的过程。通过今天的学习,我们已经认同了垃圾分类的做法是科学的、有效的。先从自己做起,逐步地影响身边的人。当有足够多的人能够做到自觉分类之后,你说的这种现象应该就不会出现了。以上这番话不仅是对学生进行德育渗透,也是在对教师自己进行自我提醒。作为科学教师,言传身教是最好的德育教育。

(三)科学学科德育的课时设计

1.教学目标

(1)科学概念目标

①人们生活中要产生大量、成分复杂的垃圾,垃圾危害环境。

②解决垃圾问题,常用的方法是减量化、资源化和无害化。

③垃圾分类有利于资源回收或后续处理处置。

(2)科学探究目标

①能够调查统计家庭一天产生的垃圾、数量和种类。

②经历垃圾的分类分装、回收利用的活动。

(3)科学态度目标

①认识到人类活动对环境破坏的严重程度。

②关注垃圾的去向。

③用实际行动减少垃圾的产生,养成节约的好习惯。

(4)科学、技术、社会与环境目标

从环境效益的角度评价堆肥箱设计。

2.蕴含的德育要素

(1)通过调查活动,学生感受到垃圾与每一户家庭都有着密切的关系,感受垃圾的数量之多,对环境的影响之大。

(2)通过探究活动,学生更深刻理解垃圾分类的意义,也能促进他们参与减少垃圾的活动,将所学知识转化为实际行动。

3.学科德育目标

(1)通过调查、交流,学生明确垃圾来源复杂、种类繁多、数量庞大,意识到垃圾问题的严重性。

(2)模拟垃圾分类,体会分类的实际意义,养成爱护环境的好习惯。

4.教学策略

(1)聚焦

①教师展示照片:展示学生拍摄的小区或村里的垃圾堆放点的照片。

②学生介绍照片:介绍照片是在哪个小区或哪个村拍摄的;说一说拍摄时的情况、感受。

③学生观察教科书第 46 页大型露天垃圾场图,回忆生活中见过的大型垃圾场,感受垃圾的数量之多,对环境的影响之大。

教师提问:"垃圾问题这么严重,怎样解决垃圾问题?"

活动意图说明:通过调查活动,学生感受到垃圾与每一户家庭都有着密切的关系,感受垃圾的数量之多,对环境的影响之大。

(2)探索

①垃圾问题调查。教师提问:"什么地方产生垃圾?产生了哪些垃圾?这些垃圾的质量有多少? 它们都到哪里去了?"

预设回答：

A.家庭每天产生很多垃圾,包括许多厨房里产生的垃圾,这些垃圾被投入垃圾桶。家庭中还会有不少商品包装,一部分被丢弃,一部分可能会卖给收废品的。

B.学校里每天也会产生很多垃圾,大多数是废纸,被投入垃圾桶。

C.建筑工地会产生很多建筑垃圾,这些垃圾很难处理。

学生小组讨论这几个问题,讨论垃圾的源头、种类、质量和最终去向。学生课前做过调查,根据"垃圾问题调查班级记录表"汇报家庭、学校、建筑工地的垃圾种类、质量和去向,教师帮助学生整理有关信息。

②家庭生活垃圾统计。学生汇报这一周内所记录的家庭每天产生的垃圾总量。

学生估算:每人每天平均产生的垃圾总量。

教师协助统计班级内学生每天平均产生的垃圾总量,以此估算全班、全校、所在城市一天的生活垃圾的总量。估算的过程,让学生切实感受垃圾数量的庞大。

③阅读世界各地区每年垃圾的产生量柱状图和"越来越多的垃圾"文字资料,重点证实生活垃圾数量庞大。学生会发现,人类活动制造的垃圾比想象得多。

④出示世界屋脊上的垃圾图,海洋深处的垃圾图,著名风景旅游点的垃圾图,感受全世界的每一个角落都无法避免垃圾问题,这也是我们必须高度重视垃圾问题的原因。

⑤模拟垃圾分类。A.教师介绍:生活垃圾分类的"四分法"。生活垃圾一般可分为四大类:可回收垃圾、厨余垃圾、有害垃圾和其他垃圾。

可回收垃圾:主要包括废纸、塑料、玻璃、金属和布料五大类。废纸主要包括各种旧书报、各种包装纸、办公用纸、纸盒等,但不包括污染的纸巾。塑料主要包括各种塑料袋、塑料瓶、塑料盒、一次性塑料餐具等。玻璃主要包括各种玻璃瓶、玻璃片等。金属物主要包括易拉罐、罐头盒、五金零件等。布料主要包括废弃衣服、布帘、毛巾等。

厨余垃圾包括剩菜剩饭、骨头、菜根菜叶等。

有害垃圾是指如果不加妥善处理可能对环境造成危害或潜在危害的垃圾，比如荧光灯管、干电池、药瓶等。

其他垃圾包括除上述几类垃圾之外的砖瓦陶瓷、渣土等难以回收的废弃物。

认识不同种类垃圾标识，出示图片，学生辨认。

B.模拟分类：学生把各种各样的垃圾名称写在卡片上，粘贴到黑板上的分类垃圾桶图标里，模拟对垃圾进行分类。这与现在校园里、家庭里开展的垃圾分类活动很接近。因为黑板上的分类垃圾桶图标里的垃圾名称卡片能够比较直观地展示垃圾的种类，便于学生体会垃圾的种类复杂。

C.阅读资料：阅读解决垃圾问题的方法，减量化、再利用、再循环是国际上通行的解决垃圾问题的方法。

利用黑板上的分类垃圾桶图标里的垃圾名称卡片，说一说不同垃圾分别可以用哪一种方法解决。

学生结合生活经验说一说对于解决垃圾问题，还能够做些什么。可以根据插图的提示，说一说自己力所能及的环保行动，每一个学生小小的选择，会凝聚成巨大的力量。这些环保行动不仅要成为学生的认知，还应该成为他们的行为习惯。

活动意图说明：让学生明确垃圾来源复杂、种类繁多、质量大，大多数最终去了垃圾填埋场，而垃圾埋满场实际上并没有完全解决垃圾处理问题。通过交流，理解垃圾问题的严重性。估算的过程，会让学生切实感受垃圾数量的庞大。模拟分类活动能够比较直观地展示垃圾的种类，便于学生体会垃圾的种类复杂。

5.教学反思

说起环境保护,学生可能马上会联想到垃圾处理问题。在日常生活中,每个人每天都在产生垃圾和丢弃垃圾，学生可能会感受到垃圾问题的严重性,但对于"垃圾都有哪些类别""垃圾问题有多严重"的认识是模糊的。垃圾处理不当,会导致大气污染、水污染等二次污染。这节课的首要目标就是要让学生意识到垃圾问题的严重性。然后倡导每个学生都应该想办法尽量减少垃圾的产生,这是削减垃圾总量最有效的措施。垃圾分类是有效处理垃圾的前提和基础,要让学生参与垃圾分类,甚至引导学生带动家庭参与垃圾分类这样的全社会环保行动。

这节课首先向学生出示身边垃圾堆、垃圾场的照片,可以让学生直观地感受到垃圾与每一户家庭都有着密切的关系,感受垃圾的数量之多,对环境的影响之大。由此来激发学生想要解决问题的热情。接着通过调查、交流、估算等活动,让学生明确垃圾来源复杂、种类繁多、质量大,大多数最终去了垃圾填埋场,而垃圾填埋场实际上并没有完全解决垃圾处理问题。再一次让学生意识到垃圾问题的严重性。然后在老师的带领下进行了模拟垃圾分类的活动,这些环节不仅要成为学生的认知,还应该成为他们的行为习惯。老师要传递给学生:这是一种解决垃圾问题的切实可行的办法,需要我们每个人参与并坚持下去。我们每一个小小的行为,都会凝聚成巨大的力量。

上完这一节课,有越来越多的学生参与到了垃圾分类的行动中。在班级里、校园中甚至是自己的家中,以及社区里都能看到他们的身影。也能够听到同学之间探讨如何进行垃圾分类的声音。这说明了我们这节科学课对于学生的影响是可观的、有效的。但是随着时间的流逝,学生的热情也逐渐消退,有部分同学没有将垃圾分类坚持下去。一方面原因毕竟一节课的影响力是有限的,需要后续开发更多的相关课程对学生进行深化。另一方面原因就是老师们对学生的重要影响。老师们在学校的行为举止都被学生看在眼里。因此需要老师在课下做好表率作用,真正地落实垃圾分类。老师的一言一行对学生来说就是最好的德育教育。

德育干部点评

德育教育是五育并举的核心,有效组织课堂教学,促使学生知、情、意、行和谐发展,是学科德育建设的基本性策略。利用科学学科特点与科学思维方法,激发学生学习兴趣,是科学学科德育建设的关键性策略。学生的学习动机、学习兴趣对科学学习效果有重大影响,在教学过程中不断培养学生爱科学、学科学、用科学的热情,这些都是在科学教学过程中进行学科德育的良好途径。

本节课以新教科版科学《解决垃圾问题》一课为例,学生通过感知垃圾问题的严重性以及日常生活中如何处理垃圾,将进一步认识到地球是我们唯一的家园,为我们的生存提供了珍贵的环境条件,意识到人类是自然的一部分,既依赖于环境,又影响环境。学生还可以认识到地球上的各种资源是宝贵的,能源是有限的,人类的日常生活消耗着大量资源并产生大量污水和垃圾,污水和垃圾危害环境,这些都蕴含有极其丰富的学科德育因素。在教学组织方面,教师课上通过展示图片、视频等学习资源和通过实际数字计算切实感受垃圾产生的量之大,让学生的学习更形象具体。课内外结合方面,学生通过家庭产生垃圾统计的过程,这既提升了学生的自主学习能力,也有利于增强环保意识。初步养成垃圾分类、节约资源的习惯,形成节约用水的意识,增强环保意识和责任感,积极参与环境保护活动。

科学课程是一门体现科学本质的综合性基础课程,具有很强的实践性特征。科学课程有助于学生保持对自然现象的好奇心,从亲近自然走向亲近科学,初步从整体上认识自然世界,理解科学、技术、社会与环境的关系,发展基本的科学能力,形成基本的科学态度和社会责任感,逐步形成正确的伦理和道德的价值取向,热爱自然,珍爱生命,具有保护环境的意识和社会责任感。因此科学学科德育可以很自然地融入科学的学习和实践,进而帮助每一名少年儿童初步形成正确看待自然界和人类科学事业的观念和态度。

（首都师范大学附属小学　王天宇）

八、小学道德与法治学科德育案例

《义务教育道德与法治课程标准》（2022 年版）在课程性质部分明确指出：道德与法治教育基于社会发展和学生成长的需要，以正确的政治思想、道德规范和法治观念对学生进行循序渐进的系统化教育，在道德教育中发挥法治对道德的促进作用，在法治教育中发挥道德对法治的滋养作用，使道德教育与法治教育相辅相成、相得益彰，培养学生成为担当民族复兴大任的时代新人。道德与法治课程立足发展学生核心素养，以引导学生学习和掌握道德与法律的基本规范，提升思想政治素质、道德修养、法治素养和人格修养为主旨，增强学生做中国人的志气、骨气、底气，为培养以实现中华民族伟大复兴为己任的有理想、有本领、有担当的时代新人打下牢固的思想根基。所以，道德与法治课程在教学过程中要重视研究学生的特点，根据不同学段学生身心发育成长的实际情况，以道德教育和法治教育内容为主，以生命安全与健康教育、中华优秀传统文化教育、革命传统教育、国情教育为主题，借鉴人类文明优秀成果，有机融入国家安全教育、劳动教育以及信息素养教育、金融素养教育等相关内容和素材，形成主次分明、层次清晰、相互支撑、螺旋上升的内容体系，全面落实道德与法治课程的育人功能。

（一）道德与法治学科德育的整体认识

《义务教育道德与法治课程标准》（2022 年版）在课程理念部分明确指出：道德与法治课程以马克思列宁主义、毛泽东思想、邓小平理论、"三个代表"重要思想、科学发展观、习近平新时代中国特色社会主义思想为指导，引导学生理解用马克思主义的立场、观点、方法观察时代、把握时代、引领时代的意义，形成正确的世界观、人生观、价值观，践行和弘扬社会主义核心价值观，坚定理想信念，厚植爱国主义情怀，增进对伟大祖国、中华民族、中华文化、中国共产党、中国特色社会主义的高度认同,把爱国情、强国志、报国行自觉融入坚持和发展中国特色社会主义事业、建设社会主义现代化强国、实现中华民族伟大复兴的奋斗之中。坚持道德与法治课程的思想与价值引领,着力引导学生用理想之光照亮奋斗之路、用信仰之力开创美好未来,发挥道德与法治课程在落实立德树人根本任务中的关键作用。道德与法治课在义务教育阶段发挥着培根铸魂的重要作用。习近平指出:每一位思政课教师要牢记自己的使命,要给学生心灵埋下真善美的种子,引导学生扣好人生第一粒扣子。所以说,道德与法治课程在培养社会主义事业接班人的课程体系中,发挥着主渠道的作用,担当着品德教育的重要使命。

1.围绕核心素养确立教学目标

崔允漷指出:课程核心素养是该课程育人价值的集中体现。并指出该课程在落实立德树人根本任务中的独特贡献,是学生通过该课程学习之后而逐步养成的关键能力、必备品格与价值观念。道德与法治课程要培养的核心素养,主要包括政治认同、道德修养、法治观念、健全人格、责任意识。政治认同是社会主义建设者和接班人必须具备的思想前提,道德修养是立身成人之本,法治观念是行为的指引,健全人格是身心健康的体现,责任意识是担当民族复兴大任时代新人的内在要求。

在教材编写建议中有这样的要求:教材设计要基于学生不断扩大的生活范围,着眼于发展学生的核心素养。充分关注学生可感受、可参与的社会生活,引导学生通过分析和解决现实生活问题,逐步扩展和深化自己的认识,学会正确的思维方法,树立正确的世界观、人生观、价值观。教材的呈现要有利于培育核心素养,有助于学生通过自主探究提高思维水平。

教师在教学中,要以发展学生核心素养为基础,用心研究教材,精心挖掘资源。要结合学生的实际生活确立恰当的教学目标,为发展学生的核心素养而努力。

2.要关注学生生活，解决实际问题

《义务教育道德与法治课程标准(2022年版)》在教学建议部分指出：教学要围绕课程内容体系，及时跟进社会发展进程，结合国内外影响较大的时事进行讲解。要将党和国家重大实践和理论创新成果引入课堂，充分体现马克思主义中国化最新成果。要密切联系社会生活和学生生活实际，用富有时代气息的鲜活内容，以学生喜闻乐见的方式，增强道德与法治教育的时效性、生动性、新颖性，让道德与法治课成为有现实关怀和人文温度的课堂。

道德与法治教材中的教学内容只是给我们提供了一种教学的范本，在教学中，作为教师要深刻领会教材的含义，选取能够体现时代发展的教学内容，及时跟进社会发展进程，引导学生关注国内外大事，并能用自己的知识和观点分析这些事例，辩证地看待身边的问题。能够将党和国家重大实践和理论创新成果引入课堂，引导学生思考自己身边存在的社会问题，增强每一位同学的责任感和使命感。结合具体生活案例，引导学生发现问题、分析问题、解决问题，提升道德理解力和判断力，从而发展学生的核心素养。

3.设计多样评价，指导学生不断发展和完善自我

道德与法治课程的评价要围绕发展学生核心素养展开。崔允漷指出：核心素养不是一个抽象的概念，是一个人在具体的社会生活中遇事时所表现出来的正确的价值观念，必备的良好品格和关键能力。它是能够从一个人的言行中看得到的。

所以道德与法治课程的评价也应该强调在真实生活中的表现的评价，是一种具有指导性、发展性的评价。它更强调指示学生行动的方向，且重视学生在家庭、在学校、在社会生活中的具体行为表现。因此，道德与法治课程的评价不仅要有结果评价，还要有过程评价。有学生的自我评价，教师的评价，还要有同伴之间的相互评价。另外，家长参与评价和社区人员参与的评价也很重要。这就要求教师在设计评价时，要考虑评价的方式多样，评价的角度要多元，同时还要把纸笔测试、学生成长记录袋和日常行为表现等多项

评价结合起来,对学生的核心素养发展起到引领和改进的作用。

(二)道德与法治学科德育的要素

1.在单元教学中落实核心素养目标

关于指向核心素养的大单元教学设计,崔允漷先生指出这里的单元区别于教材中的单元,而是一种学习单位。也许用建筑单元来类比更容易理解,原有教材的单元好比一个个独立的钢筋、水泥等建材单位,而学习单元则好比我们的住房"单元"。一个建筑单元由屋顶、户型、楼层、楼梯、钢筋、水泥、门窗等组成,依次类推,一个学习单元由素养目标、课时、情景、任务、知识点等组成,单元就是将这些要素按某种需求和规范组织起来,形成一个有结构的整体。

崔先生的话告诉我们,如果只关注知识、技能、习题、分数等,而忽视学生的能力、品格与观念的培养,会导致"高分低能、有分无德、唯分是图"的问题。所以我们不能只顾着钢筋、水泥,也要关注户型、楼层、门窗等更多内容,这样学生才能学会造房子。我们要把每一课放到单元整体中去看,才能发现它在整个单元中的重要地位。但是如果把它拿出来单看,可能根本不能看出课与课之间的联系,更不能让它为单元目标服务,离发展核心素养的要求就远了。以统编版小学道德与法治五年级下册第二单元"公共生活靠大家"为例,我们可以看出教材的编排是以学习活动为核心规划的教材结构,本单元共安排了三节课,具体如图 2-15 所示:

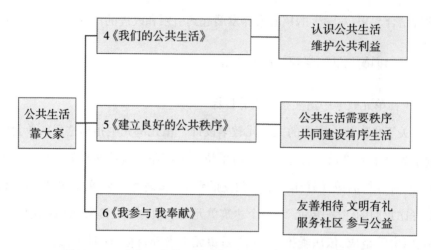

图2-13　五年级下册第二单元《公共生活靠大家》教材结构图

如果单独看每一课,我们可以确定它们分别讲的是介绍公共生活;建立良好的公共秩序才能更好地参与公共生活;我能参与各种活动,做出自己的贡献。于是有些教师把它们定位在引导学生了解公共生活,掌握参与公共生活的知识。如果我们把这三课放在大单元中去看,我们就会发现单元主题是这个单元的灵魂,《公共生活靠大家》这一单元的主旨是:构建和谐有序的公共生活人人有责。指向的核心素养是:树立责任意识,增强社会责任感。我们的课程是为培养未来的好公民服务的,只有在核心素养的目标指引下进行大单元教学才能更好地为学生的全面发展服务。

道德与法治课程核心素养中的责任意识是指具备承担责任的认知、态度和情感,并能转化为实际行动。在本套教材中涉及责任意识素养的内容有八个单元。具体内容如图 2-14 所示:

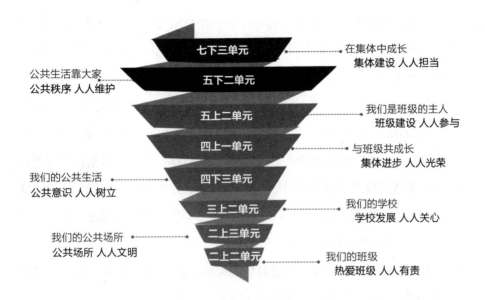

公共生活靠大家
公共秩序 人人维护

七下三单元 → 在集体中成长
集体建设 人人担当

五下二单元

五上二单元 → 我们是班级的主人
班级建设 人人参与

四上一单元 → 与班级共成长
集体进步 人人光荣

四下三单元

我们的公共生活
公共意识 人人树立

三上二单元 → 我们的学校
学校发展 人人关心

二上三单元

我们的公共场所
公共场所 人人文明

二上二单元 → 我们的班级
热爱班级 人人有责

图2-14 本套教材中涉及责任素养意识的内容

这些内容很好地体现了螺旋上升的知识体系,在教学时,教师要深入研读教材,只有把每一课内容放到单元中去考虑,才能准确定位单元目标及核心素养目标,才能找到单元大任务,明确单元教学目标,才能更好地为学生的学习提供帮助。而我们只有把这些内容统一放到一个核心素养目标体系中去看,才能准确定位每一个单元的目标,才能做到守好一段渠,种好责任田。

2.在课时教学中明确德育要素

知识是学习的载体,道德与法治课程的目的是通过知识传授,帮助学生形成正确的价值观,所以道德与法治教学不仅强调价值性,还要注重知识性,而且要寓价值观引导于知识传授之中,做到知识性与价值性的统一,才能达到最佳的教学效果。

本单元的关键知识点是:积极参与社会生活,共同维护公共利益,建设良好公共秩序。具体到每个课时的知识点是:①公共生活的含义、公共生活的特点。②公共设施在公共生活中的作用。③共同维护公共利益共享公共生活。④有序的公共生活保障社会稳定、彰显社会风气、体现社会文明。⑤构建有序生活需要个人、社会、国家共同参与。⑥友善待人、文明有礼有助于构建和谐公共生活。⑦公益事业传递正能量,积极参与力所能及的公益活动。

《文明有礼》是统编版《道德与法治》五年级下册第二单元《公共生活靠大家》中的第三课《我参与 我奉献》中的第三个话题。《我参与 我奉献》一课旨在引导学生认识到友善待人、文明有礼、服务社区、参与公益是构建和谐社会需要秉持的价值选择,使其树立责任意识,增强社会情感。《文明有礼》这一课时侧重的知识点是:友善待人、文明有礼,有助于构建和谐公共生活。

在教学中,教师安排了这样的活动:

教师出示生活中不戴口罩逛商场的视频。并提问:不同角色的人面对不戴口罩的行为会怎么做? 为什么这么做?

角色1:未戴口罩者。

角色2:路人。

角色3:志愿者。

角色4:服务人员。

……

(学生以小组为单位,选择一个角色进行讨论。)

学生讨论后,教师出示新冠肺炎病毒的传染率图片。提问:看完后你有什么想法?

最后总结:有些人缺乏公共意识,过分强调自己的利益,妨碍甚至危害他人和社会利益,不利于构建平等友善的社会。因此,我们应该多为他人考虑,在行使自己权利的同时,也不要伤害了他人的利益。(板书:提高文明意识　学会换位思考)

在角色扮演和知识学习的过程中,培养学生的责任意识。

3.在教学活动中关注自然发生的德育事件

在进行角色扮演的过程中,学生针对未戴口罩者这个角色的真实想法提出了很多见解。有的同学说戴口罩太闷了;有的同学说我身边没有阳性患者,我不需要戴口罩;有的同学说我说话的时候声音太小了,说话时我需要把口罩摘下来;还有的同学说吃饭时候也不戴口罩,所以平时戴口罩,其实也没什么作用……这些只是针对视频中出现的现象进行了讨论,但是反映出了学生的真实想法。在日常生活中,教室里有很多同学不能按照要求佩戴口罩。可能就是因为这样的想法,当学生中出现不同的声音时,教师要及时纠正学生的错误观点,掌握正确的做法。告诉学生戴口罩既是保护自己,也是爱护他人的做法。这是参与社会生活时,对社会负责任的一种表现。

(三)道德与法治学科德育的课时设计

1.教学目标

(1)通过评析生活中的文明行为和不文明行为,知道个人既是文明的践行者,也是和谐生活的受益者。

(2)通过对不文明行为影响的讨论,认识到构建和谐友善的社会需要社会成员提高公共意识。

(3)知道文明有礼体现在每个人的言行中,能规范自身言行,塑造文明形象。

2.蕴含的德育要素

(1)通过评析生活中的文明行为和不文明行为,知道个人既是文明的践行者,也是和谐生活的受益者。

(2)通过多角度分析不文明行为带来的影响,意识到行使自己权利的同时也不要伤害了他人的利益。

(3)通过文明形象设计的活动,规范自身言行,成为文明有礼的人。

3.学科德育目标

(1)评析生活中的文明和不文明行为,使学生认识构建和谐的公共生活,需要我们做到文明有礼。

（2）通过多角度认识不文明行为带来的影响,使学生意识到构建和谐友善的社会需要社会成员提高公共意识。

（3）通过文明形象设计的活动,知道文明有礼体现在每个人的言行中,规范自身言行,塑造文明形象,才能共同建设和谐的公共生活。

4.教学策略

环节一:文明有礼面面观

学生观察出示的图片,分辨哪些行为是文明行为?哪些行为是不文明行为?

学生小组内交流"公共生活文明有礼调查表"的情况,调查内容见表2-13。在全班分享自己的发现和感受。

表2-13　公共生活文明有礼调查表

调查地点		调查对象		调查时间	
调查内容	1.这里有哪些文明行为和不文明行为? 2.哪种不文明行为令你最反感?				
调查记录					
我的看法					

补充出示其他不文明行为图片,学生进行评析。明确不文明的行为往往会给其他人造成许多不良的影响,伤害他人的利益。

观察图片(文明行为)并思考"如果人们都这样做,你又有怎样的感受？"从而总结出每个人既是文明的践行者,也是和谐生活的受益者。构建和谐的公共生活,需要我们做到文明有礼。

活动意图说明:通过课前调查、分辨评析校园生活中和社会环境中人们的行为,总结出文明行为和不文明行为带来的影响,引导学生认识到每个人既是文明的践行者,也是和谐生活的受益者。构建和谐的公共生活,需要我们做到文明有礼。

环节二:文明意识要提高

结合学校体育器材随意乱放的图片,分析校园中的体育器材乱放现象对不同的人产生的不同影响。

观看生活中不戴口罩逛商场的视频后,思考不同角色的人面对不戴口罩的行为会怎么做? 为什么这么做?

(角色1:未戴口罩者;角色2:路人;角色3:志愿者;角色4:服务人员……)

学生小组讨论本组所选角色的做法和原因,并在全班交流。

结合新冠肺炎病毒传染率的资料,学生交流自己的看法。

小结:有些人缺乏公共意识,过分强调自己的利益,妨碍甚至危害他人和社会利益,不利于构建平等友善的社会。

活动意图说明:从分析校园中的体育器材乱放现象对不同的人产生的不同影响,再到生活中的不戴口罩逛街行为对不同人产生的不同影响。使学生从多角度认识不文明行为带来的影响。引导学生意识到构建和谐友善的社会需要社会成员提高公共意识,文明意识。

环节三:文明形象我塑造

阅读教材38页阅读角中的内容后谈自己的感受。

完成公共场所的文明形象设计,并在全班分享。

提示在设计时参考评价标准(出示评价标准),具体内容见表2-14。

表2-14　评价标准

评价项目	评价指标	评价标准	等级
设计一个在公共场所的文明形象	能独立完成设计并愿意与同学交流	设计中体现了两个方面以上的内容，每个方面写出两点。如语言文明、举止文明、不同场合的文明行为等	5☆
		设计中体现了两个方面的内容，每个方面写出两点。如形象文明、语言文明等	3-4☆
		设计中体现了一个方面至少两点内容	2☆

总结:我们每个人在参与公共生活时,都应该提高文明意识、心中有他人,时刻提醒自己约束自身言行,做到文明有礼。构建和谐社会,也是社会主义核心价值观给我们提出的要求,只有人人都拿出实际行动来,做一个文明有礼的社会成员,才能共同建设和谐的公共生活,所以我们时刻要牢记:公共生活靠大家。

活动意图说明:通过文明形象设计的活动,引导学生发现文明有礼体现在每个人的一言一行中,人们应该自觉约束自己的行为。只有人人都拿出实际行动来,做一个文明有礼的社会成员,才能共同建设和谐的公共生活。

5.教学反思

通过之前的学习，学生们明确了公共生活需要共同建设，公共利益共享受,知道了公共生活需要良好秩序来维护,构建有序和谐公共生活需要群策群力。但对于文明有礼不仅是个人素养的要求,也是构建公共生活的需要认识得还不够,所以《我参与 我奉献——文明有礼》这一课的学习需要将学生对文明有礼的认识以个人修养延展到公共生活建设的层面, 进而引导学生将个人与集体、个人与社会,个人利益与集体利益建立联系,提升学生的集体意识、公共意识。在教学时,如何将学生对文明有礼的认识以个人修养延展到公共生活建设的层面,从而提升学生的集体意识、公共意识,这是重要的反思点。

(1)从基本认识到多角度认识

通过前期对学生的前测发现,学生对生活中的各种文明和不文明行为有了基本认识，但是不能从多角度认识一个人的不文明行为给他人乃至国家带来的影响。所以在本节课的教学设计中安排了如下两个环节。在环节一中，通过评析校园生活中和社会环境中人们的行为，总结出文明行为和不文明行为带来的影响，引导学生认识到每个人既是文明的践行者，也是和谐生活的受益者。构建和谐的公共生活，需要我们做到文明有礼。在环节二中，从分析校园中的体育器材乱放现象对不同的人产生的不同影响，再到生活中的不戴口罩逛街行为对不同人产生的不同影响。使学生从多角度认识不文明行为带来的影响。引导学生意识到构建和谐友善的社会需要社会成员提高公共意识。这样的过程能引导学生从多角度将文明有礼的认识从个人修养延展到公共生活建设层面。

（2）从生活中来到生活中去

道德与法治课程的理念是以社会发展和学生生活为基础，构建综合性课程。根据课程标准和编写指导思想，本册教材重点突出了，从儿童真实生活出发，实现学科内容的整合；从学生的学习行为出发，促进儿童自主活动；以教材的生活指导职能，激发对生活的热爱。我们的课程是"接童气"的课程，力求和学生的生活相联系，为儿童的生活服务，解决学生实际问题。

在教学时，案例的选择更接近学生的生活。校园生活中文明行为和不文明行为的辨析，通过对校园之外的社会环境中人们的文明素养的调查，分析校园中的体育器材乱放现象对不同的人产生的不同影响，生活中的不戴口罩逛街的行为对不同人产生的不同影响。这些都是学生自己亲身经历、参与的，更容易感同身受，引发思考。从学习这些案例时掌握的分析方法、领悟的道理等便可运用到解决生活实际问题中去。

（3）自助式教学活动

在教学中密切结合学生的生活实际，通过课前调查、分角色交流、小组讨论、形象设计等自助式教学活动，引导学生将个人与集体、个人与社会，个人利益与集体利益建立联系，提升学生的集体意识、公共意识。调查表的运用让学生在调查中发现问题、引发思考(为什么会这样、会带来哪些影响……)、寻求解决的办法。分角色交流能让学生站在不同的角度思考问题,与他人、集体、社会乃至国家建立联系。形象设计则是把"容止格言"中的内容与自身建立联系,发现文明有礼体现在每个人的一言一行中,能提醒自己约束自身言行。在文明形象自我塑造的设计中,出示任务的同时给出评价表,这样学生在设计的时候目标是清晰的,知道自己的设计处于什么标准,有助于提高学生整体的水平。

以上三点思考不仅适用于本节课的教学,我想对于道德与法治学科的教学也是适用的。教学中引导学生多角度的思考,选取不同形式的教学活动,充分发挥学生的主观能动性,提升学生全面发展。

德育干部点评

2020 年 8 月,习近平总书记在参加学校思想政治理论课教师座谈会时曾强调:"蒙以养正,圣功也。"就是说青少年教育最重要的是教给他们正确的思想,引导他们走正路。思政课是落实立德树人根本任务的关键课程,思政课作用不可替代,思政课教师队伍责任重大。道德与法治课程是义务教育阶段的思政课。认真上好每一节道德与法治课,让学生能够有收获,为发展学生的核心素养服务,是我们的责任。

在《文明有礼》一课的教学中,教师能够从核心素养发展的视角进行大单元教学设计,在确定单元目标,大任务及单元知识点后,把每一节课的教学目标与知识点一一对应,让每一个课时的教学都能围绕核心素养而展开,为学生的全面发展服务。

在课程资源的选择方面教师也是非常用心的。新课标在课程资源选择方面做出了具体要求:课程资源的选择要立足学生实际,重视资源的典型性和适切性,注重知识性与价值性有机统一,发挥课程资源促进学生发展的育人价值。教师在教学中,关注了当下最典型的一种现象:疫情期间,有些人不能正确佩戴口罩,该怎么引导学生认识这个问题呢?教师非常巧妙地选取了生活中一个真实的画面:"有些人逛商场不戴口罩。"让学生进行角色扮演,体会不同的人的真实想法。最后出示新冠病毒传染率的资料,告诉学生戴口罩的重要性。这不仅解决了学生日常生活中存在的问题,而且真切地拨动了学生的心灵之弦,让学生能够通过本节课的教学深刻地认识到,戴口罩不仅能够保护自己而且是保护他人,为防止疫情传播,做出贡献。

学生的核心素养不是教出来的,也不是在课堂教学中能够看出来的,而是要在活动中让学生悟出来的,所以本节课安排了反思活动:文明形象我塑造。引导学生在活动中体会这个单元所指向的课程核心素养的具体内容。以期达到培养学生责任意识的目的,引导学生认识到参与公共生活时,每个人都要为维护公共秩序做出自己的努力。

(首都师范大学附属小学　王瑶)

九、小学信息科技学科德育案例

《义务教育信息科技课程标准》(2022年版)明确指出:信息科技是现代科学技术领域的重要部分,主要研究以数字形式表达的信息及其应用中的科学原理、思维方法、处理过程和工程实现。当代高速发展的信息科技对全球经济、社会和文化发展起着越来越重要的作用。

义务教育信息科技课程具有基础性、实践性和综合性,为初中阶段的信息科技课程的学习奠定基础。信息科技课程旨在培养科学精神和科技伦理,提升自主可控意识,培育社会主义核心价值观,树立总体国家安全观,提升数字素养与技能。

习近平总书记指出:"爱国主义是我们民族精神的核心,是中华民族团结奋斗、自强不息的精神纽带。"加强对广大青少年的爱国主义教育是每个教师的责任,是落实立德树人根本任务,培养社会主义建设者和接班人的重要使命。小学信息科技课程的总体教学目标是要培养学生对中国共产党的朴素感情,为自己是中国人而感到自豪。信息科技教师更应该意识到学科育人的重要性,创设"形真""情深""意远"的多样化教学情境并应用于教学实践,自然而然地将立德树人融入日常的信息科技教育中。

(一)信息科技学科德育的整体认识

聚焦新时代背景下落实立德树人根本任务和发展素质教育的现实要求,学科育人功能日益得到重视,新时代的信息教师,需要秉承转变"重技能,轻育人"观念,把德育渗透到课堂教学中,致力于探究信息科技教学情境在立德树人实践下的有效性。通过对教材的专研探究,对学生生活和社会时事的整合,设计出多样化的教学情境进行实践,在各种情境化教学中以"随风潜入夜,润物细无声"的方式达到教书、育人双重目的。

信息科技的核心素养主要包括信息意识、计算思维、数字化学习与创新、信息社会责任。其中,信息社会责任主要指个体在信息社会中的文化修养、道德规范和行为自律等方面应尽的责任。具备信息社会责任的学生,能理解信息科技给人们学习、生活和工作带来的各种影响,具有自我保护意识和能力;乐于帮助他人开展信息活动,负责任地共享信息和资源,尊重他人的知识产权。自觉遵守信息科技领域的价值观念、道德责任和行为准则,形成良好的信息道德品质,不断增强信息社会责任感。

结合《义务教育信息科技课程标准》(2022 年版)和信息科技 2022 年版新课标,对中小学不同学段进行了信息德育的教学目标设定。对于低年级段(1—2 年级)的教学,突出创设贴近学生生活的教学情境,引导学生使用数字设备解决学习与生活中的小问题,感悟数字设备带来的新的学习方式。在数字化环境下交流与分享时,帮助学生养成友善评论、正确使用数字设备的好习惯,使学生乐于与他人分享信息。例如通过网上参观故宫博物院、敦煌博物馆等数字博物馆,引导学生欣赏中华优秀传统文化,从小种下爱国的种子。对于小学中年级(3—4 年级),教师可以结合我国在线社会发展的实例,让学生感受在线社会中学习与生活方式的变迁,在培养学生幸福感与从容感的同时,让学生的信息意识在活动中得到提升。例如可以通过小组活动,探讨"扫码支付""扫码下载""公共场所 Wi-Fi 使用"等在线实例,让学生知晓在线社会中信息安全对生活的影响,进而帮助同学牢记在浏览传播数据时要遵守正确的行为规范,保护自己,尊重他人。对于小学高年级学段(5—6年级)则通过结合生活中的实例,理解过程控制系统存在的安全问题,知晓自主可控系统的安全性,能够以身边实例为载体,进行探索和尝试,激发同学们创作的积极性,提升同学们的科技意识,从小养成发现问题、分析问题、解决问题的思维习惯。

信息科技围绕核心素养确定教学目标,实行"教学评一致性"研究。树立正确的评价观念,坚持以评促教,体现"教-学-评"一致性。引导教学落实立德树人根本任务,践行社会主义核心价值观;引导教学顺应时代发展、技术创新和社会变革,推进教与学方式改革,着力发展学生核心素养。通过评价提升学生对自我的认识,促进学生的学习,改进教师教学和优化教学环境。在评价中注重建立情境与问题或与任务间的关联,注重家校共育,使学生树立信心,积极反思,从而发挥评价的促学功能。

本案例将从信息科技学科内涵、学科价值层面以及教学内容、教材呈现、课堂教学实践(教学方法和学习方法)、教师素养方面进行有意识的探索与研究。

(二)信息科技学科的德育要素

1.单元学习中挖掘出潜在的德育线索

单元是基于一定目标与主题所构成的教材与经验的模块、单位。以明确的单元主题为导向,通过对教材内容的整合和补充,创设基于生活和经验的情境,以任务驱动,以活动为载体的教学形式。以海淀区信息技术实验教材三年级下册为例。

表2-15   海淀区信息技术实验教材三年级下册单元目录

	单元	主题	学科德育渗透
三年级下册	第一单元	神奇的画图	通过绘出美丽的图案，表达对美好生活的憧憬
	第二单元	美丽的海淀世界	通过美丽的海底世界，唤起人们无限的遐想，呼吁人们爱护环境
	第三单元	绿色家园	环境优雅、文明整洁的"绿色家园"需要大家共同维护
	第四单元	美丽世界	美无处不在，只要你热爱生活、细心观察，就会发现身边各种不同的美

（资料来源：《海淀区信息技术实验教材》三年级下册）

在以海淀区信息技术实验教材三年级下册的第三单元为例，本单元的主题是绿色家园，以"绿色家园"需要大家共同维护为主题，编排了5课时，"整洁的社区"是通过"选中和移动"将果皮放进垃圾桶，提高学生环保意识；"红领巾植树节"是通过"图形复制粘贴"提高学生美化环境的意识；"社区活动要文明"是通过"翻转、旋转"提高学生社区文明意识；"花园警示牌"是通过"添加文字"提高学生保护环境爱护环境的意识；"我会整理我的画"是培养学生规划、整理自己的物品，提升收纳整理意识。

表2-16   海淀区信息技术实验教材三年级下册第三单元课程目录

	课题	学科德育渗透
第三单元绿色家园	整洁的社区——图形的选定和移动	体会到了垃圾分类的重要性，学会在生活中进行垃圾分类
	红领巾植树节——图形的复制与粘贴	了解植树可以美化生活环境，要爱护这些绿色植物
	社区活动要文明——图形的翻转和旋转	了解垃圾分类的正确方法，树立垃圾分类的意识
	花园警示牌——添加文字	通过为花园添加警示牌，感受保护环境的重要性
	我会整理我的画——管理自己的文件夹	能够做到不随意移动、删除别人的文件，培养信息安全防护意识

（资料来源：《海淀区信息技术实验教材》三年级下册）

2.课时教学中明确出德育要素

课堂教学是落实德育教育的主阵地,应该在潜移默化中落实德育教育。首先在明确单元德育要素的基础上,明确课时德育要素。准确把握教材中德育要素与学生实际思想品德的契合度,更要捕捉最佳德育渗透时机,在恰当的环节中进行德育渗透。

"整洁的社区——图形的选定和移动"一课是海淀区信息技术实验教材三年级下册第三单元中的一课作为提升单元,在内容设计上体现了由浅入深的特点。学生从使用画图工具绘画到对自己绘制的素材或者已有素材加工过渡,了解更丰富的创作方式。在创作中感受环保的重要性,以"绿色家园"为单元主题进行环保意识的潜移默化教育。了解垃圾分类的正确方法,树立垃圾分类意识。通过作品的完成,感受宣传和保护环境的重要性。

本单元内容是在为社区做贡献的大任务下,分解成不同子任务,从而产生作品制作需求。根据任务需求,联系生活实际进行分析,明确解决问题的思路。尝试自主探究完成任务,遇到困难可以观看演示视频。利用所学知识在生活中的应用案例,发散学生思维,为学生解决更多问题打下基础。通过总结作品创作的思路和技巧,培养学生的创新意识。

本单元通过五课时的学习,让学生能够根据不同场景、不同对象形状和背景颜色,灵活选择合适的工具来选择、移动图案,学会在一个文件内和两个文件之间使用"复制和粘贴"工具,根据需要调整图像的大小、位置,能够根据需求对整张图片或部分内容进行"翻转和旋转"的操作,在画面中合适的位置添加文字,并能够编辑、修改。

三年级小学生正处于智力发展的过渡期,具有如下能力:可以借助自己已有的知识去获取新知识;有两年的美术学习经历,有一定的造型表现能力;学习了半年信息技术课,掌握了计算机简单操作。同时,三年级学生也正处于形成个人价值观的关键期,通过环保主题的学习为同学们树立环保意识,并通过信息宣传手段号召身边的人做好环保。培养他们从小树立正确的人生观、价值观。

通过学习"图形的选定和移动"课将散落在地上的香蕉皮放到垃圾桶中，让学生领悟环保要从我做起，从身边小事做起。养成随手将垃圾扔进垃圾桶的习惯，人人爱护环境的良好社区氛围，提高学生保护环境爱护环境的意识，懂得"爱护环境人人有责"。课堂上同学们完成了移动和复制香蕉皮的操作后，小组讨论生活中是否遇到过这样的人或事物？面对这样的情况我们应该如何处理？有的同学提出要写标识牌提示；有的同学提出如果看到有人扔垃圾，直接去提醒或者当场制止这种行为；在扔垃圾时要注意垃圾分类……教师以此为契机抓住教育机会，进行环保教育，让大家感受环保的重要性。

(三)信息科技学科德育的课时设计

1.教学目标

(1)根据不同场景、不同对象的形状和背景颜色，灵活选择合适的工具选择、移动图案。

(2)在分析问题的过程中，学会将生活与学习相结合，提升解决问题的能力。

(3)了解垃圾分类，体会到了垃圾分类的重要性，学会在生活中进行垃圾分类，自觉担负环保的责任。

2.蕴含的德育要素

本课通过"乱扔香蕉皮"生活情景导入，引发学生对环境的关注，进而学习垃圾分类，了解垃圾分类生活常识。经过学习画图软件的选取和移动等操作，理解文明礼仪从我做起，对垃圾要准确投放。通过作品的制作，感受保护环境的重要性。

3.学科德育目标

通过完成捡拾在不同区域的两块香蕉皮，完成颜色与背景色设置的学习，以此提高学生的信息意识以及保护环境的意识。

4.教学策略

环节一：谈话导入

结合在社区内有乱扔垃圾的现象谈谈感想，并且出示一张图片引出本节课的主题。

活动意图说明：结合情境，了解课时任务，引起学生对环境的关注。

环节二：从生活情境过渡到软件使用中，理解"选定、移动"的意义

香蕉皮是生活中一种常见垃圾，参考《北京市生活垃圾管理条例》的分类图示说明，知道香蕉皮和果壳、剩菜剩饭等都是厨余垃圾，要投入厨余垃圾桶。

结合材料想一想，生活中我们一般使用什么工具来捡拾垃圾呢？

在这里，我们使用"矩形选择"工具模仿生活中的夹子工具来选中香蕉皮。那么，夹起的香蕉皮怎么投放到垃圾桶呢？我们还是模仿生活中的动作，移动垃圾到垃圾桶。

学生：尝试完成下述任务，思考发现的问题。

(1)试一试，移动右侧第一个香蕉皮。你发现什么问题了吗？

(2)用透明选择工具完成香蕉皮的透明移动。

(3)用相同办法移动垃圾桶附近的香蕉皮，你又发现了什么新问题？

操作：选中对象，使用时先单击此按钮，拖动鼠标左键，可以拉出一个矩形选区，对所要操作的对象进行选择，可对选中范围内的对象进行移动等操作。

强调：先选定操作对象，再移动。同样的办法，我们再来移动第二个香蕉皮。请大家试一试！

学生：从生活情境过渡到软件使用中，理解"选定、移动"的意义，学习"选定"的方法。

老师追问：生活中有没有遇到过这样乱扔垃圾的情况？面对这样的情况，我们该怎样做？

学生:有的同学提出要写标识牌进行提示,有的同学则提出——如果看到有人扔垃圾,直接去提醒或者当场制止。还有的同学表示,对于乱扔垃圾且不服从劝阻的情况可以先去帮助他们,然后再提醒,这样避免冲突。

活动意图说明:了解垃圾分类,理解环保的重要性。通过"选定和移动"的操作,树立从小养成爱护环境的意识。

环节三:透明的移动方式

请大家看看图上内容,有同学马上发现了问题。当我们移动香蕉皮时,白色的地面也跟着一起移动起来。想一想,我们该怎么办?

移动的香蕉皮带有背景

垃圾桶

图2-15 课程素材
(图片来源:《北京市海淀区信息技术实验教材》三年级下册)

学生:发现并思考"地面跟随移动"的问题。

①使用"透明"工具、"矩形选择"工具"透明移动"右侧第一个香蕉皮。发现了什么问题?

②修改"背景色"和"颜色2"一致,完成带背景色的对象"透明移动"。

③使用"透明"工具、"自由图形"选择工具。完成带背景色的对象"透明移动"。

④梳理"选定、移动"操作流程。"透明选择"—"选定"—"移动"—"保存"。

学生:思考并尝试完成上述任务。

我们先来解决带有白色地面的情况。

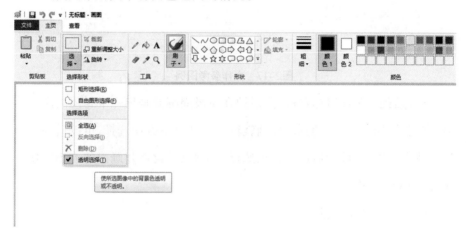

图2-16 操作参考图例

接下来,请同学们完成香蕉皮的透明移动。并尝试用相同的办法捡拾垃圾桶旁边的香蕉皮。

学生:明确任务——移动香蕉皮,不移动地面。沿着这个思路,我们在"选择"菜单栏下找到了"透明选择"按钮,这个按钮会帮到我们。勾选"透明选择"工具前面的对勾,就可实现"透明移动"了。

使用相同的办法捡拾垃圾桶旁边的香蕉皮。

经过练习,大家都完成了操作。细心的同学发现离垃圾桶近的香蕉皮在移动时破坏了垃圾桶。在使用"矩形选择"工具时会选到垃圾桶,有解决方法吗?

老师:思考在生活中我们怎么办的?

有同学想到:生活中都是用灵活的工具夹起缝隙里的香蕉皮。

"自由图形选择"工具。

"自由图形选择"工具就藏在"选择"菜单栏下。

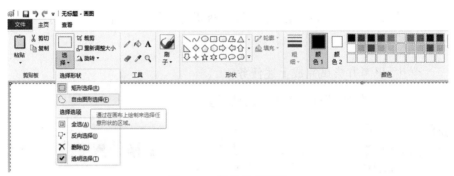

图2-17　操作参考图例

教师演示：按住鼠标左键，灵活地在垃圾周围圈画出一个封闭的圈。然后，利用学过的方法移动到垃圾桶就行了。如果不方便选择，可以借助学习过的放大镜工具，放大后进行仔细选择。选好后，再恢复画面的大小。接下来，请同学们操作一下。

学生：观看教师演示。

通过学习，大多数同学都完成了香蕉皮的移动任务。老师带来了一个更有挑战的任务，带有背景色的社区画面。有的同学迫不及待地用学过的方法进行操作，结果如下图所示，你能分析一下原因吗？

学生：分析图片中问题产生的原因。

图2-18　课程素材

（图片来源：《北京市海淀区信息技术实验教材》三年级下册）

反思:我们使用了"透明选择"工具进行的移动,为什么会失灵呢? 尝试和探索:

这就要说到画图软件的两个颜色,分别是"前景色"和"背景色"。

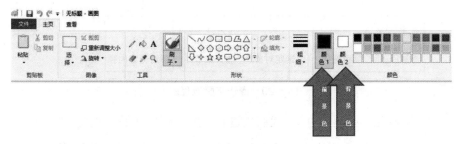

图2-19　操作参考图例

画图软件里背景色是随着"颜色2"的改变而改变的,前面成功的方法就是让"颜色2"和背景色一致,都是白色,这样再使用"透明选择"时就把白色背景去掉了。也就是说,透明操作是对白色背景进行了透明操作。我们把"颜色2"修改为与背景色相同的颜色,这样再使用"透明选择"工具时就不会把背景去掉了。

学生:按照教师提示进行尝试。

教师演示:先用左键选择绿色为背景色进行操作。为了准确选出"颜色2",这里使用"颜色选取"工具右键单击选择背景色,保持"颜色2"和背景色一致。

梳理"选定、移动"过程:

经过刚才的学习,我们梳理一下"选定和移动"工具的使用过程。

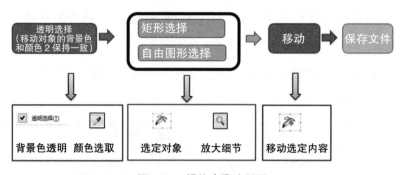

图2-20 操作步骤流程图

　　为了避免不必要的麻烦,我们先进行"透明选择"工具的选定,对于背景色不是白色的情况,先使用"颜色选取"工具修改"颜色2"的颜色,使之与背景色保持一致。接下来,使用"矩形选择"工具或"自由图形选择"工具来选定对象。如果需要仔细选择对象时,可以使用"放大镜"功能进行细节选定。最后,移动选定的对象就可以了。待全部操作完成后,记得保存文件。

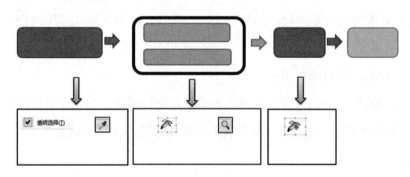

图2-21 步骤流程图

　　学生:与教师一起梳理"选定、移动"的过程。

图2-22　课程素材

（图片来源：《北京市海淀区信息技术实验教材》三年级下册）

有的同学说道，透明只能是一种颜色，如果涉及背景色是多种颜色的，是无法透明移动的。那怎么办呢？也有同学想到解决办法——尽量用"自由图形选择"工具精准地选出边缘。不过，画图软件不擅长，以后我们会用到专业的图像软件来处理。

学生：思考背景是多种颜色时，可以用学过的知识解决吗？生活中我们怎样做就能让我们的环境更美好？

活动意图说明：本环节以完成"捡拾两个在不同区域的香蕉皮"为任务，完成颜色与背景色设置的学习，同时，也是学生提高信息意识的过程，懂得爱护身边的环境。

环节四：课后练习与小结

本节课我们学习了"矩形选择"工具和"自由图形选择"工具，知道了不同情况可以使用对应的工具来完成操作。在移动时要注意"背景色"和"颜色2"的颜色要保持一致，这样使用"透明选择"工具就可以透明移动对象了。这些工具成了我们的小助手，在以后的学习中也可以借助它们完成更多的操作,这给我们的学习和生活带来更多的帮助。

学生:明确选定移动不带背景的设置方法。

活动意图说明:及时梳理所学知识点,提高学习效果。

5.教学反思

(1)信息科技新课标提出要发挥课程育人功能,培育学生正确的世界观、人生观、价值观,促进学生在数字世界与现实世界中健康成长。结合本单元主题,这节课从生活实际出发,用生活中捡拾垃圾的过程与画图软件中的"图形的选定和移动"做类比,使学生能够很好地理解并掌握"选定、移动"的过程,从而很好地掌握本节课的重点。本节课绘图软件中的"选中"和"移动"操作并不是很难,但如何让没有难度的一个简单操作和生活实践相结合,和学科德育相结合? 基于此,经过查阅和补充资料,本节课设计为以"垃圾分类"为背景的环保主题教学。让学生在课堂学到的不仅是技术,而且是运用技术解决生活中的实际问题,引发学生深入思考,从而培养出有责任、有担当的未来人才。

(2)引入情景,激发兴趣。《新课标》提出,根据具体的应用场景,从问题情境及内容表达的目的出发,进行课堂学业质量的测评。本节课通过再现真实生活情境——在整洁优美的社区环境,激发孩子们对自己社区的美好环境的向往。以"乱扔香蕉皮"为案例引入,思考如何让社区变整洁? 带着问题进入学习任务。既通过技术解决问题,又激发学生们对创建良好社区环境的思考。

(3)大胆尝试,挑战自己。相较原有教材,垃圾桶的数量有所增加。另通过"垃圾分类"知识的再学习,让学生懂得了养成"随时随地进行垃圾分类"的意识。因此任务一、二让大家尝试移动香蕉皮。在此基础上发现问题、分析问题、解决问题。

(4)抓住生成,促进学生深入思考。在学生完成作品后,教师并没有止于对技术层面的掌握,而是进一步让学生探讨在生活中如果再次遇到乱扔垃圾这样的现象,应该如何处理。从而激发学生深入思考、分析,经过小组讨论,学生总结出:爱护环境要做到互相提醒,互相帮助,从我做起。比如,如果我们的帮助不能解决问题,可以做一些宣传提示语,也有先帮助再提醒的建议等。从而达到了本课的学科德育目标,使学生从小增强环保的责任意识。

信息技术课堂实践,以教学情境有效性探究为抓手,通过多样化情境的创设让,学生树立爱国爱家情怀、感受责任担当,使德育在信息科技学科中自然而然地渗透。

德育干部点评

传统的观念往往认为,对学生进行德育教育是思政老师和班主任的事情,与其他学科的老师关系不大,与我们信息科技老师更是毫无关系。如果在学科教学中没有贯彻"德育为首"的方针,德育就不能真正到位,加强德育将成为一句空话。如何加强对学生使用信息技术的人文、伦理、道德和法制教育,培养学生鉴别信息真伪的能力和负责任地使用信息技术,是每位信息科技教师都应该认真思考的问题。

本节课是以选定和移动作为技术目标,将垃圾进行分类并移动到相应垃圾桶作为德育目标,在潜移默化中将德育渗透到整个教学中。这种以隐性的形式对学生产生道德影响,在教学中要让学生真正树立德育意识,正是所有信息教学应该具备的一种意识。

(首都师范大学附属小学　王军

首都师范大学附属玉泉学校　史远)

第二章

初中学科德育案例

一、初中语文学科德育案例

学科德育是教师根据各学科特点、学段特点和学生发展需求,充分挖掘学科学习中的德育要素,将具体学科内容链接生活实际,形成具有挑战性的学习任务,学生通过多种形式的实践性学习,提升核心素养、实现知行合一的有意义的教与学的过程。

《义务教育语文课程标准》(2022版)明确指出:语文课程致力于全体学生核心素养的形成与发展,为学生学好其他课程打下了基础;为学生形成正确的世界观、人生观、价值观,形成良好个性和健全人格打下基础;为培养学生求真创新的精神、实践能力和合作交流能力,促进德智体美劳全面发展及学生的终身发展打下基础。语文课程在推广普及国家通用语言文字、增强凝聚力、铸牢中华民族共同体意识,建立文化自信、培育时代新人,实现中华民族伟大复兴等方面具有不可替代的优势。

语文课程丰富的人文内涵对学生精神世界的影响是广泛而深刻的,学生对语文材料的感受和理解又往往是多元的,因此语文课程对学生思想情感所起的熏陶感染作用要充分利用,注意课程内容的价值取向,继承和发扬中华优秀文化传统和革命传统,体现社会主义核心价值体系的引领作用,突出中国特色社会主义共同理想,弘扬以爱国主义为核心的民族精神和以改革创新为核心的时代精神,树立社会主义荣辱观,培养良好思想道德风尚,关注心理素质建设,而这些恰巧与德育目标融合统一。

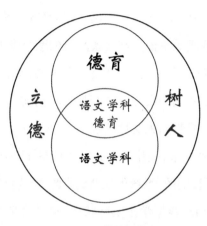

图2-23 语文学科与德育关系

(一)语文学科德育的整体认识

《中小学德育工作指南》指出:语文学科要利用课程中语言文字、传统文化等丰富的思想道德教育因素,潜移默化地对学生进行世界观、人生观和价值观的引导,使学生学会运用祖国语言文字进行交流沟通的同时,吸收古今中外优秀文化,提高思想文化修养,促进自身精神成长,为学生今后的成长铺就人生的底色。语文学科教学本身蕴含着德育内容,语文学科与德育密不可分。

1.立足统编版教材的"双线结构",保有语文的学科底色,达成工具性与人文性的统一

教师在使用教材时,要关注教材双线结构中的人文主题,梳理教材体系,形成人文主题的渐次构建,了解社会主义核心价值观、中华优秀传统文

化、革命传统教育、良好的思想道德风尚等人文教育内容自然融合于教材的建构体系。教师还要以现实的视角审视学生的道德需求,以教材为基本素材进行目标的设定。教师要在把握学科基本属性,聚焦文字的过程中落实育人,让语文学科价值与育人价值共生同长,在语文课堂中链接识字与积累、阅读与表达等语言学习实践活动,在学习语文运用的过程中,构建指向思维发展、审美提升,弘扬中华民族优秀文化,增强民族凝聚力和爱国主义感情等内容的育人要素,实现关键能力与必备品格的融合发展。语文学科的育人要体现学科自身的特点,理想信念、社会主义核心价值观、中华优秀传统文化、生态文明、心理健康、审美、文化视野教育的落实,要始终置于语言文字的学习过程中,实现工具性与人文性的统一。

2.聚焦教材的应然要求,关注学生的实然状态,凸显核心育人价值

学科德育是一项长期的、系统的工程,需要一个逐步构建的过程。教师要借助教材等学习资源,根据学生实际状态,科学合理的设置适宜当下、循序渐进的德育目标,形成层次递进,不断完善的德育目标体系。

教材是实施学科德育的主要载体与媒介,教师要在明确学科德育内涵的基础上,加大教材研究。教师要关注导语、思考题、插图等隐藏着的意图,知识、能力、情感、方法的融合要整体解读,要互动解读文本与文本之间的关系;要关联解读提示语、语文园地与课文的关系;要系统解读单元与单元的进阶。教师基于教材关键问题及学生前测中提炼出核心问题与学习任务。教师在单元教学中,以课文为例文,学习重点表述的方法并让学生在口语交际与习作中学习表达自己的主要观点以及怎样把主要观点作为重点内容加以表述,形成语文核心能力与品德核心行为的双重增值。核心问题要指向语言形式与情感,关键能力与必备品格,凸显核心育人价值。

语文教材是落实学科德育的重要载体,但不是唯一载体,教师要具有审视、组合学习素材的能力。现行语文教材以单元组织学习素材,教师要整体性解读单元学习素材,找准每一篇文本的单元定位,形成学习素材之间的关

联,使之结构化;基于教材组合特点,教师要以教材为核心。在整合学习素材的同时,还要把学科德育与生活紧密联系,开发可利用的学习素材,形成学习素材的有机整合。让学科德育还原于学生的生活,实现学科素养和学生生活经验、实践活动的融合迁移。

3.设计注重体验的活动情境,让学生在真实情境中提升语文综合素养

义务教育语文课程实施从学生语文生活实际出发,创设丰富多样的学习情境,设计富有挑战性的学习任务,激发学生的好奇心、想象力、求知欲,促进学生自主、合作、探究学习;引导学生注重积累、勤于思考、乐于实践、勇于探索,养成良好的学习习惯。

语文学科核心素养是学生在积极的语言实践活动中积累与构建起来,并在真实的语言运用情境中表现出来的语言能力及其品质;是学生在语文学习中获得的语言知识与语言能力,思维方法与思维品质,情感、态度与价值观的综合体现。充分发挥语文学科的育人功能,就应注意在学生的学习活动中,创设课程德育情境。课程德育情境可以是真实的生活情境,也可以是给予学生成长发展的个人体验情境,还可以是体现语文学科本质的学科情境。教学中教师应从语文的特点和中学生学习语文的规律出发,以语文学科核心素养为纲,以学生的语文实践为主线,设计带有情境的学习活动。学习任务所涉及的语言学习素材与运用范例、语文实践的话题与情景、语体与文体等,能够在着眼培养语言文字运用基础能力,充分顾忌问题导向、跨文化、自主合作、个性化、创造性等课程德育因素,并关注语言文字运用的新现象和跨媒介运用的新特点。

4.积极推进评价改进,以多元的评价指向育人目标的达成

真实的语言情境学习要具有标准导向、目标导向,学习评价要指向目标的达成,不仅要有终结性评价,而且要有过程性评价。在情境学习中让学习过程成为学习目标达成的重要组成。评价主体不仅是教师,学生、家长、社会资源同样可以成为评价主体;评价指向要注重不同的阅读能力层级,关注不

同学生的差异发展及综合提升。例如部编版语文七年级上册第二单元的《散步》，本单元各篇课文从内容主题来看，都在表现亲情，属于"亲情单元"。《散步》这篇课文内容贴近学生的现实生活，学生理解起来比较切近、平易，在教学时应着眼多角度挖掘、理解文章主题：家人之间互敬互爱、其乐融融的亲情，同时也有生命轮回、延续的感慨，以及人到中年特有的责任感。

随着二孩三孩政策开放，学生家中普遍都有兄弟姐妹，但因家长水平的参差不齐，二孩后，部分老大在家中的定位非常不明确，有的被当作父母，有的变透明，甚至有的被放弃，还有些学生不理解父母要二孩的行为，与父母产生隔阂。部分独生子女的家庭中，对孩子的要求过于单一，只要学习不要其他，忽视了学生的行为习惯及性格养成。无论是哪一种家庭，学生对亲情的感悟都不够深刻。

因此本节课要通过对人物的分析，带领学生走进普通人物的内心世界，感受日常小事中的浓浓亲情，唤醒学生的情感体验。

《义务教育语文课程标准》（2022年版）中指出："欣赏文学作品，有自己的情感体验，初步领悟作品的内涵，从中获得对自然、社会、人生的有益启示。对作品中感人的情境和形象，能说出自己的体验；品味作品中富于表现力的语言。"根据此要求，本课的学习目标是：①通过阅读课文，结合人物描写，说出每一个家庭成员在面对"选择"时各自的态度，树立家庭、亲情的意识；②结合课文中的人物关系、环境描写、重点语句以及背景资料，说出作者在文章中除亲情外，想表达的"责任"与"生命"的主题，从中获得对人生有益的启示。

本节课设置的情境活动是：为课文中的家庭写一段颁奖词。其实就是让学生将课堂中获得的个人体验，以颁奖词的形式写出，以此评价每一位学生对德育内容的理解和把握程度。

表2-17　颁奖词评分标准

分值 评价要素	5—4分	3—2分	1—0分
家庭事迹	概括准确,语言精练	概括完整,文字较多	概括不完整
崇高精神	完整写出文中三个主题	写出文中两个主题	写出文中一个主题或未能写出
家庭意义	对主题有深入思考且深刻,积极向上	对主题有思考但流于表面,积极向上	对主题无思考,从文中或笔记中摘选
字数	50—100字	100—150字	150字以上

这样有了详细的评价细则,评价的主体就可以不再是教师,同伴、家长甚至是任何一位陌生人,都可以对学生的学习成果进行评价。

(二)语文学科德育的要素

1.单元学习中挖掘出潜藏的德育线索

《义务教育语文课程标准》(2022年版)在课程总目标中指出:"①在语文学习过程中,培养爱国主义、集体主义、社会主义思想道德,逐步形成正确的世界观、人生观、价值观。②热爱国家通用语言文字,感受语言文字和作品的独特价值,认识中华文化的丰厚博大,汲取智慧,弘扬社会主义先进文化、革命文化、中华优秀传统文化,建立文化自信。"这要求我们在语文教学中要注重挖掘德育要素,对学生进行学科德育。

统编版教材采用人文主题和语文要素双线组元的形式进行编排,要求我们整合教材内容,进行单元整体设计。单元教学以明确的单元主题为导向,通过对教材内容的整合和补充,创设基于生活和经验的情境,以任务进行驱动,以活动为载体,落实文化的理解与传承的核心素养,从而使学科德育取得良好的效果。

表2-18　七年级各单元人文主题德育要素

	单元	主题	人文要素
七年级下册	一单元	杰出人物	了解杰出人物,感受他们的非凡气质,唤起对理想的憧憬与追求
	二单元	家国情怀	学习表现家国情怀的作品,激发爱国主义情感
	三单元	小人物	小人物身上闪现优秀品格的光辉,引导人们向善、务实、求美
	四单元	中华美德	阅读书写中华美德的文章,陶冶情操,净化心灵,使人追求道德修养的更高境界
	五单元	万物皆有情	在花草树木间发现人生的影子,字里行间闪烁着哲理的光彩带给我们许多启迪
	六单元	探索未知	触摸探险者的精神世界,激发探索自然世界科学领域的兴趣与想象力

下面以统编版语文七年级下册教材中第二单元为例，来对本单元的德育要素进行说明。

本单元以家国情怀为主题,选编了五篇文章,表现了不同时代的人民热爱祖国、热爱家乡、愿意为保家卫国奉献自己的一切。

表2-19　七年级下册第二单元德育要素

篇目	体裁	内容	德育素养
《黄河颂》	现代诗	塑造黄河形象,反映抗日救亡主题	歌颂中华民族的伟大精神,培养民族自豪感
《老山界》	回忆性散文	真实、生动地记叙了作者在长征中翻越"第一座难走的山"的过程	赞颂了红军英勇、坚强、乐观的精神品质,彰显革命文化
《谁是最可爱的人》	通讯	记叙了志愿军战士在朝鲜战场上可歌可泣的英雄事迹	赞颂了志愿军战士的爱国情怀和革命英雄主义精神,培养爱国主义精神
《土地的誓言》	抒情散文	作者对沦陷了十年的关东原野的怀念、赞美和甘愿为其牺牲一切的决心	培养热爱故土家园,反抗外国侵略者的精神
《木兰诗》	乐府民歌	塑造了木兰女扮男装,代父从军,保卫国家的巾帼英雄形象	培养学生责任担当和家国情怀

综上所述,本单元体裁多样,有乐府民歌,有现代诗词,有叙事散文,有通讯作品,以多种文学样式传达出中国人世代相传的爱国情怀,表现中国人"天下兴亡,匹夫有责"的责任感和使命感。通过不同的语言表达方式,学生不仅可以学习语言表达,还可以从表达中感受蕴含的德育要素——家国情怀。

2.课时教学中明确出德育要素

课堂教学是落实德育教育的主阵地,语文课时教学应该以"润物细无声"的形式来落实德育教育。在明确单元德育要素的基础上,我们应该再进一步分解单元德育要素,明确课时德育要素,从而准确地将篇章中的德育要素与学生思想品德进行契合,并捕捉最佳德育渗透时机,在恰当的环节中进行德育渗透。最后,还要设计一些能激发学生学习兴趣的活动,让学生在自主学习中提升思想道德和审美情趣,从而达到学科德育的目的。

《谁是最可爱的人》是统编版七年级下册第二单元的一篇精读课文。1950年10月,中国人民志愿军跨过鸭绿江,开始了抗美援朝、保家卫国的伟大斗争。志愿军与朝鲜人民并肩战斗,取得了一个又一个辉煌的胜利。课文是作者随军赴朝鲜采访后写的一篇通讯,发表在1951年4月11日的《人民日报》上。它真实而生动地记叙了志愿军战士可歌可泣的英雄事迹,表现了他们的伟大胸怀,有力地证明了人民军队不可战胜、抗美援朝斗争必将胜利的真理,在社会上引起了强烈反响。作者选取了松骨峰战斗、火中救人和防空洞谈话三个典型事件,凸显中国人民志愿军中英雄群体、英雄个体的英雄主义精神、国际主义精神和爱国主义精神。从而引导学生深入理解家国情怀,传承伟大的抗美援朝精神,弘扬社会主义革命文化,珍惜当前幸福生活,努力实现中华民族伟大复兴的责任感和使命感。

下面以《谁是最可爱的人》第二课时为例,就如何落实课时德育要素进行说明。

对于七年级的学生来说,《谁是最可爱的人》一文中的内容距离学生的实际生活较远,涉及的史料也比较多,因此为学生的阅读带来一定的困难。《语文课程标准》中指出:为解决与学习和生活相关的问题,利用图书馆、网络等信息渠道获取资料;初步了解查找资料、运用资料的基本方法。据此要求七年级学生要具有初步搜集和处理信息的能力。在教授《谁是最可爱的人》时,要求学生课前通过上网查阅、到图书馆搜集、观看影视剧等方式获取大量有关抗美援朝的史料。这是对学生搜集资料能力的培养,体现了语文学科的工具性。上课时学生通过交流搜集的资料,作为对文章内容的辅助,帮助学生了解当时的历史背景,了解抗美援朝战争的惨烈,志愿者斗争条件的艰苦,从而强化学生对抗美援朝必要性的认识,激起学生对志愿军战士的崇敬与敬爱之情,进而受到鼓舞,激发学生的家国情怀。

在教学过程中,设置如下环节:

环节一:深入揣摩,品析写法。试找出抒情、议论的段落,有感情地朗读,并从人称、句式、修辞手法、标点等角度批注赏析。通过对关键语句、段落进行批注,一是培养学生细读推敲、悉心品味的好习惯,提高学生对描写手法、抒情方式的鉴赏;二是促使学生捕捉感人言行,渗透真情实感,进一步感受志愿军战士的崇高品质与伟大精神。

环节二:时空对话,共思共情。读罢本文,如果你是志愿军中的一员,请你围绕"志愿军的心愿"这一话题,与同桌展开一问一答的跨越时空的对话。引导学生再次细读文本,提炼、推测志愿军的心愿,引导学生感受当下幸福生活的来之不易,激发学生对志愿军战士的崇敬与敬爱之情。

环节三:故事写作,传承精神。观看电影《长津湖》,选择其中一位最令你感动的志愿军战士,根据电影情节,为他写一个 400 字左右的爱国故事。通过影片《长津湖》的观看及爱国人物故事之志愿军战士的写作,学习运用抒情方式帮助自己表达情感,并加强爱国主义教育,激发学生的爱国热情,从而传承伟大的抗美援朝精神。

这样,通过设计品析写法、跨时空对话、故事写作等一系列能激发学生学习兴趣的学习活动，不仅让学生感受作者对志愿军战士的崇高品质与伟大精神的赞颂，还引导学生切身体会到革命先烈们对当下幸福生活的伟大贡献，从而真正激起学生对志愿军战士的崇敬之情，激发学生的爱国热情，最终达到德育目的。

3.教学活动中关注自然发生的德育事件

在教授《谁是最可爱的人》时，在让学生进行跨时空对话后，又给学生播放了《长津湖》跨屏幕对话视频。视频中，梅生问道："七十一年后，我的囡囡也八十多岁了，当年我来朝鲜的时候，她八减四还得三呢……"看到这里的时候，有学生流泪了，视频播放完，我问她为什么流泪。学生说："我想到了我的爸爸，他平时也会给我辅导功课。我看过电影，梅生带着女儿的照片与敌人血拼，最后牺牲了，他的女儿那么小就失去了父亲，梅生也再没见到他的女儿，我觉得好遗憾啊……"我们发现，学生已经开始联系现实生活了，老师应因势利导，马上让学生读课文最后一段：

> 亲爱的朋友们，当你坐上早晨第一列电车驰向工厂的时候，当你扛上犁耙走向田野的时候，当你喝完一杯豆浆、提着书包走向学校的时候，当你坐到办公桌前开始这一天工作的时候，当你往孩子口里塞苹果的时候，当你和爱人一起散步的时候……朋友，你是否意识到你是在幸福之中呢？你也许很惊讶地说："这是很平常的呀！"可是，从朝鲜归来的人，会知道你正生活在幸福中。请你意识到这是一种幸福吧，因为只有你意识到这一点，你才能更深刻了解我们的战士在朝鲜奋不顾身的原因。朋友！你是这么爱我们的祖国，爱我们的伟大领袖毛主席，你一定会深深地爱我们的战士，——他们确实是我们最可爱的人！

引导学生联系现实生活，体会当下幸福生活的来之不易，从而让学生深入理解家国情怀，传承伟大的抗美援朝精神，弘扬社会主义革命文化，珍惜当前的幸福生活,努力实现中华民族伟大复兴的责任感和使命感。

(三)语文学科德育的课时设计

1.教学目标

(1)通过细心揣摩课文的精彩段落和关键语句,把握志愿军战士崇高品质,品味作者对志愿军战士的崇高品质的赞美。

(2)通过写爱国人物故事之志愿军战士,歌颂志愿军战士的崇高品质,深入理解家国情怀,传承伟大的抗美援朝精神。

2.蕴含的德育要素

(1)从文章记叙的具体事迹及重点语句,感受其中揭示的志愿军战士英勇无畏、坚韧刚毅、纯朴谦逊的品格,认识志愿军战士对祖国的爱、对朝鲜人民深厚的同情和崇高的革命英雄主义气概。

(2)从文中描写的抗美援朝战争场面中,感受志愿军战士对敌人的痛恨和对祖国人民的热爱,锻造敢打必胜的血性铁骨,懂得热爱和平、珍惜和平、捍卫和平。

(3)通过影片《长津湖》的观看及爱国人物故事之志愿军战士的写作,加强爱国主义教育,激发学生爱国热情,传承伟大的抗美援朝精神。

3.学科德育目标

(1)通过具体事迹及重点语句的分析,学生概括志愿军战士的崇高品质。

(2)通过品读抗美援朝战场的描写语句,学生感受战争的残酷和可怕,珍惜如今的和平生活。

(3)观看《长津湖》的影片,激起学生民族自豪感及爱国主义情怀。

4.教学策略

环节一:谈话导入,回顾事迹

教师:上节课,我们着重思考分析了作者报道的三个典型事例,在这些事例中,志愿军战士表现出了崇高的品质和精神境界。

学生回忆概括三个典型事迹,并分别说明所体现的崇高的精神品质。

环节二:深入揣摩,品析写法

本文具有强烈的抒情色彩,不仅在事实的记叙中饱含感情,有些段落更集中运用了抒情、议论的表达方式,使人读后产生强烈的共鸣。试找出这样的段落,有感情地朗读,并从人称、句式、修辞手法、标点等角度批注赏析。

出示学习提示:

(1)明确抒情段落。

(2)选择2处进行赏析,圈画、批注。

(3)小组内进行交流讨论,然后派代表在全班进行分享,并进行朗读展示。

结合批注,学生先在小组内交流,进行朗读练习,后在全班进行分享展示。

学生感受:文章充分展现了志愿军战士英勇无畏、坚韧刚毅、纯朴谦逊的品格,饱含作者对志愿军战士崇高思想境界的热烈赞颂。

小结:作者运用第一人称,以朋友的身份与读者交流思想,使人感到亲切诚恳。陈述句、感叹句、疑问句、祈使句等句式与设问、反问、反复、排比等修辞手法的运用,使读者处于情感的激流中,并不断发生共鸣。

活动意图说明:通过对关键语句、段落进行批注,一是培养学生细读推敲、悉心品味的好习惯,提高学生对描写手法、抒情方式的鉴赏;二是促使学生捕捉感人言行,渗透真情实感,进一步感受志愿军战士的崇高品质与伟大精神。

环节三:时空对话,共思共情

读罢本文,如果你是志愿军中的一员,请你围绕"志愿军的心愿"这一话题,与同桌展开一问一答的跨越时空的对话。

学习提示：

(1)从文中提炼志愿军可能有哪些心愿。

(2)结合当时情境和如今时代发展现状完成对话内容。

出示学习提示：

学生再次细读文本，提炼、推测志愿军的心愿，然后同桌间展开一问一答的跨越时空的对话。

播放视频：《长津湖》跨屏幕对话视频，深化感悟。

活动意图说明：通过提炼、推测志愿军战士的心愿，进一步感受志愿军战士淳朴谦逊的气质、宽广美丽的胸怀和爱国主义精神。同时播放相关视频，深化感悟，强化情感，使学生产生强烈的民族自豪感与爱国主义情感。

环节四：故事写作，传承精神

观看电影《长津湖》，选择其中一位最令你感动的志愿军战士，根据电影情节，为他写一个400字左右的爱国故事。批改后誊写到A4纸上，并作装饰，收纳至《爱国人物故事会》期刊。

课上进行此项任务的布置与说明，学生利用课余时间观看《长津湖》电影，完成爱国人物故事之志愿军战士的写作。

活动意图说明：通过影片《长津湖》的观看及爱国人物故事之志愿军战士的写作，学习运用抒情方式帮助自己表达情感，并加强爱国主义教育，激发学生的爱国热情，从而传承伟大的抗美援朝精神。

5.教学反思

《谁是最可爱的人》是进行爱国主题教育的重要课文，能激发起学生强烈的民族自豪感和爱国主义情感。在教学时，每个教学环节都可以非常恰当地进行德育教育。如何更好地将知识与德育相统一，使语文学科兼具工具性与人文性，是重要的反思点。

(1)赏析语段，体会爱国情怀

抒情方式是学生在本单元新接触的知识点，考虑到学生还未较好地掌握这一知识点,在环节二让大家进行语段的赏析之前,给出了批注的示例。通过一起分析第 8 段的反问与呼告的写作手法,深层次地感悟到了作者对志愿军战士的赞颂之情。在这一支架的搭建下,同学们快速、准确地找到了其他的直接抒情段落,并能分析出手法及情感。搭建支架的教与学,不但实现了体会抒情效果的目标,更能体会到志愿军战士的家国情怀,为实现本课的德育目标奠定了基础。

（2）感情朗读,表达爱国情怀

本篇课文抒情段落的朗读训练是教学重点。作者运用第一人称,以朋友的身份与读者交流思想,使人感到亲切诚恳。陈述句、感叹句、疑问句、祈使句等句式与设问、反问、反复、排比等修辞手法的运用,使读者处于情感的激流中,并不断发生共鸣。通过朗读这些抒情段落,不但能让学生积累句式、人称、修辞手法等语文知识,而且更好地感受到了作者的赞颂与志愿军战士的崇高品质。从朗读中体会志愿军战士的爱国情怀,并将自己对爱国情怀的感悟通过朗读表达出来,从而将语文知识技能与德育教育点相结合。

（3）故事写作,深化爱国情怀

《爱国人物故事会》的期刊制作是本单元的单元活动,其中一篇故事就来自志愿军战士。观看影片《长津湖》之后,学生需要选择一位志愿军战士,从故事背景、典型事件、动人细节及人物评价四个方面进行人物故事的写作。这一任务旨在引导学生进行深度学习,帮助学生在积极的语文实践活动中提升语言的建构与运用、思维的发展与提升、审美的鉴赏与创造、文化的理解与传承的语文素养。了解了志愿军战士的伟大事迹,理解了志愿军战士的伟大精神,学生才能写出打动人心的故事。因此,故事写作既帮助学生提升了写作能力,又深化了爱国情怀,将语文能力的训练与德育教育紧密地结合起来。

（4）联系实际,传承爱国情怀

本课时教学中有一个环节是提炼志愿军战士的心愿,结合当时情境与如今的时代发展,进行"跨时空对话"。学生在这一环节中,通过一问一答,再次深刻地感受到了志愿军战士朴素的心愿与淳朴美丽的胸怀,并能进一步感受到如今国家的强大,产生强烈的民族自豪感,从而将爱国主义精神传承下去。提炼心愿锻炼了学生细读文本的能力,进行对话则达成了爱国主义教育的德育目标。

这一环节的设计还有提升的空间,因为抗美援朝这一事件距现在学生相隔较远,学生对这段历史比较陌生,可能无法真正产生共鸣。因此,在完成对话后,应该再一次联系实际,进一步提问:每个时代都有"最可爱的人",你认为谁是我们这个时代最可爱的人? 学生能立马举出很多例子,如防疫工作者、医务人员、戍边将士、维和部队官兵⋯⋯教师可以借机列举、概括这些新时代的最可爱的人的事例及精神,来引起学生的共鸣,将学生的爱国热情推至最高点。

综上,本课时的四个教学环节都体现了语文人文性与知识性的统一,潜移默化地渗透了学科德育教育,但依旧有需要改进的地方,从而最大化地实现德育目标。

德育干部点评

"随风潜入夜,润物细无声",语文学科的德育教育,就是在语文教学的过程中,如此不着痕迹地浸润着学生灵魂,给予学生精神的滋养,为学生的成长培植厚土。德育教育依托语文丰富的课程内容,在学生精神成长的道路上生根发芽,馨香四溢。

《谁是最可爱的人》这节课,立足提升学生的语文核心素养,同时将学科德育很好地渗透其中。文章中所写内容与学生有时代隔阂,如何消除隔阂,走进文本中,深入领会志愿军战士的爱国主义和国际主义精神,是本节课设计的一个出发点。教师利用网络资源让学生搜集关于抗美援朝的史料,这样既有利于培养学生搜集信息、处理信息的能力,同时也有利于学生走进抗美援朝这样一个历史情境中,为感受志愿军战士的崇高精神做了一个很好的铺垫。在教学过程中,批注赏析,深入揣摩文中带有强烈感情色彩的抒情和议论的语段,深刻领悟志愿军战士英勇无畏、坚韧刚毅、纯朴谦逊的品格,同时进行有感情地朗读,这种方式很容易激起学生强烈的情感共鸣。跨时空对话,观看影片,进一步深化了学生对志愿军战士精神品格的认识,更加激发了学生强烈的爱国主义情感。故事写作,将这种浓烈的情感诉诸笔端,既提升了语文的核心素养,同时强化了学生的爱国主义情感,有利于抗美援朝精神的传承。通过各环节的教学设计, 逐步引领学生走进那个血雨腥风的战场,去感受战士们身上那种为了国家、为了后人的幸福不惜牺牲自己一切的伟大的爱国主义情怀,从而能够更加珍惜这来之不易的幸福生活,增强了学生的民族自豪感,激发了他们的使命感和责任担当。

课文中对松骨峰战斗场景的描述, 让学生在品读时深刻地感受到战争的惨烈和残酷;对志愿军战士的描写,能感受到,在那样的战争环境中,战士们的伟大的国际主义精神以及为了祖国和人民的幸福甘愿牺牲自己的无私奉献精神。他们都是艰难时代的一束光,这束光,通过语文课堂的批注、品读、对话、写作等,一步步渗进了学生的血脉中,滋养他们精神的成长,日久天长,定会开出灿烂之花。语文教学就在一篇篇意蕴丰厚的文章中,在一堂堂生动的语文课上,将学生的德育教育真正落到实处。

(首都师范大学附属玉泉学校　陈林　胡月伟　徐婧　翟苓汐)

二、初中数学学科德育案例

《义务教育数学课程标准》(2022 版)明确指出:数学是研究数量关系和空间形式的科学。数学源于对现实世界的抽象,通过对数量和数量关系、图形和图形关系的抽象,得到数学的研究对象及其关系。基于抽象结构,通过对研究对象的符号运算、形式推理、模型构建等,形成数学的结论和方法,帮助人们认识、理解和表达现实世界的本质、关系和规律。数学不仅是运算和推理的工具,还是表达和交流的语言。数学承载着思想和文化,是人类文明的重要组成部分。数学是自然科学的重要基础,在社会科学中发挥着越来越重要的作用,数学的应用渗透到现代社会的各个方面,直接为社会创造价值,推动社会生产力的发展。随着大数据分析、人工智能的发展,数学研究与应用领域不断拓展。数学在形成人的理性思维、科学精神和促进个人智力发展中发挥着不可替代的作用。数学素养是现代社会每一个公民应当具备的基本素养。数学教育承载着落实立德树人根本任务、实施素质教育的功能。义务教育数学课程具有基础性、普及性和发展性。学生通过数学课程的学习,掌握适应现代生活及进一步学习必备的基础知识和基本技能、基本思想和基本活动经验;激发学习数学的兴趣,养成独立思考的习惯和合作交流的意愿;发展实践能力和创新精神,形成和发展核心素养,增强社会责任感,树立正确的世界观、人生观、价值观。

(一)数学学科德育的整体认识

数学研究的是空间形式及数量间的关系。它相对抽象而枯燥,必须要渗透德育教育。数学教学大纲中也有明确的规定,德育教育在数学教学中很重要。数学中的各种概念、定理之间的联系、发展变化是无穷的。在教学中根据这些特点,利用中学生可塑性强、思维活跃的发展规律,激发学生的学习热情,培养学生爱数学、学数学的兴趣。在数学发展史中,中华民族有着杰出的贡献,很多方面的成就领先于世界,在数学中要利用好这些契机感悟中华文明在历史中的重要地位,有作为中华民族一员的归属感和自豪感。

数学学科德育需要结合数学知识、有计划地在思想教育、品德教育、心理教育和能力培养等方面,对学生施加影响的德育途径。数学学科德育体现了知识与德育、教书与育人的统一,具有教育内容丰富、方法手段隐蔽间接、认知方式和行为方式协同统一、实施稳定而有保障等特点。实施数学学科德育能够进一步拓宽德育时空和途径,提升德育的趣味性。基于对数学学科德育的内涵理解、德育要素客观存在于学科之中的事实,我们需要科学地发掘数学学科的德育要素,进行知识的学习。

1.渗透德育思想,激发学生爱国情怀

数学教材中有许多的数学史料和插图,教学时可适时地、自然地利用它们对学生进行爱国主义教育。人教版教材七年级上册中,介绍最早记载负数的是我国古代的数学著作《九章算术》,在筹算中规定的"正算赤,负算黑"这个记载比国外早七八百年;在学习八年级数学"勾股定理"时,可以向学生介绍我国古代书籍中最早关于勾股定理的记载比欧洲人的发现早五百多年;在学习九年级数学"正多边形和圆"时,介绍我国古代科学家祖冲之是世界上第一位将圆周率计算到小数点后第七位的人……所有这些都来源于课本,在教学中教师加以拓展,既让学生了解了我国古代数学的发展水平,也有利于激发学生的民族自尊心和自豪感。其实,在课堂教学中,只要教师能处处留意、用心琢磨,爱国主义题材比比皆是。在学习科学记数法时,我会列举我国有卓越成就的一些数据让学生进行练习,如北京奥运会主会场场馆的座席数,上海世博会的进园人数,神舟八号飞船的一些参数以及近几年我国经济增长的一些数据。这样,他们在掌握数学知识的同时,也学到了一些课外知识,培养了他们的数学兴趣,从而树立学科学、探索科学奥妙的理想和信念。

2.倡导人文精神

培养学生优秀品格从知识的实际出发,以初中生能够接受的形式,适当渗透与数学有关的乡情、环保等重要社会问题和科技成果,让学生一方面了解数学在科技和社会生活中的重要作用,另一方面突出人与自然的关系,加强学生的责任意识、环保意识,从不同角度结合相关数学知识对学生进行热爱家乡、关心社会、关注环保、爱护自然等人文教育,唤起学生对国家、社会、家乡的关注,增强他们的社会责任感和价值观。例如,在学习统计知识时,让学生回家调查自己家庭每天使用塑料袋的数量,通过计算班上所有家庭一个星期、一个月、一年使用塑料袋的数量,组织学生进行塑料袋对环境造成影响的讨论,让学生懂得国家实施"限塑令"和节能减排的重要意义。这样,教师既教给学生相关的数学知识,又对他们进行了环保教育。在学习列方程解应用题时,我编了一些有关玉树地震、抗洪抢险等社会热点问题引导学生关注国家大事,感受中华儿女在自然灾害面前同心同德、勇于承担社会责任、积极拼搏的团队精神,增强学生的社会责任感。数学的学习过程是探索真理、实现自我价值的过程,是对人的意志力以及自信心的极大挑战。学生通过对数学的求解、求证等问题的思索与探求,可以让他们学会败而不馁,学会体验求解成功后的喜悦,这些成功后的经历能够培养他们对事业锲而不舍的追求。数学是一门严谨的学科,数学教师首先要有严谨、负责的态度。在平时的作业中,对学生应严格要求,从小事抓起,有意识地培养学生言必有据、一丝不苟、及时纠正错误的科学态度。不合格的作业,一定要令其重做,哪怕只是一个错字、一个小数点也要强调校正。并且严肃指出,若将这些不良的习惯带到以后的实际工作中,点滴差错都有可能给国家造成巨大损失。从一点一滴地培养学生精益求精、实事求是、谦虚谨慎的优良作风。

3.挖掘德育因素,陶冶学生思想情操

著名数学家华罗庚说:"数学本身也有无穷的美妙。"可以说数学是万花筒,是一个五彩缤纷的世界。美育是德育工作的一个重要内容,美以辅德,德以促美。在数学教材中,蕴藏着丰富的美育因素。许多几何图像就充满无穷无尽的美,闪烁着美的风采。除此之外,数学中还有更深层的美,例如,黄金系数 0.618 是现实世界中美的表现,许多著名的建筑,广泛采用 0.618 的比例,给人以舒适的感觉。生理学家认为,当气温为 23 摄氏度时,人感到最舒服,这时人的体温(37 度)与气温之比正好是 1:0.618,一些名画的主题大都在画面的 0.618 位置,乐曲中较长的一段等于总长度的 0.618……在学习了轴对称和中心对称以后,让学生欣赏一些宏伟壮丽的建筑物的图片,如河南登封观星台、南京中山陵等,体会大自然中的数学美。因此,数学教育应使学生获得对数学美的审美能力,既有利于激发学生对数学的爱好,也有助于增强学生的创造能力。教师在教学中有意识地引导,能培养学生的数学美感,提高学生的审美能力,陶冶学生的思想情操。

数学中存在严密的逻辑推理,同时也存在许多富有哲理性的东西,注意挖掘这方面的素材,有意识地对学生进行人生观的教育也很有必要。在九年级复面直角坐标系与函数这一章节时,告诉学生每一个人都有自己的人生坐标,定位参数有先天因素也有后天因素,一个人的定位在很大程度上与自己的后天努力紧密相关,特别是在人生的十字路口,正确认识自己,确定正确的人生观,摆正自己的人生坐标,通过自己后天的努力,一定会取得辉煌的成就。

(二)数学学科德育的要素

表2-20　数学知识与德育元素

知识点	德育元素	德育内容
二次根式	科学精神	了解二次根式发展的过程
勾股定理	中华优秀传统文化	学习古代科学家探索的精神
平行四边形	心理健康教育	在复杂的几何证明中寻找条件,组织数学语言,树立克服困难的勇气
函数	辩证的观点	数学源于生活又作用于生活
数据的分析	生态文明	通过数据通风机了解生态文明,促进人与自然和谐发展

1.单元学习中挖掘出潜藏的德育线索

勾股定理一章中体现了中华传统文化,勾股定理揭示了直角三角形中三边的数量关系。它在数学的发展中起着重要的作用。在现实世界中也有着广泛的应用。学生通过对勾股定理的学习,可以在原有的基础上对直角三角形有进一步的认识和理解。

(1)勾股定理的发展史

中国古代称直角三角形为勾股形,并且直角边中较小者为勾,另一长直角边为股,斜边为弦,所以称这个定理为勾股定理。在中国,周朝时期的商高提出了"勾三股四弦五"的勾股定理特例,也有人称商高定理。

在西方,最早提出并证明此定理的为公元前6世纪古希腊的毕达哥拉斯学派,被称为毕达哥拉斯定理、百牛定理。他们用演绎法证明了直角三角形斜边平方等于两直角边平方之和。公元前4世纪,希腊数学家欧几里得在《几何原本》中给出一个证明。

1940年《毕达哥拉斯命题》出版,收集了367种勾股定理的不同证法。勾股定理现约有500种证明方法,是数学定理中证明方法最多的定理之一。

1971年5月15日,尼加拉瓜发行了一套题为"改变世界面貌的十个数学公式"邮票,这十个数学公式由著名数学家选出,勾股定理是其中之首。

2002年第24届国际数学家大会(ICM)的会标即为弦图。

(2)勾股定理的地位

勾股定理的证明是论证几何的发端。勾股定理是第一个把数与形联系起来的定理,即是第一个把几何与代数联系起来的定理。导致了无理数的发现,引起第一次数学危机,大大加深了人们对数的理解,是历史上第一个给出了完全解答的不定方程,它引出了费马大定理。

勾股定理是欧氏几何的基础定理,并有巨大的实用价值。这条定理不仅在几何学中是一颗光彩夺目的明珠,被誉为"几何学的基石",而且在高等数学和其他科学领域也有着广泛的应用。

勾股定理是平面几何有关度量的最基本定理,它揭示了直角三角形中三边的数量关系,是解直角三角形的主要依据,它还是一般三角形余弦定理和平面解析几何中的两点间距离公式等知识的必要基础,充分体现数学知识承前启后的紧密相关性和连续性。勾股定理不仅促进了数学的发展,而且在科技进步中也发挥了不可估量的作用。

（3）勾股定理的意义

勾股定理是初中平面几何中有关度量的最基本定理之一，它从边的角度进一步刻画了直角三角形的特征，学习勾股定理及其逆定理是进一步认识和理解直角三角形的需要，也是后续有关几何度量运算和代数学习必要的基础，其在现实生活中也具有普遍的应用性。

勾股定理是人类早期发现并证明的重要数学定理之一，用代数思想解决几何问题的最重要的工具之一，也是数形结合的纽带之一。

（4）勾股定理的数学思想

①数形结合的数学思想

首先，定理本身是数形结合的——直角三角形是形（特殊的形），$c^2=a^2+b^2$ 是数（形的定量描述）。勾股定理及逆定理告诉我们两者等价。其次，证明过程是数形结合的。

②转换与化归的数学思想

几何上是划归为面积等式，代数上是划归为乘法公式的化简。

③不变量（性）的思想

直角三角形有无穷多，三边长 a,b,c 变化无穷，但由于三角形有一个角是直角，所以它们满足一个不变的关系。

本章主要内容是勾股定理及其逆定理。勾股定理是欧式平面几何的一个核心结果，是三角学的出发点，与"黄金分割"一起被开普勒称为"几何学两个宝藏"。它在直角三角形的三条边之间建立了固定关系，使人们对原来几何学的感性认识精确化，其中体现出来的"数形统一"的思想方法，启发了人类对数学的深入思考，促成了解析几何与三角学的建立，使数学的两大门类代数和几何结合起来，许多大科学家都认为勾股定理以及处理数据的数学方法深深地影响了现在许多学科的思考模式。

勾股定理是直角三角形的一个非常重要的性质，将数与形密切联系起来，揭示了一个直角三角形三边之间的数量关系，是后续学习解直角三角形、余弦定理的基础,是三角形知识的深化。它紧密联系了数学中最基本的两个量——数和形,能够把形(直角三角形中一个角是直角)转化成数量关系(三边之间满足 $c^2 = a^2 + b^2$),既是数形结合的典范,又体现了转化和方程思想。

中国古代和欧几里得证法都充分运用了面积转化理论,不同在于欧几里得证法推理严谨,重在演绎;赵爽和刘徽证法通俗易懂,重在应用。两者的证明也反映了古代中国和古希腊两种不同风格的数学文化。古希腊追求用公理进行逻辑推演,注重理性思维的培养;而中国古代数学则崇尚使用和算法。

2.课时教学中明确出德育要素

发掘德育要素,不仅要站在课程的高度观照德育要素的全部内容,发现其中纵向的梯度设计和横向的板块关系,整体把握德育要素,做到"胸中有丘壑,眼里存山河"。中学数学学科包括科学素养、人文精神和道德素质等要素,根据学段进行由易到难的梯度设计,大致可分为数字文化、数字美、数学史、数学哲学、数学生活和更深层次的课堂文化。只有把握了这些内容,教师才能感受到德育要素的整体布局。而且要深入了解教材的编排特点和写作意图,根据教材特点挖掘出潜藏的德育线索,根据每个单元的编写意图确定德育要素的基本分布情况。

教师创新视角,以相关知识为载体,以辩证唯物主义为突破口,以学科发展史为纽带,就能比较充分地运用学科内容,使学生从中获得良好的思维品质、实事求是的科学态度和勇于创新的探索精神等。

数学教学本身也要求教师在教学活动中对学生进行德育教育。为完成知识教学,能力培养的任务,在教学实践中不仅要运用一定的方法、技巧,同时也要根据教材内容,对学生进行理想教育和爱国主义教育。例如,在某些定理、公式的教学中,可适当补充介绍发明者及发明过程。像在教学勾股定理时,向学生介绍我国古代书籍中最早关于勾股定理的记载,要比欧洲人的发现早几百年。在学习圆时,向学生交代我国古代科学家祖冲之是世界上第一位将圆周率计算到小数点后第七位的人,这比西方国家要早几百年。通过这些使学生了解我国古代科学技术的发展水平，激发学生的民族自尊心和自豪感。从而树立学科学、探索科学奥妙的理想和信念。

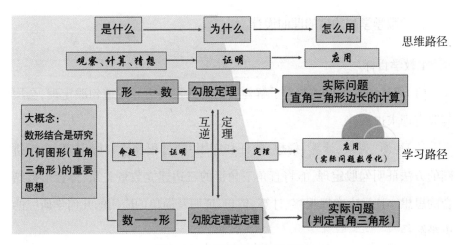

图2-24　勾股定理单元结构图

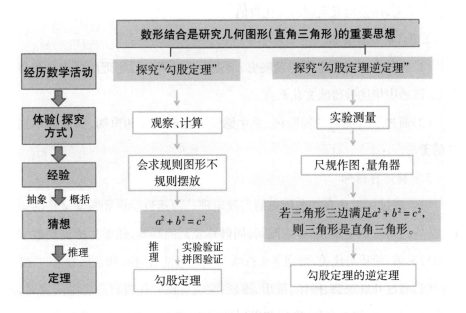

图2-25　勾股定理学习过程

3.教学活动中关注自然发生的德育事件

在教学中播放勾股定理的发展史，使学生产生对古代科学家学习探究精神的钦佩，爱国情怀油然而生。通过特殊直角三角形三边之间的关系，大胆提出猜想的魄力和寻求逻辑证明的精神。

(三)数学学科德育的课时设计

1.教学目标

(1)通过观看小视频初步了解勾股定理的发展史。知道勾股定理,会用勾股定理求边长。

(2)经历"观察、计算、猜想、验证和应用"的过程探索勾股定理,会用拼图的方法证明勾股定理,能将直角三角形的三边建立数量关系,体会形数结合的思想。让学生掌握观察、计算、猜想、证明及简单的应用的几何学研究的思维路径。

(3)通过对勾股定理历史的了解可以体会数学家锲而不舍的探究精神,感受数学美,体会勾股定理的文化价值。

2.蕴含的德育要素

(1)通过认识勾股定理的发展史,增强学生探索勾股定理的好奇心和自信心,渗透中华优秀传统文化教育。

(2)通过欣赏美丽的勾股树,学生感受文化的洗礼和熏陶,体会数学独特的美。

3.学科德育目标

(1) 通过认识具有悠久历史的勾股定理，渗透数学史和数学文化的知识:从毕达哥拉斯定理、赵爽弦图到《周髀算经》、商高等,使学生感受到数学证明得灵活、精巧与优美,增强学生探索勾股定理的好奇心和自信心。

(2)通过开展观察、操作、猜想、推理、交流等活动促进自身思维的发展,逐步体会数学知识的产生、形成和发展过程,培养学生的辩证思维能力。

（3）通过欣赏美丽的勾股树,学生感受文化的洗礼和熏陶,体会数学独特的魅力。

4.教学策略

环节一:初步认识勾股定理

从学生比较感兴趣的话题入手,是否有外星人呢? 为了探寻这一点,世界上许多科学家向宇宙发出了信号,如地球上人类的语言、音乐、各种图形等。很多学者建议发送勾股图到外星,如果有外星人,那么他们最有可能认识这种数学语言,因为这种自然图形所具备的“数形关系”在整个宇宙是普遍存在的。

图2-26　勾股图

（资料来源:yurixiang1314,mip.book118.com 原创力文档,四川文动网络科技有限公司）

设计意图:本节课是本章的起始课,通过给外星人发射勾股定理图,说明勾股定理地位之高,并介绍勾股定理的重要性及其发展史。

环节二:勾股定理的认识和验证

问题 1　观察图 1 正方形 A、B、C 面积之间有什么样的数量关系?

问题 2　图 1 中正方形 A、B、C 所围成的等腰直角三角形三边之间有什么特殊数量关系?

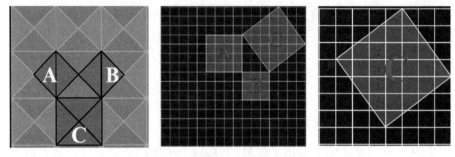

图2-27　直角三角形中的勾股数

问题3　观察图2,一般的直角三角形,以它的三边为边长的三个正方形 A、B、C 是否也有类似的面积关系?(每个小正方形的面积为单位1)

追问:求图3中A,B的面积比较容易,该怎样求C的面积呢?

学生思考可以用切割法和填补法求不规则摆放图形的面积。

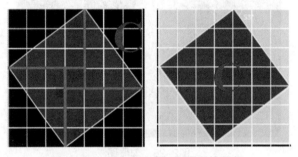

图2-28　割补法求不规则图形的面积

基于以上问题的思考,学生提出猜想:如果直角三角形的两条直角边长分别为a,b,斜边长为c,那么 $a^2 + b^2 = c^2$。

活动意图说明:从最特殊的等腰直角三角形入手,通过观察正方形的面积验证三边关系,并进一步观察一般直角三角形,体现从特殊到一般的研究数学问题的思想。网格中直角三角形也是直角三角形的一种特殊情况,为便于计算,通常将直角边长设定为整数,进一步体会面积割补法。通过动态图实验演示直观形象地说明勾股定理的正确性。

环节三:勾股定理的证明

问题4　你能尝试用拼图的方法证明勾股定理吗?

学生通过不同的拼图方法证明勾股定理,拼图后验证定理的思路:整体—局部。

勾股定理:如果直角三角形的两直角边长分别为 a,b,斜边长为 c,那么 $a^2 + b^2 = c^2$。

设计意图:学生通过课前查阅资料,根据自己的理解,尝试说明勾股定理的证明方法,体会数学中的数形结合思想。通过了解我国古代数学家对勾股定理的发现及证明做出贡献,增强民族自豪感。勾股定理的证明方法有400多种,常见的是拼图的方法,用拼图的方法验证勾股定理的思路是:

①图形通过割补拼接后,只要没有重叠,没有空隙,面积不会改变;

②根据同一种图形的面积不同的表示方法,列出等式,推导出勾股定理;勾股定理的作用是已知两边求第三边。

环节四:展示勾股树

展示勾股定理的图形,感受数学的神奇和美。

活动意图说明:学生谈本节课学习内容,在学习过程中感受中国数学文化及数学美,感悟数形结合思想,引发学生深层次的思考,培养学生反思小结的习惯和归纳概括的能力。

5.教学反思

勾股定理有着悠久的历史,现在有500多种证明方法,欧几里得证法完全脱离实物的支撑,结合图形分析,以演绎推理的方法获得了一系列的定理和推论,向我们展示了对数学美和数学理性的追求,展示了西方数学文化传统中严谨的逻辑和理性的推理。这一追求的过程推动了现代数学的发展,从形的角度把它推广到平面图形面积关系、立体图形的表面积关系的探讨;并且从数的角度将勾股定理推广求不定方程的正整数解,引出了著名的费马猜想、鲍恩猜想等。这种严谨的逻辑推理方法对学习数学、理解现代数学体系结构的形成有着重要的启示作用，勾股定理是联系数学中最基本也是最原始的两个对象——数与形的第一定理，是初中数学阶段几何和代数之间问题研究的一个重要桥梁。

（1）以学生为主，学生是学习的主人

在新课改下需要进行学生自主讨论交流学习，在探究勾股定理的发现时分小组由同学们合作探讨，从特殊的等腰直角三角形到一般的直角三角形去发现它们三边具有某种特定的数量关系，提出猜想。之后用拼图的方法再来验证猜想。让学生们拿出准备好的直角三角形和正方形，利用拼图和面积计算来证明猜想。

学生展示拼图方法，并分享自己思考的思路和方向。

课堂上提高学生的参与度是学生获得知识的必要条件，在课堂中把主动权交给学生，让学生提出问题、动手操作、小组讨论、合作交流，把学生想到的，想说的想法和认识都让他们尽情地表达，然后教师再进行点评与引导，这样做会有许多意外的收获，而且能充分发挥挖掘每个学生的潜能，久而久之，学生的综合能力就会与日俱增。

（2）让学生探索、研究、体会学习过程

学生学会了数学知识，却不会解决与之相关的实际问题，造成了知识学习和知识应用的脱节，感受不到数学与生活的联系，所以在课堂中关注学生是否积极参加探索勾股定理的活动，关注学生能否在活动中积极思考，能够探索出解决问题的方法，能否进行积极的联想（数形结合）以及学生能否有条理地表达。关注学生的拼图过程，鼓励学生结合自己所拼得的正方形验证勾股定理。

（3）几何直观

勾股定理知识属于几何内容，而几何图形可以直观地表示出来，学生认识图形的初级阶段中主要依靠形象思维。对几何图形的认识始于观察、测量、比较等直观实验手段，现代儿童认识几何图形亦如此，可以通过直观实验了解几何图形，发现其中的规律，然而几何图形本身具有抽象性和一般性，一种几何概念可能包含无限多种不同的情形，例如有无数种形状不同的三角形。对一种几何概念所包含的一部分具体对象进行直观实验所得到的意识，一定适合其他情况也回答不了的问题。

(4)培养数学逻辑能力

学生先后经历"说点儿理""说理""简单推理"几个层次，有意识地逐步强化关于推理的初步训练，本节课学生通过观察、实验、探究得出结论从而培养逻辑推理能力，主要做法是在问题的分析中强调求解过程所依据的道理，体现事出有因、言之有据的思维习惯。

德育干部点评

数学新课标中指出：数学素养是现代社会每一个公民应当具备的基本素养。数学承载着思想和文化，数学教育承载着落实立德树人的根本任务，数学除了具有工具性、实用性的显性价值外；还具有文化性，培养理性精神等隐性价值。数学学科内容的特殊性决定了它具有独特的德育价值，大致可以分为培养数学品格，培养个性品质，培养社会公德三个维度。

勾股定理的教学内容是初中数学教学的重要内容，也是德育教育的重要题材。李老师在对学生进行知识教学的同时也开展了一堂数学课上不可多得的思想教育课。从课题的引入，创设丰富的问题情境，激发兴趣，介绍勾股定理的重要性及其发展史，从而使学生树立学科学、探索科学奥妙的理想和信念。赵爽弦图的证明方法，让学生了解我国古代数学家积极探索的精神和杰出的智慧成果，能够增强民族自信心和自豪感。在课堂教学过程中，教师渗透由特殊到一般的数学思想，引导在经历"观察、计算、猜想、验证和应用"的过程中探索勾股定理，在这个过程中学生能够学会数学问题的研究方法，养成独立思考、反思质疑的学习习惯，提高自身的数学素养和学习品质。李老师在教学方法上勇于创新、独立思考、小组合作、探索交流，教师尊重学生意见，学生学会倾听与表达，相互尊重，增强团结协作意识。

德育本身就是一个不断发展的概念，那如何在数学教学中加强德育教育更不是一节课一学期的事，我们需要细心挖掘德育工作和学科教学的最佳结合点，挖掘数学教材中蕴含的丰富的思想教学因素。寓德育于数学课堂之中，潜移默化有机渗透，持之以恒坚持不懈，相信德育这朵鲜花一定会在数学课堂中精彩绽放。

（首都师范大学附属玉泉学校　李晓艳　邓建宁）

三、初中英语学科德育案例

《义务教育英语课程标准》(2022 年版)明确指出：义务教育英语课程体现了工具性和人文性的统一，具有基础性、实践性和综合性特征。学习和运用英语有助于学生了解不同文化，比较文化异同，汲取文化精华，逐步形成跨文化沟通与交流的意识和能力，学会客观、理性地看待世界，树立国际视野，涵养家国情怀，坚定文化自信，形成正确的世界观、人生观和价值观，为学生终身学习、适应未来社会发展奠定基础。

英语教学是学科教学的重要组成部分，以其语言运用为本质特征。虽然英语教学的主要目的是为学生发展综合语言运用能力奠定基础，但进行道德教育也是其重要职能。外语学习是促进人的身心发展的重要途径之一，因此在英语教学的过程中，除了要培养学生听、说、读、写的知识能力外，也要有意识地培养学生英语学科的内在思想。充分运用和发挥英语学科的德育功能，弘扬爱国主义精神，形成社会责任感和创新意识，不断提高人文素养。

（一）英语学科德育的整体认识

《中小学德育工作指南》对英语学科提出了"外语要加强对学生国际视野、国际理解和综合人文素养的培养"的德育目标，帮助学生树立正确的世界观、人生观和价值观，拓宽视野，培养爱国主义精神，为他们的终身学习和发展打下良好的基础。赫尔巴特曾经说过：我想不到任何无教育的教学，正如相反方面，我不承认有任何无教育的教学。可见，英语学科教学在德育工作中起到了举足轻重的作用，是德育工作必不可少的组成部分。

1.英语学科德育功能的理论基础分析

在素质教育深入推进的大背景下，德育工作成为教学工作的首要目标。德育工作不能单纯依靠思想品德课程，其他学科也应进行德育渗透。因此，推动德育与英语学科相融合成为英语教学的重点内容，与其他学科共同发挥德育作用。英语学科作为一门语言学科，最明显的特征是其具有工具性和人文性的双重性质。语言的工具性指知识与能力，即字词句段篇、听说读写的基础知识和基本技能。语言的人文性是指精神素养，即情感态度与价值观，包括责任感、道德感、正义感、民族自豪感等。

工具性是英语学科的根本属性，而人文性是英语学科的重要属性。英语学科旨在培养学生的语言能力、思维品质、学习能力和文化意识的核心素养，在教学中应将思想价值的正确引领放在首位，在培养学生语言知识的过程中，要不断渗透德育思想，引领学生弘扬发展中华民族传统文化，正确看待中西方在文化方面的差异，培养爱国精神，树立积极向上的价值观。

2.发挥英语教师的德育感染力

从德育的角度来讲，教师自身是整个教学过程中的重要组成部分，是学生的一面旗帜。中学生成长的现阶段，智育和德育都处于重要的形成期，因此教师要时刻关注其自身的言行对学生产生的影响。教师要做好榜样，挖掘自身的德育资源，发挥自身的德育感染力。英语教师的教学水平和教学技能能够体现教师个人的独特魅力，对学生产生强有力的引领作用，从而使学生受到德育的熏陶。长期以来，英语学科一直被认为是一种工具性学科，英语课程的内容选择和目标设置方面具有明显的功利性。这种现象导致一些人认为英语学习是非必要的，其根本原因可以追溯到没有认识到英语课程的育人作用这一因素。与其他学科相比，英语所包含的育人因素也许不是很明显,此时,英语教师需要引导学生对英语学科产生正确的价值认识。数学、物理等课程的价值不局限于学科自身的知识和技能,那么英语学科也同样如此。汉语作为我们的第一语言,除了具有沟通交流的作用,还可以使人的思维得到发展。同理,英语不仅是交流的工具,也是精神文化的重要载体。学习英语语言知识技能的同时,也是学生进行跨文化交流和思维培养的重要途径。因此,英语学科的双重性质,使得英语教师在教学过程中务必重视知识本身的获得以及英语独特德育因素的培养。

3.深挖教材德育资源,在教学中渗透德育工作

英语教材是德育的载体之一,课文中各个单元所涉及的话题不尽相同,和我们的生活密切相关。教材所包含的积极思想能否得到充分利用,主要取决于教师能否深入钻研教材,挖掘教材潜在的德育因素。

将德育工作和英语教学进行有机结合,必须要根据英语学科的具体特点,挖掘教材中可利用的德育资源,在教学中渗透德育。教材是学生最先接触的资料,教师可以立足教材,深入分析教材内容,将德育工作和教学充分结合起来。同时,也可将教材中的内容进行适当延伸,提升学生的道德素养。例如人教版 Go for it 七年级下 U2 What time do you go to school 中 2b 课文提到的 Tony 和 Mary 对于时间规划有着不同的理解。为解决学生不清晰的时间观念、不能对时间进行合理规划以及不能感受合理的时间安排带来的积极影响,通过分析对比文本,有意识地把"惜时守时,树立合理时间观"的思想教育渗透到教学中。结合学生具体情况,真正解决学生在生活中存在的时间问题,进行道德教育。此外,在日常教学工作中,教师要结合具体的课时内容,隐形地将其中包含的积极道德理念渗透到学生的学习过程中。比如人教版 Go for it 七年级下 U3 How do you get to school,学生通过表达个人上学的交通方式,可在潜意识中与 Section B 2b 文中主人公 Liangliang 进行对比,感受到自身拥有的独特优势,学会珍惜当下,理解他人所处的困境,潜移默化地进行德育教育。

在教育过程中不可脱离教材、脱离生活,切实联系真实情境,才能引起学生在情感上的共鸣。通过融合和渗透,有目的、有计划地寓德育于英语教学之中,以知识为载体,以课堂为平台,在学生学习新知的过程中渗透优秀的思想品质,获取迁移能力,为日后步入社会奠定基础。

4.在英语教学评价中渗透德育

教学评价对促进学生核心素养的发展具有重要作用。教学评价不仅有助于促进学校和教师开展高效的教学工作,还可提升课程育人的质量。教师应重点关注教学评价的育人功能,在英语教学过程中,对学生的课堂表现进行及时评价。积极有效的教学评价不但可以激发学生的学习动力,而且还能促进学生培养团队合作意识和优秀的思想品质。中学英语教学中进行德育渗透是构建开放性英语课堂的需要,同时也是全面实施素质教育的客观需求。教育学家苏霍姆林斯基曾经说过:"智育的目标不仅在于发展和充实智能,而且也在于形成高尚的道德和优美的品质。"在英语教学中,应当采取形成性评价和终结性评价相结合的方式,增加评价维度,既关注过程,又关注结果。其中,鼓励性评价是日常教学活动中常用的一种评价方法,是激发学生内在潜能的重要手段,也是形成学生持续性发展和进行德育渗透的有效途径。在七上教材 Unit1 My name's Gina 新授课中,学生通过学习目标语言,能够对自己和他人进行介绍。通过与新结识朋友的沟通交流,发现每个人不同的闪光点,使自己得到对方的认可,建立平等的人际关系。教师对于该现象给予肯定和积极的评价,鼓励学生学会互相尊重、互相学习,从而使其在积极主动的参与中,品德得到发展,价值判断得到培养。教学评价要有在英语教学中进行德育渗透的意义,在教学实践中不断探索德育渗透的有效途径,推进智育与德育的并行发展。

(二)英语学科德育的要素

1.单元学习中挖掘出潜藏的德育线索

人文性和工具性是英语学科具备的双重性质。教师在教学过程中不仅要发挥英语学科的工具性，同时也要将人文性的育人功能贯彻到日常教学中。以教师为主导，学生为主体，在单元学习中渗透德育教学，配合教材以单元发挥英语学科的育人功能，进行大单元教学，充分挖掘教材中的德育元素。以人教版七年级英语下册教材为例，提取前六单元的人文主题德育要素点，如下：

表2-21　人教版七年级英语下册第六章的人文主题德育要素

Unit1	Unit2	Unit3	Unit4	Unit5	Unit6
个人能力；互帮互助	树立合理时间观,惜时守时	出行方式,珍惜当下	制定规则；学会相互理解和换位思考	保护动物,生态和谐	了解文化差异

再以人教版英语七年级下册教材中第五单元为例，本单元以"人与自然"为主题，通过学习描述性词汇对动物进行描述、谈论个人喜欢的动物及原因，引导学生认识到动物与人类同属地球生命共同体，树立爱护动物、保护动物的正确理念。该单元由 Section A 和 Section B 两部分构成。Section A 部分让学生在"参观动物园"和"谈论喜欢的宠物"两个场景中学习描述性词汇并对动物进行描述，陈述个人喜好及原因；Section B 的听力部分再次重现"参观动物园"的场景，对 Section A 部分进行了拓展。2b 的阅读板块话题为"濒危动物的保护"，通过阅读有关濒危动物"Elephants(大象)"的文本，引导学生培养动物保护意识的德育思想。本单元的教学内容重点围绕动物展开，话题和场景贴近真实生活。从用语言描述动物，陈述个人喜好，过渡到对濒危动物的关注以及采取措施对其进行保护，使学生逐渐树立爱护动物、保护自然的意识。

2.课时教学中要明确德育要素

德育是学校教育教学的首要任务。课堂教学的灵魂是育人,课堂教学中的德育具有最基础、最丰富的特征。由于课堂教学是学校教育的主要形式,因此也就成为德育的主要途径。在英语课堂中要充分发挥其人文性的重要性质,潜移默化地对学生进行德育。首先要明确整体单元的德育线索,在此基础上明确课时的德育要素。将学生现阶段的思想品德和课时中的德育要素进行有机结合,在教学活动中进行适当的思想教育。

Let's Save the Elephants 一课是人教版七年级英语下册第五单元 Section B 的阅读文本。该文本主要描述了大象的各种能力以及大象成为濒危动物的原因。在文中作者主要写了三方面内容:一是大象是泰国的象征,寓意着"好运",体现了大象对人类特殊的精神含义;二是叙述了大象拥有各种各样的技能,体现了大象的多才多艺;三是利用数字形象地体现了大象已成为濒危动物的事实以及原因,呼吁人们珍惜动物、保护动物。通过对文本内容的了解、认识和分析,让学生树立起"保护濒危动物,从我做起"的理念。

以阅读文本 Let's Save the Elephants 第三自然段为例,原文是:

But elephants are in great danger. People cut down many trees so elephants are losing their home. People also kill elephants for their ivory. Today there are only about 3,000 elephants (over 100,000 before). We must save the trees and not buy things made of ivory. Remember that March 13th is Thai Elephant Day.

在阅读这段内容时,学生可以通过数字显性地看到大象数量骤减,意识到大象已成为濒危动物这一事实,从而引起学生对大象在情感上的共鸣。在了解到这一事实之后,当学生读到动词"kill"和"cut down"时,可以认识到导致大象成为濒危动物的原因与人类密切相关,感受到人类活动对自然环境和动物所带来的双重影响,进而使学生反思人类与动物、自然环境同属地球上的生命共同体,应当和谐相处,起到潜移默化的德育效果。

七年级学生的智力和思想都处于重要的发展期,《义务教育英语课程标准》中指出:7—9年级学段的学生能够根据获取的信息,综合、归纳、概括、辨析、判断主要观点,独立思考,发现问题、分析问题并创造性地解决问题。由此可见,学生能够通过阅读文本,对文本内容进行归纳总结,发现文中提到的问题,独立思考,分析问题出现的原因并提出解决方案。课上通过小组活动讨论各种已灭绝的动物和濒危动物的种类,分析导致问题出现的原因,并利用语言产出,体现了英语学科的工具性。深入探讨问题之后,学生可从各组的分享中再次得到意识强化,坚定其保护环境、爱护动物的理念,体现了英语学科的人文性。工具性和人文性的有效融合,对学生的德育教育起到了很好的效果。

3.教学活动中关注自然发生的德育事件

在学习 Let's Save the Elephants 课文时,学生在了解到大象的现状后不约而同地说:大象原来这么聪明,但是人们为了象牙而猎杀大象,大象太可怜了。此时,教师注意到学生的情感变化,继续对问题进行延伸:"人们为了生活砍伐树木,大象失去了家园,为了获取象牙而猎杀大象,那么获取的象牙用来做什么呢?"学生回答道:sell things made of ivory。老师继续进行追问:"Why do they sell the things made of ivory?"有一名学生迅速答道:Because someone wants to buy it! 经过教师的引导,学生能够正确认识到问题所在,紧接着给予及时反馈:"They kill elephants for their ivory because someone wants to buy it, so how can you save elephants?"学生利用从文本中获取的信息回答:not buy things made of ivory! 此时,学生通过认识问题、分析问题,给出了解决问题的正确方法。此过程在分析问题、解决问题的基础上,使学生认识到"no buying no killing(没有买卖就没有伤害)"的道理,在教学活动中自然而然地对学生进行德育教育,起到了很好的效果。

(三)英语学科德育的课时设计

1.教学目标

(1)能够在语境中使用描述性词汇对动物进行描述。

(2)能够概括文章大意。

(3)能够熟练运用略读和扫读的阅读技巧。

(4)能够用英语描述最喜欢的动物并陈述原因,培养保护动物的意识。

(5)能够了解濒危动物的生存状态,树立爱护动物、保护环境的理念。

2.蕴含的德育要素

(1)从大象是泰国的象征,寓意着"好运",了解到动物对人类有着特殊的精神含义,认识到动物对人类的重要性。

(2)从大象拥有多种技能、多才多艺,感受到其鲜活生命的存在,同人类一样,大象的生命也应得到尊重,不可随意剥夺。

(3)从大象成为濒危动物这一事实,分析导致问题出现的原因,意识到人类与动物要和谐共处。

3.学科德育目标

(1)通过了解大象对人类特殊的精神含义,学生感受到人与动物是互相的精神依托。

(2)通过了解大象的各种才艺,学生感受到动物和人类都是具有智慧的生命体,动物的生命权理应得到尊重和保护。

(3)通过了解导致大象成为濒危动物的原因,学生认识到不当的人类活动将对动物和环境产生负面影响,进而树立爱护动物、保护动物的意识,培养人与动物同属地球生命共同体的理念。

4.教学策略

环节一:图片导入

展示濒危动物图片,学生陈述其最喜欢的动物及原因。

活动意图说明:通过图片导入,展示话题相关表达,激发学生相关背景知识。

环节二:读前准备

展示文中的动物图片, 询问学生图片中的动物是什么及想要对该动物有哪方面的了解。

活动意图说明:通过展示图片,学生可对该课时的内容进行预测,为接下来的阅读环节奠定基础,唤起学生对动物的喜爱之情。

环节三:读中活动

(1)整体阅读文章,找到文章的主题。

(2)分段阅读。

阅读首段,找出大象对泰国重要性的表达,小组1回答

T:Can you find the expressions about the importance of elephants to Thailand?

S:Yes.

T:Why are elephants important to Thailand?

S:Because elephants is a symbol of good luck to Thailand.

阅读次段,画出文中提到的大象的能力,小组2回答

T:After reading, what abilities of elephants can you get from the passage?

S:Elephants can play football、listen to the music、never get lost and remember the food and water.

T:Do you like elephants? Why?

S:Yes, because they are very clever.

阅读末段,回答以下问题:小组3回答

(3)大象为什么处于濒危灭绝的状态?

T:What happened to elephants?

S:Elephants are in great danger.

T:Why are elephants in great danger?

S:Because people cut down so many trees and their ivory are losing.

T:What's your feeling about this situation?

S:Sad/Upset/Worried.

(4)目前全球还有多少只大象?

T:How many elephants are in the world so far?

S:Only about 3,000 elephants.

T:How many elephants were in the world before?

S:Before more than 100000 elephants.

T:What are happening to elephants.

S:They are disappearing gradually.

(5)我们如何拯救大象?

T:Do you want to do something for elephants?

S:Yes. We want to save elephants?

T:So how do you save elephants?

S:We are supposed to protect the forest and do not buy thins made of ivory.

T:I think it will work. And what else?

S:Call on the people around us to protect elephants together.

学生按照要求完成相应任务,并在课上分享。

活动意图说明:通过分组完成任务,了解大象对人类特殊的精神含义,感受到人与动物互为精神依托、动物和人类都是具有智慧的生命体,培养爱护动物、保护动物的意识,树立人与动物和谐相处的理念。

环节四:读后活动

围绕本节课的主题,学生通过小组讨论的方式想出更多拯救濒危动物大象的措施,并在课上分享。

活动意图说明:通过小组讨论,得出更多拯救濒危动物的措施,内化爱护动物、保护动物的思想,让学生树立"爱护动物,从我做起"和"尊重生命,敬畏生命"的意识。

5.教学反思

Let's save the elephants 是进行生态和谐教育的课文,能唤起学生爱护动物、保护自然的意识。教学时,在教学环节进行德育渗透并非难事。但如何将本课的德育要素进行内化,如何进行拓展? 需要进行深度思考。

(1)关注动词,反思体会

在教师的指引下,学生阅读文本末段中关注到动词"cut down"和"kill"时,虽然能够从字面理解含义,但是还需要将其与产生问题的原因进行联系。如果只停留在理解字面意义,那么对学生的德育教育也只停留在了表面。小组3阅读末段时,教师提出"关注影响大象生活的动词"的要求,学生带着目的进行阅读,通过小组活动分析问题、解决问题,得出"某些人类活动对大象的生存造成负面影响"的结论。这样同学们不仅可以分析出问题的原因,更能使学生感受到人类对大象生存的影响,为实现本课的德育目标奠定了基础。

(2)通过问题追问,进行德育拓展

在确定本课德育目标的基础上,学生有目的地进行阅读和讨论,通过问题引导,学生在接受到本课的德育教育后进一步拓展。通过问题讨论和分享,学生得出 "We should not buy things made of ivory and not cut down so many trees to save elephants"。此时教师进行追问:"Do you or people around you have anything made of animals? If so, what will you do? "学生在认识到自身问题后做出正确回答 "We won't buy it anymore and will call on parents and friends to do so! "此方法不仅可以让学生意识到自身存在的问题,还能使学生为了生态和谐对他人进行呼吁,进一步深化、拓展了德育思想。

以上的教学重要环节使学生进行了自我反思和德育内化,并且在接受本课德育教育后进行了拓展,潜移默化地进行英语学科德育的教育。

(四)英语学科德育总结

德育是学校教育的首要目标，英语学科德育要发挥其工具性和人文性相统一的特性，通过教师个人德育感染力、深挖教材德育要素以及在教学评价中利用德育渗透等方式进行德育教育。大单元教学已成为目前课堂教学的主流，这就要求教师需挖掘单元中的潜在的德育线索，在英语教学课时中明确德育要素，并且在教学活动中关注自然发生的德育事件，有针对性地进行德育教育的教学设计，不断探索进行德育的有效途径，真正做到德育和智育融合发展。

德育干部点评

德育教育是五育并举的核心，英语课除了教授语言、文化外，还是在课上实施德育教育的良好契机。Let's save the elephants 告诉我们人与动物的可持续发展的重要性，能唤起学生爱护动物、保护自然的意识和责任感，这也是将社会主义核心价值观融入英语教育的全过程。 把国家、社会、公民层面的价值准则融入英语教育活动中。本篇文章通过跨文化交流，使学生了解到不同国家拥有的文化习俗。然而对于人类与动物的和谐共处都担负着共同的责任。本节课教师通过直观的图片引入主题，设置不同的教学活动，由浅入深，潜移默化地带领学生深刻理解文章大意，在了解异域风情的同时，层层深入地抛出一个个让人深思的问题，让学生了解到濒临灭绝的物种及其动物与人类的关系，从而使学生感受到保护动物的重要性。唤起孩子们爱护动物、保护动物责任感，让学生树立"爱护动物，从我做起"和"尊重生命，敬畏生命"的意识。

这篇课文内容有趣、语言丰富。学生可以透过表层的语言文字学习领悟到其中的德育内涵。教师活动设计过程循循善诱的引导，使学生在学习中经历了文化与道德的洗礼。

(首都师范大学附属玉泉学校 张响 魏淑娟)

四、初中历史学科德育案例

《义务教育历史课程标准》(2022 版)明确指出,历史课程是落实立德树人根本任务的重要课程,注重培育学生核心素养。通过发掘人类优秀文化遗产的育人功能,使学生树立正确的历史观、民族观、国家观、文化观,增强责任意识和社会担当,成为德智体美劳全面发展的社会主义建设者和接班人。

(一)历史学科德育的整体认识

《中学历史学科德育实施指导纲要(试行)》指出历史学科德育的特点:历史学科是在唯物史观的指导下,对人类文明的发展历程及发展规律进行客观描述、辩证阐释的学科。历史学科实施德育主要通过帮助学生了解人类社会文明的变迁历程,培育学生的人文素养,引导其形成正确的世界观、人生观和价值观。历史学科教学体现了国家记忆和国家意识,其本身蕴含着德育内容,与德育密不可分,且在德育中承担着非常重要的职责。

由此分析,历史学科德育的特点及德育范畴如下:

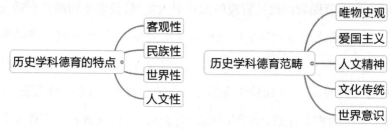

图2-29　历史学科德育的特点及德育范畴图示
(资料来源:依据《中学历史学科德育实施指导纲要(试行)》第 1~4 页内容绘制。网址:中学历史教学园地 http://www.zxls.com/Item/270022.aspx。)

1.客观性

历史学科的客观性,决定了历史学科德育的客观性。通过学习历史,学生学会尊重历史事实,客观分析历史事件;树立历史唯物主义的世界观,了解人类文明发展的历程,揭示社会变迁的规律;学会用客观、辩证、发展的眼光认识与评价历史人物和事件,形成反思历史、汲取智慧的能力。

2.民族性

历史也是民族兴衰的发展史,民族性是历史学科的重要属性。历史课程以爱国主义为核心,客观呈现文明变迁及民族奋进的历程。通过历史学习,学生将形成正确的国家观,增强民族认同感、民族自信心和自豪感,认识中华文明演进的历史价值和现实意义。

3.世界性

教育的最高境界是教给学生中国的灵魂,世界的胸怀。历史学科在实现这一最高境界的过程中具有独特的作用,通过历史课程的学习,学生将了解世界上不同地区、国家与民族各自不同的发展道路,帮助学生认识人类社会发展的统一性和多样性,理解和尊重世界各地区、各国、各民族的文化传统,汲取人类创造的优秀文明成果,进一步形成开放的世界意识,树立和而不同、相互学习的历史观。

4.人文性

历史学科是有着丰富人文内涵的课程,蕴含着丰富的思想观念、文化传统、情感认同与价值取向,具有人性启蒙的重要价值。通过学习,学生将加深对历史上以人为本、善待生命、关注人类命运的人文主义精神的理解;提高人文素养,养成人文精神,确立积极进取的人生态度,塑造健全的人格,培养坚强的意志和团结合作的精神,增强经受挫折、适应生存环境的能力;进一步树立崇尚科学精神,坚定求真、求实和创新的科学态度。

(二)历史学科德育的要素

1.唯物史观

唯物史观是历史科学的指导思想,也是正确分析认识世界的思想武器,也是历史学科德育的重要组成。通过学习历史,学生逐步掌握历史思维的方法,养成辩证地观察、分析问题的能力,理解生产力的发展是推动人类历史发展的根本动力,加深对重大科学发展、重大科技发明推动人类社会进步的认识,了解人类社会由低级向高级的演化进程,正确认识人民群众在历史上的作用,并初步学会从历史视角观察和思考社会与人生,从历史中汲取智慧,逐步树立正确的世界观、科学的方法论、积极的人生观,践行社会主义核心价值观。

以统编版历史教材九年级上册为例,提取唯物史观德育要素点,如下:

建构大单元,深挖大观念,初步感受生产力对推动生产发展和历史进步的作用,培养唯物史观。

深研教材后,我们构建了内容之间的联系,形成大观念——工具变革生产发展,催生新的社会形态,大单元结构如下图所示:

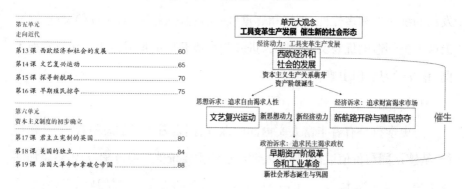

图2-30　人教版九上《世界历史》第五、六单元大单元构建

这一图示不仅诠释了这一时期的历史特征,并且揭示了历史发展的内在联系、本质及规律。正是由于生产工具的进步——生产力的发展,推动了旧的生产关系的瓦解,迫使生产关系做出适应生产力的调整,与生产力发展相适应。进而适应经济基础的上层建筑会应运而生。由此,学生认识了生产力与生产关系的关系,经济基础与上层建筑的关系,形成了知识的生长点,进而帮助学生逐步建立唯物史观。再由此应用到春秋战国的社会大变革上,最终实现了超越简单的具体知识,理解和把握具体知识背后的学科价值——唯物史观。

2.爱国主义

中华民族源远流长的历史文明、光辉灿烂的科技文化、自强不息的求索创新精神、前仆后继反侵略的抗争意志等优良传统,都有助于培养学生的民族自尊心与自信心,是进行爱国主义教育的丰富资源。通过生动的革命历史叙事,尤其是要引导学生通过革命传统教育了解中国共产党在领导中国人民进行民主革命、社会主义革命和建设的历史进程中所形成的优良革命传统、英勇奋斗的革命精神及独立自主、自力更生、艰苦奋斗的优良作风。

鲁迅先生说过:"我们从古以来,就有埋头苦干的人,有拼命硬干的人,有为民请命的人,有舍身求法的人……这就是中国的脊梁。"纵观整个中国近代史,不仅是抗战史、探索史,更是一部爱国史。为了更好地突显这一主题,我们将统编版历史教材八年级上册整合成三个大单元,"晚清国门被迫开,社会形态逐步改""众阶级探近代化,各谋出路挽危机""开天辟地共产党,领导人民谋新生"。

大单元的重组以后,又如何能将其中的爱国主义精神呈现、传递给学生,使其产生共鸣?这是历史学科德育能否落实的关键。在教学中,我们搜集史料,讲好中国故事。正如钱钟书所说:"史家追叙真人真事,每须遥体人情,悬想事势,设事局中,潜心腔内。"因此,好的故事,让学生与历史人物的生命相遇,是教师和学生贴近历史人物的心灵深处,与历史人物共同完成的熔铸爱国主义情怀的旅行。

例如,回归历史事实,熔铸家国情怀——"众阶级探近代化,各谋出路挽危机——走向共和",本课结构图如下:

图2-31　人教版八上《中国历史》第三单元大单元构建

为了能使学习内容更加突显爱国主义情怀,教师补充了生动的细节,如陆皓东的就义、林觉民的《与妻书》、黄兴的《绝命书》,以及孙中山矢志不渝的奋斗等。辛亥革命者以"革命求共和",志在创建一个中华民族的"民族的国家、国民的国家、社会的国家"。为了实现这个目标,他们抛头颅洒热血,奋不顾身。补充的故事,正把革命者这种为国舍家的心声表达得淋漓尽致,在生与死、爱与义的抉择中慷慨赴义。个体生命的结束,恰是他们所追求的理想和涅槃重生。在与历史人物的对话中,唤起了学生情感的共鸣,使学生感受到革命者对家的眷顾与不舍、对亲人的真情与挚爱,才能深刻领悟到这种"舍家""舍身"行为所彰显的大爱,从而厚植了爱国主义情怀。

再如,我们可以借助中国共产党成立100周年这一爱国主义契机,设计大单元《中共百年第一部——开天辟地共产党,领导人民谋新生》,结构图如下:

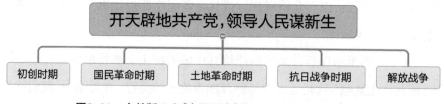

图2-32 人教版八上《中国历史》第四—七单元大单元构建

在这五个时期里,中国共产党取得了无数胜利,也经受了无数考验。其中有两次突出的严峻考验,一次是大革命失败,另一次是第五次反"围剿"失败。面对挫折,中国共产党没有放弃,而是团结带领人民进行了艰苦卓绝的斗争,谱写了气吞山河的壮丽史诗。

中国共产党为了完成国家独立、民族解放这一历史任务,付出了巨大牺牲。据不完全统计,从1921年至1949年,牺牲的全国有名可查的革命烈士达370多万人,平均每天牺牲370多人。这仅是有案可查的人数,战争年代,还有多少人没能记录在案?所以说今天的和平来之不易。正如毛泽东在党的七大上指出:"我们党尝尽了艰难困苦,轰轰烈烈,英勇奋斗。从古以来,中国没有一个集团,像共产党一样,不惜牺牲一切,牺牲多少人,干这样的大事。"也正如习近平在讲话中指出,"近代以来,中国人民和中华民族弘扬伟大爱国主义精神,心聚在了一起、血流到了一起,共同书写了抵御外来侵略、推翻反动统治、建设人民国家、推进改革开放的革命史诗"。

通过学习,使学生认识到,正是历史和人民选择了中国共产党,由此厚植爱党爱国情怀。

3.人文精神

历史学科是中学所有学科中蕴含人文思想最丰富的学科。以人为本、善待生命、关注人类命运的人文主义精神是国民优良品质不可缺少的一部分。人类历史自身发展的过程,同时也是人文精神逐步得到体现发扬的过程。对历史课程的学习,学生将了解人类优秀的历史文化,进而陶冶学生的心灵,提高其人文素养,加深其对人的尊严、价值的深切认识,逐步形成正确的价值取向和积极向上的人生态度,并进而培养学生对个体生命、人类命运的热爱与关切。

综观历史教学各部分内容,不乏蕴含人文精神的内容。如七年级上册老子、孔子和百家争鸣,是先贤对人、社会的思考,培养学生对个体生命、对人类命运的热爱和关切。八年级上册的新文化运动、九年级上册的文艺复兴和启蒙运动,初步确立了以人为本的思想。

理解对人的关心、爱护、尊重的内涵,体会"以人为本、关注生命"是社会文明进步的标志。因此,要在教育教学的各个环节中实现对学生人文精神的培养,从而突出历史学科在人文精神传递中的重要性。

4.民主法治

历史课程中富含公民素养教育资源,人类步入近代的重要标志之一就是由臣民社会转变为公民社会。通过人类由专制到民主、由人治到法治历史过程的学习,通过历史上众多仁人志士为追求自由、捍卫人权而付出的努力,逐步培养学生的权利与义务意识、民主与法治观念,激励学生积极参与社会主义民主与法治建设的热情。

初中历史统编教材中民主法治的内容分布广泛，既有国内从古至今的内容，又兼顾国外的相关史实，呈现了很多内容丰富的事例。

在中国史方面，涉及民主法治知识点的内容有：中国古代社会制度建设、戊戌变法要求兴民权、辛亥革命使民主共和观念深入人心、《中华民国临时约法》、孙中山领导的维护民主共和的斗争、新文化运动高举"民主""科学"两面大旗、抗战期间抗日民主政权、重庆谈判与《双十协定》、新中国成立后 1954 年第一届全国人民代表大会和《中华人民共和国宪法》、民族区域自治、党的十一届三中全会后中国特色社会主义法治建设、新时代全面依法治国等。

在世界史方面，涉及不同文明、不同区域、不同时间段的世界史内容，如《汉穆拉比法典》《十二铜表法》、古代罗马的法治、西欧的庄园法庭、西方城市的兴起和大学的发展、文艺复兴、启蒙运动、马克思主义等蕴含民主法治理念的思想运动和理论、欧美资产阶级国家追求民主而进行的资产阶级革命或改革、苏联 1936 年新宪法和苏联解体中关于民主法治建设的启示等。

可以开展丰富的教学活动，落实民主法制观念。比如制作近代英、法、美三国民主政体分权制衡的示意图，理解不同国情背景下西方民主政治的共同特点，感悟政治民主化的历史发展趋势。开设论坛，梳理康有为、孙中山、蔡元培、毛泽东、周恩来等近代中国重要历史人物的思想及实践，感悟他们追求民主自由的崇高精神。

5.文化传统

历史学科德育根植于中华传统文化之中。习近平曾说过，文化是一个国家、一个民族的灵魂。中华优秀传统文化是中华民族历经磨难而生生不息的历史积淀与思想宝库，是中华文明赓续传承、屹立于世界文化之林的"基因密码"。如今的社会主义核心价值观，可以看作是中华优秀传统文化的超越升华。此外，挖掘其丰富的内涵和深厚的底蕴有助于家国情怀和审美旨趣的培养。因此挖掘历史学科教学中的文化传统,对于学生了解中华民族优秀文化的内容,培养文化自信、文化自觉是十分重要的。

例如,在复习课中可以设计一个中华传统文化的专题复习课,以下是我们的设计构想,如下图:

图2-33　中国古代思想、文化、科技专题复习大单元构建

思想文化的博大精深,古代先贤在新旧交替的乱世,表达了对苦难民众的深切同情和人际关怀,自觉承担起治国安邦、拯救社会的时代使命。如今已经发展融入核心价值观之中:"墨家关注社会构造社会理想:平等、互利、兼爱;道家关注人生、树立人生追求:真实、自由、宽容;法家关注国家创造治国理念:公开、公平、公正;儒家关注文化、建立文化基础:仁爱、正义、自强。"

唐宋诗词、明清小说是中国古代文学的瑰宝,具有极高的审美价值。各自选取一个典型代表,为学生铺开古典文明的画卷——杜甫:感发生命的力量;苏轼:天地一体的高远;曹雪芹:时代挽歌中的求索。

从历史的角度,把握好诗词、小说的意境与时运史事间的关系,以"了解之同情"实现情怀培育和审美价值的统一,感受中华文化的力量。

6.世界意识

全球化时代是开放包容、竞争合作、相互依赖、文化一体化的时代。历史课程将帮助学生认识和平与发展是当今时代的主题,逐步形成面向世界的国际视野与开放意识,增强学生的国际理解意识与能力,树立相互学习、交流合作的观念。

张传玺在《中华文明史》中写道:"学习中华文明史,不能脱离世界文明的大格局,应力求呈现中华文明各个时期的特点及其在世界文明进程中所处的地位，对世界的贡献，以及中华文明对世界其他各种文明的吸收和借鉴。"在这一思想的指导下，学习九年级上册世界历史时，我们以时间为轴，从世界视角来看，重新设计了古代史，提升了学生的世界意识。结构图如下：

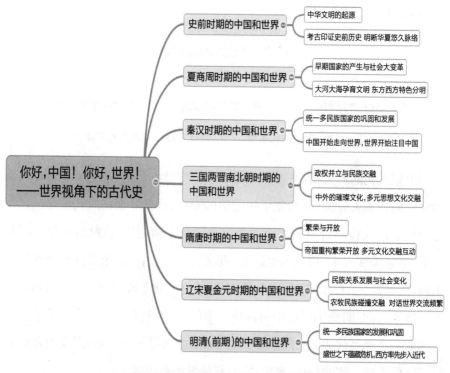

图2-34　中国古代史复习大单元构建

（资料来源："你好，中国！你好，世界！"标题名来自米莱童书著/绘：《你好，中国！你好，世界！》，北京理工大学出版社，2021年。）

（三）历史学科德育的课时设计

1.教学目标

（1）分组搜集图文资料、提取关键信息，将抗美援朝的三个阶段以手绘漫画形式呈现，厘清时序脉络。

（2）通过《长津湖》观影活动，完成"观影知史"问题单，了解抗美援朝的背景、战役主要经过、战争双方实力对比。

(3)通过朗读黄继光的"一封家书"和"冰雕连"战士宋阿毛的绝笔信,观看邱少云战友回忆,感受抗美援朝志愿军战士们高度的爱国主义、革命英雄主义精神。

2.蕴含的德育要素

(1)从《朝鲜一分为二》的地图、金日成的求援信、美国武装干涉我国解放军统一台湾和轰炸中国安东形势图等史料,加深对抗美援朝战争正义性的理解,中国人民志愿军出兵朝鲜是为了保家卫国、支援朝鲜,激发学生反侵略的爱国主义精神。

(2)通过黄继光家书、"冰雕连"战士宋阿毛的绝笔信、邱少云战友回忆,理解志愿军战士高度的爱国主义、革命英雄主义精神,理解志愿军为何被誉为"最可爱的人"。

(3)通过《长津湖》观影知史活动,感受中美实力差距对比以及抗美援朝战争的艰苦,领悟发展国家实力,实现民族复兴的必要性。

3.学科德育目标

(1)通过抗美援朝战争史,激发学生反侵略的爱国主义精神。

(2)通过志愿军的英雄事迹,促使学生学习革命英雄主义精神。

(3)了解战争中美双方实力对比,学生产生"振兴中华"的使命感。

4.教学策略

环节一:分组梳理,漫画绘史

三个小组在课前通过小组学习、自主学习、合作学习等方式,完成对抗美援朝三个阶段的资料搜集整理,通过漫画形式绘制"抗美援朝漫画图"。

环节二:小组展示,漫画讲史

三个小组派出代表,依据绘制的漫画,厘清抗美援朝三个阶段的概况。

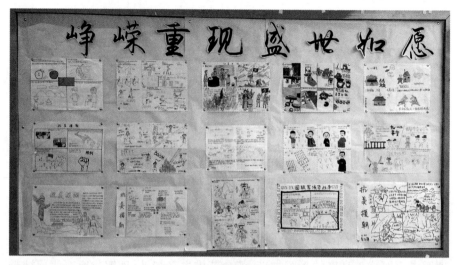

图2-35　漫画讲史活动展示

　　活动意图说明：通过小组学习等方式，提升学生自主学习、合作学习的能力。在搜集资料过程中增进对抗美援朝史的了解；通过漫画的方式将资料进行消化、理解和二次创作；通过漫画讲史的方式，增强教学的生动性和趣味性，便于其他同学的理解。

　　环节三：史料实证，分析战争

　　出示《朝鲜一分为二》的地图、金日成的求援信、美国武装干涉我国解放军统一台湾和轰炸中国安东形势图等史料，围绕史料，阅读并分析探究美国出兵朝鲜的原因，探讨中国是否应该出兵，由此理解抗美援朝的目的。

　　活动意图说明：加深对抗美援朝战争正义性的理解。让学生总结出抗美援朝的背景和目的——中国人民志愿军出兵朝鲜是为了保家卫国，支援朝鲜，激发学生反侵略的爱国主义精神。

　　环节四：长津湖畔，观影知史

　　通过《长津湖》观影活动，完成"观影知史"问题单，小组讨论，分析抗美援朝的背景、战役主要经过、战争双方实力对比等。

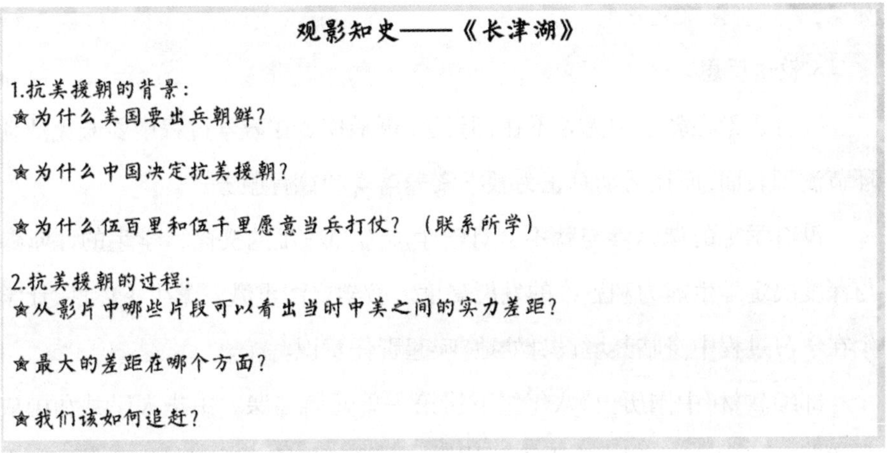

观影知史——《长津湖》

1.抗美援朝的背景:
☆为什么美国要出兵朝鲜?

☆为什么中国决定抗美援朝?

☆为什么伍百里和伍千里愿意当兵打仗? (联系所学)

2.抗美援朝的过程:
☆从影片中哪些片段可以看出当时中美之间的实力差距?

☆最大的差距在哪个方面?

☆我们该如何追赶?

图2-36 观影知史思考题

环节五:鸭绿江边,激昂唱史

1950 年 11 月 25 日，时任中国文化部艺术局副局长周巍峙从《人民日报》上看到当时中国人民志愿军炮兵部队连政治指导员麻扶摇所写的一首出征诗《打败美帝野心狼》。他受到其中的英雄气概所感染,便产生了强烈的创作欲望,当天很快谱出了曲。同时,他把"抗美援朝鲜"改为"抗美援朝",并以诗中最后一句"打败美帝野心狼"为题,署名"志愿军战士词"、周巍峙曲。并最终改名为《中国人民志愿军战歌》。

通过学唱《中国人民志愿军战歌》选段,让学生感受站在"鸭绿江边"模拟队伍行进,齐唱"战歌",感受中国人民志愿军"雄赳赳,气昂昂,跨过鸭绿江"过程中视死如归,保家卫国的气势和心情。

环节六:盛世如愿,书信悟史

选取一位长津湖中牺牲的志愿军战士(黄继光、宋阿毛、邱少云等)写一封回信,根据黄继光家书、"冰雕连"战士宋阿毛的绝笔信、邱少云战友回忆等史料,完成回信,抒写自己对烈士们的缅怀之情。

活动意图说明:通过唱史和书信写更进一步让学生感受家国情怀,跨越时空与历史对话。升华学生的爱国情感。从过去的峥嵘岁月,感受如今盛世如愿,美好生活来之不易。

5.教学反思

德育要素在教学中无处不在,但又无可触摸。在教学过程中要避免活动环节流于表面,而让活动真正为教学素养落实和德育服务。

没有学生的课堂参与就不会有学生能力和思维的提高;学生的课堂参与深度决定学生能力和思维的发展高度。教学要注重激发学生主体性,让学生在学习过程中身临其境设身处地,唤起责任意识。

部编教材《中国历史》八年级下册第一单元第二课。中华人民共和国成立初期,采取了一系列措施巩固新政权。本课是巩固新政权的重要内容。本课涉及两个方面的内容,抗美援朝、保家卫国和战斗英雄黄继光和邱少云。第一子目抗美援朝、保家卫国涉及三个方面的内容,抗美援朝的背景、性质和战绩。第二子目战斗英雄黄继光和邱少云主要讲述战争的悲壮和中国人民志愿军身上体现出的伟大抗美援朝精神, 以及战争胜利产生的重要历史意义。

本课在八年级下册历史中是学科德育的重要一课。

在教学内容方面,既有帝国主义的侵略,也有中国人民的反侵略;既有以弱胜强、来之不易的胜利,也有不畏牺牲、以身献国的革命英雄。因此在本课中,设计了大量的图文、视频、电影、漫画、家书等更加直观和感性的史料,来激发学生的爱国主义精神。

在教学方式方面,以学生的分组学习、合作学习、探究学习为主,将课堂充分地还给学生。课前由学生搜集资料,二次创作,并分组展示。学生经历了"吸收——理解——融合——输出"的过程,对抗美援朝的过程有了更加生动和充分的理解。在学习过程中,学生能够掌握一些历史学习的基本方法,如通过观看相关视频、研读图片、文献等多种材料,了解获取历史信息的多种渠道,能获得一定的提取、处理历史信息的能力。在分析材料、认识历史的过程中初步掌握了解释历史问题的方法, 也能培养学生搜集整理、资料研读、表达展示、合作学习的能力。

在情感激发方面,通过抗美援朝志愿军战士黄继光、邱少云、宋阿毛等一手资料,让学生能够穿越时空,与英雄共情,志愿军被誉为"最可爱的人",学习他们身上所蕴含的优秀品质,增强学英雄的信念,激发学生的爱国主义情感和历史使命感。

本课重点是通过学习英雄事迹、探究英雄心理,体会志愿军战士的爱国主义和革命英雄主义精神。

德育干部点评

历史学科教学体现了国家记忆和国家意识,其本身蕴含着德育内容,与德育密不可分,且在德育中承担着非常重要的职责。因此,在当前的教学中,教师应开始注重对学生的德育培养。

教师在八年级下册"第2课　抗美援朝战争"的教学中,通过丰富的活动:查资料、历史创作、感人至深的"家书"、绝笔诗,引用热播的电影《长津湖》,为学生呈现出感人至深的悲壮史诗。

宋阿毛、黄继光,还有电影中伍百里、伍千里,他们的满怀对祖国和家人深深的爱,把鲜血和汗水洒在异国的土地上。透过他们,学生真切感受到了志愿军战士的爱国主义精神、革命英雄主义精神、革命乐观主义精神、革命忠诚精神和国际主义精神。

最后,教师又指导学生思考如何避免重蹈73年前的悲剧。今日之中国,是在前辈先烈的鲜血中铸就而成,新时代的中国,更需要继承和发扬志愿军战士们为了国家的自由和民族的独立,为了祖国的发展,勇于奉献的精神。

在反思中,一种"山河无恙——吾辈自强"的历史使命感,在学生心中油然而生。

(首都师范大学附属玉泉学校　李秀　侯圣瑶)

五、初中地理学科德育案例

《义务教育地理课程标准》(2022版)明确指出:地理学是研究地理环境以及人类活动与地理环境关系的科学,对解决当代人口、资源、环境和发展问题,维护生态安全,建设美丽中国具有重要作用。义务教育地理课程以习近平新时代中国特色社会主义思想为指导,引领学生认识人类的地球家园。地理课程贴近生活,关注自然与社会,体现地理学特点并具有很强的实践性,对培育学生的人地协调观、家国情怀、全球视野,以及批判性思维、创新精神和实践能力具有重要作用。

(一)地理学科德育的整体认识

《中小学德育工作指南》指出:地理课程要利用地理常识等丰富的思想道德教育因素,潜移默化地对学生进行世界观、人生观和价值观的引导。在教学中应加强生态文明教育,加强节约教育和环境保护教育,开展大气、土地、水、粮食等资源的基本国情教育,帮助学生了解祖国的大好河山和地理地貌,开展节粮节水节电教育活动,推动实行垃圾分类,倡导绿色消费,引导学生树立尊重自然、顺应自然、保护自然的发展理念,养成勤俭节约、低碳环保、自觉劳动的生活习惯,形成健康文明的生活方式。地理学科教学本身蕴含着德育内容,地理学科与德育密不可分。

1.立足教材,树立可持续发展观

地理教材是地理教育和思想渗透的基础和依据。地理教材涉及培养学生热爱祖国、热爱家乡的情感;教育学生尊重、保护、弘扬本民族的优良传统和文化遗产;秉持可持续发展理念、培养学生节俭美德;提高学生审美情趣、加强地理美学;提高学生学习兴趣、陶冶艺术情操等方面。教师应加强对教材的挖掘和运用,充分体现凸显地理教材的价值。

此外，地理课程是基础教育各门课程中唯一将环境教育和可持续发展列为核心论题的课程。作为教师，有必要把资源环境教育与品德养成教育结合起来，引导学生了解我国自然资源总量大、人均少、时空分布不均等特点，进一步认清我国的国情，从可持续发展的角度，培养学生的节俭美德。

2.结合国情，进行爱国主义教育

地理课程在爱国、爱家乡情感的培养方面，和地理学科等其他课程一起，一直保持着良好的传统，致力于启发学生关心家乡的环境与发展，关心我国的基本地理国情，增强热爱家乡、热爱祖国的情感。教师应对学生进行尊重传统和保护遗产的文化教育，教育学生懂得保护世界文化遗产的意义，从而尊重、保护、弘扬本民族的优良传统和文化遗产。

地理课程介绍世界各地的地理景观、城市、建筑和河山。教师应该告诉学生世界美在哪里，从地理的视角认识和欣赏我们所生存的世界，从而提高生活品位和精神体验层次，引导学生去分析本地区的地理景观特色和文化风格，陶冶学生的艺术情操，提高学习地理的兴趣以及对地理环境的审美情趣。立足人类与环境的协调美，追求人与自然的高层次的和谐统一，达到古人所提倡的"天人合一"高尚境界。

3.着手实践，锻炼学生的意志品质

地理课程是一门实践性很强的课程，含有丰富的实践内容，例如地理观测、仪器操作、社会调查、乡土地理考察等。加强地理课程的实践性对于培养学生的各种地理能力极为有利，如通过天文观测、气象观测、地震观测、环境质量监测以及简易地图绘制、地理模型制作等，可使学生获得各种地理技能，培养学生的独立工作能力。通过实践活动可以培养学生的观察力，积累各种地理表象，丰富地理感性知识。通过实践活动能接触到一些比学习地理课本知识更复杂的地理问题，从而有利于培养学生的发散性思维和创造性思维能力。通过实践活动还有利于培养学生的非智力因素，激发学生的学习兴趣和学习动机。此外，实践活动还有利于培养、锻炼学生的意志，培养学生的开拓进取精神。

4.锐意创新,构建开放性课程

作为地理科学研究对象的表层系统,是一个复杂的巨系统,由若干自然系统、人文系统组成。地球表层系统及其子系统都不是封闭的,而是呈开放的态势。地理科学的开放性特点,使得地理课程横跨自然科学与社会科学两大领域,既与物理、化学、生物等自然学科相联系,又与历史、政治等社会学科相联系。

开放的地理课程对培养学生的地理素养,特别是为培养学生的创新意识和实践能力提供了广阔的空间。有了空间,减少地理课程对学生思维的约束,学生的思维才可能变得更灵活,才可能有创新的冲动和欲望,才能出现思想活跃、思路开阔、思维敏捷的学生,也才能不断涌现批判思维和创新思维的地理学习成果。

开放的地理课程对学生个性的发展也很有利。当地理课程形式多样、内容丰富、资源充足时,就比较容易满足每个人的需要,因而促进了学生在地理学习个性方面的发展。

(二)地理学科德育的要素

1.单元学习中挖掘出潜藏的德育线索

地理单元教学是指教师在整体把握地理教学和学情的基础上,对教学内容进行分析、整合与重组,形成相对完整的教学主题。而单元教学设计是基于地理学科本质、体现和落实地理核心素养的教学路径,同时也蕴藏了地理教学中的德育内涵。在地理课堂德育的渗透过程中,不难发现地理八年级下册整册书在单元结构方面涵盖了地理学科德育育人的环节。在全书研究中国地理分区的过程中,以总分总的形式构建单元,进行中国的地理差异、北方地区、南方地区、西北地区、青藏地区、中国在世界中的整合,概况如下:

第五章 中国的地理差异	第六章 北方地区	1 自然特征与农业 2 "白山黑水"——东北三省 3 世界最大的黄土堆积区——黄土高原 4 祖国的首都——北京
	第七章 南方地区	1 自然特征与农业 2 "鱼米之乡"——长江三角洲地区 3 "东方明珠"——香港和澳门 4 祖国的神圣领土——台湾省
	第八章 西北地区	1 自然特征与农业 2 干旱的宝地——塔里木盆地
	第九章 青藏地区	1 自然特征与农业 2 高原湿地——三江源地区

图2-37　地理八年级下册内容呈现图
（图片源自：人教版八年级下册地理教材）

不难看出，第七章南方地区中的"祖国的神圣领土——台湾省"，要求学生认识台湾省自古以来一直是祖国不可分割的神圣领土，教学活动中借助"台湾省地形图"和文字资料，说出台湾省的组成和位置，并从地缘、历史、文化、血缘多角度说明台湾省是祖国神圣不可分割的领土，明确海峡两岸统一的思想，增强爱国主义情感。在"不可分割的神圣领土"标题下，课文从一句学生耳熟能详的诗歌引入，表达了台湾同胞对祖国的思念，也把学生迅速带入了台湾的学习情境中。在测量基隆到福州、高雄到厦门的实地距离，这项活动的设计是让学生练习根据地图量算实地距离的技能，学生从量算结果中能真切感受海峡两岸的实地距离并不遥远，也是本单元渗透德育的一个重要活动。整体从地缘关系、海陆位置、历史传承、文化交融、血缘关系等多个方面体现了台湾的不可分割。德育渗透的教学点形成了多角度、多层面的立体模式，不断浸润学生的心灵，形成地理德育素养。

2.课时教学中明确出德育要素

"祖国的神圣领土——台湾省"在教学过程中强调以地理事实为依据，增强学生热爱家乡、热爱祖国的情感。教师在对学生进行尊重传统和保护台湾地区遗产的文化教育方面，教育学生懂得台湾自古以来就是我国的领土，从而做到彼此尊重共同发展的目的。而深入分析"台湾省人口分布图"，结合"台湾省气温和降水分布图"和"台湾省的地形图"，归纳台湾省人口分布的特点，则是从自然和人文角度阐述原因，树立环境决定生活的观念，加深因地制宜的思想，又是对地理学科德育的深入挖掘。在这一单元中从认识台湾省自古以来一直是祖国不可分割的神圣领土，关心我国的地理基本国情，增强热爱祖国的情感、形成科学人口观，以因地制宜的意识和可持续发展的观念开展单元德育。

在研究图像信息"中国一点都不能少"的过程中，出示余光中《乡愁》，在朗读的过程中，同学们阅读学习任务单上的材料，从地缘、历史、文化、血缘多角度说明台湾省是祖国神圣不可分割的领土。原文如下：

> 三国时东吴派船队到达夷洲（今台湾），元朝设立澎湖巡检司，明末清初郑成功打败荷兰殖民者收复台湾；目前，台湾省的居民中，汉族约占97%，他们主要是明清以来福建、广东两省移民的后代，大部分人还保留着乡音；约在几百万年以前，由于部分陆地下沉，海水进入，形成了台湾海峡，台湾岛才与大陆分离，成为岛屿；两地人民都供奉妈祖，都喜欢喝工夫茶，台湾和福建都说闽方言语系。

通过阅读材料提取有用信息，同时进行地理学科素养的爱国主义教育，提升综合思维和辩证能力，论证台湾省自古以来就是我国的领土，把这种区域地理德育内容挖掘落实。从另一个层面也说明在不同时期台湾的发展是落实地理核心思想"因地制宜"的，形成台湾可持续发展的现状，在赖以生存的宝岛台湾，利用优质的自然地理环境进行发展变迁，与祖国同呼吸共命运。

3.教学活动中关注自然发生的德育事件

地理课堂的探究学习过程是学习发生的自然流露，在观看视频关于钓鱼岛的各方言论和我国外交部发言之后，学生对国家主权和疆域问题产生了浓厚的兴趣，萌生祖国疆域辽阔的自豪感，同时通过观察"台湾省地图"，明确台湾省的组成状况，并在图中指出钓鱼岛、澎湖列岛等热点区域的地理位置，明确了海峡两岸统一的思想，潜移默化地在课堂中渗透爱国情怀。以上是通过视频资料与地图资料的结合落实德育教育，那么作为地理学科，制图绘图也是一种必要的学科能力，在课堂上简易绘制台湾省轮廓图，同时在图中标注主要岛屿的名称，是学生在课上最投入的学习环节之一。在这个学习过程中，通过动手绘图明确国家领土主权，既关注了时事热点区域，也形成了关注热点问题的行为和意识，培养神圣的民族感、使命感与责任感。

地图是学习地理的媒介，台湾岛的人口分布图、台湾岛地形图、台湾岛气候图等多图叠加，为全面了解台湾省的基本情况奠定了基础，通过结合地形、气候、人口三重内容概括台湾岛人口分布特点，寻找探索其背后的原因，树立科学人口观，始终贯穿从自然和人文两个角度，探究台湾岛人口分布格局形成的原因。不断增强学生的地理综合思维，本内容以台湾省人口分布为例，认识其地理环境对人类生活的影响，不断形成人的和谐发展的学科核心德育思想。

(三)地理学科德育的课时设计

1.教学目标

(1)借助"台湾省地形图"和文字资料，说出台湾省的组成和位置，并从地缘、历史、文化、血缘多角度说明台湾是祖国神圣不可分割的领土，明确海峡两岸统一的思想，增强爱国主义情感。

(2)通过阅读教材和小组讨论，从资源特征阐述宝岛台湾"宝"的由来，并分析自然环境要素之间的相互影响关系。

（3）运用"台湾岛人口分布图"，结合"台湾岛气温和降水分布图"和"台湾省的地形图"，归纳台湾岛人口分布的特点，并从自然和人文角度阐述原因，树立环境决定生活的观念，加深因地制宜的思想。

2.蕴含的德育要素

（1）认识台湾省自古以来一直是祖国不可分割的神圣领土。

（2）关心我国的地理基本国情，增强热爱祖国的情感。

（3）形成科学人口观、因地制宜的意识和可持续发展的观念。

3.学科德育目标

（1）通过阅读图文资料，能从地缘、历史、文化、血缘多角度说明台湾省是祖国神圣不可分割的领土。

（2）借助"台湾省地形图"，说出台湾省的组成，明确海峡两岸统一的思想，增强爱国主义情感。

（3）运用"台湾省人口分布图"，结合"台湾省气温和降水分布图"和"台湾省的地形图"，从自然和人文角度阐述人口分布成因，形成科学人口观，树立环境决定生活的观念，加深因地制宜的思想。

4.教学策略

环节一：神圣的领土

【展示图片】"中国一点都不能少"

【朗读】余光中《乡愁》

【阅读资料】同学们阅读学习任务单上的材料，从地缘、历史、文化、血缘多角度说明台湾省是祖国神圣不可分割的领土

　　三国时东吴派船队到达夷洲（今台湾），元朝设立澎湖巡检司，明末清初郑成功打败荷兰殖民者收复台湾；目前，台湾省的居民中，汉族约占97%，他们主要是明清以来福建、广东两省移民的后代，大部分人还保留着乡音；约在几百万年以前，由于部分陆地下沉，海水进入，形成了台

湾海峡,台湾岛才与大陆分离,成为岛屿;两地人民都供奉妈祖,都喜欢喝工夫茶,台湾和福建都说闽方言语系。

活动意图说明:通过阅读材料,提高学生提取信息的能力,同时又能进行爱国主义教育,提升综合思维和辩证能力,多角度论证台湾省自古以来就是我国的领土。

环节二:国家自豪感

【观看视频】关于钓鱼岛的各方言论和我国外交部发言

【展示图片】"台湾省地形图"

【讨论】说出台湾省的组成,指出钓鱼岛、澎湖列岛等热点区域的地理位置,明确海峡两岸统一的思想,增强爱国主义情感

【绘制地图】简易绘制台湾省轮廓图,并标注主要岛屿的名称

活动意图说明:明确国家领土主权,尤其是关于当下的时事热点区域,培养学生关注国家大事的行为和意识习惯,培养神圣的民族感、使命感、责任感。在绘图中增强学生的动手能力。

环节三:科学人口观

【展示图片】台湾省的人口分布图、地形图、气候图

【个人思考】概括台湾省人口分布特点

【小组讨论】从自然和人文两个角度,探究台湾省人口分布格局形成的原因

活动意图说明:增强学生综合思维,以人口分布为例,认识地理环境对人类生活的影响,并在此基础上,形成科学的人口观。

5.教学反思

学科育人是学科教学的核心任务。本课时所学内容"祖国的神圣领土——台湾省"具有独特的政治特征,因而本课时的教学中有必要承担重要的学科育人作用,那就是增强学生热爱祖国情感的功能,即具体在明确台湾

省的完整组成、认识领土组成和疆域对国家的重要意义、强化民族意识和国家完整的重要性。基于此考虑,在教材中仅提供"郑成功"资料的情况下,设计学生活动"阅读材料,多角度说明台湾省是我国不可分割的领土",引导学生从地理、历史、文化、血缘等多方面综合分析,培育家国情怀。除此外,在学习台湾省的组成时,还强化钓鱼岛等热点区域的主权归属问题。

这样的教学实施过程,能帮助学生在地理课堂中完成学科思想的建设,以地理学科为本位,同时又联系历史、文化、血缘关系等跨学科内容进行深入分析,层次分明,层层递进,始终贯穿地理学科家国情怀的德育渗透。不是简单的说教灌输,而是通过摆事实,使用严谨的学科文字资料和地图资料进行呈现,把学生的学习过程通过活动的形式进行规划,形成分析资料和地图—手工绘制地图—摆出实施依据—总结收获—交流理解—呈现结论的课堂探究过程,提升学生参与课堂活动的比例,增强整节课的研究意识,加强地理学科育人的功能性。

另外,地理学科"因地制宜"的核心思想,也是以人类可持续发展、赖以生存的地理环境为基础内容的。因而在分析"人口分布格局的成因""资源与经济发展的关系"时,引导学生树立人地协调观,正确看待环境与发展的问题,是本节课学科德育渗透的又一层面,也是凸显地理学科内涵德育的重中之重。因此,关于学科本质的德育核心是本节课德育教学的重心所在。

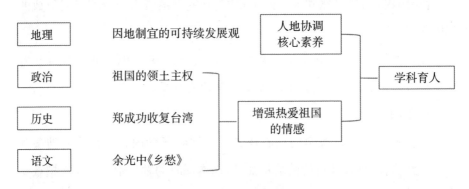

图2-38　单元地理学科德育呈现图

通过上面的结构图,说明本节课的学科德育存在两条主线,一条是通过整合多学科跨学科内容梳理台湾省组成知识,从地理学科角度来看政治主权、历史传承、文学作品,通过摆事实找依据的方法增强学生的爱国情感;另一条是根据台湾省的人口分布状况,分析地形、气候、交通、政策等相关因素对人口和城市分布的影响,得出因地制宜的可持续发展观,形成科学的人地协调发展的地理学科核心素养,也是德育渗透的表现所在。

德育干部点评

初中地理课程标准要求教师在注重培养学生知识能力的同时,更关注塑造学生健康的情感价值观。因此,在初中地理教学中进行德育渗透是十分重要的,而地理学科单元教学中的德育渗透,是在整合单元内容的前提下,重视德育渗透的方法,以教材中的具体图文资料为媒介,形成学生的人文素养,从学习生活中的地理为起点,关注地理现象,深化到地理学习的终身学习,形成国家情怀。

学生在学习"祖国的神圣领土——台湾省"的过程中,通过图文资料体会到台湾省神圣不可侵犯,是我国不可分割的一部分,在国情教育方面也是增强民族自尊心,树立民族自豪感。在目前现有的教学资源中,把德育与智育相结合,利用多种手段渗透德育,目的在于提高学生的整体素质,涵养德育能力。通过绘制简易的台湾省轮廓图,标注主要岛屿的名称,在地图上明确国家领土主权,在关于当下的时事热点区域中关注国家大事的行为和意识习惯,不断强化学生的民族感、使命感与责任感。

在关注台湾省人口分布的地理事实之后,通过分析阐述不同的影响要素相互作用、相互影响,最终得出因地制宜的发展观,强化了地理学科人的协调发展的学科核心意识,也是本课中涉及的另一德育主线,那就是地理学科本身塑造学生内涵发展的德育成长内容。

值得注意的是,这节课承载着地理学科德育教学中的双线教学模式,也就是一个地理教学内容可以挖掘出双重甚至多重的德育信息,那么从不同角度、不同层面挖掘本学科的德育教学内容,通过课堂活动的实施,很好地呈现给学生一个相对完整的认知过程,从而塑造学生积极、健康、科学、严谨的情感价值观,这是地理学科德育育人的任务所在,也是价值所在。

(首都师范大学附属玉泉学校　宋溪　宋翘　刘唱)

六、初中道德与法治学科德育案例

铸魂育人,立德树人。道德与法治学科坚持德育为先,全面融入社会主义核心价值观,任务是引领学生感悟人生的意义,逐步形成正确的人生观和价值观及基本的善恶、是非观念,学做负责任的公民,过积极健康的生活。道德与法治学科以其独特的学科优势,成为立德树人的关键课程。道德与法治学科是一门以初中学生生活为基础,以引导和促进初中学生思想品德发展为根本目的的综合性课程。道德与法治教育基于社会发展和学生成长的需要,始终坚持马克思主义的指导地位,体现了马克思主义中国化时代化最新成果,体现了中国和中华民族风格,体现了党和国家对教育的基本要求,体现了国家和民族基本价值观,体现了人类文化知识积累和创新成果,并以正确的政治思想、道德规范和法治观念对学生进行循序渐进的系统化教育。

《义务教育道德与法治课程标准》(2022版)明确指出:思政课是落实立德树人根本任务的关键课程,道德与法治课程是义务教育阶段的思政课,旨在提升学生思想政治素质、道德修养、法治素养和人格修养等,增强学生做中国人的志气、骨气、底气,为培养以实现中华民族伟大复兴为己任的时代新人打下牢固的思想根基。本课程设置生命安全与健康教育、法治教育、中华优秀传统文化教育、革命传统教育、国情教育等五个主题,通过与中华优秀文化传统、革命传统、国情教育等方面的关联,从真实的社会情境角度进行道德教育,强化学生的道德体验和道德实践,旨在引导学生正确认识自己,以及个人与家庭、他人、社会、国家和人类文明的关系,了解国家发展和世界发展大势,增强社会责任感和担当意识,立志做社会主义建设者和接班人。

(一)道德与法治学科德育的整体认识

义务教育阶段的道德与法治学科是落实党的教育方针、体现国家意志、传承民族优秀文化的重要载体,在青少年学生的思想道德教育中具有极其重要而特殊的作用。道德与法治课程是一门具有"政治性、思想性、综合性和实践性"的课程,其内容涉及多个学科门类,属于100%的跨学科课程。

在课程内容的安排上,这一特性的体现主要是课程内容的结构性安排,即"以道德与法治教育为框架,有机融入国家安全教育、生命安全与健康教育、劳动教育,以及信息素养教育、金融素养教育等相关主题,强化中华民族传统美德、革命传统和法治教育"。通过与中华优秀文化传统、革命传统、国情教育等方面的关联,从真实的社会情境角度进行道德教育,强化学生的道德体验和道德实践。面对世界百年未有之大变局,着眼于中华民族伟大复兴的战略全局,将这些内容在道德与法治课程的教学中充分落实,是为党育人为国育才的现实表现。

1.《道德与法治》肩负培养时代新人的重任

青少年阶段是人生"拔节孕穗期",要扣好人生第一粒扣子,尤其需要精心引导和培育。"道德与法治"学科注重社会主义核心价值观的引领,体现了综合性课程的特点,超越知识传递性的学习,凸显学生主体地位,关注学生个性化、多样化的学习和发展需求。2019年秋季,义务教育阶段统一规划使用部编教材《道德与法治》作为思政课的主要内容。师生在使用教材过程中,应如何处理好育智与育德的关系,实现育人指向;如何将内容的文本逻辑转变为学生的认知逻辑,促使教学结构逻辑生成;如何让政策、政治话语体系融入学生信念世界,促进学生认同国家和文化归属,这些都影响着学生的智慧生长、德行成长。因而需要道德与法治课教师对学习内容进行思辨与重构,深刻理解统编版道德与法治学科的新变化、新要求,读出本学科的新意和精髓,探究有效的教学策略。对此,要坚持目标导向,认真学习领会习近平关于教育的重要论述,聚焦中国学生发展核心素养,培养学生适应未来发展的正确价值观、必备品格和关键能力;要坚持问题导向,减负提质,细化育人目标,明确实施要求,增强课程指导性和可操作性;要坚持创新导向,推动育人方式变革,着力发展学生核心素养,增强课程适宜性。坚持与时俱进,反映经济社会发展新变化、科学技术进步新成果,更新课程内容,体现课程时代性。只有这样才能引领学生自觉参与课堂学习及实践活动,在积极主动探究问题中不断提升自身修养、完善品格,全面落实习近平关于培养担当民族复兴大任时代新人的要求,从有理想、有本领、有担当三个方面,培养德智体美劳全面发展的社会主义建设者和接班人。

2.道德与法治学科完善的课程体系是上好思政课的关键

教育是国之大计、党之大计,承担着立德树人的根本任务。思想政治课是落实立德树人根本任务的关键课程,发挥着不可替代的作用。2019 年 3 月 18 日,习近平在学校思想政治理论课教师座谈会上强调,办好思想政治理论课意义重大,加强党对思政课建设的领导,全面贯彻党的教育方针,坚持社会主义办学方向,落实立德树人根本任务,是上好思政课的根本依据。完善课程内容体系,遵循育人规律和学生成长规律,强化思政课一体化设计,依据我与自身,我与自然、家庭、他人、社会,我与国家和人类文明关系的逻辑,以螺旋上升的方式组织和呈现教育主题,强化课程设计的整体性、科学性和系统性。比如在学科内容选择上突出中华民族传统美德、革命传统和法治教育,有机整合社会主义先进文化教育、革命文化教育、中华优秀传统文化教育、国家安全教育、生命安全与健康教育、劳动教育等相关主题。以学生的真实生活为基础,增强内容的针对性和现实性,突出问题导向,引导学生走出课堂、走出校园,积极参与社会实践活动,把知识运用于社会,服务于人民,强化学生的社会责任感,提高他们的实践创新能力,从而立足核心素养,彰显铸魂育人的教学目标。这将有利于发挥思政课的独特功能,形成各类课程同思政课程的协同效应。

3.道德与法治学科落实学生核心素养是时代发展的要求

中国特色社会主义进入新时代对人的思想观念、道德品质和公民素养提出了新的挑战和要求。道德与法治课程要培养的核心素养,主要包括政治认同、道德修养、法治观念、健全人格、责任意识。政治认同是社会主义建设者和接班人必须具备的思想前提,道德修养是立身成人之本,法治观念是行为的指引,健全人格是身心健康的体现,责任意识是担当民族复兴大任时代新人的内在要求。研究学生发展核心素养是落实立德树人根本任务的一项重要举措,也是适应世界教育改革发展趋势、提升我国教育国际竞争力的迫切需要。中小学生正处于身心发展的关键期和学习参与社会公共生活的重要阶段,人生观、世界观和价值观念尚未成熟,迫切需要在思想品德的发展上得到正确引导和有效帮助,道德与法治学科责无旁贷。道德与法治课程坚持与时俱进,反映经济社会发展新变化、科学技术进步新成果,更新课程内容,体现课程时代性,立足发展学生核心素养,体现社会发展要求,特别是中国特色社会主义进入新时代对道德与法治教育提出的新要求,以引导学生学习和掌握道德与法律的基本规范,提升思想政治素质、道德修养、法治素养和人格修养为主旨,全面落实有理想、有本领、有担当的时代新人培养要求。

(二)道德与法治学科德育的要素

1.以德育心,核心价值铸三观

朱小蔓对道德与法治学科教材解读的分析如下：教育的引领和指导——从生命的开始到生命的终结,在不断的探索中,我与他人、集体、国家、社会、自然的关系中,思考如下问题:我是一个生命,我在进行一场生命的旅行。中学生活会有怎样的风景? 我是一个生命,我的成长需要见证与陪伴。友谊真能地久天长吗？我能和老师、父母成为真正的朋友吗？我是一个生命，我喜欢探索。我的生命从哪来，到哪去？生命可以永恒吗？生命的意义在哪？生命不停地追问，我在不断地成长—直以来怀抱的理想，就是以教材带动该课程的理念和方式的变革，并以课程的专业性进一步影响到德育工作的改善。

初中义务教育阶段的学习内容以社会主义核心价值观为价值引领，并将之贯穿始终。道德与法治课程以"成长中的我"为原点，将学生不断扩大的生活和交往范围作为建构课程的基础，遵循学生身心发展特点和成长规律。在具体落实上，七年级将爱国、敬业、诚信、友善这些公民个人层面的价值准则有机渗透，如在"少年有梦"中体现爱国情感和爱国主义教育；在"感受生命的意义"中从敬业的角度体现了在平凡中闪耀的伟大，培养健全人格、责任意识的核心素养；"网上交友新时空"则隐含着诚信及其复杂性的探讨，遵守基本的网络交往道德规范（道德修养、健全人格、责任意识）；同伴之间、师生之间、亲子之间、我和其他生命之间，都从不同角度和深度落实友善这一价值观教育……教材的每个学习主题背后都有社会主义核心价值观的支撑。

2.以文化人，传承文明守根脉

首先，注重优秀传统文化的渗透。教材语言尽可能引入传统文化经典。如在谈到少年要立志，相关链接中引用《格言联璧》的一段话："志之所趋，无远弗届；穷山距海，不能限也。志之所向，无坚不入；锐兵精甲，不能御也。"接着正文直接引用"功崇惟志，业广惟勤"勉励学生不仅要立志，而且要勤奋，不断付出努力。

其次，在案例选择、活动设计等方面也尽可能安排优秀传统文化内容，体现中华优秀传统文化教育。如在探讨"学习"这一话题时，把"学习"的繁体字用说文解字的方式，引发学生兴趣，然后从《礼记月令》中对"学习"的论述开始，引导学生思考学习的内涵。

最后,在对文化内容的处理上,教材不仅是引经据典,而且积极思考和探索中华优秀传统文化融入方式,力图展现中华优秀传统文化的精髓,让学生体会中华文化的源远流长与博大精深,理解中华优秀传统文化的核心思想理念、人文精神和传统美德,弘扬民族精神,具有强烈的中华民族自豪感;学习和理解社会主义先进文化和革命文化,坚定文化自信。

道德与法治课是一门综合性课程,教材体现了综合性、过程性、实践性特点。如在"家的意味"中,从"家规""家训"以及家庭文化中的"孝"等方面,特别探讨了"中国人的'家'",体味中华文化深厚的意味和丰富的内涵,增进中华民族价值认同,同时又渗透有关孝亲敬长的法律规定,将道德和法律有机融合。同时,教材注重过程和实践,改变简单告知对与错的方式,走向双向平等的交流与开放的对话,通过实践整合态度情感、能力和知识。

3.以法正气,遵规守纪辨是非

法治意识是道德与法治课程培养的核心素养之一,要求学生树立宪法法律至上、法律面前人人平等、权利义务相统一的理念,使尊法学法守法用法成为大家的共同追求和自觉行为。中学生的法律知识水平整体不高,法律意识薄弱,面对中学生生活环境的复杂性,社会生活的多样性,价值取向的多元性,让法治精神滋养青少年成长,使他们做出正确判断、正确选择,增强辨别是非的能力。学生道德与法治水平的提高,从观念认识、体验内化到践行反思相融合、循环,是一个复杂的过程,为此道德与法治学科的内容以栏目来精心搭建教和学的脚手架,通过设计与青少年生活贴近并喜爱的活动,不断深入,在讨论与分享中达成共识。通过相关课程的学习,学生能够运用自己所了解的法律知识认识和评价社会现象,用法律维护自己作为未成年人的权益;能以积极态度对待自己面对的各种挑战,主动承担自己力所能及的责任,具备服务社会、奉献社会的意识和能力;能够用与生活相关的法律维护自己的合法权益(道德修养、健全人格、法治观念、责任意识)。只有坚持培育学生的法治观念,才能有助于他们形成法治信仰和维护公平正义的意识,做社会主义法治的忠实崇尚者、自觉遵守者、坚定捍卫者。

(三)单元学习中梳理出市学科的学科德育内容

生命安全与健康教育是道德与法治课程内容在第四学段设置的第一个学习主题,共包括 5 条内容要求及相关教学提示。其内容要求所涉及的关键词主要有:认识青春期和正确处理两性关系、客观认识自己和在团队活动中增强合作精神、认识顺境逆境和学会情绪调控、树立正确人生观、价值观和尊重敬畏生命、遵守社交礼仪和维护公共秩序。应该说,这几个方面,都是初中学生成长中面临的关键问题和敏感问题。能正确处理这些问题的学生,在核心素养的培育方面就具有突出的表现。对于这一部分内容的理解,要和《生命安全与健康教育进中小学课程教材指南》中需要落实初中道德与法治课程的相关要求联系起来。本部分内容以七年级上册主要内容为例,对各单元进行德育内容的分析。从单元主题、单元核心素养、呈现单元间的联系。

表2-22　单元体现学科德育的内容(七年级上册)

	单元	主题	核心观点	核心素养	德育内容
七年级上册各单元体现学科德育的内容	第一单元 成长的节拍	1.中学时代 2.少年的梦想 3.学会学习 4.正确认识自己	成长中每个阶段都有独特的价值和意义,中学时代是人生发展的新阶段,为人的成长奠定重要基础 学习,是中学的重要任务,需要终身学习,学习是一个苦乐相伴的过程。学会学习,有兴趣,有方法 探索自己,认识自己,做更好的自己,需要一个过程	健全人格 政治认同 责任意识	通过生活中的典型案例,认识中学时代是新起点,为梦想而努力学习的意义。理解编织人生梦想是中学时代的重要生命主题,学会学习,努力实现梦想。认识到中学时代是人生发展的新阶段,少年的梦想与人类进步、国家命运紧密相连。成为更好的自己需要一个过程,认同成长过程不仅是中学时代的成长课题,也是一生的追求

续表

单元	主题	核心观点	核心素养	德育内容
第二单元 友谊的天空	1.认识友谊 2.建立友谊 3.健康交往	建立友谊,需要开放自己,需要持续的行动 友谊,需要精心养护,需要用心关怀对方、尊重对方,学会处理冲突,学会承受并正确对待交友中受到的伤害;要学会同多数人和睦相处 互联网为交友提供了一个平台;网上交往具有的特点,既会带来积极影响,也会带来消极影响;网上交友,需要学会理性辨别、慎重选择,也要有自我保护意识,要慎重对待将网上的朋友转化为现实中的朋友	道德修养 健全人格 责任意识	在成长的过程中,需要建立友谊。友谊成为学生青春期自我探索和情感支持的重要场所,朋友之间的亲密感也进一步增加。这一变化一方面提高了中学生友谊的质量,也对学生的交友态度和能力提出了更高的要求。对友谊有合理的期待、能面对和处理人际冲突、能慎重对待虚拟交往等都是学生迫切需要学习的内容。同伴间的关系在青少年交往能力的培养、人格的健康发展、学业的顺利完成、社会技能发展等方面起着成人无法替代的作用
第三单元 师长情谊	1.师生交往 2.家人交往 3.交往方法	了解教师的工作特点,理解教师工作的特殊性,认同教师职业所蕴含的价值取向,培养尊敬老师的道德品质	道德修养 健全人格 责任意识	在成长的过程中,师长情谊属于中学生与人交往的重要内容之一,承认并积极接纳不同风格的教师,建立民主、平等、合作的新型师生关系,成为新时代学生的需求

续表

单元	主题	核心观点	核心素养	德育内容
		学会接纳不同风格的老师,尊敬老师、理解老师、体谅老师。愿意与老师交往,掌握与老师进行有效沟通的方法与技巧。在日常生活中以实际行动尊重老师,构建和谐的师生关系	道德修养 健全人格 责任意识	因此,要引导学生理解老师、体谅老师、尊敬老师,从而达成师生和谐、亦师亦友的亲密关系,落实德育理念
第四单元 生命的思考	1.认识生命 2.珍视生命 3.守护生命 4.感受生命价值	理解生命意义和人生价值;具有积极向上的人生观,价值观,追求人生理想,崇尚奉献和创造,具有安全意识与自我保护能力	道德修养 健全人格 责任意识	在成长的过程中,认识生命的重要性。生命健康教育是新课标的重要教育内容之一,通过探索生命的意义价值,培养学生热爱生命、珍视生命的情感,认清自己的责任与使命,实现人生的价值;了解爱护身体的基本常识,懂得什么样的人生是有意义的,知道生命的意义需要自己发现和创造

本册教材以社会主义核心价值观与学科核心素养为价值引领,并将之贯穿始终。在具体落实上,将爱国、敬业、诚信、友善这些公民个人层面的价值准则有机渗透其中。如,"少年有梦"——爱国;"感受生命的意义"探索平凡中闪耀的伟大——敬业;"网上交友新时空"进行其复杂性的探讨——诚信;"同伴关系、师生关系、亲子关系、与其他生命关系"——友善。教材的每

个学习主题背后都有社会主义核心价值观的支撑,以"是什么、为什么、怎么做"为思维路径,展开教学,育人的功能全面体现,以理论指导实践,再以实践落实知党恩、听党话、跟党走,成为对国家对世界做出贡献的人。

1.课时教学中明确德育要素

课堂教学是落实德育教育的主阵地,道德与法治学科,每节课都在育人的过程中,培养学生成为合格的人,进行教学,内容重要,行动更为重要。七年级上册"少年有梦"一课体现新课标中"健全人格、责任意识"的核心素养,即养成自尊自信的人生态度,在生活中磨砺意志,形成良好的抗挫折能力。本课由"有梦就有希望""努力就有改变"两目组成。主要是引领学生编织少年梦想,激发生命的热情和勇气,明白有梦想的同时也需要努力,要不懈追梦和圆梦,让生活更有色彩。每个学生通过学习,能找到自己的梦想,并为之努力奋斗。

2.教学活动中关注自然发生的德育事件

在学习道德与法治七上第一单元第一课第二框"少年有梦"时,遇到这样一件事,调查学生的梦想,有这样一个回答:我现在梦想是自然死亡。让我深感意外,所以就与学生进行了交流与思考,并及时引导。

【教学案例】

在"少年有梦"的第一个教学环节,我留了一个任务:

探究与思考:

你现在的年龄:

你现在的梦想:

2035 年,你的年龄:

2035 年,你期望的生活(职业)状态:

2050 年,你的年龄:

2050 年,你期望的生活(职业)状态:

根据以上活动,由我的梦想是……引发了我的思考。学生完成后,大部

分学生都根据自己的实际情况填写完毕,当我检查的时候,突然看见有一个学生是这样填写的:

你现在的年龄:12

你现在的梦想:自然死亡

2035 年,你的年龄:25

2035 年,你期望的生活(职业)状态:躺着工作

2050 年,你的年龄:40

2050 年,你期望的生活(职业)状态:退休养老

看见这个情况后,我没有直接和她交流,而是在课下,与她进行交流。首先,我问她是怎么思考的?

生:我很认真地想,我的梦想就是自然死亡。

我又接着问,自然死亡预期多少岁呢? 她笑着说:应该 100 岁吧。

我:"才 100 岁啊!"她诧异地看着我,我说:"自然死亡 100 岁太少了啊!"我继续说:"现在生活条件这么好,科技医疗很先进,正常人活到 100 岁很容易的啊。"

生:"是这样的。"

我又多说了一句:意外死亡是什么情况?

生:"生病、车祸、地震等。"

我:"嗯,是有这么多,我真的太佩服你了。"

生:"为什么佩服我?"她带着满脸的疑问看着我。

我:因为你想得太远大了,超出了我的想象了啊。你将来一定是一个出色的科学家啊!

想想看,如果我不假思索地指出她的梦想有问题的话,一定会让她觉得自己更生无可恋,而我思路一转,把我的理由说明后,她自然而然地想到要努力学习才行。

我:你想啊,生老病死是自然规律,我们同生共死,每个人都会经历生

死。而你的梦想是自然死亡,所以你现在要把一切可能出现的意外情况都避免。首先,你应该好好学习,当一名医生,把各种病毒研究一下,然后清除;其次,当一名科学家,把交通问题解决,各种车如何不出现交通事故(包括路况、车况、车技、车主素质提升等问题),也就是说,要很努力地消除意外事故及不安全的因素,才能自然离世。为你的梦想加油啊。努力吧,现在先消除病毒,让疫情消失。一起努力吧。

生:我的梦想,还真的很伟大,我是要努力了。

随之而来的是她后面的职业生活状态也发生了变化。

通过交流后,每次遇到她,都会和我重复一下她的梦想,上课的时候表现得更好了。这个案例真的很让我感到意外,也让我进一步认识到我们的教学真的每天都面临着新情况新问题,但无论怎样,只要心中有梦,与中国梦与时代发展紧密相连,付出努力,也许就实现了。

附件:"少年有梦"教学设计

(1)教学目标

目标一:认识到梦想与理想、现实的关系;知道努力是梦想与现实之间的桥梁;初步掌握努力的具体方法。提高融入新集体、适应新环境的能力。

目标二:培养运用已有经验提升分析和归纳问题的能力;逐步提升合理规划人生的能力。

目标三:积极主动地树立正确的梦想,有意识地规划自己的未来人生;认识到有梦就有希望;理解努力是实现梦想的桥梁;通过对中国梦的思考,把个人梦想和中华民族的梦想联系起来。

(2)蕴含的德育要素

要素一:从探究思考书写梦想的活动中,憧憬未来,有意识地规划自己的未来人生,认识到有梦就有希望,实现德育教育中的理想教育。

要素二:从袁隆平故事案例中,思考梦想对个人和社会发展的意义,懂得"一人一生一件事"的内涵,理解努力是实现梦想的桥梁,并且通过对中国梦的思考,把个人梦想和中华民族的梦想联系起来,实现德育教育中的爱国主义教育。

(3)学科德育目标

目标一:通过书写梦想和实现方法,引导学生认识到梦想的实现离不开努力付出,懂得努力就有改变的道理,并且知道如何去努力,掌握追逐梦想、实现梦想的方法。

目标二:通过袁隆平的杂交水稻梦想的案例,循序渐进引导学生感受少年的梦想不仅同个人的人生目标紧密相连,而且与中国梦密不可分。生活在新时代背景下,我们要敢于有梦、勇敢进取。

(4)教学策略

【教学设计】

环节一:有梦就有希望

教师向学生提问:你的梦想是怎样的,思考自己的梦想,完成探究与思考:

你现在的年龄:

你现在的梦想:

2035 年,你的年龄:

2035 年,你期望的生活(职业)状态:

2050 年,你的年龄:

2050 年,你期望的生活(职业)状态:

活动意图说明:通过思考探究,引导学生积极主动地树立正确的梦想,有意识地规划自己的未来人生,从而加深对梦想的理解。

环节二:少年梦,中国梦

教师:播放《缅怀袁隆平:梦想不息的伟人》的视频,提出问题:袁隆平在去世前也还在工作,是什么支撑了他? 袁隆平的精神对你的生活和学习有什么启发?

学生:是稻下乘凉梦一直在支撑着他,我们应该努力学习去实现自己的目标和梦想。

教师:对我们而言,当目标实现后带给自己的那份充实与喜悦。在践行梦想的过程中,获得了社会的尊重与认可等。对他人和社会来说,他在追梦圆梦的过程中,帮助人民解决饥饿问题,向世界传递正能量。

活动意图说明:通过袁隆平的杂交水稻梦想的案例,循序渐进引导学生感受少年的梦想不仅同个人的人生目标紧密相连,而且与中国梦密不可分。生活在新时代背景下,我们要敢于有梦、勇敢进取。理解少年应早立志、立大志、立长志,并且知道如何去努力,学习领悟追逐梦想、实现梦想的方法。

环节三:努力就有改变

教师:通过刚才袁隆平爷爷的案例,每个同学思考并意识到有了梦想,教师继续引导学生在刚刚书写好梦想的一旁,根据自己的实际情况制定努力计划,以及对如何制定计划进行逐条解析。

学生:写出自己实现梦想的初步计划。

教师:继续引导为了实现这个梦想,需要培养什么样的品质,做好哪些准备工作,每天具体应该怎么做等。建议学生可以把计划告知自己的父母或同学,让他们充当见证者,也可以找一位志同道合的朋友共同完成梦想。少年有梦,不应止于心动,更在于行动。"恰同学少年,风华正茂。"中学时代,我们充满朝气、富有活力,我们怀揣梦想,从这里起航!

活动意图说明:通过活动的循序渐进,引导学生认识到梦想的实现离不开努力付出,懂得努力就有改变的道理。并且知道如何去努力,掌握追逐梦想、实现梦想的方法。通过制定"我的努力计划",能够懂得制定计划的方法,并且根据自己的实际情况,按照计划去努力。

(5)教学反思

"少年有梦"的教学过程体现了理想教育与爱国主义教育的重要内容,即思考探索有实现可能性的、对未来社会和自身发展的向往与追求。

反思 1：学生对梦想的意义与实现路径认识较浅

学生对未来充满了美好的憧憬和希望，但是中学阶段的生活学习与小学阶段会有许多不同，很多学生缺乏甚至没有对人生规划的思考与实践，所以学生的新期待是不清晰的、碎片化的，往往是只有心动，没有行动，因此需要教师的具体指导帮助他们重新审视自己的目标，确立新目标，重新规划新生活。从而形成健全的道德认知和道德情感，发展良好的道德行为。

反思 2：将知识与德育进行统一

首先，要科学、准确地理解教材，根据新课标做好核心知识的梳理；其次，要认真把握学情，最后在突破本课重难点的同时，主要是引领学生从梦想具体到初中三年规划和方法，可以帮助学生明确自己的目标和努力的方法，持续促进学生发展。在教学时，每个教学环节都很容易进行德育教育，比如如何去努力，学习领悟追逐梦想、实现梦想的方法，如何将个人梦与中国梦相联系，也是重要的反思点。但怎样更好地将道德与法治的理论性与实践性进行统一，怎样将知识与德育进行统一，将德育教育点集大成地呈现出来，从而潜移默化地进行学科德育的教育。

在八年级上册的教学中，坚持国家利益至上，引入邓稼先的事例，回答三个问题，是这样的：

问题 1：有这样一个人，用三年的时间从美国拿到博士学位，留在美国前途无限，回与不回？

学生回答：就个人而言，不想回去，因为在国外有美好的前途。回，回来报效祖国等。

问题 2：他被调动工作了，但是去哪，去多久，去干什么，都不能说，可能未来几十年见不到妻子儿女，去还是不去呢？

学生回答：不去，因为要跟家人分离，前途未卜等。

问题 3：由于他的努力，填补了国家在某项领域的空白，国家给了他 20 元，值不值得？

学生回答：不值得，钱太少了等。

看到问题 2 与问题 3 的回答，让我对教学又进行了仔细的研究。通过对比分析，对学生进行适当的德育引导。参看教学设计。

附教学设计：

(1)教学目标

目标一：通过对两则案例的对比分析，感受邓稼先，以国家利益至上，为了国家利益牺牲自己的利益的爱国之情与责任担当意识。

目标二：通过对案例的思考和讨论，提升小组成员协商合作和求同存异的能力，科学地运用独立思维、批判性思维和创造性思维的能力。

目标三：通过学习与讨论，升华认识正确处理国家利益与个人利益的关系，学会维护国家利益的方法。

(2)蕴含的德育要素

要素一：从邓稼先先生的案例中，感受他为了国家利益主动承担责任，甚至牺牲自己的利益，体现他的爱国之情和奉献精神。

要素二：从反面案例中，总结这些人为了自己的私利，损害国家利益，使国家的军事、经济造成巨大损失，激发学生维护国家利益的使命感和爱国之情。

要素三：通过学习讨论，总结我们应该如何维护国家利益。

(3)学科德育目标

目标一：通过对邓稼先故事的学习，学生了解先辈的爱国之情，珍惜来之不易的生活，维护国家利益。

目标二：通过反面案例的分析，学生感受把个人私利凌驾国家利益之上，对整个国家利益的破坏，造成巨大损失，反过来影响个人的利益，学生从内心树立维护国家利益的观念。

(4)教学策略

环节一：叙利亚视频导入，感受个人利益和国家利益的关系。

问题研究:看完视频,有什么感受?

学生回答:战火中的人民的生活没有办法得到保障;国家的安全关系到国民的安全;国家只有强大才能避免挨打等。

环节二:案例分析,分析个人与国家利益的相互影响。为什么叙利亚挨打,因为被怀疑在搞核武器;中国为什么不挨打,因为……

材料一:邓稼先的事迹

学生思考回答:

问题1:有这样一个人,用三年的时间从美国拿到博士学位,留在美国前途无限,回与不回?

问题2:他被调动工作了,但是去哪,去多久,去干什么,都不能说,可能未来几十年见不到妻子儿女,去还是不去呢?

问题3:由于他的努力,填补了国家在某项领域的空白,国家给了他20元,值不值得?

教师展示材料:1950年,在取得博士学位之后,毅然回到祖国,34岁离开妻子和两个孩子,整整28年,回来时是直肠癌晚期,作为两弹一星的元勋,获得国家奖金——20元。请你们评价一下邓稼先。

学生回答:邓稼先,为了国家,放弃了自己的前途,优越的生活条件及与家人相处的时间,为了国家的核事业贡献了一生和生命,把国家的利益放在第一位,这种精神值得人民铭记和学习。

材料二:中国尖端武器机密外泄,河南首次曝光间谍"潜伏"大案!

在郑州市,有这样一个军工专家,出国期间被境外间谍组织策反叛变,长期潜伏在我国军工重要科研领域,把我国尖端武器的核心机密毫无保留地透露给了间谍情报机关!这就意味着,假如发生战争,很有可能会给我国造成极为严重的危害!

问题1:张某是为了女儿的前途,做出妥协,他是不是一个好父亲?

学生回答:不是,他出卖了国家利益,只考虑自己的个人利益。

问题 2：张某与邓稼先有何不同之处？

学生回答：张某把个人利益放在国家利益至上，而邓稼先先生把国家利益放在首位。

问题 3：你更喜欢哪一个父亲？你愿意你父亲成为这样的人吗？

学生回答：邓稼先以国家为重，不做损害国家的事情。

活动意图说明：通过两则案例分析和比较，让学生懂得当国家利益与个人利益发生冲突时，应该如何处理为什么邓稼先可以放弃小家，默默奉献几十年，而张某要出卖国家利益。

环节三：小组合作，如何处理个人利益和国家利益的关系？

通过案例和图片分析，小组讨论应该如何处理个人利益和国家利益的关系。

学生活动：小组通过绘制思维导图的形式，呈现国家利益和个人利益的关系？

活动意图说明：通过小组合作，树立坚持国家利益至上的观点，总结维护国家利益的做法。

（5）教学反思

“坚持国家利益至上”是进行爱国主义教育的重要内容，通过分析个人利益和国家利益的关系，树立坚持国家利益至上的观念，能激发起学生强烈的爱国情感，结合实例论述如何维护国家利益和安全，培养政治认同、法治观念、责任意识的核心素养。在教学时，每个教学环节都很容易进行德育教育。但怎样更好地将道德与法治的理论性与实践性进行统一，怎样将知识与德育进行统一？也是重要的反思点。

反思 1：对比分析，突出国家利益的重要性

学生在现阶段比较反感心灵鸡汤和说教，为了更好地理解国家利益至上，感受国家利益对个人的影响，国破则家亡，国兴则百姓兴。教师通过对比的方式，导入叙利亚的境况，说明战争给国家带来的灾难，国家遭到侵犯，对

人们的生活的影响,自然得出我们应该以国家利益为重,增加我们的综合实力,为本课的学习奠定了良好的情感基础,从而增强民族气节,形成健全的道德认知和道德情感,发展良好的道德行为。

反思2:典型人物,感悟爱国情怀

如何增强我国的综合实力,保家卫国,本节课选取了典型的人物:邓稼先。邓稼先在新中国成立之后毅然放弃美国的优越生活和美好前程,选择回到一穷二白的新中国。为了研发氢弹核弹,离开亲人数十年,最后身患癌症,不追求名利,一心为国为民,为国家的核事业贡献终身。这些典型事迹深深地打动了学生,从中感受到邓稼先的爱国之情,为国家利益牺牲自己的生活和家人相处的时间,以人物打动学生,真实感人。通过一连串的问题,更进一步激发学生对邓稼先的钦佩。在正面的人物后面,紧接着是一个反面的案例,通过泄密案件,正反对比,得出个人损害国家利益的危害,我们应该如何处理国家利益和个人利益的关系。

反思3:补充资料,落实国家利益至上

展示现实生活的一组图片,分析这些行为是否正确合理,小组探讨,应该如何处理国家利益和个人利益的关系,从学生的角度总结如何维护国家利益,落实在行动中。学生自主探究,教师主导引领,不仅培养了学生搜集资料、结合资料理解道德与法治的能力,同时将德育教育点集大成地呈现出来。

以上三方面的教学重要环节都体现了道德与法治理论性和实践性的统一,潜移默化地进行学科德育的教育。

德育干部点评

德育教育是五育并举的核心,道德与法治学科是德育教育的主阵地,担负着立德树人的根本任务,教师在这两个案例中对教材的理解、素材的选择、教学方法的灵活运用,展现了一定的高度与宽度。问题设计形式的多样性,体现了教学的关爱与温度。

在教学中,遵循学生身心发展特点和成长规律,按照大中小学德育一体化的思路,坚持学科逻辑与生活逻辑相统一、主题学习与学生生活相结合,通过思考"梦想是什么"进行导入,能充分调动学生的学习兴趣,渗透价值观教育,促使感悟融合在一起。课堂运用了视频、故事等学习资料,丰富了学习内容,加深了对"梦想"的理解,设计的问题串,形式多样,从而更加激发了学生的爱国情怀和责任感、使命感。从课前准备设计查找素材,到课上分析讨论交流分享,都能提升学生的整理归纳思考的能力,循序渐进地引导学生理解梦想的重要意义,积极主动地树立正确的价值观,有意识地规划自己的未来人生,理解努力是实现梦想的桥梁。同时通过对中国梦的思考,把个人梦想和中华民族的梦想联系起来,体现教学的高度与深度。课堂每个环节都体现了德育教育中的理想教育, 使每位学生能够以实现中华民族伟大复兴为己任,增强做中国人的志气、骨气、底气,不负时代,不负韶华,不负党和人民的殷切期望,做有理想、有本领、有担当的时代新人。

(首都师范大学附属玉泉学校　王丽霞　靳利娜　李媛)

七、初中物理学科德育案例

党的十八大报告首次把"立德树人"明确为教育的根本任务,党的十九大报告提出"落实立德树人根本任务"。《中小学德育指南》中明确提出中小学育人过程中要秉承着德育为先、育人为本、学科为要的原则,充分发挥课堂教学的主渠道作用, 将中小学德育内容细化落实到各学科课程的教学目标之中,融入渗透到教育教学全过程。数学、科学、物理、化学、生物等课要加强对学生科学精神、科学方法、科学态度、科学探究能力和逻辑思维能力的培养,促进学生树立勇于创新、求真求实的思想品质。

(一)物理学科德育的整体认识

《义务教育物理课程标准》提出,在物理教学工作中,教师不仅要传授知识与学科技能,更要注重培养学生良好的物理学科核心素养,让学生具备良好的科学素养、科学精神、科学态度,激发自身的创新意识、探究能力、学习兴趣,掌握解决问题的方法与能力,培养学生积极的世界观与社会责任感,为之后参与学习活动奠定牢固的基础。在初中物理课堂教学改革过程中,教师要实现"学生为主体"的教育模式,一切围绕学生的真实学习需求和学习进度,合理设定物理教学目标与教育方案,构建生生互动与师生互动的物理教学环境,全面彰显现代物理教学特色,提高初中物理课堂教学活动的有效性。除此之外,在初中物理课堂教学改革中,一定要体现出实践创新、健康生活、学会学习、科学精神、人文底蕴等素养,让各个素养之间相互促进、相互补充、相互联系,给予学生合作学习、自主探究的空间与时间,使其从中获得更为深刻的感知,掌握更多的物理学习技巧、学习方法,促进初中生的个性化成长。

物理是一门蕴含着丰富的世界观的学科。根据课程标准的要求,物理学科的教育教学不仅要使学生全面、系统了解并掌握基础物理知识,并在实践中运用物理知识,而且要依据学科特点,结合不同时期的德育教育重点,对学生进行德育渗透并积极开展学科德育,要有物理学科的味道。物理是一门实验性学科,是研究自然界物质结构、物质运动形式及运动规律的学科。人类在探索世界过程中总结知识、规律的同时,展示了科学探索的艰辛历程,蕴含着探索者的科学思想、科学方法、科学态度和科学精神。物理是一门与实际紧密联系的学科,人们根据生活总结物理规律、获得物理知识的同时,又把这些物理规律、知识应用到生产、生活和实践中,促进了科技的发展和社会的进步,培养青少年学生爱国主义情怀和高尚的道德品质。物理是一门蕴含着典型的科学之美的学科,著名物理学家杨振宁认为,物理之美由表面向深层包括三个层次:现象之美,伦理描述之美,理论架构之美,物理学科可以培养学生的审美情趣。

(二)物理学科德育的要素

1.单元学习中挖掘出潜藏的德育线索

以北师大版八年级物理上册的章节为例,针对物理学科德育中的科学探究方法进行分析。课标中对重视探究过程提出了明确的要求。北师大版八年级物理上册共五章内容,每一章以知识内容为载体,其中利用实验探究的方式对学生科学探究能力的培养一以贯之,层层深入,深刻地体现了学科德育。

表2-23　八年级上册学科德育线索

	章节	主题	德育线索(以科学探究方法为例)
八年级上册	第一章	物态及其变化	观察,数据记录,得出结论转换思想
	第二章	物质世界的尺度、质量和密度	设计实验,控制变量
	第三章	物质的简单运动	收集证据　分析与论证
	第四章	声现象	转换思想
	第五章	光现象	猜想　假设　转换思想　等效替代

以第五章"光现象"为例:

表2-24　八年级上册第五章德育线索

	章节	主题	德育线索
光现象	第一节	光的传播	利用日晷的原理引课,发扬我国优秀传统文化,增强文化自信
	第二节	光的反射	控制变量,收集数据 表5-2　探究光的反射规律 实验次数 / 入射角/° / 反射角/° 1 2 3

续表

章节	主题	德育线索
光现象	第三节 平面镜成像	收集证据　分析与论证 　　我们虽然可以看到物体在平面镜里的像,但如果在平面镜后面放置一块光屏,屏上不会呈现物体的像。因此我们无法用尺子去测量像的位置和大小。怎样解决这个问题呢?为此,你选用什么样的"平面镜"?你准备怎样寻找像的位置?用什么办法比较像到平面镜的距离与像到平面镜的距离关系?用什么办法比较像与物的大小关系?
	第四节 光的折射	通过类比光的反射实验,自主探究光的折射规律
	第五节 物体的颜色	通过日常的现象引发学生思考,层层递进

"光现象"这一章实验较多,其中有两个重要实验"探究光的反射定律"和"探究平面镜成像特点",这两个实验在实验探究能力的培养上都有着重要的地位,但这两个实验侧重培养的实验探究能力也有所差异,前者为学生必做实验,学生主要经历实验过程,体会猜想、假设、实验验证的过程。后者着重体会等效替代在实验中的应用。

2.课时教学中明确出德育要素

要求:对课时教学中有关的德育要素进行总体论述,表明课时教学中德育要素对学生的德育意义。

"温度计"作为初中物理的第一课,其中蕴含了很多物理的学科德育思想:如转换思想,控制变量思想,科学精神,规则意识。让学生对物理的核心思想有了初步的认识,为今后的物理学习奠定了基础。其中具体的德育要素分析如下:

基于需求:古人的智慧,积极探索精神。

转化思想:利用热胀冷缩,将温度变化转化为体积变化。利用数学原理,将体积转化为高度变化,且管越细越明显。

控制变量思想:实验分工合作、科学表述、学会倾听。

发明简单测量工具的方法:

(1)确定被测对象;(2)选定测量物质;(3)研发优化结构;(4)现实刻度

装置。

科学精神:求真的态度。

"人为规定法"。

选恒定的温度作为参考点。

规则意识:明确规则意识,养成爱护仪器的习惯。

感受国家科研力量:现代测温技术介绍。

3.教学活动中关注自然发生的德育事件

在"温度计"这一课的授课前,给学生布置了关于温度计测温原理的作业,在授课时请一位同学上台讲述,在讲述完原理后,该同学还在滔滔不绝地讲着关于现代测温的一些知识,我并没有打断他,学生也听得津津有味,最后该学生讲述了两分多钟。借此机会,我呼吁学生要向这位同学学习,作业不是完成任务,而是自己主动发现问题并解决问题的机会。尤其是物理学习,物理的很多原理都是对一个事物好奇,进而有了疑问,然后不断追问,最后获得真理的过程。这是学习物理最重要的品质。

(三)物理学科德育的课时设计

1.教学目标

(1)通过实验的探究,让学生自主学会液体温度计的工作原理,温度计的结构、摄氏温度的规定,学会正确使用温度计以及温度计发展等。

(2)在探究中培养学生的观察、分析、归纳和科学表述信息等探究能力。

2.蕴含的德育要素

实验探究能力,合作交流能力,科学精神,国家科研力量。

3.学科德育目标

培养学生的观察、分析、归纳和科学表述信息等探究能力;体验实验过程和分析、推理的逻辑性,在实验探究中与他人合作、交流、学会倾听的习惯,培养实事求是的态度;学习在探究过程中体会求真的科学精神,感受文明的方法、学科转化思想、平衡思想、规则意识、历史文化、国家科研力量等学科德育价值。

4.教学策略

环节一:测温工具的必要性

表2-25　教学环节一

为什么冬天穿毛衣,夏天不穿?	生活信息	交流:温度与人类生活息息相关
古人是怎么判断温度的?	(视频1)古人判断温度的方法	采用大约判断高低,看来还是不够准确
你觉得今天的气温多少?两个手指的感觉相同吗?有必要发明测量温度工具吗?		体验:人体感觉温度不一致　不准确　不安全(利用测高温明确转换的必要性)

环节二:探究发明温度计的参考因素

表2-26　教学环节二

发明温度计要考虑哪些因素?		
来看这样一个装置给我们什么启发:请一位同学揣住瓶子		观察:利用气体的热胀冷缩的原理可以把温度转化为观察体积的变化
探究:制作温度计需要考虑的因素哪一个膨胀效果更明显?请同学们利用桌上器材做实验		探究:原理:液体的热胀冷缩原理测温物质:选择酒精、煤油结构因素:泡大,管内径细
研发:如何标记温度?是否可以投放市场?1.利用已知的温度计2.世界第一只温度计怎么标记温度	 冰水混合物　　沸水	冰水混合物　沸水探讨:如何完善自制温度计(从结构,功能方面考虑)、寻找温度标定的方法;突破点:寻找恒定的温度作为参考点实验标注温度计刻度,体验标记温度刻度的过程

环节三:温度计的使用

表2-27　教学环节三

使用:学习如何科学准确测量水的温度? 编制使用说明书	使用:用温度计测水温 编制使用说明书

环节四:温度计的发展现状与挑战

表2-28　教学环节四

可以测钢水的温度吗? 科学上还发明了哪些原理的温度计	(视频3) 温度计的研发状况	了解:多种温度计的原理与作用 调查:实验室温度计\寒暑表\体温计的区别

5.教学反思

本节课中涉及的学科德育要素很多,但是没有很深入地对其中一个要素进行挖掘,如就针对设计温度计中运用的转换法进行内化分析,使得学生在学习物理之初就能运用转换思想解决实验问题,将会对学生的发展大有裨益。什么是转换法呢? 对于一些看不见、摸不着的物理现象或者在有限条件下不易直接测量的物理量转换成? 从一些较直观的现象去认识,或者直接测量容易测量的物理量来间接说明不易测量的物理量,这种研究问题的? 法就是转换法。一部分实验测量工具就利用了转换法,就是把那些不能直接测量或观察的量用可直接量度的量间接表现出来。

初中物理中的弹簧测力计、温度计、微小压强计就是转换法的应用。弹簧测力计的制作原理,在弹性限度之内,弹簧的拉力越大其伸长就越长,我们可以直接观察与测量弹簧的长度变化, 对于看不见也摸不着的力的大小正与弹簧长度变化相关,因此力的大小便可以用弹簧长度的变化来量度;温度计的原理,其制作原理源于液体的热胀冷缩,温度的高低是无法看到的,而液体体积的膨胀却是可以用眼睛观察到的, 液体体积的热膨胀与温度的变化存在直接关系,因此温度的高低可以用液体体积的膨胀表现出来;微小压强计的制作原理, 其是利用 U 型管左右两侧液柱的高低来衡量液体压强的变化。

本课的一大亮点是让学生自制温度计，在自制温度计的过程中了解温度计的原理，温标的意义。制作的温度计主要是利用液体的热胀冷缩的原理。如果鼓励学生多举出一些和温度变化有关的现象，并追问是否能根据这些现象去制成温度计，将会对学生的转换思想产生较为深远的影响。

德育干部点评

在初中物理教学中，合理地渗透德育内容，不仅有助于实现物理学科教学的进一步改革、创新与发展，而且对塑造学生正确的世界观、帮助学生健康成长与发展具有重要作用。因此，作为一名新时代合格的初中物理教师，必须着重挖掘教材中所蕴含的德育内容与德育元素，积极主动地创新和改革教学形式，以此加速初中物理教学与德育的融合，让学生在学习物理知识的同时加深对科学、社会的认识，进而落实好立德树人的根本任务，促进学生全面发展。充分发挥物理课堂教学的主渠道作用，将中小学德育内容细化落实到物理学科课程的教学目标之中，融入教育教学全过程。围绕课程目标联系学生生活实际，挖掘课程思想内涵，充分利用时政媒体资源，精心设计教学内容，优化教学方法，发展学生道德认知，注重学生的情感体验和道德实践。分析本学科德育特点、设计活动主题、编写实施思路、设计教学案例等。

在中学物理教学中对青少年进行德育渗透，不是凭朝夕之功就可以完成的，它需要广大物理教师根据物理知识及物理教学的特点，以课内外活动为途径，以学习内容为载体，以教育心理学原理为依据，以渗透为主要形式，多摸索有效的渗透德育的方法，激发他们的情感，唤起他们的责任感，并驱动他们的行为，从而达到德育的目的。教学中德育因素的深入挖掘和教育契机的随时捕捉，是一种创造性的劳动，也是一种教育的艺术。在教学中渗透德育内容，从局部看是细微的，但滴水成河，聚沙成塔，一个概念、一个原理、一道习题、一节实验，都能启发学生情感，启迪学生思维。教育是育人，育人要育心,育心就是育德。

(首都师范大学附属玉泉学校 魏之灿 胡彬)

八、初中化学学科德育案例

《义务教育化学课程标准(2022年版)》明确指出:化学是从分子层次认识物质的组成、结构、性质、转化及应用的一门基础学科。化学是自然科学的重要组成部分,与物理学共同构成物质科学的基础。化学是材料科学、生命科学、环境科学、能源科学、信息科学和航空航天工程等现代科学技术的重要基础。化学是推动人类社会可持续发展的重要力量,在应对能源危机、环境污染、突发公共卫生事件等人类面临的重大挑战中发挥着不可替代的作用。

作为一门自然科学课程,具有基础性和实践性,对落实立德树人根本任务、促进学生德智体美劳全面发展具有重要价值。核心素养是学科育人价值的集中体现,是学生通过课程学习而逐步形成的适应个人发展和社会发展所需要的正确价值观和必备品格和关键能力。化学课程要培养的核心素养,主要包括化学观念、科学思维、科学探究与实践、科学态度与责任。其中科学态度与责任实质通过化学课程的学习,是在理解科学、技术、社会、环境相互关系的基础上,逐步形成的对化学促进社会可持续发展的正确认识,以及所变现的责任担当。主要包括发展对物质世界的好奇心、想象力和探究和保持对化学学习和科学探究的浓厚兴趣;对化学学科促进人类文明和社会可持续发展的重要价值具有积极的认识;具有严谨求实的科学态度,敢于提出并坚持自己的见解、用于修正或放弃错误观点、反对伪科学的学科精神;遵守科学伦理和法律法规,具有运用化学知识对生活及社会实际问题作出判断和决策的意识;形成节约资源、保护环境的习惯,树立生态文明的理念;热爱祖国,增强为实现中华民族伟大复兴和推动社会进步而勤奋学习的责任感。

综上,化学学习与德育息息相关,化学学科的目标指向了化学的教育价值与育人功能,化学离不开德育。德育要以学科为基础,化学作为一门从分子层面研究物质的自然科学,是德育不可或缺的重要学科载体,在学科德育中发挥着独有的作用。

(一)化学学科德育的整体认识

学科德育是教师根据学科特点、学段特点和学生发展需求,充分挖掘学科学习中的德育要素,将具体学科内容链接生活实际,形成具有挑战性的学习任务,学生通过多种性质的实践性学习,提升核心素养、实现知行合一的有意义的教与学的过程。所有学科都蕴含着育人价值。《中小学德育工作指南》指出,化学课要加强对学生科学精神、科学方法、科学态度、科学探究能力和逻辑思维能力的培养,促进学生树立勇于创新、求真求实的思想品质。

1.整体规划,链接德育内容

化学教学本身就承担了育人功能:化学课程立足学生的生活经验,反映人类探索物质世界的化学基本观念和规律,融入社会主义核心价值观的基本内容和要求,传承中华优秀传统文化;注重学生的自主发展、合作参与、创新实践,培养学生适应个人终身发展和社会发展所需要的必备品格、关键能力,引导学生形成正确的世界观、人生观和价值观,厚植爱国主义情怀,树立为实现中华民族伟大复兴和推动社会进步而奋斗的崇高追求。

学科德育课应是一节常态课,仍要根据课程标准中的要求,结合化学学科的特点和具体教学内容,以化学知识为载体从学科育人的角度,深入挖掘化学知识中所蕴含的德育点,制定指向学科育人的教学目标,育人目标要具体可行,具有可操作性。

2.创设情境,密切联系生活

《义务教育化学课程标准》(2022 年版)中指出,要重视开展核心素养导向的化学教学,就要聚焦学科育人方式的转变,创设真实问题情境,倡导"做中学""用中学""创中学"。概念建立需要创设情境,规律的探究需要创设情境,应用知识解决具体问题也需要创设实际情境。创设情境要基于学生认知和道德发展基础,将教学内容与学生生活实际相联系,让学生在情境中学习,在学习中思考,在思考中进行正确的价值判断,树立正确的价值观念。例如,在"碳和碳的氧化物"一节中,创设了"低碳行动"的大背景,让学生通过设计低碳行动的方案,在情境中学习了二氧化碳的性质与转化等化学知识促进学生发展元素观、转化观等化学观念。同时,学生在真实情境中进行学习活动,也帮助学生树立了环保意识和可持续发展观念,引导学生在面对个人生活需要、国家发展、人类发展与低碳要求的两难问题时,发展科学、技术、工程融合解决问题的能力,形成国际化视野和构建人类命运共同体的意识,强化社会责任,促进知、情、意、行的统一。

　　3.实验探究,培养科学思维

　　科学思维是在化学学习中基于事实与逻辑进行独立思考和判断,对不同信息、观点和结论进行质疑与批判,提出创造性见解的能力;是从化学视角研究物质及其变化规律的思路与方法;是从宏观、微观、符号相结合的视角探究物质及其变化规律的认识方式。要求能初步学会运用观察、实验、调查等手段获取化学事实,能初步运用比较、分类、分析、综合、归纳等方法认识物质及其变化,形成一定的证据推理能力,能从跨学科角度初步分析和解决简单的开放性问题,体会系统思维的意义;能对不同的观点和方案提出自己的见解,发展创新思维能力,逐步学会辩证唯物主义方法论。例如,在"碳和碳的氧化物"一节中,为了比较水、氢氧化钙溶液、氢氧化钠溶液对二氧化碳的吸收效果,学生用现有的实验器材自主设计并实施实验,通过观察现象,得出结论。在阐述过程中体现了目的—方案—现象(证据)—结论之间的关系。化学是以实验为基础的科学,以实验为基础,强调以事实为依据,注重培养通过实验获得证据的能力,培养实事求是的求真态度和精神。

4.整合资源,形成挑战任务

确定了教学目标和德育内容的基础上,及时开发了教学资源,也不一定有好的教学效果,还需要进一步优化教学活动,形成挑战性任务,才能发展学生思维。利用生活事例,创设问题情境,是设计教学活动和挑战性任务的重点。例如,在"碳和碳的氧化物"一节中,"低碳行动"主题以碳元素在大气圈、岩石圈、水圈的循环为主要研究对象,探究二氧化碳的性质与转化,承载了二氧化碳的性质、用途等化学知识,还融合了生物学、地理和物理等课程的相关内容,促进学生发展元素观、变化观等化学观念,进一步建构"可持续发展""系统与模型"等跨学科大概念。

5.常态开展,多元持续评价

确定了教学目标、教学活动等,还需要设计学习评价,以确定学生是否达成了学习目标。教学中要用常态课的心态对待学科德育课堂,要客观公正、尊重事实。学科德育应"立足过程、促进发展"的学习评价,提倡运用多样化的评价方法,促进学生全面而富有个性地发展,促进教师反思和改进教学,实现评价的诊断、激励、发展的功能。一节课中对德育的效果一般不便于用试题进行评价,但可通过活动中的表现实现反馈,从而掌握学生的学期情况,培育学生积极的学习态度就是德育的关键目标。例如,在"碳和碳的氧化物"一节中,在学生展示环节不仅对展示的同学进行评价,还要对台下的同学进行评价。

表2-29 学生展示的评价标准

展示评价标准	分值
准确完整地表示出自然界中碳循环示意图	5
图文并茂,表达流畅	2
全员参与,分工明确	2
有创新,加入其他有价值内容	1

表2-30 学生聆听的评价标准

聆听评价标准	分值
认真聆听,态度端正,精力集中	5
正确回答问题	5

(二)化学学科德育的要素

1.单元学习中挖掘出潜藏的德育线索

学科教学不只是教授学科知识,最重要的是要实现其育人价值。那么在学科教学中渗透学科德育就是必要的。《义务教育化学课程标准》(2022年版)中指出化学教学是落实化学课程目标,引导学生达成义务教育化学课程学业质量标准的基本途径。教师应紧紧围绕发展学生的核心素养这一主旨,积极开展核心素养导向的化学教学充分发挥化学课程的育人功能,落实立德树人的根本任务。

可见在立德树人这一根本任务的引领下,提倡进行基于大单元、大概念的主题式、项目式教学,只有在这样的教学中,才能从整体上促进学生形成化学观念,培养科学思维,进行科学探究与实践,逐步形成对化学促进社会可持续发展的正确认识以及所表现的责任担当。立德树人离不开学科德育,下面以人教版初中化学教材为例,梳理了单元内容中与人文主题密切相关的德育要素。

表2-31　单元内容中与人文主题相关的德育要素

	单元	主题	人文要素
九年级上册	六单元	低碳行动	应用化学观念和科学探究方法解决问题的思路 环保意识、可持续发展观念 人类命运共同体意识、社会责任感、国家认同和国际理解
	七单元	能源	资源开发和能源利用会对环境产生影响 树立人与自然和谐共生的科学自然观和绿色发展观 树立建设美丽中国、为全球生态做贡献的信念
九年级下册	十一单元	化学肥料	化肥对人类生产生活和自然环境的利与弊 树立人与自然和谐共生的科学自然观和绿色发展观
	十二单元	化学与人体健康 化学与材料	化学与医药研制和营养健康具有密切关系 化学是推动人类社会可持续发展的重要力量 化学材料在生活中有广泛应用 对化学材料进行科学利用

从以上梳理的德育线索可以发现，化学学科相关的德育要素主要涉及能源、资源、材料、环境和人类健康等领域。科学和技术有助于解决社会问题，使用科学和技术时要考虑其对社会和环境的影响，理解科学、技术、社会、环境的相互关系，认识化学在解决以上这些问题中的重要作用，自觉践行节约资源、环境友好的生活方式，树立人与自然和谐共生的科学自然观和绿色发展观。

下面以第六单元为例，对本单元的德育要素进行说明。

新课标中对本部分的内容要求有：通过实验探究认识二氧化碳的主要性质，认识物质的性质与用途的关系；初步学习二氧化碳的实验室制法，归纳实验室制取气体的一般思路与方法；以自然界中的碳循环微粒，认识物质在自然界中可以互相转化及其对维持人类生活与生态平衡的意义。

在"情境素材建议"板块中给出如下建议：地球大气成分的演变，自然界中的碳氧平衡，碳单质的研究进展，二氧化碳在大棚蔬菜种植中的作用，二氧化碳的捕集与封存、转化与利用，我国实现碳中和目标的措施等。

"低碳行动"是针对二氧化碳过量排放导致气候变暖等环境问题所引发的社会性科学议题，从教材整体结构来看，这是初中学段在化学学科中遇到的第一个社会性科学议题，属于化学与环境领域的行动改进类实践活动，具有重要的现实意义。该课题不仅承载了二氧化碳的性质、转化、用途等相关化学知识，以大气圈、岩石圈、水圈的循环为主要研究对象促进学生发展元素观、转化观，同时还融合了生物学、地理、物理等课程的相关内容，甚至要涉及历史课程的相关内容，帮助学生进一步构建"可持续发展""系统与模型"等跨学科大概念。

此外，该课题将学生置身于真实情境，能引导学生在面对个人需要和国家发展、人类发展的两难问题时，发展科学、技术、工程融合解决问题的能力，强化社会责任、国家认同和国际理解，促进知、情、意、行的统一。

2.课时教学中明确德育要素

课堂教学不仅只是学习学科知识，进行学科德育也是重要和必要的。以

"碳和碳的氧化物"一节为例,设计了"低碳行动"的大背景,让学生置身于真实情境之中,学习解决实际问题,树立环保意识,培养社会责任感。下面按照课堂环节对德育要素进行具体阐述。

环节一:首先要了解"低碳行动""碳中和""低碳生活"等相关热词的含义,即"碳"是什么?感受国家政策中提出的理念其实与生活是息息相关的,增强社会责任感,环境保护的参与感。同时还需要知道这些热词与化学学科的相关关系,从化学的角度可以提出哪些方面的疑问,进行哪些研究。初步建立解决实际问题的基本方法。

环节二:了解碳元素在自然界中的循环,二氧化碳过多对环境的危害。学生通过自主查阅资料,从图片、数据和文字描述中深切感受温室效应加剧带来的危害,而且这种危害是发生在自己身边的,与自己的生存环境息息相关,是不可避免要讨论的问题。

环节三:建立低碳行动的实施方案。从化学角度分析,构建解决实际问题的方案,即从来源减少二氧化碳的排放,从转化角度将多余二氧化碳转化为其他物质,以维持自然界中的碳平衡。在不同的角度中又有不同的解决问题思路,形成一个完整地解决问题的框架。

3.教学活动中关注自然发生的德育事件

学生在学习本节课之前,教师播放了一段视频,是关于习近平阐述的"碳达峰""碳中和"的中国承诺,学生在观看视频时认为这就是一个国家政策,离我们自己的生活很远,是从事科学研究或政府官员才需要关心和了解的。之后随着对"低碳行动"课题的项目拆解等才真正意识到,这虽然是国家政策,但是与我们的化学学习有密切关系的,是可以用我们现有的化学知识解释和解决的问题。

之后,学生以小组为单位自主查阅资料,回答几个相关问题:第一,什么是温室效应,温室效应有哪些危害,温室效应的机理是什么,还有哪些气体可以引起温室效应,程度如何;第二,了解大气中的含碳物质是如何进行循环而保持平衡的，又是因为哪些原因，使大气中的二氧化碳含量越来越多的；第三，了解水泥工业为什么会产生大量二氧化碳，如何降低二氧化碳的排放量；第四，从减排角度如何降低空气中的二氧化碳，有哪些具体措施；第五，从转化角度如何降低空气中的二氧化碳，有哪些具体措施。通过查阅资料，从文字、图片和数据中看到全球变暖对环境的影响，人类活动对空气中二氧化碳含量的影响，同学们深切感受到低碳行动的重要性和必要性，认识到我国做出碳达峰的承诺彰显了大国担当，为祖国的强大而深感自豪。

(三)化学学科德育的课时设计

参考《中学学科德育指导手册》中对化学学科进行学科德育的实施建议，学科德育的有效途径首先要明确学科知识中所蕴含的德育点，要根据课程标准中的要求，结合具体学科内容，以学科知识为载体，深入挖掘其中所蕴含的德育点，制定指向学科育人的教学目标，然后设计教学活动，让学生在活动中实现智育和德育的共同发展；最后要基于学生的表现进行评价，反馈本节课学科育人的整体效果。

1.教学目标

(1)通过回忆已有知识，明确"低碳行动"的含义，即降低空气中二氧化碳含量。

(2)通过查阅资料，建立二氧化碳与温室效应的关联，知道自然界碳循环及二氧化碳含量增多的原因，体会"低碳行动"的重要性和必要性。

(3)通过对实际问题的分析，结合已有知识，明确降低空气中二氧化碳含量的思路方法。

2.蕴含的德育要素

(1)环保意识、可持续发展观念。

(2)应用化学观念和科学探究方法解决问题的思路。

(3)人类命运共同体意识、社会责任感、国家认同和国际理解。

3.学科德育目标

（1）查阅资料,明确"低碳行动""碳中和"等相关概念,了解国家政策。

（2）自主查阅资料,明确空气中的碳循环、空气中二氧化碳含量的变化、空气中二氧化碳含量过多对环境造成的危害。

（3）应用化学观念和科学探究方法寻找低碳行动的措施,树立环保意识,可持续发展意识。

4.教学策略

环节一:项目导引——什么是"低碳行动"

【引入】近年来,我们倡导低碳生活。低碳生活是一种生活态度,一种生活方式,同时更是一种可持续发展的社会责任。通过这个单元的学习,我们要以小组为单位,完成一份"低碳行动倡议书",在班级,年级甚至学校社区进行低碳行动的宣传。首先我们要对低碳行动进行深入了解。

【提问】谈到"低碳行动""低碳生活",你想提出什么问题,想要对哪些内容进行深入研究?

【回答】为什么要低碳行动,如何进行低碳行动,什么是低碳行动?

【追问】那么所谓的"低碳行动"中的"碳"指的是什么呢?

【回答】二氧化碳。

【小结】"低碳行动"中的"碳"指的是二氧化碳,二氧化碳增多会造成温室效应加剧,导致全球气候变暖,所以需要降低空气中二氧化碳的含量。

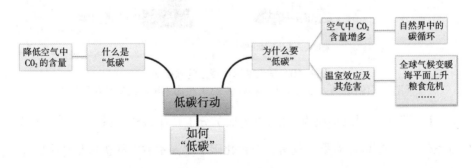

图2-39 环节一课堂板书

环节二:项目导引——为什么要进行"低碳行动"

【提问】为什么要"低碳"?

【回答】二氧化碳含量越来越多,导致温室效应加剧。

【布置任务1】以小组为单位,查阅资料,了解大气中的含碳物质是如何进行循环而保持平衡的。又是因为哪些人类活动,使大气中的二氧化碳含量越来越多的? 用图示画出来进行展示,或制作PPT进行展示。

【学生展示】

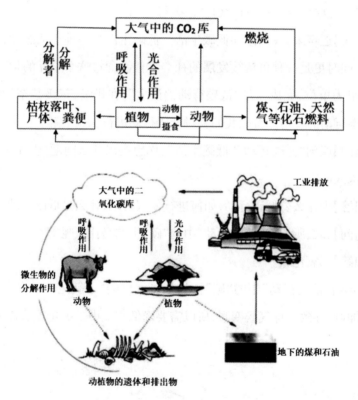

图2-40 学生展示地球上的碳循环

(图片来源:北师大版八年级生物教材23.3"生态系统的结构与功能")

【布置任务2】以小组为单位,组内成员分工合作,查阅资料,了解什么是温室效应,温室效应有哪些危害? 二氧化碳引起温室效应的机理是什么? 还有哪些气体可以引起温室效应,程度如何? 制作PPT展示。

【学生展示】

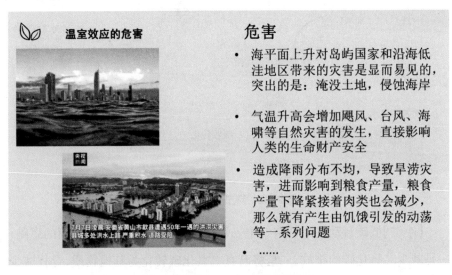

图2-41　学生展示温室效应的危害
（图片来源：央视新闻，https://www.sohu.com/a/529426356_121303829）

环节三：项目拆解——初步建立"低碳行动"的基本角度

【布置课堂活动】：小组讨论，要解决"降低空气中二氧化碳含量"这个实际问题，从整体上来说，有哪些思考角度？

【讨论　回答】减少二氧化碳的排放，将已有的二氧化碳吸收掉。

【提问】首先以减少二氧化碳的排放为例，如何减少二氧化碳的排放呢？要解决这个问题你的思路是什么？

【回答】寻找二氧化碳含量增加的原因，然后从来源入手，进行减排。

【提问】为了探究基于吸收转化二氧化碳的低碳措施，我们的思路应该是什么？

【思考　回答】先思考二氧化碳的性质，确定二氧化碳能进行哪些转化，然后再考虑转化的合理性。

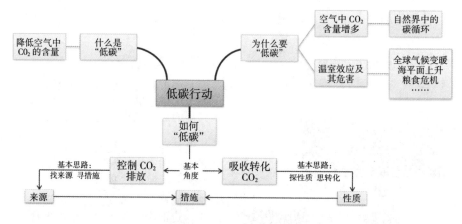

图2-42　环节三课堂板书

【小结】低碳行动是降低空气中二氧化碳的含量,主要有两方面的思路,一是减少二氧化碳的排放,二是将已有二氧化碳转化为其他物质,寻找减少二氧化碳的有效措施,首先要看二氧化碳的主要来源,它的主要来源有化石燃料的燃烧,动植物呼吸等。相应的有效措施有,减少化石燃料的燃烧,减少私家车出行,多乘公共交通,使用清洁能源等。

5.教学反思

义务教育化学课程要落实立德树人根本任务,就要在学习化学基本知识外,进一步发挥其育人功能。作为一门与生活息息相关的课程,化学要立足学生的生活经验,融入社会主义核心价值观的基本内容和要求,传承中华优秀传统文化。作为一门物质科学,化学有其特有的不可替代的育人功能,就是培养学生的化学学科核心素养,反映人类探索物质世界的化学基本观念和规律,培养适应个人终身发展和社会发展所需要的必备品格和关键能力,引导学生形成正确的世界观、人生观和价值观。作为一门以实验为基础的科学,化学课程要注重学生的自主发展、合作参与、创新实践。

基于化学学科德育内容的思考,设计并完成上述学科德育课,现对该节课的实施进行反思总结。

布置课前任务部分:创设情境是非常重要的,能够让学生置于真实问题情境中,在做中学,在学中思考。本节课首先以一段视频开始(习近平作出碳达峰、碳中和的中国承诺),紧接着让学生自主设想,对于"低碳行动"你有哪些疑问,想研究哪些问题,然后将学生自己提出的问题进行分类总结,并作为课下任务分配给各个小组,小组内同学分工合作,带着问题查找资料,自主解决问题。

反思:教师可以进一步开放课前任务,让学生有足够的思考空间。在布置任务时,教师给每个问题进行了充分的细化,例如,任务 1 是"以小组为单位,查阅资料,了解大气中的含碳物质是如何进行循环而保持平衡的。又是因为哪些人类活动,使大气中的二氧化碳含量越来越多的? 用图示画出来进行展示,或制作 PPT 进行展示"。教师可以将任务简化为"查阅资料,了解大气中的含碳物质是如何进行循环而保持平衡的,制作 PPT 进行展示"。这样让学生自主思考,要讲明白这个问题都需要准备哪些方面的资料,为了有更好的展示效果,应该问哪些课堂互动问题。这样的任务是经过思考之后完成的,而不是按照老师规划的方向一步一步走,而每一步走的意义却没有外显出来。

第一,课堂提问部分。在学生展示时,应该尽量让学生自主提出疑问,当学生所提出的疑问没有覆盖预留问题时,教师再进行补充提问。教师应该对于跨学科知识进行追问,例如,温度升高为什么会引起飓风等极端天气(与地理相关),为什么在 1850 年左右,二氧化碳含量急剧上升(与历史相关)。

第二,课堂持续性评价部分。学生展示后,教师要给出有针对性的点评,既要有展示内容上的补充和评价,也要有学生组内合作情况、展示者的表达情况、学生的学习态度等方面的评价,以鼓励为主,也要适当指出问题。这样学生不但能够提高自信,也会明确自身不足。此外,学生展示时对台下学生的课堂观察也是十分重要的,从他们的神态、动作上可以看出该学生注意力是否集中,是否尊重他人的劳动成果,学习态度是否端正等,所以课堂观察是学科德育评价的不可或缺的路径。

反思:本节课对演讲者的评价比较单一,没有一针见血地指出其存在的问题,此外对台下学生的观察不细致,只评价了学生回答问题是否正确,评价不到位。

第三,课堂总结。反思:最终课堂的收获要有成品。例如,在本节课中或本单元教学的最后可以组织学生完成一个宣传海报,利用学科节在低年级进行宣传演讲,让学生收获更多成就感,帮助更多低年级学生树立环保意识,加强社会责任感,增加国家认同感、自豪感。同时将这一好学求知的精神传递给更多的人。

德育干部点评

低碳行动是针对二氧化碳过量排放导致气候变暖等环境问题所引发的社会性科学议题而设计的,属于化学与环境领域的行动改进类实践活动,具有重要的现实意义。

本节课承载了二氧化碳的性质、二氧化碳的制备、含碳物质之间的转化等教学内容,促进学生发展元素观、变化观等化学观念。在教学过程中,首先学生在教师的引导下对低碳行动进行任务拆解,即"是什么""为什么""怎么做",从整体出发形成了解决问题的大框架。然后通过布置分组任务,让学生各自查阅资料,包括了解自然界中的碳循环、了解温室效应加剧带来的实际危害。同时,本节课所蕴含的德育要素包括应用化学观念和科学探究方法解决问题的思路,环保意识、可持续发展观念,人类命运共同体意识、社会责任感、国家认同和国际理解等。通过播放"习近平关于'碳达峰''碳中和'的中国承诺"视频,促进学生产生国家认同、国际理解,增强学生的社会责任感;通过学生自主查阅资料,让学生真切体会到了人类活动对自然界中碳循环的影响,我们的日常行为对空气和环境造成的影响。通过建立解决该实际问题的思路框架、寻找低碳行动的措施,初步形成了应用元素观、变化观等化学观念和科学探究方法解决问题的思路方法。

最后学生通过绘制宣传海报、向家人和低年级学生宣讲海报内容等活动,号召大家树立人与自然和谐共生的科学自然观和绿色发展观,积极主动践行节约资源、环境友好的生活方式,并形成化学能够促进社会可持续发展的正确认识。

(首都师范大学附属玉泉学校 李琦 任艳华)

九、初中生物学科德育案例

《义务教育生物课程标准》(2022 版)明确指出:生物课程致力于培养学生形成基本的生命观念,认识生物界的多样性和统一性,认识生物界的发展变化,认识人与自然的关系,形成科学的自然观和世界观;帮助学生形成基于证据和逻辑的思维习惯,能够运用科学思维探讨真实情景中的生物学问题,参与社会性科学议题的讨论,在解决问题的过程中提升合作意识、实践创新意识和审美意识,关注生物科学和生物技术的新进展及对个人和社会发展的促进作用;引导学生关注身体内外各种因素对健康的影响,在饮食、作息、体育锻炼、疾病预防等方面形成健康生活的态度和行为习惯,树立"绿水青山就是金山银山"的理念,积极参与环境保护,立志成为美丽中国的建设者、促进者和实践者。

党的十九大明确提出要落实立德树人的根本任务。生物教学也越来越与道德、世界观、人生观等相靠近,德育也已成为生物学等自然科学的教学的重要部分。这就要求一线教师在课堂教学中应尽可能地体现育人为本,德育为先的原则,以知识为载体,以课堂为途径,深入挖掘教学中潜在的德育素材,创设育人情境,将学科知识点与德育思想点有机地结合起来,从而有效促进学生道德能力的养成与内化,全面提升学生的道德素养,使学生在获得生物学知识的同时,也得到情感熏陶和道德教育,从而达到"德智并育"的双重目标。

(一)生物学科德育的整体认识

《中小学德育工作指南》指出：生物学科要加强对学生科学精神、科学方法、科学态度、科学探究能力和逻辑思维能力的培养，促进学生树立勇于创新、求真求实的思想品质。加强节约教育、环境保护教育和生态文明教育，引导学生树立尊重自然、顺应自然、保护自然的发展理念，养成勤俭节约、低碳环保、自觉劳动的生活习惯，形成健康文明的生活方式。

初中生物作为一门交叉学科，内容与学生的生活学习息息相关，良好的教学方法可以让生物更能贴近学生的生活、让学生产生浓厚的兴趣、从而达到有效教学的目的，结合生物学科的知识特点，寻找德育的连接点、渗透点，能够让德育工作事半功倍。

1.整体规划，链接德育内容

生物学科本身承担着育人的功能，生物科学和生物技术在解决人口问题、资源危机、生态环境恶化和生物多样性面临威胁等诸多问题方面发挥着重要作用，这些研究问题是国际、国家发展关注的问题，学习生物学知识的过程，更是了解国家发展需要、紧跟时代步伐、将来为国家发展献策献力的重要途径，教师应结合生物学的特点以及具体内容，深层次地挖掘生物学的育人功能，基于生物学科核心素养和教学内容，构建单元育人目标，确保德育目标立体、有层次、完整具有逻辑性，进而细化为每节课的育人目标，确保育人目标具体落地可实施。

2.创设情景，密切联系生活

概念的建立需要创设情境，情景教学可以帮助学生深刻认识学习知识的重要性和意义，情景教学帮助学生领悟知识背后蕴含的人文价值，打破学习是单纯学知识、背诵知识的狭隘认知，开阔学生学以致用的广阔视野，基于学生认知和道德发展基础，将教学内容与学生生活实际相联系，创设学生熟悉、可参与或可感受的真实情境，引导学生在情境中学习，在学习中思考，树立正确的价值观念。例如,通过"科学用药"一节的学习促使学生拒绝毒品,洁身自爱,养成良好的、健康的生活习惯和生活态度;慎用心理药物,珍爱生命,认同健康生活和生活方式的重要性。

3.展科学史,培养求真知的情怀

生物学课程是一门研究生命现象和生命活动规律的学科,教材中介绍了很多科学家探究生物学知识的故事,科学史不仅向同学们展示出当时科学家在探究生物学知识时,存在的很多疑惑猜想,更向同学们展现出科学家利用科学方法探究或验证自己的猜想时,如何解开、纠正这些疑惑。例如,细胞学说的建立过程、光合作用的发现历程、胰岛素的发现,培养学生尊重事实、敢于质疑、严谨、仔细、善于反思、勇于创新和实践的品格,领悟科学家、生物学家对待科学永不放弃的精神。教师在对这类知识进行讲解的过程中,可以引入相对应的科学家或成功人士,引导学生领会他们持之以恒的精神魅力,引导学生在求学过程中,心存求真知的情怀,并将德育教育与学科教学有效结合。

4.实验探究,培养务实合作的精神

实验法是探究生物学科学知识的重要方法之一,可以帮助学生在思考、解决问题时,形成以实验结果为证据、一步一个脚印用探究出的事实说话的思维路径,培养学生秉持务实、实事求是的精神,除此之外,在进行生物实验的过程中往往需要伙伴共同设计实验、实施实验,在探究的过程中培养团队的协调配搭、交流合作的能力,帮助学生树立团队合作意识,而这种团队意识的形成可以促进学生多维度的发展,更好地适应学生和社会生活,因此生物教学应是基于现实问题,开展探究的过程。

5.多元评价,认知与实践相统一

道德评价应以道德目标为依据,评价方式多元可选择,例如定性评价与定量评价相结合,智力因素评价与非智力因素评价相结合等。描述性评价、作品评价、成长档案袋评价、课堂激励评价等多种方式都应该成为德育评价的方法路径。此外,充分利用大数据和信息技术在德育评价中的应用,通过对每一个学生品德发展的持续关注和大数据收集,多视角、多渠道采集并保存学生道德发展状况的关键资料,实现德育评价的个性化,可通过采用档案袋或成长手册的方式,重视学生思想品德发展的过程和道德教育的每一个环节,做到评价的连贯性和持续性,让学生在日常生活中实践道德认知与道德行为的统一。

(二)生物学科德育的要素

1.单元学习中挖掘出德育线索

立德树人是教育的根本任务,为实现这一目标,学科教学必然要向学科教育转变,在立德树人教育根本任务的统领下,以学科核心素养的培养为教学目标,通过大概念、大情境、大主题、大项目的引领,设计相关的问题和任务,安排适切的学生活动,引导学生在解决问题的过程中习得知识、锻炼思维,形成社会责任,因此不管是学知识、培养能力还是树立责任意识,都需要整合单元内容,对单元内容进行挖掘、设计和整合,有效提升学生的核心素养。以人教版生物教材——七年级下册为例,本教材由一个单元——生物圈中的人组成,提取本单元的人文主题德育要素点,如下表:

表2-32 单元人文主题德育要素

	单元	主题	人文要素
七年级下册	第四单元	生命之美	人体系统相互协调、相互联系完成生命活动
		健康生活	遵循生物规律是维持身体健康的好方法
		疾病预防	疾病预防离不开强身健体、健康生活、发展科技
		环境保护	良好的自然环境是人类健康生活的基础

本单元以"生物圈中的人"为主题,编排了人体的七大系统及生命活动,第一个人体的系统——生殖系统,引导学生明白生命的可贵和母亲怀胎十月的辛劳和系统健康对人类生殖繁衍的重要性;第二个人体系统——消化

系统,引导学生明确食物对人体的重要性、节约粮食和食品安全的重要性;第三个系统——呼吸系统,引导学生关注空气质量安全、环境保护和系统健康对人体呼吸的意义;第四个系统——循环系统,引导学生理解科学输血的原则、科学止血的方法和系统健康对人体内物质运输的意义;第五个系统——泌尿系统,引导学生确立对肾脏的科学认知、人体器官的重要性;第六个系统——神经系统,引导学生科学用眼、用耳和系统健康对人体适应内外环境变化的意义;第七个系统——内分泌系统,引导学生树立对激素的科学认识、科学用药的意识和科学探究的严谨性。综上所述,本单元整体引导学生理解人体系统健康对于人体生命活动正常进行的重要性、科学规范地保护人体系统对于人体适应环境变化有重要意义、人类健康生活与大自然健康运转有着密切的联系、爱护生物圈中的其他生物和自然环境非常重要,本单元蕴含人自身和谐发展、人与自然和谐相处的德育要素。

2.课时教学中明确指出德育要素

课堂教学是落实德育教育的主阵地,课堂教学也是实现德育目标最有效的途径之一,在单元德育目标确立的基础上,细化课时德育目标,结合课时内容,挖掘课时内容中蕴含的德育要素,设计实现德育目标的教学活动及检测德育目标完成的多元化评价,通过课时教育中的德育对学生进行润物细无声的影响,最终实现单元德育目标,帮助学生构建有层次、清晰明了的价值观念,充分理解学习知识的意义,指导学生在生活中思考解决问题的行为表现。

因此,在复习七年级下册第四单元的内容时,教师创设了医生诊断疾病的情景,利用真实的疾病案例引导学生用3课时进行人体各大系统的复习,在3个课时的教学中渗透了多角度的德育教育,第1课时,利用“糖尿病”患者的案例引发学生思考病因,联系人体泌尿系统、消化系统、内分泌系统以及循环系统的相关知识,提升学生对于生命现象解释的能力,树立学生热爱生命、关爱患者、关注健康饮食、医生职业的辛劳及相互配搭合作的意识。第

2课时,利用"新冠疫情",引发学生关注传染病,联系人体呼吸和免疫系统,利用"疫苗"有效性的研究与验证,训练学生的科学探究能力,发展学生生物科技造福人类、科学促进社会进步的思维,培养学生用实验法科学严谨探究解决问题的习惯。第3课时,利用"运动"引发学生思考运动时参与的系统及功能,利用"肌肉疾病"相关病因提升学生的科普阅读能力,在分析病因的同时渗透关爱健康、珍爱生命进而培养社会责任意识。通过3课时的安排,建构学生对人体系统相互协调联系完成生命活动的生命观念,深化学生健康生活对于人体生命活动的意义,引导学生关注疾病预防、治疗及规律作息的重要性,发展学生科学探究解决问题的思维,培养学生养成锻炼身体的习惯。

在复习人体消化系统、循环系统、泌尿系统和内分泌系统时,为了贴近学生的生活,本节课创设专家诊断患者的情景,引导学生在真实情景中基于患者的检验信息,筛选和梳理人体的生命活动,推理患者可能病变的结构,并给出科学的检查或治疗方法;帮助学生在诊断疾病的过程中通过体验信息获取、知识梳理、逻辑推理和建议分享,进一步建构人体结构与功能相适应、稳态与平衡的生命观念,发展演绎推理的科学思维路径,引导学生感悟人体系统和不同科室间的联系,帮助学生树立共同体观念,树立关心爱护人类健康的社会责任意识,提升生物核心素养能力。

3.教学活动中关注自然发生的德育事件

在复习课"专家会诊——糖尿病患者"上,当教师展示糖尿病患者的症状时,快速激发了学生诊断疾病和对病人进行治疗的初心,当我提问面对生活中出现这些症状的患者,我们该怎么办时?学生异口同声地说可以利用所学的知识为这位患者进行诊断。这时我引导学生扮演不同科室的医生,通过分析人体系统的结构和功能诊断可能病变的结构,培养学生用知识解决问题的习惯,树立学生关心爱护病人、乐于助人的情怀。当学生结合科室特点诊断出患者可能病变的结构,概述出人体系统相互协调、合作保证血液中葡萄糖含量保持在正常水平,这时我引导学生进一步升华共同体的概念,诊断患者的疾病单独一位医生或一个科室能完成的吗? 帮助学生深刻理解内外的平衡需要多方共同协调配合,构建共同体的概念。

当学生猜测血液中葡萄糖含量高会引发肾脏疾病时, 教师引导学生设计实验来验证自己的猜想,学生根据已给的材料,当学生根据糖尿病病变的结构分析病因时,有的学生说是先天遗传导致的,有的学生说是后天不健康的生活习惯导致的,这时,教师引导学生分析问题时应该从多角度出发,既要考虑问题发生的主观原因也要考虑客观原因, 培养学生分析问题关注内因外因的思维习惯;在学生为患者提供治疗建议时,学生提出的建议有注射胰岛素、有食物搭配,这时教师引导学生思考疾病治疗对患者造成的影响,帮助学生深刻认识疾病带给患者的不便之处,得出健康饮食、规律作息、强身健体、重视健康生活的重要性,并且通过与家人分享,树立关爱自身健康、家人健康和他人健康的意义。

(三)生物学科德育的课时设计

1.教学目标

(1)通过阅读患者检查报告单,能说出患者检查结果的异常情况。

(2)通过自主学习和回忆,能迁移所学知识,解答患者"血液中葡萄糖从哪来到哪去"的疑问,分析患者患病的结构。

(3)通过小组讨论、交流,能举例说出疾病治疗的方法,能解释治疗方法的可行性。

(4)通过角色扮演,能体验医生的工作状态,认同健康的生活方式,关爱自身和他人的健康。

2.蕴含的德育要素

(1)患者的病症和检验结果与常人有很多不同,这些不正常的因素影响人的正常生活。

（2）人体系统在人体生命活动的作用,系统间相互协调、相互联系,共同保持血液中葡萄糖含量稳定。

（3）专家为患者问诊的过程,科室内科室间相互合作,共同探讨,最终回答患者的疑问,诊断出患者的疾病。

（4）分析糖尿病患者病因的过程,患者患病存在主客观原因,预防疾病应关注平时健康的生活习惯。

（5）为患者提供治疗建议,患病及治疗方法都为患者带来很多不便,珍爱健康,关爱他人健康。

3.学科德育目标

（1）通过分析患者病情,感悟疾病对患者造成的不良影响。

（2）通过分析人体系统在人体生命活动的作用,树立系统间相互协调、相互联系,树立合作共赢、共同体的意识。

（3）通过为患者诊断疾病,培养科室内科室间相互合作,共同探讨的精神,感受医生职业的辛劳。

（4）通过分析糖尿病患者的病因,发展从主客观角度思考问题的思维路径,强化学生预防疾病应关注平时健康的生活意识。

（5）通过为患者提供治疗建议,领悟治疗方法都为患者带来很多不便,树立珍爱健康、关爱他人健康的意识。

4.教学策略

环节一:创设情境　分析报告

展示患者的病情:2021 年 12 月左右无明显诱因出现口干多饮多尿症状,现在体重下降约 10 千克。患者着凉后出现咽痛、乏力、无咳无痰,恶心呕吐及发热症状。

某医院检验报告

姓　名：某某	性　别：男	年　龄：**	标　本：尿液
科　室：****	病历号：	诊　断：	送检时间：****/**/**
病人类型：	床　号：	送检医生：****	医嘱项目：

项目名称	结果	单位	生物参考区间
尿糖	阳性（+++）	无	阴性

检验日期：****/**/**　　报告日期：****/**/**　　检验者：　　　　　　　审核者：

请注意：本检验结果仅反映送检标本的情况！

图2-43　患者检验报告单

（资料来源：北京市中小学教师信息技术应用能力提升 2.0 工程，网址 https://www1. xcjyyxw.cn/course/? courseid=803248）

某医院检验报告

姓　名：某某	性　别：男	年　龄：**	标　本：全血
科　室：****	病历号：	诊　断：	送检时间：****/**/**
病人类型：	床　号：	送检医生：****	医嘱项目：

项目名称	结果	单位	生物参考区间
血糖	34.92 ↑	mmol/L	空腹 3.9 ～ 6.1
白细胞	12.45 ↑	10^9/L	4 ～ 10
糖化血红蛋白	15.5 ↑	%	4 ～ 8
血β羟丁酸	5.86 ↑	mmol/L	0 ～ 0.7

检验日期：****/**/**　　报告日期：****/**/**　　检验者：　　　　　　　审核者：

请注意：本检验结果仅反映送检标本的情况！

图2-44　患者检验报告单

（资料来源：北京市中小学教师信息技术应用能力提升 2.0 工程，网址 https://www1. xcjyyxw.cn/course/? courseid=803248）

活动意图说明：学生在日常生活中也有过化验血液和尿液的经历，将课堂还原到现实生活中，患者的具体症状和化验单让学生直观感受疾病给患者带来的不便之处，激发同学的同理心，触发学生利用所学知识对患者进行诊断、治疗的动机。

环节二：　知识迁移　诊断病情

【出示科室任务】

（1）自主学习

消化内科、心血管内科：

①解答患者的疑问"血液中的葡萄糖从哪儿来？到哪儿去？"

②梳理人体消化系统、循环系统的组成结构及功能，简述人体完成葡萄糖消化吸收、运输的过程。

泌尿科、内分泌科：

①人体泌尿系统、内分泌系统的健康情况。

②梳理人体相应系统的结构组成及不同结构的功能，概述人体相应系统完成生理功能的过程。

③科室给出的诊断结果是什么？

（2）小组内对诊断报告进行交流讨论。

（3）邀请科室专家代表上台为大家分享本科室的诊断详情。

活动意图说明：同学们通过扮演医生的角色，为患者答疑解惑、诊断疾病，学生在分析人体系统发挥功能的过程，感受人体系统在人体维持正常生命活动中的重要性，树立珍爱生命、保护人体器官的意识；不同科室展示的过程，帮助同学们感受人体内环境处在动态的平衡中，是人体系统相互协调、相互联系的结果，领悟系统间协调配合的重要性，形成合作互助、共同体观念；在诊断的过程中，体验医生职业的辛劳和伟大，培养学生的合作精神。

环节三：分析病因　科学治疗

【出示资料】

我国糖尿病的患病率逐年增加，2022年两会期间，李克强强调要尽力把糖尿病等慢性病患者的门诊用药纳入医保，这将惠及众多患者，糖尿病是一种以高血糖为特征的代谢性疾病，胰岛素分泌缺陷或其作用受损，均会引发病情。主要分为以下三种类型：

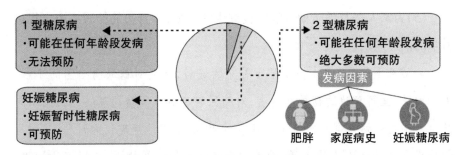

图2-45　糖尿病的三种类型

（资料来源:学科网,网址 https://zujuan.xkw.com/6q13495586.html）

　　1型糖尿病也叫胰岛素依赖型糖尿病，患者身体不能正常分泌胰岛素。若父母双方或者其中一人是1型糖尿病患者，其子女的患病概率会显著增加。2型糖尿病多与生活习惯相关,大部分病人由于饮食结构不合理(如长期摄入过多的米、面、糖等高碳水化合物膳食),且缺乏运动,胰岛素虽然不断的过量分泌,但细胞对它敏感性下降,产生抵抗,所以相对于病人的高血糖而言,胰岛素分泌仍然显得相对不足,导致血糖持续升高。2型糖尿病发病越来越年轻化,很多青少年在患病前会明显超重或肥胖。妊娠期糖尿病是一种孕期暂时性糖尿病,会增加孕妇未来患2型糖尿病及婴儿肥胖的概率,但是可以预防,且多数患者在生产后血糖水平能恢复正常。糖尿病的主要外在表现是血糖水平异常偏高,很多患者初期症状并不明显,直到出现并发症才被诊断。肾功能下降、肾脏衰竭是最常见的并发症。此外,视力下降、感觉减退、伤口不易愈合等问题也常见。严重时心绞痛、心肌梗死等并发症会导致死亡。关于防治糖尿病,目前还没有办法改变遗传因素的影响,养成良好的生活方式才是我们远离糖尿病的有效做法。

【出示科室任务】

（1)结合资料分析该患者的致病原因是什么?

（2)科室成员就患者的病情及致病原因讨论治疗建议。

（3)邀请专家代表分享本组提出的治疗建议。

（4)设计实验探究"尿液中葡萄糖含量高对肾脏的影响"。

（5）为家人普及预防糖尿病的良好生活习惯,为身边的糖尿病患者提供科学的治疗建议。

活动意图说明:学生根据学生补充的资料,拓展对糖尿病病因的了解,关心爱护、理解身边的糖尿病患者,对糖尿病患者存同情同理心,同时,引起学生对不良生活习惯可能会引发疾病的重视;提出治疗建议的过程,认识生物技术发展造福人类的生活,激发学生求学求知的热情;实验探究的过程,培养学生严谨务实、解决问题的探究习惯;与家人或患者分享疾病预防和治疗的方法,深化健康生活的重要性,培养学生关心爱护自身、他人健康的意识。

5.教学反思

秉持知识是育人的载体,让学生在获取生物学知识的同时,更好地认识生命的本质,学会敬畏生命、爱护生命,遵循单元教学中挖掘的德育教育链,课时细化、设计和落实德育目标,课后多元化评价德育成果的原则。立足深入挖掘教材及教学过程中思想教育要素,把知识教学与思想教育有机地结合起来,使道德教育在生物学教学中实现真正回归,设计并实施了"生物圈中的人"中人体的消化系统、循环系统、泌尿系统和内分泌系统的复习课。

（1）创设真实情景,触发健康生活的意识

设计单元教学时,聚焦大概念对学习单元进行了整体性的设计,从"长时段"整体筹划学科教学,创设与原型情境相似的情境,利用真实的疾病案例引导学生复习,以真实的病情、真实的患者,引发学生的同理心、同情心,激发学生探究学习的兴趣,引导学生在解读检验单的情景中学习、思考,直观感受患者的症状和检查数据异常情况,触发学生爱护生命、关爱健康的生命意识。

（2）诊断患者病情,树立健康生活的意识

作为医生,需要回答患者关于病情的疑问,诊断患者的病情,在诊断的过程中解释说明人体系统在生命活动中的作用,感悟人体系统的重要性,认识人体器官的不可缺失性和替代性,正确看待人体的结构组成。在根据资料分析患者病因的过程中,了解导致糖尿病的多种原因,引导学生建构对疾病的内部、外部原因,认识不良生活习惯是引发糖尿病的重要杀手,从而树立健康生活的意识。

除此之外,医生的角色会驱使学生产生责任感和担当意识,无形中引导学生树立正确的学习观,触发学生的学习动机,增加学生的学习动力,为人生树立远大的职业理想。在诊断过程中,进一步感悟系统相互协调、相互联系,医生相互讨论、交流,领悟合作共赢、互帮互助的团队意识,为适应社会生活做好铺垫。

(3)提出治疗建议,深化健康生活的意识

学生结合科室特点提出治疗建议,感悟治疗过程和健康生活相比隐含着诸多不便,例如患者的饮食、作息会受到很多限制,除此之外,还有可能引发其他疾病,例如肾脏疾病、眼部疾病和心血管疾病等,确立对疾病隐患的完整认知。深化健康生活的意识,课后学生通过向身边的糖尿病患者提供治疗建议,向家人分享良好生活习惯对预防糖尿病的重要意义、糖尿病的致病原因和带给患者的影响,关心爱护自身健康的同时,倡导他人健康生活,进一步深化预防疾病、健康生活的意识。

德育干部点评

在"五育并举"中,德育教育是核心,生物学科教育和德育教育息息相关,生物学科教育不只教会学生基本的生物学知识,还应引导学生热爱生命,关注健康,关注人与自然和谐发展,这是学科德育的显性表现。生物学科在推进学科德育中扮演着最具生命色彩的角色,生物课程丰富而实际的情境引领学生走进丰富多彩的生命世界。

本节课以部编版教材"生物圈中的人"为知识背景,以"专家会诊——糖尿病患者"为情境,把关爱生命、关心健康的生命意识融入其中,把探究精神、责任担当融入课堂情境。通过学习和了解糖尿病患者的患病原因、症状、治疗建议,培养学生爱弱者、爱探究的情感,增强社会责任感。"专家会诊"这一单元的情境设计, 旨在转变学生角色, 让学生扮演社会中救死扶伤的医生,从角色上树立学生的责任感,从而促进学生自主补充相关知识,完成治疗病患的"重任"。另外,还设计了"治疗建议"和"生活指导"环节,让学生通过生物学知识指导生活,既提高了学生自主学习的能力,也培养了学生良好的生活习惯。在课堂上,通过小组合作、交流、分享等方式,从生物学知识到生活实际,深入和广泛的探究,激发了学生对未知世界的探索,对生活常识的探究。

　　生物学科的每个章节都体现出对人类自己的关注,对其他生命的关心,对相关环境的关爱。教师引领学生在生命的长河中徜徉,与生命对话,让生命发光,"德"便如涓涓细流滋润学生的心田。生物学科的德育教育不是将情感强加在生物学知识中,不是在课程结束时的语言堆积,而是潜移默化的情感渗透,是对生命的敬畏和关爱,是人与自然和谐共赢的事实阐述。让生命宣言,引自然发声,真正触及学生心灵,让德育教育在生物学课堂上开花,提高学生生物学科核心素养,提高未来公民对生命的敬畏之感。

(首都师范大学附属玉泉学校　宋志华　杨红)

十、初中音乐学科德育案例

　　《义务教育艺术课程标准》(2022版)明确指出:义务教育艺术课程包括音乐、美术、舞蹈、戏剧(含戏曲)、影视(含数字媒体艺术),是对学生进行审美教育、情操教育、心灵教育,培养想象力和创新思维等的重要课程,具有审美性、情感性、实践性、创造性、人文性等特点。义务教育艺术课程以立德树人为根本任务,培育和践行社会主义核心价值观,着力加强社会主义先进文化、革命文化、中华优秀传统文化的教育。坚持以美育人、以美化人、以美润心、以美培元,引领学生在健康向上的审美实践中感知、体验与理解艺术,逐步提高感受美、欣赏美、表现美、创造美的能力,抵制低俗、庸俗、媚俗倾向。引导学生树立正确的历史观、民族观、国家观、文化观,增强爱党、爱国、爱社会主义的情感,坚定文化自信,提升人文素养,树立人类命运共同体意识,为实现中华民族伟大复兴而不懈奋斗。

(一)音乐学科德育的整体认识

《中小学德育工作指南》指出:音乐课要引导学生充分体验音乐的美和蕴含于其中的丰富情感,提高学生的音乐文化素养,培养学生健康、高尚的审美情趣和积极乐观的生活态度,为其热爱音乐、热爱艺术、热爱生活打下良好基础。

音乐课程是九年义务教育阶段面向全体学生的一门必修课,具有审美性、情感性、实践性、创造性、人文性等特点。对于培养初中学生热爱中国共产党、热爱祖国、热爱人民,认同中华文化,继承革命传统,弘扬民族精神,培养学生良好的审美情趣和人文素养,形成积极健康的人格和良好的心理品质发挥着重要作用。

1.培养学生坚定的民族文化自信同时,尊重文化多样性

音乐是文化的重要组成部分,是人类宝贵的精神文化遗产和智慧结晶。要以习近平新时代中国特色社会主义思想为指导,以落实核心素养为主线,在音乐学习中应将我国各民族优秀的传统音乐作为音乐教学的重要内容。通过学习,学生熟悉并热爱祖国的音乐文化,学习和领会中华民族艺术精髓,培养爱国主义情操,增强中华民族自信心与自豪感。文化理解的培育,有助于学生在艺术活动中形成正确的历史观、民族观、国家观、文化观,尊重文化多样性,增强文化自信。通过了解不同地区、民族和国家的历史与文化传统,理解文化与构建人类命运共同体的关系,学会尊重、理解和包容。

2.培养和提高学生感受美、欣赏美、表现美、创造美的审美能力

感知、发现、体验和欣赏艺术美、自然美、生活美、社会美,提升审美感知

能力,是《义务教育艺术课程标准》(2022版)的总目标之一。审美感知是对自然世界、社会生活和艺术作品中美的特征及其意义与作用的发现、感受、认识和反应能力。审美感知具体指向审美对象富有意味的表现特征,以及艺术活动与作品中的艺术语言、艺术形象、风格意蕴、情感表达等。审美感知的培育,有助于学生发现美、感知美,丰富审美体验,提升审美情趣。

3.通过聆听、演唱、综合性艺术表演和音乐编创等多种实践形式,使学生掌握音乐相关知识、技能的同时提高音乐素养和创意实践能力

音乐教学是音乐艺术的实践过程。学生通过积极参与创作、表演、展示、制作等艺术实践活动,学会发现并解决问题,提升创意实践能力。创意实践是综合运用多学科知识,紧密联系现实生活,进行艺术创新和实际应用的能力。创意实践包括营造氛围,激发灵感,对创作的过程和方法进行探究与实验,生成独特的想法并转化为艺术成果。创意实践的培育,有助于学生形成创新意识,提高艺术实践能力和创造能力,增强团队精神。

(二)音乐学科德育的要素

1.单元学习中挖掘出潜藏的德育线索

以人民音乐出版社七年级上册为例,提取出德育要素如下:

表2-33 人民音乐出版社七年级(上册)单元主题德育要素

	单元	主题	德育要素
七年级上册	一单元	歌唱祖国	培养爱国主义情操
	二单元	缤纷舞曲	尊重音乐文化多样性
	三单元	草原牧歌	热爱中华民族音乐文化
	四单元	欧洲风情	尊重音乐文化的多样性
	五单元	劳动的歌	热爱中华民族音乐文化

除此之外,音乐课程的学习,每节课都进行多种实践形式的音乐活动以及对学生感受美、表现美、鉴赏美的能力的培养。

下面以人民音乐出版社七年级上册教材中第二单元为例,来对本单元

的德育要素进行说明。

表2-34 人民音乐出版社七年级上册教材中第二单元德育要素

课题	课型	内容	德育素养
《青年友谊圆舞曲》	演唱	歌曲为C大调,3/4拍,一段体结构,具有圆舞曲的基本特点。整首歌曲表现出一种欢乐、激荡、朝气蓬勃、乐观向上、富有青春活力的精神面貌	理解歌曲中表达的珍惜友谊、热爱和平的崇高精神
《溜冰圆舞曲》	欣赏	乐曲开头有一段序奏,随后陆续接上几个小圆舞曲,最后加上一段尾声。乐曲的旋律优美流畅,速度较快,曲作者将溜冰与圆舞曲巧妙地结合在一起,创造了这首管弦乐曲	培养学生的感受能力、审美能力
《雷鸣电闪波尔卡》	欣赏	乐曲为G大调,2/4拍,采用复三部曲式写成。作曲家意在表现一个令人兴高采烈的节日里,人们聚集在一个大厅里跳舞,这时外面狂风大作,暴雨倾盆,雷鸣电闪。然而舞厅里的人们却兴致正浓,依然翩翩起舞	拓宽了音乐视野,理解音乐文化的多样性
《蓝色的探戈》	欣赏	乐曲为二部曲式结构。A段主题使用了欧洲风格的典型节奏,有明显的推动力量,从而使乐曲充满活力。同时,这个主题也使用了布鲁斯音阶,音乐的情绪颇为活泼。B段主题使用了拉丁美洲风格的典型节奏,主题旋律舒展,节奏宽阔,使用了八度、九度大跳,形成一种飘逸、悠远、幸福、欢乐的音乐情绪,与A段主题形成鲜明的对比	拓宽了音乐视野,理解音乐文化的多样性
《彝族舞曲》	欣赏	乐曲是a羽调式,复三部曲式结构。乐曲开始有一段引子,其音调从带双倚音的"6"音开始,在相同音型的基础上由慢到快逐渐展开。随后出现了自然飘逸的一个短句,紧接着双音在低音区模拟葫芦丝的音响,令人想象到彝族村寨迷人的夜景	感受体验具有独特鲜明的我国少数民族音乐风格,培养民族自豪感

本单元的音乐体裁是舞曲音乐,涉及圆舞曲、波尔卡、探戈这三种不同的舞曲体裁。有声乐作品,也有器乐作品,有我国的少数民族音乐,也有国外的音乐作品。这些作品可以让学生更好地感受我国舞曲的音乐风格,同时也能拓展学生的音乐视野,了解其他国家的舞曲音乐,从而体会世界音乐的多样性。

2.课时教学中明确指出德育要素

音乐具有教化、使人从善的功能,所谓"移风易俗,莫善于乐"。在每次上课前要提前做好准备工作,如了解学生基础,保证教学与学生实际相结合;借助网络或其他途径查阅资料,丰富教学内容,挖掘其德育价值。"雷鸣电闪波尔卡"是人民音乐出版社七年级上册第二单元中的一课,是奥地利作曲家约翰·施特劳斯创作的。本节课通过带领学生聆听音乐,演唱旋律片段,跟随音乐模仿大军鼓、大镲拍击节奏等音乐活动,让学生对比圆舞曲音乐与波尔卡音乐的异同,从而掌握波尔卡音乐的特点。这样,学生拓宽了音乐视野,在学习世界其他国家和民族的音乐文化的同时,理解音乐文化的多样性。下面,将对教学过程中每个环节体现的德育要素进行具体的分析:

环节一:初步感受波尔卡音乐的特点

通过这个环节,让学生对波尔卡音乐有初步的印象;通过聆听音乐第一部分和观看波尔卡舞蹈视频,提高学生对音乐的感受能力。

环节二:分乐段欣赏全曲

在这个环节中,引导学生模仿大军鼓和大镲的声音,培养了学生的创意实践能力。而引导学生随音乐准确拍击大军鼓和大镲在C乐段中出现的节奏,让学生通过实践参与,提高了学生对节奏的感知能力,训练了学生的节奏感。

环节三:听辨圆舞曲和波尔卡两种舞曲体裁

在环节三中,引导学生总结圆舞曲和波尔卡在节拍、速度、典型节奏上的特点,让学生掌握如何进行音乐语言的表达。通过辨别波尔卡和圆舞曲两种体裁的音乐,在听觉实践中了解学生对两种体裁音乐特点的掌握程度,并且提高学生的辨别能力。

总之,希望通过本节课,让学生了解不同体裁的音乐作品,在培养自己喜好的同时,对不同类型的舞曲音乐能够做到尊重和包容。

3.教学活动中关注自然发生的德育事件

教授"雷鸣电闪波尔卡"这节课时,在引导学生聆听 B 段 C 主题这个环节中,首先通过提问的方式,让学生思考怎样做可以模仿大军鼓和大镲的声音,学生会想出几种方法,比如拍掌、拍凳子、跺脚等,教师引导学生选出最适合的方式。这个过程很好地培养了学生的创意实践能力。在播放音乐时,大部分学生就会主动地随着音乐模仿大军鼓、大镲拍击节奏。学生在掌握大军鼓、大镲的音色的同时,潜移默化地训练了学生的听觉能力和节奏感,从而实现了提高学生审美能力与创意实践能力的学科德育的落实。

(三)音乐学科德育的课时设计

1.教学目标

(1)通过聆听音乐、模仿的方式,能够听出二段体曲式结构,准确拍击波尔卡舞曲的典型节奏,掌握波尔卡舞曲节拍、速度、典型节奏的特点。

(2)通过聆听音乐、模仿拍击节奏的方式,能够准确地模仿大军鼓和大镲在音乐中出现的节奏,辨别出大军鼓和大镲两种乐器的音色,能够听出三段体曲式结构,了解复三部曲式结构。

(3)通过对比聆听、分析、总结的方式,准确听辨圆舞曲和波尔卡两种舞曲体裁的音乐,掌握两种舞曲在节拍、速度、典型节奏上各自的特点。通过感受、体验、认识、理解舞曲音乐,能够对舞曲音乐感兴趣。培养自己的喜好同时,对不同类型的舞曲音乐能够做到尊重和包容。

2.蕴含的德育要素

通过带领学生聆听音乐,演唱旋律片段,跟随音乐模仿大军鼓、大镲拍击节奏等音乐活动，学生能够准确地模仿大军鼓和大镲在音乐中出现的节奏，掌握波尔卡舞曲节拍、速度、典型节奏的特点等音乐相关知识、技能。通过对比圆舞曲和波尔卡两种舞曲体裁的音乐，开阔学生的视野，学会尊重和理解不同民族的音乐文化。

3.学科德育目标

（1）通过聆听音乐，演唱旋律片段，跟随音乐模仿大军鼓、大镲拍击节奏等音乐活动，帮助学生学习波尔卡音乐的节拍、速度、典型节奏的特点，培养学生对波尔卡音乐的欣赏能力。

（2）通过感受、体验、认识、理解舞曲音乐，能够对舞曲音乐感兴趣。培养自己喜好的同时，对不同类型的舞曲音乐能够做到尊重和包容，从而理解音乐文化的多样性。

4.教学策略

环节一：初步感受波尔卡音乐的特点

播放音乐 A 段

提问：听完音乐，你有什么感受？ 什么演奏形式？ 音乐烘托了什么气氛？ 教师介绍作曲家和作品内容，学生了解。

播放音乐 A 段

提问：什么节拍？ 一共有几个乐段？

学生回答后，引导学生总结波尔卡舞曲的节拍、速度的特点，准确拍击典型节奏。

播放波尔卡舞蹈视频

提问：此段舞蹈有什么特点？

活动意图说明：初听音乐让学生对波尔卡音乐有初步的印象。通过聆听音乐第一部分和观看波尔卡舞蹈视频，让学生在听觉、视觉中体会和掌握波尔卡舞曲的节拍、速度和典型节奏的特点。

环节二:分乐段欣赏全曲

播放音乐第二部分

提问:一共有几个乐段?

播放 C 乐段。

提问:优美的旋律中加入了什么乐器? 能不能想个办法模仿一下大军鼓和大镲的声音?

引导学生随音乐准确拍击大军鼓和大镲在 C 乐段中出现的节奏。

出示乐谱。

提问:大军鼓和大镲出现在乐谱中哪些小节?

播放全曲视频(引导学生举手表示换乐段;听到 C 乐段随音乐准确拍击大军鼓和大镲的节奏)。

提问:第三部分是什么内容?

教师简单说一说复三部曲式。

活动意图说明:通过随音乐拍击大军鼓和大镲的节奏,让学生在实践活动中,准确辨别出大军鼓和大镲两种乐器的音色。通过观看全曲视频,加深学生的印象。

环节三:听辨圆舞曲和波尔卡两种舞曲体裁

播放《春之声圆舞曲》和《闲聊波尔卡》。

教师提问:哪一首是圆舞曲? 哪一首是波尔卡?

引导学生通过总结圆舞曲和波尔卡在节拍、速度、典型节奏上的特点,听辨出哪首是波尔卡音乐,哪首是圆舞曲音乐。

教师提问:喜欢波尔卡还是圆舞曲,说明理由。

学生回答交流。

教师总结:鼓励同学们有自己的喜好,同时希望同学们对待不同类型的音乐要有包容的态度。因为每种音乐都有独特的魅力,就像我们每一位同学身上都有自己的闪光点。

活动意图说明：通过对比聆听《春之声圆舞曲》和《闲聊波尔卡》两首音乐，学生能够更好地掌握两种舞曲在节拍、速度、典型节奏上各自的特点，培养学生有自己的审美与喜好，同时对待不同类型的音乐要有包容的态度。

5.教学反思

音乐教学应通过生动的音乐形象，在进行审美教育的同时，动之以情，晓之以理，寓德育于美育之中，不断发展学生德育上的自我教育能力，能收到比较理想的教学效果。"雷鸣电闪波尔卡"是第二单元缤纷舞曲中的一课时，此单元设计西方的圆舞曲、波尔卡、探戈和我国的少数民族舞曲，都具有很强的典型性、普及性和愉悦性。引导学生认识这几种舞曲体裁是十分必要的。《溜冰圆舞曲》《雷鸣电闪波尔卡》《蓝色的探戈》及《彝族舞曲》，有其独特的典型节奏和鲜明的、富有民族色彩的音乐语言，因此如何让学生能够很好地感受并掌握这几种舞曲的特点是非常重要的。应抓住旋律、节奏、音乐、节拍音乐要素所塑造的形象，引导学生进入乐曲意境，抒发美好的情感，让学生在理解美、表现美、鉴赏美中培养高尚的情操和道德。

基于此，本课将聆听、模仿、对比、分析等多种方式结合，引导学生分析二段体、三段体基本曲式结构，掌握波尔卡的节奏、速度、典型节奏的特点，通过重点聆听 C 主题，让学生跟音乐模仿电闪雷鸣的音响，熟悉大军鼓和大镲乐器的音色，引导学生模仿大军鼓和大镲的声音，培养了学生的创意实践能力。通过引导学生随音乐准确拍击大军鼓和大镲在 C 乐段中出现的节奏，让学生通过实践参与，提高了学生对节奏的感知能力，训练了学生的节奏感。并且通过聆听和学习圆舞曲和波尔卡音乐，让学生能够区分圆舞曲和波尔卡两种体裁音乐的特点。在掌握舞曲音乐相关知识、技能的同时提高学生的音乐素养。

本课的第三个环节，通过对圆舞曲和波尔卡音乐进行对比，不仅可以让学生更好地分辨和掌握两种音乐的特点，而且还能通过这个过程，提高学生欣赏音乐的能力，树立自己的审美标准，明确自己喜好的同时，理解音乐文化的多样性,知道对待不同类型的音乐要有包容的态度,因为每种音乐都有独特的魅力。

本节课,在第二个环节的教学中,由于加入了节奏实践的内容,学生的参与积极性很高,虽然有个别同学不能随音乐非常准确地拍击大军鼓和大镲的节奏,但是每个学生都参与到节奏实践中。在第三个环节的教学中,让学生交流喜欢波尔卡还是圆舞曲,学生能够通过之前听过的相关作品,说出喜欢的理由。通过这个环节,不着痕迹地引导学生有自己的审美喜好,提高了音乐鉴赏能力。

德育干部点评

《中国教育改革和发展纲要》指出:"教师应当把德育贯穿和渗透到教育和教学全过程中,并以自己的楷模作用,促进学生的全面发展。"作为音乐教师,应利用音乐学科的特殊性,积极引导学生感受、体验、表现音乐中丰富的情感内涵,使其情操上受到陶冶,道德上受到影响,心灵上受到启迪,乃至意志上受到熏陶、感染,让学生做到终身受益。本节课根据音乐艺术的表现特征,引导学生对音乐表现形式的整体把握,领会音乐要素在音乐表现中的作用,充分利用音乐学习的多种有效方式,让学生积极地参与到各项音乐活动中,通过活动让学生掌握一定的音乐知识,提高音乐素养和审美能力,拓展学生艺术视野,深化学生对音乐艺术的理解。

(首都师范大学附属玉泉学校 陈聪丽)

十一、初中体育与健康学科德育案例

《关于适应新形势进一步加强和改进中小学德育工作的意见》(中办发〔2000〕28 号)提出:体育等学科要结合学科特点,陶冶学生青春,激发爱国主义情感,培养团结协作与坚韧不拔的精神。《义务教育体育与健康课程标准(2022 版)》[以下简称为《课程标准(2022 版)》]明确指出:体育与健康教育是实现儿童青少年全面发展的重要途径，对促进学生德智体美劳全面发展具有非常重要的价值，通过体育与健康课程学习形成正确价值观、必备品格和关键能力，培养运动能力、健康行为和体育品德等核心素养。

（一）体育与健康学科德育的整体认识

《中小学德育工作指南》指出：体育与健康课程要引导学生在学习和掌握相关知识、技能、技巧学习的基础上，培养学生进行体育锻炼的积极态度，养成锻炼身体的习惯。在对抗和竞争中，培养学生的规则意识、竞争意识和合作精神，培养学生胜不骄、败不馁、锲而不舍的勇敢精神和坚强的意志品质。体育与健康学科具有实践性、综合性、生成性等特性，蕴含的德育内容非常丰富，为育人提供了有效的载体。

1.以具体的运动项目或体育游戏为载体，有机整合多元学习目标，凸显核心育人价值

体育与健康课程强调运动能力、健康行为和体育品德三个方面目标的有机整合，充分体现体育与健康课程的多种功能和价值。但是课堂教学在体现目标多元特征的同时，还要注意有所侧重。教师要根据每节课具体的课堂教学内容，制定具体明确的学习目标，然后有计划、有步骤地促进学习目标的达成。比如，足球教学，在学习越位、间接任意球等足球竞赛规则的知识时，着重引导学生懂得规则的重要性，树立规则意识。在练习简单的组合技术和实战比赛时，要注重培养学生合作精神。充分发挥体育与健康课程中田径、球类、体操等各项体育教学内容的育人价值。

2.积极改进教学方式，学练赛结合，让学生在参与体验中提升品德

体育与健康课程是以身体练习为主要手段的课程，具有实践性和综合性等特点。教师要根据教学内容，创设生动多彩的教学情境，采取适宜的教学方式和多样的教学手段，通过集体学练、小组学练、个人学练、游戏竞赛等多种手段相结合的方式，鼓励每个学生积极参与其中，让学生在参与体验

中形成良好的品德。比如,在篮球投篮教学过程中,学生根据自己的实际能力选择投篮距离(如2米、3米、4米),设置1分钟投篮命中的次数目标(如1分钟投中3次)进行练习。然后再进行总结,达到目标的学生总结成功的经验,并设置新的目标进行练习;未达到目标的学生进行反思,并改进练习方法。

3.建立并运用综合性学习评价体系,促进育人目标的达成

学习评价是促进学生达成学习目标的重要手段。体育与健康学科在实施学习评价时,在评价内容方面,既要关注运动技能的掌握情况,也要关注学习态度和体育品德的表现情况;在评价主体方面,除了体育教师,学生、家长及其他学科教师都可以参与到评价中;在评价方法方面,可以采取多种手段结合的方式,比如定性评价与定量评价相结合、形成性评价与终结性评价相结合、相对性评价与绝对性评价相结合。通过综合性学习评价体系,对学生进行全面、综合地评价,能更有效地挖掘学生的学习潜力,调动学生学习的主动性,最终促进学习目标的达成。

(二)体育与健康学科德育的要素

《中小学德育工作指南》明确了学校德育工作的具体内容,为教师开展并落实德育工作指明方向。体育与健康课程包含运动能力、健康行为和体育品德三个方面的课程目标。其中体育品德和健康行为中的情绪调控、社会适应都是重要的德育内容,也是课程功能和价值的重要体现,这与《中小学德育工作指南》中的德育教育内容是一致的。

表2-35 体育与健康学科德育要素一览表

德育范畴	内容阐释	学科德育要素	具体体现
理想信念教育	学习奥运健儿等英雄人物艰苦奋斗、超越自我的优秀品质,坚定目标,发扬不怕苦、不怕累的精神	体育精神:勇敢顽强、积极进取、不怕困难、坚持到底	学生在体育活动及生活中能够积极应对各种困难,并果断做出决策。比如,在足球比赛中,根据场上的具体形势变化果断做出决策

德育范畴	内容阐释	学科德育要素	具体体现
社会主义核心价值观教育	通过篮球、足球等运动项目的学习及比赛，明确规则的重要意义，树立规则意识，形成良好的道德品质	体育道德：遵守规则、尊重对手、诚信自律、公平竞争	学生在体育活动、比赛和日常生活中能够表现出良好的道德行为。比如，在体育比赛中能够尊重对手，遵守规则，正确看待比赛胜负
中华优秀传统文化教育	通过中华武术等民族民间体育活动的学习，感悟传统体育的魅力，增强文化自信	体育品格：自尊自信、责任意识、正确的胜负观	学生能够在集体活动中，互相配合协作，共同努力实现目标。比如，为了团队的最终胜利，在比赛中，为同伴创造更好的进攻时机
生态文明教育	通过体育健康知识和锻炼方法等学习，增强安全意识和防范能力，养成健康文明的生活方式	健康管理、环境适应：良好的饮食习惯，预防运动损伤和疾病	学生能够在体育锻炼时，有安全意识；在生活中养成健康的生活方式。比如，剧烈运动前有意识做好热身活动，吃饭时不挑食、光盘行动
心理健康教育	增强调控心理、应对挫折的能力，形成健全的人格和良好的个性心理品质	情绪调控：积极应对挫折和失败	学生能够分析体育学习和锻炼中遭受挫折和失败的原因，并保持稳定和积极的情绪。比如，在体育考试和比赛失利时，及时调整自己的情绪，积极投入另一项考试或比赛项目中

(三)体育与健康学科德育的实施

1.明确单元教学中的德育要点

体育与健康课程单元教学是对各运动项目的教学内容的划分、教学目标的分层细化、教学重难点的设置、教法措施的选用的一个整体的教学规划，是课时教学的依据。每个单元教学都有侧重的德育要点，教师要明确并把握其要点,在教学中与运动能力、健康行为三个方面有机整合实现。以人教版教材九年级体育教学为例,梳理出所有单元的德育要点。

表2-36　九年级体育与健康单元教学中的德育要点一览表

单元		教学内容	德育要点
九年级全一册	田径	跨栏跑、背越式跳高、后抛实心球	勇于克服困难的心理品质、战胜自我的个性品质
	足球	传接球、射门等基本技术,二过一等基本战术	合作精神、规则意识
	篮球	移动、运球转身等基本技术,人盯人防守等基本战术	勇敢顽强、勇于拼搏、团结合作、公平竞争的精神
	羽毛球	移动、发球、击球等基本技术	团结合作和公平竞争意识
	网球	握拍、下手发球、正手击球等基本技术	集体意识、吃苦耐劳的作风
	体操	技巧、双杠	勇敢自信的心理品质、安全意识
	武术	健身短棍	尚武精神、避险意识
	花样跳绳	单人跳绳、双人跳绳、多人跳绳	勇于挑战自我及创新精神

　　每个单元教学的德育要点都是通过一次次课来落实的,而每一次课的具体教学内容和教法措施不同,德育要点自然也不一样。比如,在篮球单元教学中,第1课时,主要是各种方式的移动练习,这主要磨炼学生的意志品质,培养学生吃苦耐劳、坚韧不拔的精神;第2课时,在巩固移动练习的基础上,增加了防守练习,这有利于培养学生公平竞争的意识;第6课时,主要是通过分组练习的方式来巩固个人防守技术,这是培养学生遵守规则,团队协作、公平竞争的精神的最佳时机。教师既要把握单元教学中的德育要素,也要对每节课的德育要点做到心中有数。

表2-37　九年级篮球单元教学中的课时德育要点部分举例

	课次	具体教学内容及主要措施	德育要点
篮球单元教学	1	内容:后撤步、交叉步、转身运球 措施:根据手势或其他信号做各种移动步法练习;运球转身练习及全场一对一练习等	吃苦耐劳、坚韧不拔的精神
	2	内容:攻击步、绕步、碎步、防守持球队员 措施:移动步法练习;一攻一守,持球队员做投、突动作,防守队员做干扰球和撤、滑步动作;沿三分线防运球练习;抢打球练习等	吃苦耐劳的意志品质、公平竞争的精神等
	3	内容:防守持球队员 措施:半场一对一练习;"少防多"防传球练习;三对三消极进攻情况下练习;三对三积极对抗情况下练习	勇于拼搏、团结合作、公平竞争的精神
	……	……	……
	6	内容:巩固个人防守技术 措施:分组练习。①行进间四角传接球;②三人一组绕 8 字传球推进投篮；③一对一攻防练习,积极进攻与防守;④教学比赛	遵守规则,团队协作、公平竞争的精神等
	……	……	……

2.落实课时教学中的德育目标

课堂教学是落实教育教学目标的主阵地，每节课都应该有清晰的德育目标。在课时教学中,针对教学目标,合理设计教学过程,制定切合学生实际的、具有实效性的教与学策略,让学生在运动技术学习和身体锻炼等实践体验中形成优良品德。

跨栏跑是人教版教材九年级田径教学中的一项内容。培养学生勇敢顽强的精神及战胜自我、克服胆怯等心理品质是跨栏跑教学的重要德育目标。而在起跨过第一个栏的课时教学中,增强学生练习的信心、消除惧怕心理则是主要德育目标。那么本节课要在各个教学环节中,通过相应的教学手段和措施来指导学生掌握技能并落实德育目标。在第一环节,以"听看"消除胆怯,通过聆听教师简练明了的动作要点讲解和观看老师规范的动作示范,学生感觉跨栏跑没有自己想象的那么难。在第二环节,以"体验"增强信心,利用小体操垫替代栏架,让学生大胆跨过障碍,通过自己的实践体验战胜心理恐惧,从而增强练习的信心。在第三环节,以"同伴互助"挑战自我,以小组合作的方式练习跨过自己设置高度的栏架,学生可以根据自己的实际来设置栏架的高度,但要求小组每个成员都要跨过栏架。显然,在降低跨栏难度和同伴互相鼓励及帮助的情况下,学生更容易战胜自己。通过这些教学活动,不仅使学生运动能力得到提升,德育目标也自然落实。

3.抓住教学活动中自然发生的德育实践片段

在体育课及体育比赛等活动中经常会自然发生一些德育实践片段,这是对学生进行意志品质、思想品德和安全意识教育的有效契机,教师要善于抓住时机,进行有效的处理和引导。比如,在体育比赛中,有些学生为了争夺第一,不遵守比赛规则,教师不仅要及时制止这一现象,重新讲述规则,而且还可以让学生讨论规则的重要性。再如,在篮球等团队比赛活动中,个别队员出现失误而导致团队在比赛中失利,其他队员因此而埋怨失误的队员,此时教师应该及时帮助学生分析如何才是真正的团队协作,团队协作应该要做到什么,等等。这种自然发生且就在身边真实发生的事件,都是不可忽略的德育教育素材,教师要对学生进行及时有效的教育。

(四)体育与健康学科德育的课时设计

以改进跨栏跑过栏技术的课时教学为例。

1.教学目标

(1)通过小组探究学习交流,进一步掌握跨栏跑的动作技术要点。

(2)通过多种全程跑的辅助练习,进一步改进跨栏跑的技术动作,60%以上的学生能完成全程跑的动作技术。

(3)通过练习,体会勇敢坚强的精神及战胜自我的勇气。

2.蕴含的德育要素

(1)小组的交流学习有利于提高学生的交流合作能力。

(2)从低到高难度的练习可促进学生形成战胜困难、超越自我的意志品质。

3.学科德育目标

(1)通过小组学习交流,促进学生间积极交流沟通,增强合作意识。

(2.)通过降低学习难度,再逐渐提高学习难度,让学生敢于尝试,完成全程陪伴,体验成就感,克服畏难情绪,勇于挑战自我。

4.教学策略

活动一:学生进行降低高度的栏架的跨栏练习,通过降低难度的练习,既能复习巩固跨栏技术,也可以体验成就感增强练习信心。

活动二:学生自主挑战练习。由学生根据自身实际,自主选择不同的栏架高度和栏间距离进行练习。在练习中,教师密切关注,及时表扬进步的学生,鼓励犹豫不决的学生,指导个别需要帮助的学生。这样进一步帮助学生克服畏难情绪、战胜自我,也为下一个教学环节做好准备。

活动三:学生分组探究学习。学生在前两个学习活动中已熟练基本的跨栏技术,也建立了练习信心,因此这一环节,要让学生通过带着问题探究学习的方式来提高动作技术,同时也可以促进小组的合作意识。

教师提出问题:"如何提高栏间跑的速度","如何迅速跨过栏架"。

学生分组练习:每一位学生尝试练习时,组内其他成员轮流在起跑处、起跨处观察和记录。

学生小组讨论:针对组内每位学生的动作完成情况进行分析,提出有效的改进方法。

小组针对性练习:学生根据自身实际结合同学的建议,进行有针对性练习(调整栏间距或同学陪跑等),尝试全程跑,克服恐惧,勇于尝试。

活动四:展示与评价。每一位学生都进行展示,栏架的高度和栏间距都由自己来选择。比一比谁进步快,由教师和学生共同进行观察评价。展示既是检验小组合作学习成果的一个方式，也是增强学生勇敢自信的心理品质的一种方式。

5.教学反思

跨栏跑是田径运动中技术比较复杂、锻炼价值比较高的项目,通过跨栏跑的学习练习可以培养学生勇敢、顽强和克服困难的意志品质。在教学时,我们要做到,良好的心理素质等德育教育与运动能力等统一进行,不能割裂开。坚毅勇敢等心理品质能够促进学生大胆地尝试,从而促进运动技能的学习掌握;而运动技能掌握到一定程度,学生的心理品质也得到了相应的磨炼。因此,一节有效的课堂教学应该既要注重运动能力的提升,也要关注健康行为和体育品德的落实。本节课从学生的身心等特点出发,设计了多样的学习体验活动,让学生在难度递增的体验练习中,逐步战胜自己的心理障碍,并掌握运动技能。

降低难度,体验成功,增强信心。通过降低难度,学生更敢于参与练习,让学生在练习中熟练跨栏跑的技术动作、锻炼跑跳能力的同时,体验成功,增强练习信心。这比教师的语言鼓励更有效。同时,学生有了信心,也就更勇于尝试更大难度的练习。

鼓励学生自主挑战,战胜自己。由学生自己来设置栏架高度和栏间距离练习,这样给予了学生一个自主的空间,在练习中没有太大压力,学生能更加大胆地去尝试和挑战。

小组探究学习,互相交流鼓励,促进团队合作,增强战胜困难的勇气。小组探究学习,同伴间互相观察、思考、分析,提出改进建议,这不仅利于跨栏跑动作技术的改进,也促进了同伴间的积极沟通交流,增强同伴间的情感交往。在同伴的帮助和鼓励下,学生也更有勇气去挑战更高难度的练习。

德育干部点评

德、体是五育并举中的两个重要内容,以体育德,以德促体,二者密不可分,互相促进。体育是进行德育教育的有效载体,德育是推进体育教育的重要保障。在体育与健康课程中推进学科德育,必须要与体育教学的特点、内容和形式紧密结合起来,使德育内容中的抽象化概念具体化,使之成为可观测、可评价、具有可操作性的实际内容。

本节课跨栏跑德育目标与课堂教学内容自然有机结合,保留了体育课堂教学的本色,以学生身体练习为主要手段,把握住学生在体育课中表现出来的思想、情感等特点,通过设计个性化学习方式、同伴合作探究学习等,由易到难,鼓励学生克服畏难情绪,积极参与练习,体验成就感,不断挑战自我,使德育内容在学生运动技术学习和身体锻炼等实践体验过程中,潜移默化地内化为学生个体的优良品德。

(首都师范大学附属玉泉学校　李文娟　周浩然)

十二、初中美术学科德育案例

《义务教育美术课程标准》明确指出:美术以视觉形象承载和表达人的思想观念、情感态度和审美趣味,丰富人类的精神和物质世界。美术教育具有悠久的历史,近代以来,美术课程更以其丰富的教育价值列入中小学课程体系中。当代社会的发展对国民的素质提出了新的要求,美术课程应该在我国基础教育课程体系中发挥更积极的作用,为国家培养具有人文精神、创新能力、审美品位和美术素养的现代公民。美术是学校进行美育的主要途径,是九年义务教育阶段全体学生必修的基础课程,在实施素质教育的过程中具有不可替代的作用。美术课程以社会主义核心价值体系为导向,弘扬优秀的中华文化,力求体现素质教育的要求。美术课程以对视觉形象的感知、理解和创造为特征,美术是学校进行美育的主要途径,是九年义务教育阶段全体学生必修的基础课程,在实施素质教育的过程中具有不可替代的作用。

(一)美术学科德育的整体认识

学科德育是教师根据各学科特点、学段特点和学生发展需求,充分挖掘学科学习中的德育要素,将具体学科内容链接生活实际,形成具有挑战性的学习任务,学生通过多种形式的实践性学习,提升核心素养、实现知行合一的有意义的教与学的过程。所有学科都蕴含着育人的价值。学科德育的实施主体是各学科教师。

总目标是认同和拥护国家政治制度,了解中华优秀传统文化和革命文化、社会主义先进文化,增强中国特色社会主义道路自信、理论自信、制度自信、文化自信,引导学生准确理解和把握社会主义核心价值观的深刻内涵和实践要求,养成良好的政治素质、道德品质、法治意识和行为习惯,形成积极健康的人格和良好心理品质,促进学生核心素养提升和全面发展,为学生一生成长奠定坚实的思想基础。

初中学段主要是教育和引导学生热爱中国共产党、热爱祖国、热爱人民,认同中华文化,继承革命传统,弘扬民族精神,理解基本的社会规范和道德规范,树立规则意识、法治观念,培养公民意识,掌握促进学生身心健康发展的途径和方法,养成热爱劳动、自主自立、意志坚强的生活态度,形成尊重他人、乐于助人善于合作、勇于创新等良好品质。美术学科教学本身蕴含着德育内容,美术学科与德育密不可分。

1.挖掘学科课程内存道德价值

知识本身就是人类的理性认识,学生不仅能够从学科课程中掌握科学知识与技能,更能在潜移默化中养成严谨严密、客观求真、团结合作的精神气质。学科教学在教给学生科学知识技能的同时,也成为形成学生美德的重要途径。学科教学本身蕴含着德育内容,学科与德育密不可分。作为知识传递过程的教学和作为善的意志形成的道德教育是统一的;教学如果没有进行道德的教育,只是一种没有目的的手段。道德教育如果没有教学,则是一种失去了手段的目的。而美术学科中的部分单元内容,是可以设计成与道德教育相关联的,需要课前教师思考、挖掘与设计。

2.学科教学是道德判断和道德行为的必要基础

系统的学科学习为德育打下必要的基础。学科课程是从各门科学领域中选择部分内容、分门别类组织起来的课程体系,本身就具有科学性、思辨性和教育性,学科中的逻辑分析、思维能力、研究方法、推理品质等学科核心素养要素与学科德育目标是完全融合统一的,因此学科教学成为学科德育的必要基础。其中,专门德育课程是系统化的德育,而学科德育是间接的融合式的德育,两者都是为了达成共同的德育目标。

3.注重实践,让学生在真实情境与实践任务中提升美术综合素养。防止教学与道德分离的二元思维和教学实践中的德育形式主义现象

以往,学科教学长期以知识技能的传授为中心,追求教学的工具价值,忽视课程本身固有的道德价值,疏于学科思想的启迪和人文素养的培育,容易产生"德育无关化"。新课程改革促使课程回归人的生活世界,尊重人全方面的主体地位,重视课程与教学的育人价值,但把握好学科教学与德育相辅相成的关系,还要防止生搬硬套,防止学科课程教学"德育生硬化"。在强化学科德育进程中,要高度警惕德育过程的形式主义和教书育人割裂的价值虚无主义。美术德育类课程的设计也是如此,课程内容在与德育相关联的同时,不能脱离学生学习生活的真实情景。

(二)美术学科德育的要素

1.单元学习中挖掘出潜藏的德育线索

关于单元教学,华东师范大学著名教授钟启泉教授有这样的描述:"单元是基于一定目标与主题所构成的教材与经验的模块、单位。"以明确的单元主题为导向,通过对教材内容的整合和补充,创设基于生活和经验的情境,以任务驱动,以活动为载体的教学形式。其中所蕴含的德育教育,也要发

掘全面,进行整合,以部编版教材美术教材七年级下册和八年级下册相关单元为例,提取其人文主题德育要素点。

表2-38　部编版美术七年级下册和八年级下册部分单元人文主题德育要素

	单元	主题	人文要素
七年级下册	二单元	《花鸟画》	中国花鸟画,理想化的精神世界
	三单元	《汉字的装饰设计》	每一个汉字如同鲜活跳动的生命,都承载着中华民族悠久而灿烂的文明
	四单元	《保护水资源——宣传展板设计》	增强环保意识,让学生养成环保习惯
八年级下册	二单元	《流民图》赏析	体会画家的人文关怀,铭记那一段屈辱与抗争的历史
	四单元	《走进北京传统工艺美术》	传承传统工艺美术是对民族文化精神的弘扬

以部编版美术教材八年级下册第二单元为例,本单元的人文主题是:体会画家的人文关怀,铭记那一段屈辱与抗争的历史。本单元以“爱国情怀”为主题,选择以蒋兆和的《流民图》为例,在讲授美术鉴赏评述方法的同时,带领学生感受画中表现出的人文关怀,回顾抗争的经历,铭记我们的历史,画面中战争时期人民的苦难被表现得淋漓尽致,使观画者或悲或怒,激发人们不忘国耻、努力振兴中华的责任感和使命感。

2.课时教学中明确出德育要素

在明确单元德育要素的基础上,明确课时德育要素需要准确把握教材中体现德育要素的内容,不同的内容对应的是不同方面的德育要素。

例如第一课时对《流民图》的艺术价值和画家技法进行分析和鉴赏,因为《流民图》的出现标志着中国人物画在直面人生、表现现实方面的巨大成功,开创了中国水墨人物画的新画风,让学生感受到中国画家绘画技艺的精湛与高超,感受中国水墨人物画的魅力,从而对中国传统文化产生认同感。

第二课时重点在鉴赏其精神价值上,全画通过对100多个难民形象的深入描绘,以躲避轰炸的中心情节点出了时代背景和战争根源,直指日本侵略者对中华民族犯下的滔天罪行,具有深沉的悲剧意识、博大的人道主义精神与史诗般的撼人力量。学生通过感受画中表现出的人文关怀,回顾抗争的经历,铭记我们的历史,激发出不忘国耻、努力振兴中华的责任感和使命感。

(三)美术学科德育的课时设计

1.教学目标

(1)通过老师讲解,熟悉美术鉴赏的四个方面。

(2)通过小组讨论,推测画面中的人物关系、情节和人物情绪。

(3)通过小组讨论,赏析对比蒋兆和的《流民图》和其他美术作品,能归纳总结出蒋兆和绘画的特点。

(4)通过观看画作创作背景,能描述出作家的意图和情感。

(5)通过老师讲解和示范,能熟悉并掌握鉴赏评述的方法,并能独立完成对《流民图》的鉴赏评述。

2.蕴含的德育要素

(1)感受中国水墨人物画的魅力,从而对中国传统文化产生认同感。

(2)回顾抗争的经历,铭记我们的历史,激发出不忘国耻、努力振兴中华的责任感和使命感。

3.学科德育目标

(1)通过鉴赏作品的艺术价值和成就,让学生感受到中国画家绘画技艺的精湛与高超,感受中国水墨人物画的魅力,从而对中国传统文化产生认同感。

(2)通过赏析画面内容和画家情感、意图,让学生能通过感受画中表现出的人文关怀,回顾抗争的经历,铭记我们的历史,激发出不忘国耻、努力振兴中华的责任感和使命感。

4.教学策略

环节一:问题、图片导入(5分钟)

展示图片(杜甫像)——引出画家——提问:大家对蒋兆和都有哪些了解?

引出课题——《蒋兆和的人物画》

环节二：描述内容，体流民之苦难

长卷全图展示（分段）

小组讨论：人物关系 推断情节 感受氛围

环节三：结合历史背景，回顾抗争的经历

结合时代背景的相关资料，观看画家的自述，交流个人感受，回顾抗争的经历，铭记历史，激发出不忘国耻、努力振兴中华的责任感和使命感。

5.教学反思

《流民图》的鉴赏评述是进行爱国主题教育的重要单元，能激发起学生强烈的爱国情感和努力振兴中华的责任感和使命感。教学过程中多是以图片形式进行赏析的，可以多加入其他形式使学生更好地回顾、体会、感受这段抗争的历史。但以图片形式进行赏析的形式过于单一，可以再通过其他方式，如音像资料配合观看，让学生从多方面感受流民图的立意。

德育干部点评

当代社会的发展对国民的素质提出了新的要求，美术课程应该在我国基础教育课程体系中发挥更积极的作用，美术学科在推进学科德育中、在实施素质教育的过程中和弘扬、传承中国传统文化上具有不可替代的作用。在初中学段的德育目标中，需要教师教育和引导学生热爱中国共产党、热爱祖国、热爱人民，认同中华文化，继承革命传统，弘扬民族精神，理解基本的社会规范和道德规范，树立规则意识、法治观念，培养公民意识，掌握促进身心健康发展的途径和方法，养成热爱劳动、自主自立、意志坚强的生活态度，形成尊重他人、乐于助人善于合作、勇于创新等良好品质。而美术学科教学本身蕴含着德育内容，美术学科与德育密不可分。

《流民图》的鉴赏评述一课，就是让学生通过体会画家的人文关怀，铭记那一段屈辱与抗争的历史。以"爱国情怀"为主题，选择以蒋兆和的《流民图》为例，在讲授美术鉴赏评述方法的同时，带领学生感受画中表现出的人文关怀,回顾抗争的经历,铭记我们的历史,画面中战争时期人民的苦难被表现得淋漓尽致,使观画者或悲或怒,激发人们不忘国耻、努力振兴中华的责任感和使命感。

《流民图》作为美术课鉴赏单元中的经典作品,画面生动、构图宏伟、叙事清晰、氛围感人。学生在赏析巨幅人物画长卷的过程中,回顾那一段惨痛而屈辱的历史。美术学科教学属于在课时内容上自然而然地进行德育渗透,不是通过列举德育知识和说教来生硬地让学生学习德育内容,而是让学生在欣赏分析画作的过程中,感受叙事情节、画面的氛围和画家的意图,从而自发地流露出情感,激发出学生的责任感和使命感。

(首都师范大学附属玉泉学校　马吴桐)

十三、初中信息科技学科德育案例

2022年4月底,教育部颁发了《义务教育阶段信息科技课程标准》,信息科技课程从综合实践活动课程中独立出来,设置单独的课程,在信息科技学科发展史上是新的里程碑。

《义务教育阶段信息科技课程标准》指出,信息科技课程旨在培养科学精神和科技伦理,提升自主可控意识,培养社会主义核心价值观,树立整体国家安全观,提升数字素养和技能。

信息科技是现代科学技术领域的重要部分,主要研究以数字形式表达的信息及其应用中的科学原理、思维方法、处理过程和工程实现。当代高速发展的信息科技对全球经济、社会和文化发展起着越来越重要的作用。

2017年教育部新颁布了《普通信息科技课程标准》,课标指出,普通信息科技课程是一门旨在全面提升学生信息素养,帮助学生掌握信息科技基本知识与技能、增强信息意识、发展计算思维、提高数字化学习与创新能力,树立正确信息社会价值观和责任感的基础课程。

由于在科技高速发展的信息化时代，信息科技课程育人目标包含了培养学生的信息意识和信息社会责任，增强学生对信息的敏感度和对信息价值的判断力。因此在信息科技课堂教学中，教师要借助学科的优势，在引导学生学习知识与技能的同时进行德育渗透，加强学生信息安全意识，树立正确的思想道德观，提升信息社会责任感。信息科技课堂教学中进行德育是发展学生学科核心素养的重要举措，只有培养学生形成了正确和优秀的人格品质，才能进行正向的个性化发展，成为德智体美劳全面发展的人。

（一）信息科技学科德育的整体认识

《中小学德育工作指南》中指出：中小学德育工作实施途径中课程育人是重要途径，要充分发挥课堂教学的主渠道作用，将中小学德育内容细化落实到各学科课程的教学目标之中，融入渗透到教育教学全过程。要发挥学科课程德育功能，根据不同年级和不同课程特点，充分挖掘各门课程蕴含的德育资源，将德育内容有机融入各门课程教学中。信息科技的课程目标也是将德育目标贯穿所有目标中，特别是信息科技的核心素养就是课程育人价值的集中体现，就是学生通过信息科技课程的学习逐步形成的正确价值观、必备品格和关键能力。

1.德育目标统领学科教学方向

德育目标就是课程的育人目标，育人目标统领学科教学方向。信息科技的育人目标就是学生树立正确价值观，形成信息意识，践行信息社会责任。新课标强调让学生能理解并遵守与信息活动相关的伦理道德与法律法规，负责任地、安全地、健康地使用信息科技。网上的信息纷繁复杂，大量不安全、不健康的信息充斥着整个网络。初中生正处在青春期，心理发育还不成熟，好奇心较强，在利用网络浏览信息时，很容易走进误区。这时就需要教师及时正确的引导，不断鼓励学生在平时的信息活动中积极积累经验，对信息形成敏锐的洞察力，逐渐提高对信息的真伪善恶的辨别能力，以提升自身的信息素养,加强信息意识。

2.教学内容内嵌德育内容

德育包含了丰富的内容,不能将德育内容单独剥离出来,要把握信息科技学科的性质和特点,融德育于知识的讲授和技能的训练之中,要让学生在真实的情景中感受、体会,而不是让学生被动地接受。所以信息科技学科可以通过创建德育主题、创设真实情景、项目式推进、综合评价等环节将德育内容内嵌与教学中。

(二)信息科技学科德育的要素

1.研读课标,二次开发教材,制定学科德育目标

德育不会在教材中以简单的条理式呈现,只有研读课标、钻研教材,对教学内容二次开发,才能深掘出模块的德育内容。新版《义务教育阶段信息科技课程标准》明确指出:信息科技课程是一门旨在全面提升学生信息素养,帮助学生掌握信息科技基础知识与技能、增强信息意识、发展计算思维、提高数字化学习与创新能力、树立正确的信息社会价值观和责任感的基础课程。根据课标制定出统领学科教学目标的德育目标,将学科教学德育目标的达成度纳入学科教学的评价之中, 在评价学生所获得的一般性知识的掌握情况的同时,更应考查学生的品德发展情况。所以学科的德育目标统整着整个教学活动的进行。根据信息科技学科课标要求,我们制定了模块化的德育目标:①培养学生信息社会责任意识;②养成良好的使用信息科技行为习惯;③形成健康信息伦理道德,树立正确的人生观和世界观,形成良好的信息素养;④发展创新思维,利用数字化技术弘扬优秀中华传统文化。

2.挖掘德育资源和价值元素,将德育内容内嵌于学科教学内容

一方面,学科德育的教学内容即为信息科技学科的教学内容,例如,七年级信息科技教学《计算机网络》中就有设计了网络安全和信息伦理道德意识的培养;《信息与信息科技》中就强调了信息社会的责任意识等。另一方

面,寻求蕴含在学科中的德育资源,"润物细无声"地进入学生的潜意识,潜移默化地塑造学生的道德人格,对学生产生长久、深远的影响。例如,在进行电脑平面设计项目式学习中制作节气主题书签。

3.选择德育渗透学科教学的教学方法

学科德育的教学方法是教师和学生在学科教学的过程中,为达成学科的德育目标而采用的、有一定内在联系的活动方式和手段的组合。道德元素需要通过适当的教学方法加以发掘方能融入知识教学之中。信息科技学科多采用项目式学习方式开展学习活动,所以在项目式学习中德育渗透的教学方法一般有:①创设情境,确定积极向上的作品主题;②引导学生分工协作,培养学生良好的学习态度和小组合作意识;③利用数字化资源,数字化学习手段协助自主学习。

4.德育评价与具体教学评价相统一的评价导向

学科德育的评价应该基于学科教学评价展开,并融入学科教学的评价之中,同时要防止其被学科教学的知识评价所掩盖。信息科技学科的评价遵循"教学评"一致性原则。同时,评价以过程性评价与终结性评价相结合,而非局限于对学科教学知识结果的评价,终结性评价以学科教学为主,过程性评价侧重于德育评价,及学习过程中的态度、方法,同时在过程性评价时要注意教师所发掘的育人点是否与学科内容中隐藏的德育内容一致,是否紧扣情感、态度、价值观这一目标,学生的道德品质是否得到了应然水平上的发展。

例如,在"可视化数据"课时教学中,就采用了结果性评价和过程性评价相结合的原则,教师评价和学生自评的方式进行评价。结果性评价主要是学生的作品评价,注重学科知识与技能。过程性评价主要侧重于学生学习过程的交流与合作、数字化学习的能力,以及考察项目学习中科学的学习的方法——项目规划,如下表所示,将学科教学评价和德育评价有机融合在了课堂教学中。

表2-39　《可视化数据》的课堂教学评价原则

评价内容	具体要求			评价结果
	水平一	水平二	水平三	
创建图表	能够创建图表，图表类型的选择不恰当	能够根据数据特点，选择合适的图表类型，完成图表的创建	能够根据数据特点，选择合适的图表类型，完成图表的创建，并能够美化图表，突出要点	
合作交流	与同学、老师交流少，任务完成吃力，学习困难时不主动求助	学生遇到问题在与老师、同学交流过程中能够解决问题，个性问题可以通过学习资源解决	经常与老师、同学进行交流，遇到问题首先通过学习资源进行自主探究，大部分问题可以自我解决。学习过程轻松、愉快	
项目进度	没按项目进度执行项目，项目作品不完整	项目各任务按进度计划完成	项目任务都按进度计划高效高质量完成，数据可视化升级效果好	

（三）信息科技学科德育的课时设计

本次单元教学主题为节气主题书签的设计与制作，采用项目式学习的教学方法，在完成项目学习中培养学生的信息意识以及计算思维能力。学生根据自己生日，选定生日附近的节气，作为主题。学生通过借助图像处理软件（PHOTOSHOP）软件，能够利用四课时的内容来独立自主制作出具有原创设计、搭配合理、创意表达的节气主题书签，在动手实践创作的过程中锻炼学生鉴赏作品、创意设计和审美创作的能力。

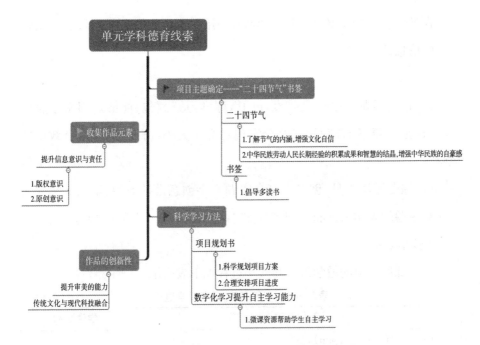

图2-46 《节气书签》的单元学科德育线索图

1.教学目标

(1)通过欣赏教师所演示的八种文字样式,了解并体会文字设计对表达节气主题书签作品的重要性和文字的设计特点。

(2)通过教师提供的文字设计的微课学习资源包,能够运用文字属性面板、图层效果、结合图片来综合实现对文字大小、方向、间距以及效果的调整。

(3)综合运用工具,创造出符合主题文字创意设计效果,增强文字来体现作品主题的表达力,同时提升学生的探究、创新、解决问题的能力。

2.蕴含的德育要素

(1)项目主题:二十四节气,体会中华优秀传统文化。

(2)项目内容:制作电子书签,学习与节气、读书相关的诗句、谚语。

(3)项目形式:提供微课学习资源包,培养学生自主学习的行为习惯,提升学生科学学习的能力。

在学生上网查找素材资料的过程中,引导学生注意素材版权问题,增强学生的信息社会责任感。

3.学科德育目标

(1)通过教师提供的文字设计的微课学习资源包,能够运用文字属性面板、图层效果、结合图片来综合实现对文字大小、方向、间距以及效果的调整。

(2)综合运用工具,创造出符合主题文字创意设计效果,增强文字来表达作品主题的表达力,同时提升学生的探究、创新、解决问题的能力。

4.教学策略

本节课所采取的教学策略和教学过程如下表所示。

表2-40 《节气书签》学科教学过程

教师活动	学生活动
环节一:导入情景(5min)	
教师活动1 【展示】教师展示八种不同风格的节气主题书签样式 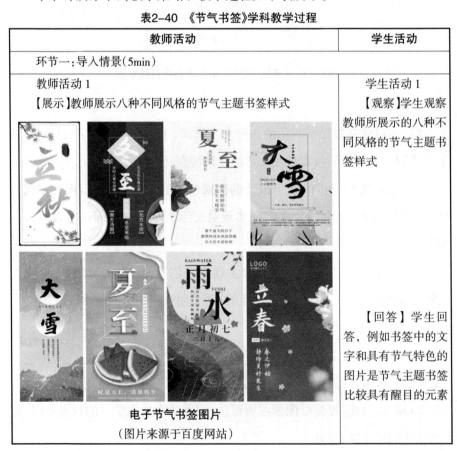 **电子节气书签图片** (图片来源于百度网站)	学生活动1 【观察】学生观察教师所展示的八种不同风格的节气主题书签样式 【回答】学生回答,例如书签中的文字和具有节气特色的图片是节气主题书签比较具有醒目的元素

续表

教师活动	学生活动
【提问】教师提问:大家观看这八种不同类型的节气主题书签后,你们认为其中最具有视觉冲击和吸引力的元素是什么? 【引入】同学们回答得非常好,制作书签的核心元素是关于文字和图片的设计,那么本节课我们需要完成的学习任务是关于节气主题书签中文字部分的设计 【提问】那么接下来,请大家仔细观看这些节气主题书签中的文字,他们在设计上有什么特点呢? 是否可以进行分类总结呢? 【总结】教师将学生所观察和总结的文字设计形式进行总结 (1)文字颜色(单一、渐变) **不同的文字颜色形式** (图片来源于百度网站) (2)文字排版(横版、竖版) **不同的文字排版形式** (图片来源于百度网站) (3)文字突出笔画 **不同的文字突出笔画形式** (图片来源于百度网站) (4)文字与图形结合 **不同的文字和图形结合形式** (图片来源于百度网站)	【回答】学生经过观察,可以简单说出这些书签在文字上的特点:例如有颜色不一、排版不同、文字可以和图片结合、文字的笔画可以做不同的颜色 【记忆】学生应该记忆的内容: 一、文字颜色的改变,文字颜色既可以是单色,也可以设置为渐变色,多色等 二、文字排版的改变,设计横版与竖版文字可以体现不同的设计样式 三、文字突出笔画,这种文字形式的设计可以和作品主题的色调进行结合,使文字更加活泼 四、文字与图形结合,例如方形、菱形、圆形等,可以创设出更丰富的文字形式 五、文字与图片融合,这种文字形式的设计比较具有艺术性,通过与作品主题相关的图片结合,从而创造出更加具有创意性的文字

续表

教师活动	学生活动
（5）文字与节气特色图片融合  **不同的文字与相应节气特色融合形式** （图片来源于百度网站）	
活动意图说明： 　　教师通过展示不同的节气主题书签设计形式，这些节气主题书签在文字设计上均有各自独特的设计特点，来激发学生的学习兴趣。通过提问来引导学生思考这些文字在设计上存在哪些特点，在这个观察过程中，学生就会进行思考，这些文字是如何制作的问题，同时他们也会逐步构思自己所选定主题的文字该如何进行设计，从而激发学生的求知欲和动手操作进行设计的渴望，进而调动学生的自主探究进行学习创造的积极性	
环节二：探究练习（20min）	
教师活动2 【任务】教师布置课堂学习任务 　　任务一：根据自己所设计的文字样式来完成项目规划书相应的内容 　　任务二：大家可以通过老师所提供的学习资源包进行学习后，完成文字设计部分 　　（要求：1.创建 50mm×100mm，分辨率为150dpi 的画布；2.查看学习资源包的内容进行自主学习；3.文字设计要具有一定创意） 　　【资源】教师为学生提供本节课所需要的学习资源，其中包括关于文字创意设计部分的项目规划书、学习文字创意设计的微课学习资源、制作文字创意设计所需要用到图片素材	学生活动2 　　【探究】学生根据自己的设计需求，在教师提供的学习资源中进行自主探究学习 　　【练习】学生在自主探究学习后，完成对自己选定主题的书签文字设计任务 　　（注：学生在本节课主要完成即节气主题书签的文字创意设计部分，完成速度快的同学，可以设置背景颜色、添加一些图片来完善书签作品初稿设计）

< > 文字创意设计-课堂资源包 ≡ ⇕ ⠿ ⌄
名称　　　　　　　　　　　　∧ ｜修改日期
＞ 📁 节气书签-图片资源　　　　　　昨天 上午11:08
＞ 📁 文字创意设计-剪贴蒙板图片　　昨天 上午11:12
＞ 📁 文字创意设计-学习资源　　　　昨天 上午11:07
📄 项目规划书-文字创意设计.docx　昨天 下午1:23

文字创意设计——课堂资源包截图
（图片来源于玉泉信息老师自创）

续表

教师活动	学生活动
文字创意设计项目规划书
（图片来源于玉泉信息教师自创）
文字创意设计——学习资源截图
（图片来源于玉泉信息老师自创）
　　【互助】教师安排学生进行同伴互助,在学习过程中遇到困惑可以彼此商讨进行学习
　　【巡视】教师巡视,观察学生的学习情况,对个别有问题的学生进行指导
　　【作业】教师要求学生提交文字设计作品源文件以及项目规划书,两个文件均以自己的姓名命名 | 　　【互助】同桌之间遇到困难可以探讨学习,共同解决问题。例如,第一,学生在图层运用上会存在困惑,图层的顺序排列会产生不一样的作品效果,有的学生在图层运用上会出现问题,这种问题可以相互帮助解决
第二,观看学习资源后,自己进行操作时还会遇到困难,可以与同伴进行简单商讨来实现想要的效果
　　【作业】学生提交本节课所完成的文字设计作品源文件和项目规划书 |

活动意图说明:

　　文字创意设计是本节课的重点学习内容,通过提供多元化的学习资源包,来满足学生自主探究学习的需求。学生根据自己的设计需求进行学习,在这个过程中学生会持续保持学习热情和兴趣,从而提高课堂的学习效率。并且采用项目式学习的教学方式,课堂教学强调以学生为中心,通过做中学的教学活动形式,能够让学生自主完成课堂中的知识建构,形成自我的知识学习体系。同时学生在学习过程中来完成项目规划书,起到了帮助学生检测学习成果以及记录学习过程的作用

续表

教师活动	学生活动
环节三:展示交流(12min)	
教的活动3 【任务】教师展示学生的优秀创作作品,并让学生进行设计讲解,其中讲解内容包括:你所选定的主题是什么? 为什么选择这种文字形式? 你的创作过程是怎样的? 请同学进行演示一下 【任务】学生演示完毕后,教师布置任务,让学生完善自己的文字设计作品,再进行作品提交	学的活动3 【展示】学生根据老师所提供的讲解思路来阐述和演示自己设计的理念和过程 【完善】学生根据同伴演示的操作,可以针对自己的文字设计作品进行修改完善,并再次提交作品
活动意图说明: 　　展示交流是项目式学习过程中一个重要的环节,学生通过展示自己的学习成果,一方面可以树立学习自信,检验学生的学习成果,另一方面可以在展示交流过程中锻炼学生的交流表达能力。同时给学生布置再次修改完善作品的时间,让学生从刚刚展示的同学操作中获得启发,从而再次修改完善自己的作品	
环节四:总结升华(3min)	
教的活动4 【总结】教师总结这三种文字样式的实现需要用到一种工具叫:剪贴蒙板  **剪贴蒙板实现的文字样式** (图片来源于百度网站) 　　并提出剪贴蒙板的使用不仅可以用于文字设计,也可以用于图片设计的设计思路。并且本节课所学习的文字创意设计,不单单可以用在节气主题书签中,还可以用于任何平面设计的作品中,例如海报、贺卡、明信片等。在设计的过程中大家要切记文字的设计一定要与设计主题相吻合,起到画龙点睛的作用	学的活动4 【学习】学生学习到本节课的文字设计的一个工具是剪贴蒙板,思考剪贴蒙板如何应用于图片组合的设计中

续表

教师活动	学生活动
活动意图说明： 　　教师对本节课的学习任务进行总结，帮助学生提炼学习任务中的关键技术——剪贴蒙板，同时为第三课时图片设计进行铺垫，培养并锻炼学生建立知识迁移的能力。同时根据教师的总结引导，学生能够将本节课所学习的文字创意设计的设计方法和设计思路能够迁移到其他平面设计的项目或类型。	

5.教学反思

当代中学生是伴随信息科技、数字技术成长起来的数字原生居民，从小就接触和使用各类信息科技。对于信息科技学科的课堂教学，不仅仅在课堂中教授学生相关的学科知识，更应该将学科育人贯穿课堂教学中。

(1)结合社会热点，选定育人主题

针对学科育人主题，内容比较多，对于学生来说，从他们身边切合的生活和学习情境或者他们感兴趣的话题入手，会更容易与学生产生共鸣和对学科知识的学习欲望，同时实现学科育人的目的。例如，本节课选定的主题是关于中华优秀传统文化的二十四节气，通过让学生选定与自己生日相近的节气主题来激发学生的学习兴趣，从而了解到该节气的相关节气要素和知识；同时借助制作电子书签这种形式，在此过程中引导学生了解书签的排版、样式、配色等，培养学生对于美的定义和创造，提升学生的审美能力，从而整体上实现学科德育的教学理念。

(2)借助微课形式，培养科学学习

学生是课堂学习的主体，教师应当给予学生自主学习和创造的机会。针对信息科技课堂中技术的教授和学生学习练习都是课堂的重要环节。如何使得这两者平衡？教师可以通过提供多元化的学习资源来满足学生自主探究和学习的需求。例如借助微课具备简便、短小、主题突出的特点，在信息科技课堂中教师进行演示讲解后，仍然有学生不能很好掌握该技术要点，提供相应的教学微课，让学生进行自主学习，从而突破课堂中的难点或重点；同时微课本身的乐趣是促进学生自主学习的前提，教师采用新颖活泼的微课教学才能更加激发学生的学习兴趣，进而增强学生自主学习的积极性；针对信息科技课堂中学生的学习能力、信息素养参差不齐的现象，通过微课就可以对学生进行分层的辅导，能够很大程度上解决学生在练习过程中遇到困惑向教师求助，教师解决不过来的问题。因此教师在课堂教学中可以针对班级不同水平的学生分配不同技术难度的微课，培养学生的科学学习的方式和方法。

（3）引导积极上网，增强社会责任

面对信息科技、数字技术带来的便利与风险，初中生极易产生各类信息社会问题，如网络成瘾、信息泄露、个人隐私保护、社会公德等伦理道德多方面的问题。因此，在学生上网查找资料的过程中，需要引导学生如何能够正确地对庞杂的信息进行分辨和利用，在使用他人所发布的信息内容时，应该注意对使用他人原创信息的版权保护，自觉遵守信息科技领域的价值观念，道德责任和行为准则，形成良好的信息道德品质，不断增强信息社会责任感。

德育干部点评

随着信息化高速发展，新时代对教师、学生的信息素养要求越来越高，学生除了掌握必备的处理信息的技术外，还要不断提升信息意识。信息科技的学科德育自始至终贯穿教学中，它不仅是德育目标内容，本身也是信息科技学科的核心素养要求。

《义务教育阶段信息科技课程标准》（2022版）指出：信息科技是现代科学技术领域的重要部分，主要研究以数字形式表达的信息及其应用中的科学原理、思维方法、处理过程和工程实现。在本节课中具体而言，首先，就是提升学生在解决真实问题的过程中学习信息采集、加工、存储、发布的根本技能，在电脑平面设计——书签制作中，对图形、图像、文字等信息进行采集加工，培养学生的审美能力、创新能力和科学管理信息的能力。其次，在收集素材进行创意作品设计中，对网络收集的素材强调尊重和保护知识产权，尊重原作者的劳动成果和权益,提升信息意识的同时,也提升了信息社会责任感,树立法律意识。最后,教师根据学生需求引用了多元化的数字资源提供学生自主学习,培养学生在数字化学习环境中能进行自我规划,自主学习,培养信息科技学科科学的学习方法。

伴随信息科技、人工智能等技术的不断发展,在信息科技课程中培育学生信息社会意识、责任和科学的学习方法成为当前信息社会中学科教学的一项重要学科德育工作。作为信息科技教师,我们在探索总结的同时,更要不断地跟紧新时代步伐,通过信息科技课程的实践,让学生正确认识信息社会的特征,理性面对信息社会带来的变化,合理利用信息科技,身心健康的成长。

(首都师范大学附属玉泉学校 彭怡 刘嘉琪)

十四、初中劳动技术学科德育案例

劳动技术教育与学校德育之间天然地存在着关联。不论是劳动技术与道德在起源和内生逻辑上的殊途同归,还是劳动技术教育与学校德育在目标、内容和中介上的如胶似漆,都说明了劳动技术教育与学校德育之间存在着内在的、紧凑地融通关系。2022 年最新版《义务教育劳动课程标准》指出,要培养核心素养,及劳动素养,主要指学生在学习与劳动实践过程中逐步形成的适应个人终身发展和社会发展需要的正确价值观、必备品格和关键能力,是劳动课程育人价值的集中体现,主要包括劳动观念、劳动能力、劳动习惯和品质、劳动精神。《中小学劳技课程标准》定位,其共性是"整个教育内容为适应社会科技文化进步和劳动世界需要而演变"。共同特点是加强道德、情感和劳动技术教育,几乎所有的国家都开始将技术和生产劳动引进整个校内外活动之中,并成为整体课程设计中的内容。2020 年 3 月发布的《中共中央 国务院关于全面加强新时代大中小学劳动教育的意见》,明确要求将劳动教育与德育、智育、体育、美育"相融合",以此"探索具有中国特色的劳动教育模式"。而2017年教育部印发的《中小学德育工作指南》中也明确要求在课程育人、文化育人、活动育人、实践育人的过程中渗透劳动教育，以培养学生养成正确的劳动观念、劳动态度和劳动生活习惯。由此可见，会聚劳动技术教育和学校德育的合力是顺应劳动教育和学校德育特点的本质要求，亦是践行立德树人根本任务的必然要求。

（一）劳技学科德育的整体认识

劳动是人类最基本的生存方式。劳动教育是向学生传授现代生产劳动知识和生产劳动技能，培养学生正确的劳动观念，养成良好的劳动习惯。习近平总书记在全国教育大会上指出，在中国共产党的领导下，要全面贯彻党的教育方针。立德树人，就是要把德育贯彻落实到劳动教育的每一个环节。劳动教育是立德树人的重要途径，是实施素质教育的内容，也是培育和践行社会主义核心价值观的有效途径。第一部分就是劳动教育对德育的促进和融合，以劳树德，思想品德课程的理念就是教育要通过劳动教育实施，通过一些实践为基础的劳动教育来磨炼意志，提升人的思想道德水平和综合素质，教育学生热爱劳动和劳动人民，珍惜劳动成果，树立正确的劳动观念和劳动态度，培养劳动习惯，增强劳动技能。所以通过劳动发展智力增长才干，养成良好思想品德，完善人格。同时也能培育和践行社会主义核心价值观，培养学生的综合素质，以劳树德。

1.劳动教育和德育的概述

（1）立德树人要求培养劳动教育和德育

新时代培养全面发展的社会主义建设者和接班人的新要求就是要加强劳动教育和德育，因为劳动教育是实践，是综合育人的基础，通过劳动教育，以劳树德、以劳增智、以劳强体、以劳育美、以劳创新，促进学生德智体美劳全面发展，以此达到立德树人的根本任务，所以必须坚持立德树人，而劳动教育和德育就是立德树人环节中不可缺少的一环。

（2）劳动教育是整个教育的基础，为德育这个核心服务

劳动教育是向学生传授现代生产劳动知识和生产劳动技能、培养学生正确劳动观念，养成良好劳动习惯的教育。劳动是人类生存的基本方式，只有通过劳动才能换来更丰富的物质生活和精神生活。因为劳动教育是以实践为基础，落实到社会生产等各项实践活动中，劳动教育是对青年学生参加社会生产生活的实际训练，能有效提高思想道德素质，因为陶行知说过在做中学，通过劳动激发热情，促进认知发展，提高实践能力和综合素质，养成好的性格和较高的思想道德境界。

（3）德育是立德树人的中心环节

引导学生树立正确的劳动观，崇尚劳动、尊重劳动，通过劳动教育，使学生能够理解和形成马克思主义劳动观，牢固树立劳动最光荣、劳动最崇高、劳动最伟大、劳动最美丽的观念；有利于理论结合实践，从理念到行动，理论和实践更好的相结合，更好的落实党的教育方针，贯彻全国教育大会精神，自觉践行社会主义核心价值观，将德育工作落细、落小、落实，使德育工作更好地贯彻习近平总书记的爱国主义情怀，加强品德修养，培养奋斗精神，增强综合素质，实现德智体美劳全面综合发展。

2.劳动教育对德育的融合和促进

（1）以劳树德，劳动教育是培育和践行社会主义核心价值观的有效途径

以劳树德，通过劳动教育，帮助学生树立正确的世界观、人生观和价值观。劳动教育是学校教育的重要组成部分。因为劳动教育是国民教育体系的重要内容，是学生成长的必要途径，可以对学生更好地进行德育，劳动教育可以引导学生树立马克思主义劳动观，热爱劳动，热爱劳动人民，树立劳动最美丽，劳动最崇高，劳动最伟大的理念。培养学生尊重劳动的价值观，激发参与劳动的热情与积极性，懂得劳动的艰辛，尊重劳动的价值，增长社会阅历，增加社会竞争力。

（2）有利于落实新时代培养社会主义建设者和接班人对加强劳动教育

的要求,完善学生人格,养成好的思想道德品质

利于教育和生产劳动相结合,坚持正确的实践育人导向,对学生进行全程育人,全方位育人,我们不仅要注重开展德育课从理论方面育人,把劳动教育纳入人才培养全过程,贯通大中小学各学段,贯穿家庭、学校、社会各方面,与德育、智育、美育、体育相融合,紧密结合经济社会发展变化和学生生活实际,积极探索具有中国特色的劳动教育模式。学校的集体劳动可以激发学生的竞争活力。磨炼学生的坚强意志,促进学生的身心健康,培养学生好的劳动观念和劳动兴趣,促使学生热爱劳动,热爱劳动人民,珍惜劳动成果,促进学生健康成长,达到理论和实践共同育人的良好效果。家长也要配合学校,给学生给孩子劳动实践提供条件,让孩子在劳动实践中感受劳动的艰辛、父母的不易,培养吃苦耐劳的精神和坚韧不拔的品格。

3.有利于学生身心健康,实现德智体美劳的全面发展

通过劳动教育进行德育,因为劳动教育能够为学生的终身发展和人生幸福奠定基础,有利于提升学生的劳动水平,可以促进学生的身心健康,培养学生的劳动意识和劳动观念,通过劳动掌握技能、提高学生动手能力和发现问题解决问题的能力,实现以劳增智;通过参加劳动提高学生的身体素质,实现以劳强体;通过设计、完成劳动成果提高学生寻求美、感悟美、发现美的能力,劳动才能创造美,实现以劳育美;通过劳动激发学生的创造力,实现以劳创新。所以通过劳动教育实现德智体美劳全面发展,因为劳动教育只是五育的基础环节,而立德树人中的德育却是中心环节,所以通过劳动教育进行德育,有利于学生的身心健康,实现德智体美劳的全面发展。

4.有利于培养学生劳动兴趣,磨炼学生意志品质,增强学生创新能力

通过在劳动教育中的具体实践,对学生的思想道德品质进行教育,可以培养学生们热爱劳动人民的思想感情,可以养成一种认真负责耐心细致不怕困难的劳动态度,也能够让他们体会到劳动的艰辛,劳动成果来之不易,应当加倍珍惜,可以培养勤劳俭朴遵守纪律的意志品质,增强学生的创新能

力,培养学生观察思维能力和创造精神。

　　劳动的过程中培养良好的生活习惯及关心集体爱护物关心他人的品质,在很大程度上激发学生勤奋学习,热爱劳动,勇于创新,勇于探索的精神,能够培养学生的劳动兴趣,磨炼学生的意志品质,增强学生的创新能力。劳动教育中贯穿德育,会收到好的教学效果,能够提高学生的思想境界,磨炼学生的意志品质。可以培养学生劳动创造美丽人生的梦想,能够树立一种正确的劳动价值观,塑造团结合作、吃苦耐劳、精益求精的精神品质,能够帮助学生成长为对家庭对社会有用的人。

(二)劳技学科德育的要素

　　在现在的教学背景下,整理归纳学科德育线索,依据劳技学科教材为载体,考虑校情学情,发掘整合劳技学科与学校德育内外联系。以京版劳技教材七、八年级上册为例,提取所有单元的人文、实践主题德育要点,如下:

表2-41　京版教材七、八年级上册主题与人文要素表

	单元	主题	人文要素
七年级上册	一单元	技术准备	开启劳动技术学习之旅——劳动技术与设计探究
	二单元	设计制作(木工)	项目式学习——木工认识与实践(鲁班锁、七巧板)
	三单元	传统文化	脸谱与风筝体会中国文化之美
	四单元	布艺	项目劳动,发挥创造力
	五单元	家政知识与技能	家庭清洁、烹饪、家居美化等日常生活劳动
	单元	主题	实践规律
八年级上册	一单元	技术准备	常用的电子元器件与电路入门
	二单元	技术准备	传感器与简单电子电路控制应用
	三单元	设计制作	电子锡焊技术、简单电子作品制作
	四单元	陶艺	陶说与珠串编织体会传统文化之美
	五单元	公益劳动	校园包干区域的保洁与美化

资料来源:北京教育出版社义务教育教科书劳动技术(7—9年级)及(2022年版)义务教育劳动课程标准

努力提高中学劳动技术教师德育执行力，促进学生的全面发展是劳动技术学科教学必须解决的问题。劳动技术学科具有明显的实践性、综合性特征，任课教师必须结合学科课程标准的要求，充分结合学科特征做到以下四个方面。

1.把握实践项目载体，建立民族文化归属感

案例一：在七年级木工工艺认识与实践单元的教学设计中，以鲁班锁的故事作为导入，鲁班勤奋钻研和智慧创造的伟大品质就是中国文化的组成部分。从鲁班的故事引导学生体验民族木工工艺文化的力量，树立民族自信心和自豪感。使学生感受中国的强大和深厚积淀，从而落实民族文化教育。劳动技术学科中蕴藏着丰富的民族文化教育资源，教师要挖掘教材中固有的德育教育，紧密结合学生思想实际，发挥劳动技术学科课堂教学在民族文化教育中的主渠道作用。在教学过程中，设计思路要符合民族文化教育的理念，立足学生民族传统的学习能力，应用能力与鉴赏能力的培养。这样能够增强学生对祖国文化的认同，从而自觉传承民族民间技艺，关注个人的人文修养，增强民族自尊心和自豪感。在七年级中国传统脸谱、风筝的设计制作，八年级陶说和珠串编制等课程中，都可以很好地找到培养学生爱国主义精神和建立民族文化归属感的切入点。

2.从操作实践中总结规律，培养科学技术观

案例二：八年级焊接操作实践中，描述焊接特别关注的过程时必须使用物理，化学的专用术语予以解释："焊接的过程实际就是焊锡丝融化和金属管脚以及焊盘黏结和凝固的过程。所以焊接前要预热焊点，焊接速度要快，较少空气氧化。结合流体的物理学特点，焊接时焊锡在上，焊点在下；去除多余锡料的时候焊点在上，烙铁在下。"其中，学科的理性逻辑使学生构建知识体系的前提，是学科长久生命力的保证，是培养学生理性思维和科学的世界观的基础，对于理性思维的培养是劳动技术学科本身所蕴含的德育资源，较之外在的德育资源更有教育价值。

案例三:七年级木工工艺《木制七巧板》教授锯削、锉削内容时,引导学生对起锯、锯削、结束三个操作步骤进行技术要素总结,重点关注技术动作的力度、速度、角度三个量的变化,分析技术操作过程中的不同要求。这样可以非常清楚地把握实践操作的技术要素。方法性的规律总结对培养学生科学技术观非常重要。这样遇到问题时学生会首先想到去分析、去解决,而不是回避。

3.把握学科之间的整体性和关联性,培养全局意识

案例四:八年级简单电子作品制作《多功能小台灯》实践教学中,要求利用电子原理完成小台灯设计制作,同时考虑实用性、美观性要求,对台灯的放置环境、方式,台灯的兼具功能和美观装饰提出具体要求。体现了多学科的关联性。其中劳技学科的基础是物理、数学、化学等学科,关注与相关学科的关联有助于培养学生全面的技术素养。作为没有高考压力的技术教育阵地,劳动技术教学应该关注基础性的科学知识与技能,综合所有相关学科的知识关联点,确立长效性的,阶段目标明确的综合学科素质进行培养,有助于培养学生的全局意识和关联意识。

4.抓住生活实际问题的解决,激发实用技术创新追求

案例五:面包板自动控制照明系统试验教学。"电子技术"教学在学习了LED灯自动控制电路的基础上,引导学生思考:如何设计能够自动调节亮度的照明系统,从而保障室内恒定光强的效果。通过这样的引导,学生的兴趣被激发,他们利用课余时间成功设计出自动调节亮度的照明系统。技术设计是劳动技术学科二期课改的新要求,通过观察生活实际,寻求实际问题并进行解决,培养学生对身边生活实际的关心,对培养学生的创新能力很有帮助。

(三)劳技学科德育的课时设计

以七年级木工工艺《木制七巧板》案例分析：

1.教学目标

知识与技能：(1)认识三合板、小手工锯，了解其基本性能。(2)学会使用一般手工工具：小手工具，掌握并能够进行直线锯割技术。

过程与方法：学会最大限度使用材料，精确计算，巧妙安排，按尺寸准确下料。

情感态度与价值观：制作过程中建立节约材料环保意识，养成认真负责的工作态度。

2.蕴含的德育要素

把握木工实践规律，培养科学发展观。通过木工起锯、锯割、锉削三个步骤操作实践并总结，把握木工实践技术要素，培养学生发现问题解决问题的能力

3.学科德育目标

(1)人本精神：了解劳动技术的关联，培养劳动素养，技术素养。

(2)树立技术意识，提高技术素养，克服困难学好技术，通过技术操作，培养认真负责精神。

(3)树立质量意识，遵守劳动纪律与操作规程，做到安全操作，养成良好劳动习惯。

4.教学策略

环节一：展示七巧板，引出木工制作工序，探讨七巧板制作工艺。

(1)利用屏幕展示巧板动画，抽签邀请同学前来对巧板进行不同形式的组形游戏，请其他同学猜形状。(游戏引入环节，引出本节课内容：巧板。)

(2)重点介绍七巧板由来，师生共同探讨木工制作七巧板工艺。

明确本课主题：木制七巧板。

本环节是对上一单元课程的承接，以游戏互动的方式进入课堂，吸引学

生的兴趣,提高学生的积极性和参与度。同时重点以七巧板为例探讨木工制作一般过程,具有针对性教学,引出对排料划线环节的详细说明。

环节二:明确七巧板图形和尺寸,出示排料画线方案

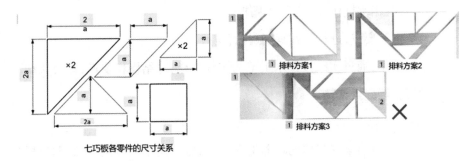

图2-47 七巧板各零件的尺寸关系与排料方案图
(资料来源:海淀·空中课堂北京市上地实验学校王瑞老师课堂资料)

学生活动:①观察七巧板图形,明确各图形尺寸关系。②利用三角尺,学画基准线。③"动动手,动动脑"利用纸样图形,进行排料思考。④课堂方案展示,通过不同的方案排列,请同学们挑选最佳排列方式,总结排料要点。

通过分析七巧板各个零件尺寸,获得绘制图形信息,明确基准线,进行纸样图形排料,获得排料方案。具体了解排料中细节问题,应用技术,解决操作难点。

环节三:描点画线,绘制下料图

排料演示:

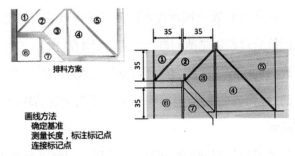

图2-48 七巧板划线方法
(资料来源:海淀·空中课堂北京市上地实验学校王瑞老师课堂资料)

演示七巧板下料图绘制方法，学生利用数学思维通过七巧板下料图绘制实践操作，体会木工制作排料画线乐趣，在实践操作中培养发现问题，解决问题，技术应用的劳技素养。

环节四：锯割操作，总结实践规律

示范锯割要点，进行实践锯割、打磨实践。

学以致用，通过实践摸索木工工艺实践规律，总结操作要点，体会劳动、技术学习。培养操作精神。

5.教学反思

第一，从劳动学习习惯的培养上下功夫，以劳树德。案例《木制七巧板》中明确了劳动的项目和要求，还要让学生明白劳动的目的和意义，激发学生的劳动热情和干劲。课程中排料画线、锯割打磨环节都具有一定的难度，我们要让学生明白，并不是马虎一点、草草完工就能完成任务，而是沉下心来，享受每一次操作机会，认真负责，培养严谨的工作和学习态度，树立起正确的劳动习惯。

第二，从劳动知识技能的实践上下功夫，以劳育德。项目实践实际就是学生动手操作的过程，通过劳动知识技能的实践操作，有效地增强了学生们的劳动观念，提高了思想认识和觉悟，培养了他们不怕脏不怕累、克服困难、坚韧不拔的意志品质，激发了他们热爱劳动的主人翁意识。

第三，从劳动成果的评价上下功夫，以劳促德。通过学生的亲身实践，在正确的引导下，展示评价和交流促进可以使劳技课教学效果达到生动的思想教育目的。评价的过程也是他们自己教育自己的过程，也是全体学生再认识、再巩固、再提高的过程。这种交流评价围绕着教学目的展开，往往可以把劳技课推向高潮，起到锦上添花的作用，使学生受到深刻的教育。

德育干部点评

德育是对学生进行思想、政治、道德、法律和心理健康的教育，而理想信念教育是德育之根本。劳动教育的"树德"作用，首先就表现在它具有实现理想的重要作用,使德育有了坚实的根基。把广大学生塑造成社会主义建设者和接班人,是高校德育工作的基本要求,而以劳动实践为主要内容的劳动教育则是大学生实现个人理想的必修课。劳动教育的"树德"作用,亦表现在它本身就是构成人生观、价值观的重要内容,它使德育的内容变得鲜活、生动。正确的人生观、价值观有利于指导学生从集体、社会的整体需要出发,去看待事物对人的效用关系,从而把人生真正意义看作合法诚实劳动,形成对劳动创造价值的评价。同时,正确的劳动价值观,有利于学生客观分析自身的价值,树立正确的人生观、价值观。劳动教育的"树德"作用,还表现在其他途径都要以劳动或实践锻炼为基础,通过劳动实践可以提高德育的有效性,使德育的途径更具厚度。因为在德育的多种途径中,说服教育、榜样示范、品德修养指导等都是外在的,即由外而内的,而以劳动为主要内容的实践锻炼则是"内外兼修""知行合一"的。

(首都师范大学附属玉泉学校　赵梦男)

十五、初中心理学科德育案例

《中小学心理健康教育指导纲要》(2012修订版)明确指出心理健康教育的总目标是"提高全体学生的心理素质,培养他们积极乐观、健康向上的心理品质,充分开发他们的心理潜能,促进学生身心和谐可持续发展,为他们健康成长和幸福生活奠定基础"。具体目标是"使学生学会学习和生活,正确认识自我,提高自主自助和自我教育能力,增强调控情绪、承受挫折、适应环境的能力,培养学生健全的人格和良好的个性心理品质;对有心理困扰或有心理问题的学生,进行科学有效的心理辅导,及时给予必要的危机干预,提高其心理健康水平"。

这与初中学科德育的目标有很强的关联。初中学段,需要帮助学生掌握促进身心健康发展的途径和方法,养成自立自主、意志坚强的生活态度,形成尊重他人、乐于助人、善于合作、勇于创新等良好品质。

这就要求心理学科要充分发挥其学科特点，提高全体学生的心理健康水平，促进他们的积极心理品质提升。心理学科德育就是将心理健康教育贯穿于教育教学全过程，这一操作更符合中小学生的成长与发展实际，按照"全面推进、突出重点、分类指导、协调发展"的工作方针，将学科德育的工作要求与心理健康教育相融合。

（一）心理学科德育的整体认识

《中小学德育工作指南》（以下简称《指南》）包含中小学德育总体目标中的"形成积极健康的人格和良好心理品质，促进学生核心素养的提升和全面发展"。这就突出了心理健康教育在学科德育中的重要作用。

1.心理健康在德育框架下进行开展具有必然性

《指南》的五项内容——理想信念教育、社会主义核心价值观教育、中华优秀传统文化教育、生态文明教育和心理健康教育体现了"大心理"的教育理念。在这样的教育理念下，非常显然心理健康教育是德育的重要组成部分。心理健康是中小学生全面发展的基础，在德育框架下开展心理健康教育有助于促进学生良好品德的形成和自身的健康成长，为学生一生的健康成长强本固基，奠定坚实的思想政治基础。

2.遵循身心发展规律，关注不同阶段学生学情和德育工作相互衔接

《指南》强调了德育工作需要遵循的"四个基本原则"，其二就是坚持遵循规律。心理科学是教育科学的基础，中小学生的年龄阶段特点、认知规律和心理发展规律，是一切教育工作的出发点和立足点。德育工作要符合中小学生年龄特点、认知规律和教育规律，注重学段衔接和知行统一。这既体现了心理学科开展教育教学工作时要遵循中小学生的身心发展规律，又体现了中小学德育工作的层次性和衔接性。因此可以看出，德育工作的有效开展不能脱离个体的身心发展规律，不能急于求成、揠苗助长，而应该遵循教育

规律,根据其身心发展的特点循序渐进、有的放矢地对学生进行教育。

3.学校、家庭和社会,既是德育,也是心理健康教育发展的大环境

《指南》指出,学校德育的开展需要发挥学校的主导作用,引导家庭、社会增强育人责任意识,提高对学生道德发展、成长成人的重视程度和参与度,形成学校、家庭、社会协调一致的育人合力。

不可否认,中小学德育工作是一项复杂的环境建设工程。个体直接接触的那些环境方面,如学校、班级、课程、同伴、学习场所等微环境。学校作为中小学健康成长的保护性因素,良好的校园环境、积极支持的师生关系、学生参与学校管理的机会,都能够增强学生对于学校的认同感,从而提升他们的学习动机、身心健康水平,并且推迟、减少风险行为的发生。如中环境,即两个或多个环境之间的作用过程和联系,如家庭与学校、学校和社区等。这种相互作用的合力既有助于德育工作的发展, 也有利于心理健康教育工作的开展。

(二)心理学科德育的要素

1.单元学习中挖掘出潜藏的德育线索

本单元学习主题为"态度决定行为,目标明确方向",共包含 3 课时,分别涉及看清自己、确立目标、制定并实施计划三部分,首先,帮助学生从认清自己出发,了解自己的个人能力、优势、兴趣特长、需要加强的方面等对自己有清晰准确的认知;其次,根据自身特点和能力需要树立切实可行的具体目标;最后根据已经制定的目标,分解成一步一步的小计划,再逐一实施。本单元从前提—过程—结束层层递进,帮助学生认清自己的内心,进一步探索自我,获得提高,最终制定并实施计划,走向最终成功。

在该单元中,首先体现了德育内容中心理健康教育板块的"开展认识自我、尊重生命、学会学习、人际交往、情绪调适、升学择业、人生规划以及适应社会生活等方面的教育,引导学生增强调控心理、自主自助、应对挫折、适应

环境的能力,培养学生健全的人格,积极的心态和良好的个性品质"中的多个内容。如认识自我、学会学习、人生规划的内容都有涉及,调控心理、自主自助的能力也有体现。

本单元中蕴含的德育线索如下:

表2-42 单元分课时德育要素

课时	主题	内容	德育线索
1	认清自己	首先教师引导学生认识自己,发掘自身的兴趣、爱好,认清自己的性格、能力;其次教师引导学生互评,从他人的眼光中看到不一样的我们自己。通过这样的方式帮助学生悦纳自己,明确对自己的认知	学生能从自身角度更客观地评价自己,能善于听取他人的评价和意见,对自己有更全面的了解;在此课时中学生可以提高自信心和动力,从自我和他人两个角度去认识和悦纳自己,带来积极的情感体验和享受
2	确立目标	教师通过案例导入的方式激发学生对目标的重视,用心理绘画的活动引导学生自主体验目标设置过程中的误区,能运用 SMART 原则去优化他人目标、设定自身目标	学生在该课时中有更加强烈积极的体验,能感知到目标对于未来学习生活的指导作用,激起学生制定目标的动力;学生能根据目标设定的原则和方法树立切实可行、适合自己的目标,且对未来充满期待感和方向感
3	制定计划	教师带领学生将上节课设置得恰当合理的目标进行分解,细化目标,教授方法,培养学生问题解决的策略,逐一实现近期目标—中期目标—长远目标	学生的自主性和主动性有一定的提高,能够更好地规划自己的未来生活,适应性有所增强;学生有能力分解自己的目标,并制定有利于目标实现的具体计划,能持续检验自己目标的完成情况,培养学生的自律能力,使学生真正获得成长和提高

本单元按照以上三个课时层层递进,对学生的成长和发展具有重要意义。在大单元的背景下,采用多种形式完成师生互动,让学生在体验和感悟中不断明确自己的未来发展方向,树立正向的价值观,将自己的梦想落在实处。在此过程中学生的心理发展水平得到了提升,同时端正态度、缓和情绪,

在很大程度上反映了德育要素。

2.课时教学中明确出德育要素

本课时以"目标"作为主题,开展了案例故事分析、心理绘画及评析目标三个环节,每个环节中均进行了德育要素的渗透,以更具有开放性和生活化的形式提高学生的德育素养。

目标这一课时贯彻落实教学评一致性原则,所体现的德育要素有:学生开始学习正确地认识自我,如兴趣、能力、价值观等,对自我有更清晰明确的了解;学生调控心理(正确认识自己的已有目标)的能力也能在课程中得到锻炼;同时学生可以学会如何分阶段去规划自己的目标,使得目标的完成更有效也更高效。具体教学环节中体现的德育要素如下:

(1)案例评析:通过让学生朗读故事、体悟故事,从学生的生活实际入手,用贴近学生自身的案例激发其对目标的重视程度。一是可以增强教育的吸引力,让学生共情案例中主人公的亲身经历,培养其共情能力;二是可以让学生感受到目标对未来的指引,进一步明确目标的重要意义。

(2)心理绘画:通过随机分配任务让学生进行心理绘画,体悟完成绘画的心理感受,引导学生与"目标"相结合,清晰认识到不同的目标会使得任务完成的过程中有十分不同的体验。本环节使学生更深刻地认识到目标的指导作用,激发学生对树立明确具体的目标的动机。

(3)评析目标:通过为学生下发评析目标的任务促进学生小组讨论,在合作的过程中每位同学头脑风暴,共同思考探究问题解决的措施和方法,将目标按照SMART原则进行完善,使得目标更具有可操作性和有效性。

这样,通过以上三个环节的层层递进能让学生从理解目标的重要性、清晰何为明确具体的目标、具体修改并树立自身目标来实现激发学生动力的最终目的,提高学生的学习能力,规划未来的明确方向。

3.教学活动中关注自然发生的德育事件

(1)在给学生展示案例的环节中,邀请学生朗读"小方的故事"。故事读完后,有学生在座位上窃窃私语,我询问学生讨论的内容是什么? 学生说:"我也想当记者,我们俩的梦想一样。"教师发现学生已经能够与自身实际联系起来,马上跟随学生的想法追问到:你认为梦想具体指什么? 实现梦想需要经历什么样的步骤? 学生基本可以说出需要知道自己的兴趣、确定自己的梦想,然后为了实现梦想进行努力。因此与预想中的教学效果基本吻合,学生可以在案例主人公身上发现自己的影子,说明学生的换位思考能力有所发展和提升。

(2)在心理绘画活动中,当学生抽取了任务之后计时开始,整个绘画过程非常安静。对于七年级的学生而言,课堂纪律是其最难以把控的点,但是学生在该环节进行的过程中自发保持良好安静的课堂秩序,一方面体现了这一环节在调控学生心理、培养其稳定平缓情绪方面有一定的时效。另一方面体现了学生对于目标这一主题的关注度提升了,学生重视,自然就会在完成相应任务上更加用心。

(3)在评析目标环节中,学生头脑风暴讨论得极其热烈。教师走下讲台、走进小组,与组内同学进行交流,感觉到大家的气氛非常高亢,当教师走进小组后学生也主动和教师分享讨论的内容。当学生讨论的结果与该目标的问题存在偏差时,教师会利用"助产术"式提问步步推进,让学生自然而然的发现问题所在,并给出更加优化的修改方案,使得本组讨论的目标更加的完整且符合 SMART 原则。

(三)心理学科德育的课时设计

1.教学目标

(1)知识与技能目标:通过案例故事分析,能整体感知单元内容,了解设定目标的必要性和重要性。

(2)行动目标:通过心理绘画活动,能提炼出制定目标的过程中存在的问题和应当采取的行动。通过评析目标活动,能提炼出制定目标的原则,并具备运用 SMART 原则制定适切目标的能力。

(3)情感态度和价值观目标:通过心理绘画活动,能自己探索和感知到目标带来的积极能量。

2.蕴含的德育要素

(1)通过认知自我、了解目标,明确学生确立目标的步骤,培养学生自立自主的意识和生活态度。

(2)通过心理绘画的过程,让学生体验到心理愉悦、身体放松地感受,学生可以初步平缓自己的情绪。

(3)学习目标设立的原则,可以帮助学生正确去选择人生发展道路,初步形成正确的人生观。

3.学科德育目标

(1)通过课堂分享、学生自主发言,探讨学生目标设立都有什么好处或者说有什么意义,来培养学生的自立自主的意识和主动思考的能力。

(2)通过心理绘画活动让学生自行探索确立目标应该遵循的原则,从活动中自行提炼道理。

(3)心理绘画可以让学生暂时放下生活中的杂念,全身心投入课堂中来,提高学生学会学习的能力。帮助学生养成调节身心健康的措施,使心理绘画成为学生调节情绪的方式之一,促进学生形成健康的心态和积极良好的个性心理品质。

(4)根据七年级学生的年级和课程特点,教授学生 SMART 原则,帮助学生提升为自己进行规划整理的能力,培养学生的意志品质。

4.教学策略

环节一:案例评析

教师给学生呈现案例,引导学生思考并分享:小方为自己的目标采取了一系列行动,那么你怎样才能实现这些梦想和目标呢? 学生跟随教师的提问进行思考,回答问题,能回答出小芳的措施有了解自己、明确自己的目标、抉择与行动三方面。

　　活动意图说明:通过一个简单故事的导入,调动学生的共情能力,设身处地的思考并感受如果自己是故事中的主人公,会做出什么样的措施和举动。通过这一环节能让学生意识到,想达成自己的梦想和目标需要进行三方面的努力:了解自己、确立目标、制定计划。

　　环节二:心理绘画

　　教师在说明游戏规则的基础上,要求学生独立绘画,不与其他人进行讨论,根据指令进行绘画。分别请抽到任务1—4的学生分享作品以及活动过程中的感受,教师手机拍照,使用希沃白板分享展示同学的绘画作品,教师对学生的心理感受总结提升。引导学生观察四类作品并评定出哪组画得最好、完成度最高,从而思考出制定目标时需要考虑的行动。

　　该环节具有体验性和感受性,学生能从活动中自然领悟到目标的重要性,且学生反馈良好,趣味性充足。学生能从思辨的角度认识到没有目标或者是存在问题的目标会影响任务完成的效果和效率,让学生能有更强烈的情感体会。

　　活动意图说明:通过心理绘画活动将班级同学随机分成不同组,每组同学完成不同的绘画任务,能从多种角度提供制定目标需要遵守和考虑的原则,同时还能从本组同学中寻找到自己没有发现的点,锻炼学生的观察能力和自我反思能力。

　　环节三:评析目标

　　教师为学生呈现2个例子,引导学生主动说出目标存在的问题并将目标改得更加合适。同时为学生呈现提前收集上来学生制定的目标,发放学案,请学生小组讨论这个目标存在什么样的问题、如何把目标改得更合适,填写学案。接着邀请小组代表分享讨论结果,提出原始目标存在的问题并给出优化方案。最后对本课的课程内容进行总结升华,帮助学生自己总结出确立目标需要的原则。教师为学生总结出的原则归类,引出 SMART 原则。邀请学生分享收获与感想,呈现本节课的小框架图。通过小组合作和学生自行探究,明确制定目标的原则,与心理学链接,给目标制定提供科学的理论依据。

该环节与前两个环节相呼应。当学生明晰目标的重要性、了解了目标设定的雷区后,需要运用已经学习到的知识和方法进行目标评析,初步培养制定目标的能力,感受到恰当合理的目标带来的积极感受,并将这种能力和感受落实到日常学习生活中的目标制定上来。

活动意图说明:通过小组合作和学生自行探究,明确制定目标的原则,与心理学链接,给目标制定提供科学的理论依据。

5.教学反思

目标这一大主题是心理健康教育及生涯教育中非常重要的点,上好这样一堂目标的课,对学生人生观、价值观的确立都具有一定的指向作用。但是对于七年级学生来说,这节课需要落到实地,不能抛出太多理论,缺乏趣味性不说,学生也难以理解。因为课程应主要贯穿活动,调动学生的主体意识,是其在体验中获得成长。

第一,从心理特征上来讲,七年级学生处于半幼稚、半成熟、半成人、半儿童的特点,是儿童期向青年期过渡的阶段。由于他们并不完全成熟的生理心理特点,导致他们对自己所处的发展阶段和个人能力认知非常不清晰,不知道自己的发展方向和发展趋势,也对枯燥乏味的东西没有兴趣。这个时候引导学生从自身、他人、心理测验等多种角度来认知自己,可以让学生们对自己的认知更加客观全面,也更有利于帮助其树立自立自主的意识。

但从学科德育的角度出发,本节课程的设计还可以加强学生自主实践和合作交流的能力。这个时期的青少年自主意识开始发展,希望能成为"课堂的主人",对课堂有更强的把控权。如让学生自己制定一个符合原则的目标或者是在心理绘画的环节让小组自行讨论,合作交流总结观点,都是有"德育意味"在里面的,也能帮助学生提高创新思维和问题解决能力。

第二,从认知特征上讲,学生们对为什么要学习、学习最终的目标是什么的认知也不够清晰,没有目标、不知道自己未来何去何从。同时,学生对学习的意义以及如何达成最终的成功没有明确的规划,这不利于学生初中阶段的学习甚至未来的发展。

这就要求我们贯穿学科德育中活动育人的思想在里面。《指南》要求要精心设计、组织开展主题明确、内容丰富、形式多样的学科活动,用多种多样的活动来调动学生积极性的参与,并从活动中提炼道理。本节课的设计中,心理绘画活动使得全体学生参与到课堂中来,但是学生的分享作为课程的主体部分,可以分享感受的学生还是少数,因此要重新思考什么样的活动可以调动全体学生的参与,尤其是调动一些平常课堂上并不是很积极主动的学生融入进来。

第三,从思维特征上讲,七年级学生的思维发展特点还比较简单,抽象概括能力比较差,学生的学习动机还有待激发。学生需要了解自己、找准自身的学习定位。

德育《指南》恰好要求我们贯彻落实立德树人的根本任务,将这种德育工作落实到细小之处,如去激发和调动学生的学习动机,从自身做起。因此在开设这样的课程时,教师也应该走下组中,与学生进行深入探讨,以此将心理和德育更强的融合,使得课程更具有吸引力、感染力和针对性、时效性。

德育干部点评

心理学科与德育的关系其实是密不可分的,甚至可以说,心理就是德育的一部分,这也是为什么好多学校的心理学科归属德育干部主管了。心理课程如果能在课堂上给学生带来收获和成长,那这种教学是"润物细无声"的,对学生的影响可能不是及时的,但会是长久和有效的。

心理学科的很多课程都是非常具有德育意味的,因此要发挥心理学科的优势,用活动带领学生思考、用活动引领学生进步。将心理课程与德育有机结合,代替说教,家校协同,共促学生成长。

(首都师范大学附属玉泉学校　李元影)

第三部分

主题学科德育案例

第一章

冬奥中的学科德育案例

2022 年北京冬奥会成功举办，奥林匹克运动会是全球性的体育盛会，它不仅为各国体育健儿提供了展示自我的竞技场所，而且也为促进世界和平、增进相互了解、实现文化交融、传递文明友谊搭建了最好的学习交流平台。冬奥会中我国取得的巨大成绩进一步振奋民族精神，宣传中华灿烂文明和优秀文化，展示大国实力和精神风貌，增强民族凝聚力和自豪感。冬奥会的主题口号是"一起向未来"，一起向未来是态度、是倡议、更是行动方案，倡导追求团结、和平、进步、包容的共同目标，是更快、更高、更强、更团结奥林匹克精神的中国宣扬，表达了世界需要携手走向美好未来的共同愿望。

学校以冬奥会这一社会大事件为教育契机，精心设计了"冬奥中的学科德育"的校本课程系列的教育课程。课程内容主题明确、内容丰富、形式多样、极具吸引力。系列课程不仅以鲜明正确的价值导向引导学生，以积极向上的力量激励学生，激发了民族自豪感、加强国家认同感，同时也促进了学生全学科综合素养的提升。

"冬奥中的学科德育"各学科的学习内容如下图所示：

语文：以"开幕式中的二十四节气"为教学内容，积累、讲解、诵读有关二十四节气的谚语或古诗，增强学生文化自信。

数学：以"开幕式中的图形素材"为教学内容，揭示图形美隐藏着数学知识，激发数学兴趣，体会数学学习的价值。

英语：以"用英语介绍冬奥系列吉祥物"为教学内容，创设英语交流机会，学生用英语传递中国文化，提升民族自豪感。

音乐：以"冬奥音乐之美"为教学内容，丰富学生的审美体验，让学生喜欢音乐、懂得音乐、欣赏音乐，提升审美情趣。

体育：通过观看冬奥赛事，体验冬奥项目，感受更高、更快、更强的体育精神，锻炼学生体魄，感受体育魅力。

美术：以"冬奥之美"为教学内容，从开幕式场景的布置，运动员的服装，身体运动时的动态等多方面，感受艺术美化生活。

科学：以"冬奥中的科技"为教学内容，挖掘冬奥各运动项目中的科学知识，激发学生科技强国的信心与动力。

道德与法治：以"尊重"为话题，充分利用冬奥中的素材，引导学生尊重每个人、尊重体育精神、尊重多元文化。

信息科技：以"制作全民健身卡"为教学内容，通过冬奥的鲜活案例激发学生的运动兴趣，弘扬敢于拼搏的体育精神。

（左侧竖排：冬奥中的学科德育）

图3-1 "冬奥中的学科教育"系列课程各学科情境创设对照图

通过以上图示可以看到，各个学科都是围绕"冬奥中的学科教育"同一主题线，以冬奥会为内容，与学科知识链接，创设校本课程。课程借助冬奥会这一社会大事，从全学科的角度挖掘育人素材：开幕式上二十四节气的诗词与音乐，赛场中的竞技与较量，运动背后的尊重与付出。"冬奥中的学科德育"系列课程，结合社会生活中的大事件，与学生生活相结合，与学科学习相融合,在学习全学科知识的基础上,发展学科核心素养,促进学生综合素养的提升,体现出学科德育的教育力量。

(首都师范大学附属玉泉学校　武文静)

一、语文学科:打开二十四节气的浪漫方式——冬奥之美

(一)设计思路

语文课程面向学生完整的生活世界,日常生活对学生产生潜移默化的影响,是学生生命绽放的重要场域。通过在日常社会生活中进行综合实践活动,学生在学习中进一步改造生活,让生活变得更美好。虎年立春之夜,第24届冬季奥林匹克运动会开幕式在北京国家体育场举行,从"二十四节气"倒计时,到运动员入场时走过的"中国窗";从黄河之水天上来,到迎客松矗立鸟巢。鲜明的中国文化元素贯穿全场,闪烁如冰,纷扬似雪,中国人的浪漫,直抵人心,再一次惊艳全世界。

(二)设计目的

1.回顾冬奥,关注冬奥中的二十四节气的文化。

2.积累、讲解、诵读有关二十四节气的谚语或古诗。

3.激发学生热爱中华优秀传统文化,增强文化自信。

(三)学习活动设计

环节一:回看视频,引出节气文化

教师引入:虎年立春之夜,第24届冬季奥林匹克运动会开幕式在北京国家体育场举行,从"二十四节气"倒计时,到运动员入场时走过的"中国窗";从黄河之水天上来,到迎客松矗立鸟巢。鲜明的中国文化元素贯穿全

场,闪烁如冰,纷扬似雪,中国人的浪漫,直抵人心,再一次惊艳全世界。这节课让我们再次邂逅开幕式中二十四节气的非遗元素。

1.播放开幕式的片段

图3-2　冬奥会开幕式二十四节气

（图片来源:优酷冬奥会开幕式二十四节气、百度百科 https://v-wb.youku.com/v_show/id_XNTg1OTQ1Njc0OA==.html）

2.观看了这段视频,大家有什么感受?

预设1:观看完这段视频我觉得导演很有创意,他用中国独有的二十四节气作为冬奥开幕式倒计时,向全世界展现了我们古人智慧的结晶,使我出乎意料。

预设2:通过这段视频,我感受到了独特的风格,传承了中国文化,令我感到自豪。因为每一个节气后都会添加一句诗文或俗语,仿佛时空穿越,与诗人共同感受诗情,散发着中华民族特有的魅力。

教师出示部分诗句:

图3-3 冬奥会开幕式二十四节气

(图片来源:优酷冬奥会开幕式二十四节气、百度百科 https://v-wb.youku.com/v_show/id_XNTg1OTQ1Njc0OA==.html)

环节二:交流有关节气的谚语和古诗

预设1:分享雨水

小结:在开幕式中,导演选择了杜甫《春夜喜雨》中的诗句来对应雨水这一节气。你能猜测一下选择背后的设计意图吗?

预设:"好雨知时节,当春乃发生。随风潜入夜,润物细无声。野径云俱黑,江船火独明。晓看红湿处,花重锦官城。"雨水时节,春雨随着风声悄悄洒落在了易州城,田野中的小路和乌云都隐没在绵绵细雨中了。江上小舟中透出点点灯光,再看屋外春花上流下了几滴晶莹的水珠,显得格外鲜艳,一抹亮丽的颜色装点着雨后复苏的景观,这首诗正写出了此时的美景,用在倒计时中再合适不过了。

教师总结:一场春雨,绘出了别样的美景。还有的同学觉得韩愈的《早春呈水部张十八员外》中的诗句也可以用来搭配雨水这个节气,让我们来听一听这位同学的分享!

预设:天街小雨润如酥,草色遥看近却无。最是一年春好处,绝胜烟柳满皇都。早春呈水部张十八员外通过细致入微的观察,描写了长安初春小雨的优美景色,正好对应了二十四节气中的雨水。

教师:是啊,这位同学抓住了雨水节气中最具代表性景物——雨的特点又找到一首适合的古诗,看来我们的传统文化真的是博大精深啊!

预设2:惊蛰和小满分别用了两句主语,春雷响,万物长;合物致于此,小得盈满。春雷响,万物长,指的是春天打雷,预示着要下春雨了。春雨润万物,所以万物生长,第二年就会有好收成。物致于此,小得盈满指的是夏熟作物的籽粒,开始转将饱满,但还未成熟,只是小满还未大满。这两句主语都体现了古人善于观察,勤于思考的特点。

教师:出示 PPT 两个节气后加对应的两句古语。提问:同学们请你对照着相应的节气读一读这两句古语,有没有什么发现?

学生:我发现这些古语都表达出了节气当天的习俗,天气情况和环境,也就是天气变化的规律,也说明了古语与节气相完美对应。

表3-1 二十四节气年历

春季	日期	夏季	日期	秋季	日期	冬季	日期
立春	2月3日—5日	立夏	5月5日—7日	立秋	8月7日—9日	立冬	11月7日—8日
雨水	2月18日—20日	小满	5月20日—22日	处暑	8月22日—24日	小雪	11月22日—23日
惊蛰	3月8日—7日	芒种	6月5日—7日	白露	9月7日—9日	大雪	12月6日—8日
春分	3月20日—22日	夏至	6月21日—22日	秋分	9月22日—24日	冬至	12月21日—23日
清明	4月4日—6日	小暑	7月6日—8日	寒露	10月8日—9日	小寒	1月5日—7日
谷雨	4月19日—21日	大暑	7月22日—24日	霜降	10月23日—24日	大寒	1月20日—21日

图片来源:百度百科

预设3:根据二十四节气表,可以找到我们即将进入哪个节气了吗?

教师:是的,清明过后,就到了谷雨时节。

出示冬奥中的谷雨节气图片和有关于谷雨节气的视频。

图3-4　冬奥会二十四节气

(图片来源:优酷冬奥会开幕式二十四节气、百度百科 https://v-wb.youku.com/v_show/id_XNTg1OTQ1Njc0OA==.html。)

学生分享:我以前上茶艺课时,听老师讲过一句谚语:谷雨谷雨,采茶对雨。谷雨时节,空气中湿度加大,此时采茶的茶正如江南天边的春雨,清爽宜人,沁人心脾。

同学们,刚刚我们观看的视频还有一部分,请看:出示未对应古诗的10秒视频,下面请你来任选几个节气找出适合的古诗词,看看谁找得又多又贴切。

预设1:我要为大雪补充宋朝诗人范成大的大雪抒怀,"天将其赏发清欢,畴昔登临插羽翰"。古代大雪意味着天气冷,民间则有观赏封河、腌制成货的习俗。我认为用唐代诗人戴察在月夜梧桐叶上见寒露中写道,"萧疏桐叶上,月白露初团"萧瑟稀疏的树叶上挂着刚升起的月亮,来对应寒露节气,再合适不过了。

预设2:我认为立冬对应李白的《立冬》:动笔新诗懒写,寒炉美酒时温。醉看墨花月白,恍疑雪满前村。这首古诗对应了立冬时,气温降低的特点。

环节三:节气文化的拓展

冬奥中的节气文化不仅在开幕中展示,善于观察和查找资料(改成结合资料并深入阅读,是不是好一些?)的同学们,还有新的发现吗?

播放《当非遗遇上冬奥》二十四节气。

（四）结语

2022 年的北京冬奥会可谓"中国风"十足，由会徽、火炬、奖牌、制服、花束、吉祥物到比赛场馆，都融入了许多中国传统文化元素，既有独特美感，又非常有意义。冬奥会在一个国家举办，与一国的人文风俗，冰雪文化结合，形成了一国特征的冬奥文化。

我们要加强对中华优秀传统文化的挖掘和阐发，使中华民族最基本的文化基因与当代文化相适应、与现代社会相协调，把跨越时空、超越国界、富有永恒魅力、具有当代价值的文化精神弘扬起来。

（五）教学反思

部编版六年级下册第一单元与民风民俗有很大关系，而开幕式中"二十四节气"倒计时也同样彰显了我们的民俗文化。由此，我通过这一共同点让学生们再次邂逅开幕式中的中国式浪漫。首先我通过播放了一段开幕式的剪辑视频整体感知孩子们的感受来引入课堂，充分调动孩子们的文化自信，感受祖国文化的魅力。孩子们在观看时无不感到惊叹，那一句句意境深远的古诗搭配着一帧帧唯美的图片令他们自豪感油然而生，甚至有的学生直言这样的画面真的很中国！

中国的二十四节气民俗，向来被文人墨客极尽书写，在四时之景的轮回中，诉说着中华诗词文明的美轮美奂。那千百年前的繁花盛景，在前世今生的节气更替中，通过古人留下的诗词，让孩子们一起得观古意。

最后我告诉同学们要加强对中华优秀传统文化的挖掘和阐发，使中华民族最基本的文化基因与当代文化相适应、与现代社会相协调，把跨越时空、超越国界、富有永恒魅力、具有当代价值的文化精神弘扬起来。

我们国人坚定的文化自信造就了这份中国式浪漫，千古诗词里的风骨与气魄和民族复兴的壮志与豪情。可以说，"中国式浪漫"是刻在骨子里的，是历久弥新的传承,是勇于超越的信念,是"一起向未来"的力量。在冬奥会独具匠心的设计中,中国优秀文化与奥林匹克精神珠联璧合,让美感和科技相得益彰。这样的呈现方式令人叫绝,这样的文化自信令人动容! 借冬奥之帆,扬文化精神。希望能为我的学生传播我们的瑰宝,感受到我们国家文化的自信开放!

　　语文学科德育是指在小学语文教学活动中,教师以教书育人为宗旨,把握德育时机,利用语文课程中的德育资源,在教学过程中巧设德育点,有机地对学生进行德育教育。《义务语文课程标准》中提出:语文学习过程中,应注重培养学生爱国主义感情、社会主义道德品质,逐步形成积极的人生态度和正确的价值观,提高文化品位和审美情趣。且无论是任何一个生命个体,还是一个国家的发展,德育在其中都发挥着举足轻重的作用,由此可见,语文学科对学生品德培养肩负着重要的责任。

(首都师范大学附属小学　白金星　郭学伶)

二、英语学科:用英语传递冬奥会中的中国文化

(一)设计思路

　　1.2022 年北京冬奥会无疑是中国人为之自豪的世界体育盛会。国际奥委会主席巴赫曾说:冬奥会是与中国传统文化的完美相遇。小学英语具有人文性和工具性的双重特征。用英语传递冬奥会中所体现的中国传统文化,是本课的任务和亮点。

　　2.小学生思维活跃,喜欢以视频的方式汲取信息,乐于在情境中完成任务。这些出生于 2010—2014 年的小学生,亲身经历了 2022 年北京冬奥会盛世,参观过一些体育场馆,观看了奥运赛事、会唱奥运歌曲、会说冬奥会口号,对奥运会吉祥物也略知一二,但局限于使用中文的层面上。通过本课的

探究学习,学生能根据自己的认知水平和学习能力,用英语完成任务,并据此进行分享交流。

3.本课将从视频导入冬奥会吉祥物、引出国宝熊猫、深入探索冰墩墩,雪容融的外形及所体现的中国传统文化与奥林匹克精神的联系,使用丰富的视频资源升华人文情怀,并伴有评价活动。最终达成学习目标,学生们勇做中华文化传承的小使者,用英语传递中国文化,提升民族自豪感。

(二)学习活动设计

环节一:浅谈冬奥会吉祥物的由来,引出国宝的概念

1.教师谈话引入冬奥会盛世,播放视频,请学生找出视频中的主人公。

学生观看视频,找到两个主人公(冬奥会吉祥物——冰墩墩;冬残奥会吉祥物——雪容融)

2.教师接连展示2008年北京奥运会的吉祥物图片,点明北京的独特之处,即第一个既举办过夏季奥运会,又举办过冬季奥运会的国家。

学生聆听,心中的自豪之情油然而生,对本课学习产生兴趣。

3.教师乘机追问,为什么我国的奥运会频繁使用熊猫作为吉祥物?

学生思考、猜测,引发思维火花的碰撞。

4.教师借助图片讲解熊猫对于中国人的特殊意义,并引出国宝的概念。

学生聆听及内化。了解熊猫是中国的国宝,它们的饮食及居住地。

活动意图说明:通过观看视频与交谈方式,引出国宝概念,唤起学生已有奥运知识并与新课建立联系,为后续学习奠定基础。

环节二:深入探究吉祥物的外貌及所蕴含的中国文化

1. 教师创设情境——同学们来到冬奥村,发现冰墩墩与雪容融无处不在,进而布置任务,帮助志愿者为外国运动员介绍冬奥会吉祥物。

学生饶有兴趣置于情境中,满怀信心地接受任务。

2.教师借助图片,引导学生对冰墩墩的外貌进行描述。

学生通过内化理解,利用图片来描述冰墩墩的外貌。熊猫形象与富有超能量的冰晶外壳相结合,体现了冬季冰雪运动和现代科技特点。

3.教师播放视频,引导学生找寻冰墩墩外形中所蕴含的中国文化及所体现的奥林匹克精神。

学生观看视频,在教师带领下寻找冰墩墩外形中所体现的中国文化(冰丝带、5G、左手掌心的心形图案。整体形象酷似航天员,寓意创造非凡、探索未来,体现追求卓越、引领时代,以及面向未来的无限可能)及所体现的奥运精神(强壮的体魄、坚强的意志、振奋人心的精神)。

4.教师抛出关于雪容融的问题(颜色、外形、所蕴含的中国文化、所体现的奥运精神),随后播放视频,引导学生自主探究学习。

学生阅读问题,观看视频,积极思考,找寻答案。

5.教师利用思维导图,引导学生梳理关于雪容融的内容。

“雪容融”是灯笼的造型,顶部的如意造型象征吉祥幸福;和平鸽和天坛构成的连续图案,寓意和平友谊,突出了举办地的特色;装饰图案融入了中国传统剪纸艺术;以“中国红”为主色调,渲染了2022年中国春节的节日气氛。

学生在思维导图引领下,补全关于雪容融的外貌(红灯笼、和平鸽、剪纸艺术、祥云面庞)和内涵信息(丰收、繁荣、庆祝、光明、友谊、勇气与力量)。整体寓意着点亮梦想,温暖世界,代表着友爱、勇气和坚强,体现了冬残奥运动员的拼搏精神和激励世界的冬残奥会理念)。

活动意图说明:学生在情境中,详略得当地对两个奥运吉祥物进行学习,探讨其所蕴含的中国文化及奥运精神。

环节三:自主探寻冬奥会中蕴含的更多中国文化

1.教师引导学生思考:冬奥会中还有哪些地方体现了中国传统文化? 并播放小短片。

表3-2 冬奥中蕴含中国文化及寓意列举表

名称	所蕴含中华文化及寓意
the National Speed Skating Oval 国家速滑馆(冰丝带)	22条丝带代表起伏的山峦、赛场、冰雪滑道和节日飘舞的丝带,象征北京冬奥会将在中国春节期间举行。
the National Aquatics Center 国家游泳中心(水立方)	在中国传统文化中,"天圆地方"的设计思想催生了"水立方",与圆形的"鸟巢"相互呼应,相得益彰。
the National Stadium 国家体育场(鸟巢)	鸟巢象征着我们国家的强大, 形态如同一个孕育生命的"巢",它更像一个摇篮,寄托着人类对未来的希望。
Beijing 2022 Olympic Winter Games Torch 冬奥会火炬	火炬祥云纹样设计既体现了"双奥之城"的传承与发扬,又蕴含着"道法自然,天人合一"中国传统思想。
Olympic Medals 冬奥会奖牌	奖牌正面刻有奥林匹克五环,取意传统弦纹玉璧,上面浅刻装饰纹样,传达了吉祥的寓意;背面刻有24个点及运动弧线,取意古代天文图,象征着浩瀚无垠的星空,人与自然的和谐,也象征着第24届冬奥会上运动员如群星璀璨,创造佳绩。
Olympic Bouquets 颁奖花束	冬奥会颁奖花束采用绒线编结而成,包括玫瑰、月季、铃兰、绣球、月桂和橄榄6种寓意美好的花形,分别象征着友爱、坚韧、幸福、团结、胜利与和平。
Fireworks in the Opening Ceremony 开幕式烟花——迎客松	迎客松是黄山的十大名松之一。迎客松是中国与世界人民和平友谊的象征。

（资料来源:河北新闻网《22条飘逸的"冰丝带"—揭秘北京冬奥会标志性建筑国家速滑馆》,网址:http://yzdsb.hebnews.cn/pc/paper/c/201805/31/c71780.html;中国论文网《鸟巢、水立方:东西方文化碰撞与交融的结晶》,网址:https://www.xzbu.com/6/view-2891580.htm;搜狐体育《北京冬奥会火炬以08年奥运火炬打底 自上而下逐渐过渡到剪纸风格雪花图案》,网址:http://news.sohu.com/a/505886630_114977;中国孔子网《北京冬奥会的7大中国文化元素》,网址:http://www.chinakongzi.org/whyw/202202/t20220216_546087.htm;新华网《从冬奥会"迎客松烟花"看黄山迎客松》,网址:http://ah.news.cn/2022-03/03/c_1128434 141.htm。）

学生观看短片,阅读问题,伴随思考,自主找寻其蕴含的中国传统文化。

2.教师组织学生谈论感受,交流如何传递冬奥会中体现的传统文化

学生经过视觉冲击, 根据各自从短片中汲取的冬奥会中的传统文化及精神,进行分享、交流、评价。

活动意图说明:学生通过观看承载众多中国文化元素的奥运小短片,深

入思考探究,并找到更多冬奥中的中国文化。

环节四:小结与升华主题,唤起民族自豪感

1.教师小结,梳理知识点,布置任务单。

学生回顾知识,完成任务单活动。

2.教师引导学生说一说,有幸见证冬奥会的小小东道主,有何感受?

学生有感而发,说出自己的民族自豪之情,立志勇做文化传播的小使者。

设计意图说明:回顾整节课,将冬奥会中体现的中国传统文化与奥运精神相结合,升华爱国情感,厚植爱国情怀,传承中华传统文化。

(三)板书设计

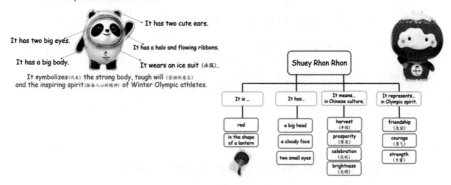

图3-5 板书设计图

(图片源自:百度图片)

(四)教学评价

表3-3　教学评价表

任务	评价标准		
我能说出 2 个冬奥会吉祥物的英文名字。	我能非常流利地说出2个名字 ☆☆☆	我能非常流利地说出1个名字 ☆☆	我能指认出来,但说不出来 ☆
我能利用任务单1,介绍冬奥会吉祥物-冰墩墩。	我能流利地用 5 句话做介绍 ☆☆☆	我能流利地用3-4句话做介绍 ☆☆	我能流利地用1-2句话做介绍 ☆

任务	评价标准		
我能说出 2 个冬奥会吉祥物的英文名字。	我能非常流利地说出2个名字 ☆☆☆	我能非常流利地说出1个名字 ☆☆	我能指认出来,但说不出来 ☆
我能利用任务单2,介绍冬残奥会吉祥物-雪容融。	我能流利地用 5 句话做介绍 ☆☆☆	我能流利地用3-4句话做介绍 ☆☆	我能流利地用1-2句话做介绍 ☆

(五)教学反思

1.关注学生核心素养,培养学生用英语做事情的能力

本课由冬奥会的吉祥物入手,开门见山,引出主人公。通过设置情境,布置任务,提高了学生的参与度。使用了大量的图片和视听资源,利用思维导图,搭台阶似的增加容量,提高难度,却不失趣味性,引导学生在冬奥会中找寻中国文化,体现了英语学科的人文性与工具性。授人以鱼不如授人以渔,通过本课的学习,学生们能掌握方法,自豪地使用英语完成任务,并迁移到其他学习之中。

2.注重学科德育,传承中华文化

中华文化源远流长,无论是 2008 年北京夏季奥运会,还是 2022 年冬奥会,每一场大型国际体育盛会都是中国传统文化的精彩展示。从北京冬奥会和冬残奥会会徽、火炬、吉祥物、体育图标、奖牌和色彩系统等一系列冬奥形象标识,到北京冬奥会的颁奖花束等,在整个冬奥会筹办过程中,中国文化的魅力无处不在。

本课以奥运盛事为德育教育契机,将爱国情怀深深嵌入学生的心灵之中。以同学们热衷的吉祥物为切入点,结合学生实际生活经验与精神需求,用英文表达冬奥会中所体现的中国文化,既完成了任务,又传扬中华博大精深的文化。冬奥会开幕式恢宏壮观,闭幕式彰显中国式浪漫,其中蕴含无穷中国文化元素,留给学生不断探索。少年强,则国强,少年有情怀,则国家充满希望,同学们怀揣这份信念,在未来的道路上不断积累,继承弘扬,做传递中华传统文化的小使者!

(首都师范大学附属小学　钱瑞芸)

三、音乐学科:冬奥音乐之美

(一)设计思路

1.本节音乐课主要围绕冬奥音乐这个关键词展开。教学内容是欣赏歌曲"一起向未来",了解如何运用音乐表达奥运精神,在感受、分析、总结的过程中积累赏析音乐的经验,提升欣赏美、鉴赏美的能力,最终达到热爱音乐、热爱艺术、热爱生活的目标。

2.在学习交流的讨论过程中,提升鉴赏能力,即尝试用音乐的思维思考世界、用音乐的语言表达世界。

3.感受冬奥之美、体会奥运精神、鉴赏冬奥音乐魅力,为祖国的强大与富强感到自豪。

(二)学习活动设计

环节一:分享冬奥感受,体会东奥之美

1.从 2022 年冬奥开幕式片段视频导入,让学生谈谈看完视频的感受,冬奥之美在哪?

学生交流感受:兴奋! 震撼! 美在灯光、美在舞蹈、美在音乐。

2.引入课题、介绍本节课将一起欣赏"一起向未来"这首歌曲,来感受冬奥音乐之美。

活动意图说明:通过欣赏冬奥开幕式,让学生感受冬奥开幕式中给人们带来听觉、视觉等一系列不同的美的感受,体会冬奥的音乐美在哪里? 引导学生去发现冬奥之美。

环节二:欣赏歌曲"一起向未来",了解歌曲创作背后的故事,为祖国骄傲

1.教师播放歌曲"一起向未来",提出问题:歌曲表达了怎么样的情绪?

2.学生聆听后说出感受:积极向上、有动感、有活力。

3.教师讲述歌曲的创作背景:这首歌曲是北京冬奥主题口号推广歌曲,表达奥运会作为全世界参与的一场运动盛事,我们应该抛弃国家的概念,抛弃种族的歧视,让每一个人都对这个世界献出自己的一份爱意,让世界多一份和平和美好,歌曲MV(音乐短片)除了这 105 组歌手之外,还有特邀嘉宾 5人,分别是导演张艺谋,航天员翟志刚、王亚平、叶光富和运动员谷爱凌,生动诠释了歌曲关于对美好未来追求和向往的主题,体现了团结和集体的力量,体现了奥林匹克运动的核心价值观。

4.教师提出问题:听完这首作品的创作,你有什么想法?

5.学生积极发言讨论。

活动意图说明:通过欣赏歌曲"一起向未来",了解歌曲创作背景和所要

表达的情感,让学生感受北京作为一个双奥之城,展现出不一样的精神面貌迎接冬奥的到来,为我们越来越强大的祖国感受骄傲、自豪。

环节三:分析歌曲,引导学生从音乐要素分析歌曲的音乐特点

1.教师再次播放这首歌曲,提出问题:为什么歌曲会给你带来积极向上、动感、有活力的感受呢? 引导学生尝试从音乐要素入手分析歌曲的特点。

2.学生分小组按照音乐要素进行小组讨论。

3.进行小组汇报和交流,总结歌曲音乐特点:歌词热情、简单、节奏富有动力、旋律唯美动听。

活动意图说明:通过欣赏歌曲"一起向未来",让学生思考欢快、愉悦的情绪是如何从音乐要素表达的? 引导学生从音乐的角度聆听、感受歌曲,让学生体会音乐的魅力。

环节四:拓展聆听两首中国奥运歌曲,了解奥运歌曲具有哪些特点

1.教师提出问题:北京在哪一年还举办过奥运会?

2.学生回答:2008 年。

3.教师提出问题:当时的奥运歌曲是哪几首?

4.学生回答:《北京欢迎你》《我和你》。

5.教师播放两首歌曲的视频资料,提出问题:你从两首歌曲中体会到了什么?

6.学生进行交流分享,得出结论:两首歌曲都表达了中国向世界发出诚挚的邀约,传递出中国人民的美好期待,欢迎来到北京。同时也表达了国家的强大、繁荣、北京奥运的申办成功就是最好的证明。

7.教师引导学生从音乐的角度说一说奥运歌曲的音乐都具有哪些特点?

8. 学生按小组进行交流讨论:总结出两首奥运歌曲歌词主要表达了团结、和平、热情、祝福、渗透着中华民族精神和奥林匹克精神;旋律动听,节奏简单易唱。

活动意图说明:通过聆听另外两首 2008 年北京奥运会的歌曲,让学生从

中体会祖国的强大、中国人民的好客之道;通过对歌曲的分析,让学生了解奥运歌曲具有的独特特点以及奥运精神可以通过音乐传递,感受音乐的魅力所在。

环节五:全课总结

1.教师再次提出课前的问题:"冬奥之美,美在哪里？"

学生回顾、交流:美在情感、美在精神、美在祖国的繁荣强大

2.教师全课总结:希望音乐不仅停留在我们的课堂中,更要流淌在我们心里,"心里有美,世界会更美"。

活动意图说明:回顾整节课,让音乐流淌在学生心中,让奥运精神牢记在学生心中,带着这些美好继续寻找生活中的音乐美。

(三)板书设计

冬奥之美

《一起向未来》
表达:积极向上、有动感、有活力。
音乐特点:热情、朗朗上口
体现奥运精神

《北京欢迎你》《我和你》
表达:中国人民的热情好客
音乐特点:热情、朗朗上口
奥运精神和中华民族精神

共同之处:
美在情感
美在精神
美在祖国的繁荣强大

图3-6　板书设计

(四)教学反思

1.落实新课标理念,注重核心素养的培养

新课标理念提出要坚持以美育人:"以习近平新时代中国特色社会主义思想为指导,以落实核心素养为主线,引导学生感受美、欣赏美、丰富审美体

验,增强中华民族自信心与自豪感。"通过冬奥这一情境,让学生从音乐的角度主动地发现美——提出美——分析美,实实在在地经历了发现、感受、认识、反应等过程,有助于丰富学生的审美体验,提高审美能力,也是一种与美的感受相结合的教育,我们要让学生喜欢音乐、懂得音乐、欣赏音乐,提升审美情趣。

2.注重学科德育,培养爱国心

通过让学生观看这场文化与科技的视听盛宴——奥运会开幕式,让学生又重新感受那种热血沸腾、激情万丈的场面。作为一场盛大的奥运会,向全世界人民发出诚挚的邀请,八分钟涵盖了中国文化历史、人文情怀、经济科技和胸怀肚量,无不向世人展示中国的力量,学生被现场仪式的气氛所感染和带动,尽情感受中国的大国风范,感受到身为中国人的骄傲与自豪。

环节二让学生通过聆听"一起向未来"体验到歌曲表达的对美好未来追求和向往的主题,体现了团结和集体的力量,体现了奥林匹克运动的核心价值观。环节三让学生了解音乐在表达情感时发挥的作用是至关重要的,让孩子感受到音乐的魅力。环节四通过欣赏《北京欢迎你》《我和你》两首奥运歌曲,让学生知道奥运的成功举办、北京作为双奥城市,都证明了中国的强大,为祖国感到自豪骄傲。三个环节层层递进,让学生发现冬奥之美,不仅体现在它外在的形式上,更体现在其宏大、深远的意义之美上,进而激发学生热爱祖国的情感!

（首都师范大学附属小学　晏雨晴）

四、体育学科:冬奥中的学科育人——用冬奥精神铸魂育人

(一)教学目标

1.通过本课的学习使学生了解关于体育运动的作用和奥林匹克精神。

2.在教师的引导下,通过运动员们顽强拼搏的故事,让学生学习有关奥运会知识,感受奥林匹克精神。

(二)教学重点与难点

教学重点:理解奥林匹克精神的含义

教学难点:使学生积极参加体育锻炼,用奥林匹克精神指导今后的学习和生活,将奥林匹克精神发扬光大。

(三)设计思路

体育作为一种跨文化的交流手段,对于各国各民族人民之间的相互了解和增进友谊起到了积极的作用。2022年2月4日"立春"之日,第二十四届冬奥会在北京开幕,我国体育健儿顽强拼搏,为国争光。通过冬奥运动会赛事视频教学的方式激励他们学习、发扬奥林匹克精神,向着更快、更高、更强的目标前进。

在实际教学过程中,以多样化的体育锻炼教育方法,使得学生单一的学习生活更加丰富多彩,学生们在参与体育活动的过程中,能更好地感受体育的拼搏精神。激发学生的锻炼兴趣,提高学生的运动热情,培养学生间交往能力,合作意识,在拥有健康体魄,乐观向上的心态中,积极地面对生活。同时,体育是一项重要的社会性活动,涵盖了挑战自我、团队协作等竞技精神,在每个人日后的工作、生活中都存在紧密的关系。体育课程具有愉悦身心、强健体魄、磨炼意志的作用,这些对于每一个学生的发展都有着深远的影响。

通过体育教学,使学生学会如何学习和发扬体育精神,从理论到实践,引导学生对体育和体育精神细致把握,从而培养他们坚韧不拔、奋勇向前的意志和健康向上的心理状态,实现体育精神的核心要求,为学生身心健康成长打下坚实基础。虽然奥运之火熄灭了,但是运动场内外,那些挑战极限,超越自我,追求更高、更快、更强、更团结的精彩故事,将给我们留下深刻的印象。

(四)学习活动设计

环节一:播放视频,感受拼搏精神

1.播放体育比赛视频,在视频中感受更高、更快、更强的体育拼搏精神

在"更快、更高、更强——更团结"的奥林匹克格言的激励下,中国运动员们不仅奋勇拼搏、超越自我,还彼此鼓励、团结一心,成为赛场上一股强大的力量。获得金牌是每个运动员的梦想,但他们所追求的又不仅限于金牌,站上自己热爱的赛场上,不断挑战自我、突破极限,同样是值得骄傲的。

图3-7　体育赛场图片
(图片来源:百度)

2.观看视频后谈感受

预设1:我们要像奥运健儿一样,在成长过程中不怕困难、不怕挫折,积极进取。

预设2:失败与挫折并不可怕,我们要善于从挫折中寻找成功的规律,发奋图强迎难而上。

活动意图说明:以视频方式,让学生直观地看到高水平竞技比赛,借助运动员在比赛中的拼搏精神和坚持不懈、永不放弃的毅力,来教育学生体育锻炼不是一朝一夕的事情,而是要通过自身的努力坚持不懈的长期锻炼才能达到自己想要的目的。

环节二:实战演练,展现拼搏精神

1.观看个人赛、小组对抗赛视频,开展小组对抗赛,感受挑战自我、突破自我、团结协作的精神

图3-8　学生体育比赛现场

2.学生分享感受:结合视频做赛后讨论交流,进行自我总结

预设1:通过比赛感受参赛运动员们的不容易,因为他们心系祖国、志存高远,在他们的心中,祖国利益高于一切。

预设2:学习冬奥精神,从身边的小事做起,在学校团结同学,相互帮助,为班级集体荣誉争光。

3.教师总结

学生通过观看个人赛、小组对抗赛视频,延伸到体验个人赛、团体对抗赛,让他们体会体育竞技的残酷与魅力,有竞争就会有成功、有失败。没有一蹴而就的成功,引导学生勇敢直面挑战,参与竞争的同时,也要学会如何面对失败和挫折。那些最终站在奖台上的,往往都是能直面失败、不惧挫折,将一次次失败转化成搭建成功堡垒基石的人。

活动意图说明:通过以赛代练的运动方式检验学生的学习情况,在实战中,检验学生的自身水平,同时,让学生认识到自身的不足,在今后的学习和锻炼中,不断提高自身水平。

环节三:鼓励锻炼,激发拼搏精神

北京冬奥精神体现了中国人民坚韧不拔的昂扬斗志,更向世界各国人民弘扬了自信开放、迎难而上的运动精神。丰富多彩的体育运动尽管其技术手段、比赛方法、胜负的形式各不相同,但其基本的体育精神却是相同的。小学生投入体育运动中就已经开始接受体育精神的影响和教育,受到体育精神的熏陶,改变和塑造着自己的人格精神。作为体育教师,最重要的是要培养学生树立体育精神的意识,认识到体育精神对学生人格形成所起的重要作用,把体育精神的教育贯穿在整个教育教学的过程中,时时刻刻充分利用体育教学课堂,鼓励积极参与体育运动,激发拼搏精神,从而培养学生的人格。

活动意图说明:通过北京冬奥会,对学生进行体育精神的熏陶,体育竞技的感染,让学生感受到体育运动在国家、国际上的氛围,树立从小为国争光的意识,从而激励学生在锻炼中的自觉性。

(五)结束语

体育运动给学生带来了丰富的情感体验,体育锻炼使得单一的学习生活更加丰富多彩,学生们在参与体育活动的过程中,放松了情绪,获得了兴趣,培养了审美、组织和社交能力,学会积极地面对生活。同时,体育是一项重要的社会性活动,涵盖了挑战自我、团队协作等竞技精神,在每个人日后的工作、生活中都存在紧密的关系。体育课程具有愉悦身心、强健体魄、磨炼意志的作用,这些对于每一个学生的发展都有着深远的影响。

总之,通过体育教学,使学生学会如何学习和发扬体育精神。从理论到实践,引导学生对体育和体育精神进行细致把握,从而培养他们坚韧不拔、奋勇向前的意志和健康向上的心理状态,实现体育精神的核心要求,为学生身心健康成长打下坚实基础。

(六)教学反思

1.落实新课标理念,培养有理想、担本领、有担当的时代新人

奥运精神是什么? 奥运精神是"更快、更高、更强"。支撑和造就"更快、更高、更强"的是什么? 是"自信、自强、自尊"。这既是奥运精神的原动力,更是奥运精神的境界升华。小学体育教育必须让学生在玩中学、学中练,享受比赛带来的快乐,在课程中获得体育知识的同时,渗透德育教育内容,引导学

生树立正确的人生观、价值观,注重必备品格和关键能力的培养。全面落实《体育与健康课程标准》指导思想,全面贯彻党的教育方针,遵循教育教学规律,坚持德育为先,提升智育水平,加强体育美育,培养有理想、有本领、有担当的时代新人。

2.注重学科德育,培养拼搏精神

用坚强的意志克服一切困难是每个运动员所具备的素养。这也是体育教师所要传达给学生的一种体育精神。在体育运动中,学生的思想、能力、情绪、意志、心态等方面都会有特别突出的表现。作为老师,我们要把握好学生的表现,引导他们正确地对待失败和成功,鼓励他们从失败中寻找规律,克服困难、战胜困难,从而超越自我。

同时,在教学中充分尊重学生的主体意识,引导学生充分发挥自身的主动性和创造性,及时把握学生的思维和行为,适时地进行引导,注重德育教育的渗透,让他们能够正确地对待体育,并培养他们克服困难的意志,并在运动中培养他们的拼搏精神。

(首都师范大学附属小学　吴蕊)

五、美术学科:冬奥之美

(一)设计思路

1.围绕三个人物展开学习,感悟运动带来的不同美感。在情境中,发现美、感受美、创造美,提升美术核心素养。

2.以讨论、比较的方式,欣赏绘画、雕塑等不同种类的作品,运用泥、黏土等媒材,以立体造型的方法,表现所见所闻,表达思想与情感,体会造型活动的乐趣。通过比较,了解不同形式作品的表现方式,运用相应的方法进行创作,提升学生的美术表现和创意实践能力。

3.学生在体验、尝试的过程中,建构图像识读、文化理解、审美判断、创意实践的素养及相关能力,感受运动员的拼搏精神。

(二)学习活动设计

环节一:发现运动之美

赛场重现,冬奥之中有哪些运动员或场景让你记忆犹新?

图3-9　2022年北京冬奥会运动员照片

(资料来源:左边的图片凤凰网《武大靖领衔　中国短道速滑 2000 米混合接力破世界纪录》,网址:https://hunan.ifeng.com/c/8AWXtcrTZRV;中间的图片新浪新闻中心《会当"凌"绝顶! 谷爱凌两金一银闪耀冬奥会》,网址:https://news.sina.com.cn/o/2022-02-18/doc-ikyamrna1466529.shtml;右边的图片遂宁新闻网《北京 2022 年冬奥会比赛项目:高山滑雪》,网址:http://www.snxw.com/ztzt1/dongaohui/dudongdongao/2021/1026/673755.html。)

出示图片,通过什么看出图片中是哪项运动?

学生交流,赛场上运动员比赛时,让人热血沸腾,引人入胜。

短道速滑、速度滑冰、花样滑冰、冰球、冰壶……每种运动都有不同的特征。

播放自由式滑雪大跳台。这段视频给您什么感受?

活动意图说明:引出课题,明确本节课目标。

环节二:感知运动之美

1.直观感受:刚才我们感受到自由式滑雪大跳台带给我们的动态美,再来一起感受其他冬奥运动带给我们的美感。

2.通过视频和图片感受各种动态带给人不一样的美感,并进行连线。

图3-10 2022年北京冬奥会运动员照片

（资料来源：左边的图片新浪财经《武大靖、范可新领衔，中国队刷新男女混合2000米世界纪录》，网址：http://finance.sina.com.cn/jjxw/2021-10-22/doc-iktzscyy1092077.shtml；中间的图片东南网《冬奥会项目介绍——花样滑冰》，网址：http://news.fjsen.com/2018-01/16/content_20612765.htm；右边的图片腾讯网《归化！俄罗斯冰球门将：我打算代表中国队征战北京冬奥会》，网址：https://new.qq.com/rain/a/20211016A051MA00。）

（1）与自由式滑雪大跳台相比，短道速滑项目什么最吸引你？美在哪里？

（2）花样滑冰展现出怎样的美感？

学生将不同运动项目展现的不同美感进行连线，感受不同运用所展现出特有的韵律美、力量美、速度美。

3.小组合作：模仿图片中不同花样滑冰、短道速滑、自由式滑雪大跳台的动态；讨论产生这样的肢体变化，哪个部位的变化是关键？

运用动态人电线图，明确关节动态特点。

4.初步尝试

（1）出示两张图片，提问：你会选择哪个动态作为参考进行创作？

（2）观察同样的动态发生怎样的变化？

（3）尝试用铁丝表现出人物的动态

（4）思考：用铁丝做出骨架，放在桌面上之后发现有什么问题？看一看材料盒，还能怎样继续创作？

活动意图说明：学生通过直观感受不同的动态之美，观察中，发现不同运动所展现出的韵律美、速度美、动态美，丰富对美的理解。通过亲身体会，了解人物在运动中躯干和四肢变化的规律，通过对比，发现突出人物动态的方法，交流中感知选择创作动态的方法。

环节三:艺术里的奥林匹克

1.欣赏西班牙著名雕塑家罗莎·萨拉的知名代表作《奥林匹克运动雕像》完成小组讨论。

教师介绍并出示仿真雕塑,这套雕塑由 38 尊雕塑组成,是描绘奥林匹克运动项目的系列雕塑作品,由国际奥委会命名并收藏在洛桑奥林匹克博物馆。

思考:(1)你能找出这些雕像表现的是哪些运动项目吗? (2)与生活中真实的照片相对比,艺术家在创作时,放弃了哪些内容?(3)艺术家为什么仅用一种颜色、人物的身体部位甚至用长方体来表现?

学生带着问题进行观察,发现这些雕塑造型生动,每项运动的特点都很突出,马上就能看出表现的是什么项目。艺术家在表现雕塑的时候,放弃了很多具体的细节,比如运动员的服装、本身具有的色彩,甚至五官都去掉了,但是却让雕塑的造型更加突出。平滑流畅的部分和长方体的组合,表现出运动员的力与美。

2.教师介绍方法,选择小组中的基本形"套型框",将运动员的手、脚相连,组员间对比图形,归纳这些形状有什么规律吗?

学生针对桌面上的雕像,选择自己喜欢的角度,尝试运用"套型框"找出雕塑外形的图形,发现这些造型以梯形、三角形居多。

教师讲解雕塑中突出动态的方法。

学生运用对于构图的理解,分析《掷铁饼者》为何选择这样的人物身体动态进行表现? 与之前欣赏的雕塑有哪些不同之处?

学生总结这样人物动态呈现出倒三角的状态,可以产生一种不稳定感,让人产生更多的联想。相比之前的作品,虽然依旧是单色的作品,但是人物的五官等细节更加丰富。

3.教师示范:细节的不同刻画方法。

4.艺术实践:选择自己喜欢的冬奥运动项目,突出动态美,了解一尊雕塑。

活动意图说明:通过小组探究问题的形式,了解雕塑的表现语言。通过套型框,学生了解雕塑人物动态特点,感受立体形式表现作品的乐趣。通过对比,感知雕塑风格的不同,培养学生对于不同风格作品的审美理解力、包容性,而不以一种标准作为审美判断,以此培养学生的文化理解能力、确立良好的审美态度。开阔学生思维,形成联想,从而创作出具有个性的作品。

环节四:雕塑中的冬奥之美

1.学生将自己的作品与他人作品进行组合或单独摆放,布置班级雕塑展。

2.撰写作品卡,介绍自己雕塑的构思。

班级进行交流。分小组进行介绍,点评自己喜欢的雕塑作品。

3.播放运动员运动损伤的视频,交流感受。

通过交流,学生得到创作作品的肯定,获得更多成功体验。在欣赏运动员身体损伤的视频后,学生感受运动员虽身有伤痛,但依旧坚持进取的拼搏精神。正是这样的精神,一直鼓舞着人们不断发展、创新,创造更美好的生活。

活动意图说明:撰写作品卡,作品布置成雕塑展,利用现有资源,让学生感受到自己的创作在视觉上的呈现。通过学生点评环节,对学生的创作予以激励。拓展学习中,出示的奥运会奖牌和吉祥物,让学生更多地发现生活中的美术,引发学生在广泛的情境中认识美术。

(三)板书设计

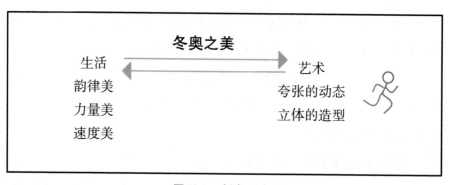

图3-11 板书设计

(四)课后反思

1.创设真实情境,体验中深入学习

在儿童发展早期,情感因素的作用大于理性因素。他们很难理解和接受比较抽象的理论,也无法进行非常形式化的思维活动。借助生活中的真实情境,引发学生情感先行,在对于赛事关注的情境中进行学习,逐步感受不同的身体动态之美,了解运用雕塑展现美的方法。课程中还运用模拟人物动态等方法,引导学生在体验中不断学习。

2.延伸学科德育,依据美术知识丰满德育内容

冬奥之美,不仅是开幕式场景的布置,运动员的服装、体现着美,运动员拼搏的精神,身体运动时产生的动态更是充满美的。借助孩子生活中关注、熟悉的运动员比赛时的场景,感受比赛时运动员本身产生的不同动态之美。从生活中发现美,再将生活与艺术建立联系,通过观察、选择套型框的体验,归纳夸张身体动态的方法。通过对比发现艺术品中雕塑语言的运用,将运动员运动的瞬间之美化为永恒。在布置雕塑展的过程中,感受艺术回归生活装点生活,用艺术美化生活。

(首都师范大学附属玉泉学校 林毅)

六、科学学科:冬奥中的科学

(一)设计思路

1.冬奥中的科技

在刚刚圆满落幕的北京冬奥会中,人工智能、虚拟现实、5G、8K、立体成像、裸眼 3D、云转播等一系列数字创新科技,在冬奥会的赛场内外上演着令人惊叹的传奇。科技冬奥的精彩和丰富实践,不仅是北京冬奥会成功举办的

坚实基础,更是书写出冬奥会史上永不落幕的经典,开启了人们可以期待的美好未来。

2.冰壶的奥秘

冬奥会中的每一项运动都科技感十足,饱含科学知识。以冰壶项目为例,冰壶被大家喻为冰上的"国际象棋",它考验参与者的体能与脑力,展现动静之美,取舍之智慧。大家在观看比赛时,印象最深的应该就是运动员在场上卖力的"擦地"。其实,运动员用刷子不断地在冰壶运动前方快速刷冰,利用摩擦生热在冰面形成水膜,从而减小摩擦,以此来控制冰壶的运动轨迹和速度。所以说,冰壶是展现摩擦力最好的运动。

3.运动与摩擦力

一个物体在另一个物体表面运动时,发生了摩擦,也就产生了摩擦力。研究这类运动就要研究摩擦力的产生以及对运动的影响。

学生凭借生活经验,对摩擦这个词已经比较熟悉了,对物体运动会受到摩擦力的现象也是熟悉的,但是对"摩擦力是在什么情况下产生? 怎样知道摩擦力的大小? 如何能减小摩擦力? "等问题并没有进行过太多思考,这也成为本课学习的起点。本课包含两个活动:第一,研究物体在多大力的作用下能够从静止开始运动,也就是小车受到的最大静摩擦力的大小;第二,研究用滚木作为垫在小车下方移动的工具时, 需要多大的力让物体从静止到运动;这两个活动在于引导学生发现,一方面物体从静止到运动需要克服摩擦力, 另一方面可以用在物体下方垫滚木安轮子的方式来减少物体运动时所受到的摩擦力。

(二)学习活动设计

环节一:知道当物体相互接触时就会产生摩擦力

1.教师出示皮球,皮球在桌面滚动,最后停止。

提问:你观察到了什么现象?

提问:谁能解释?

2.感受摩擦力。

提问:我们有什么办法感受到摩擦力呢?

提问:有什么感受?(预设:有一个阻碍手掌向前运动的力。)

3.出示摩擦力的概念。

4.出示古人搬运巨石的图片。

提问:古人是如何搬运巨石等重物的?

提问:人们在搬运巨石等重物的过程中会产生巨大的摩擦力,如何减小摩擦力呢?

将学生讨论的方法记录在班级记录表中。

5.揭示课题:运动与摩擦力(板书)

活动意图说明:从感知摩擦力上升到对摩擦力的体验和理解,引发学生交流和思考。

环节二:探究摩擦力的特点

活动一:直接拉动重物

1.讨论:我们直接拉动重物,可能需要多大的力?

2.学生说说可能要用哪些实验材料,以及如何进行实验。(了解学生前概念)

3.说说实验中还要注意什么,出示温馨提示,明确实验要求。

4.提问:纸盒装载重物是如何前进的? 垫圈很少时,纸盒为什么不滑动呢?

小结:像这样的运动方式,我们称之为滑动。(板书滑动)

活动二:使用滚木拉动重物。

材料准备:硬纸盒、重物、木板、滑轮、棉线、托盘、垫圈、剪刀、铅笔 5 只、学生活动手册。

1.讨论:古人有什么好方法拉动重物?

2.让学生说说可能要用哪些实验材料,以及如何进行实验。

3.明确实验要求。

4.学生实验,记录实验现象,并说说发现了什么?

5.提问:滚木是如何带着重物前进的? 用"滚木"移动重物有什么优点和缺点?

小结:像这样的运动方式,我们称之为滚动。(板书滚动)

活动意图说明:引导学生对比不同的方式下搬运重物情况,用实验来判断哪种方式更省力,也就是受到的摩擦力最小。

环节三:冰壶运动中的摩擦力

1.出示冰壶运动的比赛视频,分析"擦地"的作用

运动员用刷子不断地在冰壶运动前方快速刷冰,利用摩擦生热在冰面形成水膜,从而减小摩擦,以此来控制冰壶的运动轨迹和速度。

2.出示冰壶运动员的专业运动鞋,分析为什么两只脚的鞋底材质不一样?

图3-12 冰壶专业运动鞋
(图片来源:网络)

冰壶运动员的鞋底一只是橡胶底另一只是塑料底。相同条件下,橡胶比塑料粗糙,穿橡胶底的鞋可以通过增大接触面的粗糙程度来增大摩擦,在蹬冰时需要较大的摩擦力,滑行时需要较小的摩擦力,所以蹬冰鞋鞋底用橡胶,而滑行鞋的鞋底用塑料。

活动意图说明:以学生喜爱的冰壶运动为例,展示摩擦力在赛场上的应

用。展示运动员是如何改变摩擦力的大小及方式的。

环节四：总结与拓展

1.回顾本节课所学的摩擦力的方式以及摩擦力在冰壶赛场上的应用

2.师生交流分享生活中还有许多需要增加或减小摩擦力的实例，比如自行车手柄的花纹、运动员手上擦的"镁粉"、在大理石地面铺粗糙的地毯等都是为了增大摩擦力；给机器上润滑油、将轴承抛光、轮滑鞋用轮子等都是为了减小摩擦力。在研讨过程中，教师将学生共同思考的结果用关键词或短语写在班级记录表中。

活动意图说明：对本课内容进行总结，并展现更多摩擦力在生活中的应用，以及人们是如何根据需要改变摩擦力大小的。

（三）板书设计

```
运动与摩擦力
摩擦力：阻碍物体运动的力
滑动　摩擦力大
运动方式
滚动　摩擦力小
冰壶运动
擦地：减小摩擦力
运动鞋：蹬地——橡胶底增大摩擦力，滑行——塑料底减小摩擦力
```

图3-13　板书设计

（四）教学反思

在四年级的科学课中，我们模拟了古人是如何运输重物的实验。经历了不借助工具→利用"滚木"→加上轮子的过程。学生不仅学到了生活中科技减小摩擦的方法，还切身体会到了工具和技术不断地进步，可以让我们的生产生活更加便利。

冰壶这项运动学生们大多只在电视上观看过，很少有人亲身体验。所以

在这一环节时,学生没有很好地体会到摩擦力的应用。有条件的话,应带领学生简单体验一下,观察真实的运动鞋,会比现在这样授课更加有效果。

"科技冬奥"创造了冬奥会的历史,历史的价值与意义恰恰在于能给未来以启示。尤其当今世界正在经历一场百年未有之大变局,在这一特殊历史时期,科技创新仍是我们这个时代一个关键的发展变量。"科技兴则民族兴,科技强则民族强",让我们接过前人的接力棒,从我做起,以知识、科学担当起新时代的重任,为科技强国贡献自己的力量。

(首都师范大学附属小学　王天宇)

七、道德与法治学科:冬奥中的道德与法治——尊重

(一)设计思路

1.结合 2022 年北京奥运会三个有关尊重的方面,尝试从道德与法治学科角度,思考"北京奥运会"的社会价值和教育价值。引导学生认识到每个人都值得尊重、体育精神值得尊重、多元文化值得尊重。

2.在学习的过程中,引导学生从道德与法治的角度看待本质,认识到生活事件中蕴含道德意蕴,培养学生积极地生活和体悟积极的价值与态度。

3.感悟北京奥运会独特的精神价值和内涵,认识体育运动的道德,增强学生对民族文化的自信心和自豪感,使学生的爱国情怀升华到一个新的境界。

(二)学习活动设计

环节一:每个人都值得尊重

1.教师谈话引入,让学生认识到北京冬奥会是一届特殊的奥运会,特殊在哪? 以及带来的价值。

2.2022 年 2 月 4 日,正值立春,奥林匹克的圣火又一次在北京点燃,来

自 91 个国家及地区的近 3000 名运动员参与了这场盛世。北京冬奥会开幕式及各项比赛中的精彩令全世界观众大饱眼福。你能说一说,在奥运会上,哪些人让你值得尊重?

图3-14　2022年冬奥会夺冠运动员

（图片来源:搜狐体育）

学生交流感受。

3.谈到尊重,我们可能更多提及的,是那些驰骋赛场、胜利夺冠的名人。但其实,在奥运盛会的背后,还有很多值得我们尊重的人。

图3-15　2022年冬奥会志愿者团队

（图片来源:《北京日报》）

4.北京冬奥会是新冠疫情发生以来,首个如期举办的全球综合性体育赛事。它的组织和运作,既需要强有力的领导力和组织协调,也需要一个又一个专业水平高超的幕后英雄。

设计意图说明:本环节通过呈现在冬季奥运会当中的相关名人冠军以及其他幕后工作者的图片导入本课,让学生认识到我们不仅要尊重有所成就的名人,还要尊重身边默默无闻的人。

环节二:尊重体育精神

1.教师介绍在北京冬奥会赛场上,不只是选手们表现抢眼,场边执法的裁判们同样存在感十足。

图3-16 冬奥会短道速滑项目混合团体接力决赛夺冠
(图片来源:新京报微信公众号)

有些观众只看了决赛,甚至只是看到夺冠的那一刻,其实整个比赛充满了曲折和艰辛,它的过程同样值得我们去用心感受。请大家看这两个案例:

案例一:在当天的半决赛中,张雨婷与任子威交接棒时没能成功导致落后。随后当值裁判在长时间回看录像后,判定其他队的队员犯规,中国队得以晋级决赛。

案例二:在短道速滑比赛中,交棒的队员在完成交棒之后应该迅速离开赛道,避免本队同时有两名队员在赛道上,也不能影响其他队伍队员的滑行。裁判的最终判罚,正是基于这样的规则。

2.这种一波三折的情节,让这块金牌显得更加来之不易,同时也更加让我们认识到,能够始终保持对规则的充分尊重,本身也是一种体育能力。体育

图3-17 冬奥会短道速滑项目混合团体接力赛中国队比赛现场
(图片来源:哈尔滨市冬季运动项目训练中心微信公众号)

的一大魅力,就在于它的规则性。正所谓无规矩不成方圆,有了规则才有最起码的公平可言,才具备比赛的前提。

3.武大靖讲述"全员拼"的团队精神

当然,和任何比赛的胜利一样,夺冠的关键还是在于出众的实力和奋勇拼搏的精神。武大靖在赛后坦言,在冲线前的最后一圈,"其实在最后我感觉到身后的人越来越近,这个时候是队友给了我力量,他们在支持我,一直在喊让我拼命滑"。

拼命滑,每个国家的每个队员都知道,但并不是人人都能做到。这种"全员拼"的团队精神,弥足珍贵。其实,不只是赛场上拼搏的队员,也不只是直播间热情的解说员,现场观众的呐喊和打气,电视机前中国观众,都无形中给出了自己的助攻。这枚首金的背后,是所有团结、专注、充满活力的人们。

4.其他体现体育精神的人物事例

图3-18 冬奥会中的"体育精神"
(图片来源:海外网)

5.总结:通过阅读资料我们能感受到"奥运的意义",深刻感受到竞技体育的精神——尊重对手、尊重规则,相互关爱、相互包容。

活动意图说明:教师从实例中引导学生看到冬奥会竞争对抗之外的温暖片段,认识到冬奥会不仅是一次对冰雪运动相关知识的普及,也是对冰雪运动中迸发出的体育精神的传递。

环节三:尊重多元文化

1.教师引入北京冬奥会开幕式入场音乐,激发学生对世界多元文化的兴趣。

尊重多元文化

这样一场如饕餮盛宴般的入场式音乐展现了中国对"有朋自远方来"的真诚与尊重，是对多元文化的理解与包容，更是对"人类命运共同体"的直接诠释。

运动员入场音乐引发广大网友的好评与热议，入场式音乐中循环播放的19首全是世界经典曲目，源自不同国家的不同时期不同流派，有巴洛克时期、古典乐派、浪漫乐派的扛鼎代表作，有体现不同地域地区的风格之作；体现了不同年龄层次人群的需要，情绪情感丰富多样，既有雄壮激昂的，也有轻巧活泼的，又有优美浪漫的，让各个国家运动员都能从中找到契合自己感受的"那一款"。

图3-19　冬奥会开幕式入场音乐彰显多元文化
（图片来源：腾讯网）

2.冬奥会作为全世界各国共同参与的体育盛会，为东方文化与西方文化提供了展示的契机。相信同学们对北京冬奥会开幕式印象深刻，其中，运动员入场音乐引发广大网友的好评与热议，入场式音乐中循环播放的19首全是世界经典曲目。

3.总结：这样一场如饕餮盛宴般的入场式音乐展现了中国对"有朋自远方来"的真诚与尊重，是对多元文化的理解与包容，更是对"人类命运共同体"的直接诠释。就好比北京冬奥会的主题口号"一起向未来"，体现了2022年北京冬奥会以更加开放、更加包容的姿态迎接世界各地的优秀文化来到中国，向全世界传达"以和为贵，和而不同"的中国哲学。"各美其美，美人之美"尊重世界文化的差异性，丰富中国文化的底蕴，更利于东西方文化彼此了解、相互促进，互学互鉴。

活动意图说明：引用冬奥会开幕式入场音乐，让学生初步了解世界文化的丰富多彩，提出"人类命运共同体"的理念，让学生树立文化自信，并以开放心态接纳不同国家文化，尊重差异。

环节四:全课总结

北京冬奥会通过发掘中国文化与奥林匹克文化之间的内在契合点,将中国特色元素、中国民族精神和中国传统智慧融入自然、融入冬奥、融入世界,体现了"世界大同,天下一家"的价值导向。

习近平总书记指出,应对共同挑战、迈向美好未来,既需要经济科技力量,也需要文化文明力量。北京冬奥会的"片片雪花",向世界传达了中国民族精神蕴含的吉祥、如意、梦想、开放等美好寓意,凸显了中国走向世界的从容与自信,更传递着"一起向未来"的中国智慧。

图3-20 冬奥会开幕式现场

(图片来源:《人民日报》体育微信号)

1.出示习近平总书记的讲话,提升学生对冬奥中蕴含的道德与法治学科认识高度,感受其政治色彩,体现学科特性。

道德与法治"冬奥"微课堂

"一起向未来(Together for a Shared Future)"

是态度、是倡议、更是行动方案,倡导追求团结、和平、进步、包容的共同目标,以更快、更高、更强——更团结,表达世界需要携手走向美好未来的共同愿望。

更是激励、是召唤、是凝聚,展现了人类面对困难和挑战时的坚强姿态,也表达了人类对美好明天的憧憬,传递了信心和希望。

图3-21 冬奥会主题曲"一起向未来"

2.教师引入"一起向未来"这首冬奥主题曲,让学生们认识到"一起向未来",这个口号展现了人类面对困难和挑战时的坚强姿态,也表达了人类对美好明天的憧憬,传递了信心和希望。

3.升华总结:同学们,让我们不惧风雨、战胜挑战,向身边那些值得尊重的人学习,弘扬体育精神,学习和接纳多元文化,不断完善自我,以共唱"一起向未来"结束本课。

活动意图说明:教师通过引导学生从北京冬奥会挖掘中国文化与奥林匹克文化之间的契合点,感受"世界大同,天下一家"的价值导向,并回归到本课主题尊重每一个人、尊重体育精神、尊重多元文化。

(三)板书设计

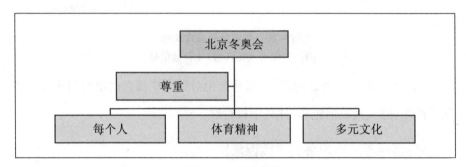

图3-22　板书设计

(四)教学反思

本课基于学生学习过与"尊重"有关的话题,从北京冬奥会的背景情境中,循序渐进地引导学生进入教学活动。本课充分利用冬奥会中的素材(人物事迹、文化素材等)引导学生认识到尊重每个人、尊重体育精神、尊重多元文化的重要性。教学设计为学生提供丰富的案例资源,让学生从生活中理解尊重的意义。在教学过程中还渗透了中国文化,激发学生爱国情怀。在多元文化方面,运用音频、视频素材让学生感受到文化的差异性以及尊重差异的重要性。在教学过程中,有待改进的是学生现场生成资源空缺,需要更多引导学生表达自己的收获和感受,在教学中设计前置学习任务,有助于学生更加充分地参与。

(首都师范大学附属玉泉学校　林丽霞)

八、信息科技学科:全民健身宣传卡

(一)设计思路

1.学生以全民健身宣传卡为主题,通过创作全民健身宣传卡,渗透构图知识和 Word 灵活使用,为整幅作品的完成做准备。

2.通过奥运精神的鲜活案例培育学生敢于拼搏的优秀品质,同时从中国运动员的顽强拼搏中品读中华民族矢志不移、勇毅向前的中国精神。加深学生胸怀祖国的爱国情怀。

(二)学习活动设计

环节一:创设情境,激发学生兴趣

教师为学生演示奥运会的宣传片,引出本课的主题:全民健身宣传卡。

1.今天我们来欣赏一段视频。看了这段视频你知道了什么?

2.这段视频是奥运会的宣传片,向我们介绍了奥运会的开幕时间,参与人数等许多信息。同学们,我们怎样用自己的方式来迎接这全世界的体育盛会呢? 今天我们就来制作一张全民健身宣传卡,让更多的人都能参与到体育健身的队伍中来。

环节二:学会制作立体字

1.出示宣传卡图片,首先请大家看一张宣传卡,同学们观察这张宣传卡上有哪些元素? 这张宣传卡是由标题、背景、人物图画以及艺术字的宣传口号四部分组成。今天我们学习制作宣传卡的立体字标题和背景。

2.请大家打开书第 22 页,看到第三个大标题"制作立体字标题",我们先一起来看一下这四个步骤。(请四名同学分别读这四步,教师操作提示)参照第 22 页的步骤制作出宣传卡的立体字标题"全民健身",也可以自己想一个与体育运动有关的主题。

3.有哪些同学成功地做出了立体字标题？请一位同学演示制作立体字。注意立体字中上面和下面的字错开的位置，相离太远就失去了立体字的效果,大家要根据需要适当地调整位置。（颜色、位置）

4.如果还没有复制文字就取消了文字选定框,我们怎么办呢?

5.大家按照同学演示的方法,完善自己的立体字标题。做好标题我们就要设计宣传卡的背景了,请大家把立体字标题的窗口最小化,重新打开一个新的画图程序。为了让大家宣传卡的纸张大小一致,如何来设置画纸的大小呢？把宽设置成 21 厘米,高 16 厘米。

6.同学们需要进行一下整体画面的构思,整体布局,发挥大家的创造力,设计一个有特色的宣传卡背景。

7.现在我们打开了两个画图窗口,怎样把刚才我们做好的立体字标题和现在的背景结合在一起,让他们成为一个整体？用复制、粘贴就可以完成。选定立体字标题并复制,在宣传卡的背景窗口中粘贴,把他放到合适的位置。粘贴的状态为"透明"。

环节三:合理布局画面

1.给你的宣传卡设计一个漂亮的背景。

2.合理布局画面,使作品美观。

3.把你的全民健身宣传卡送给同伴。

活动意图说明:奥运会作为弘扬体育精神的重要载体,是独一无二的体育精神名片,奥运会之所以魅力无限,让人心驰神往,不仅因为它更高更快更强的竞技体育水平,更因为它承载的体育精神,超越了体育运动本身,彰显着公平、公正、团结、奋斗等精神内涵。为此,我们应通过奥运精神的鲜活案例培育学生敢于拼搏的优秀品质,同时从中国运动员的顽强拼搏中品读中华民族矢志不移、勇毅向前的中国精神。加深学生胸怀祖国的爱国情怀。

（三）教学反思

本课教学，学生以制作全民健身宣传卡为主题。在学习的过程中激发学生学习的兴趣，在教师合理安排教学方法和时间的情况下，制定不同层次的学习目标，合理安排教学环节，吸引他们积极地参与到教学过程中来。在教学中重在培养学生的各方面能力，把知识内化。既体现了教师的主导作用，又调动了学生的主体参与。本课重点内容是制作立体字，制作的方法学生基本掌握，个别学生在粘贴立体字时，鼠标点了其他地方，以至于在移动立体字时出现问题，此处出现问题较大，其他方面较好，只是觉得时间上不是很充裕，但大多数学生完成了作品。

（首都师范大学附属玉泉学校　范磊）

第二章

阅兵中的学科德育案例

2019 年 10 月 1 日在北京天安门广场举行的国庆 70 周年阅兵反响热烈,全国人民的爱国热情空前高涨。本次阅兵通过电视直播吸引了无数电视观众同一时间参与其中,共同感受这一重大的仪式议程。受众情感在共鸣中被带入仪式所营造的氛围之中,完成了对国家认同的建构。国庆 70 周年阅兵仪式正是以建构国家权威、塑造国家形象、培养民族自豪感、加强国家认同为目的的政治仪式。学校以国庆 70 周年阅兵为教育契机,精心设计了"阅兵式中的学科德育"的校本课程系列的教育课程。课程内容主题明确、内容丰富、形式多样、极具吸引力。系列课程不仅以鲜明正确的价值导向引导学生,以积极向上的力量激励学生,激发了民族自豪感、加强国家认同感,同时也促进了学生全学科综合素养的提升。

"阅兵式中的学科德育"各学科的学习内容如下图所示:

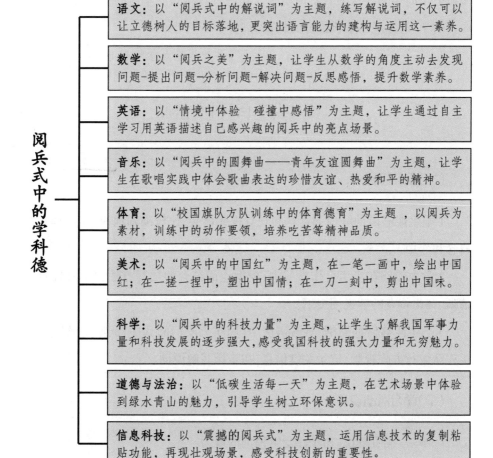

图3-23 "阅兵式中的学科教育"系列课程各学科情境创设对照图

通过以上图示可以看到,各个学科都是围绕"阅兵式中的学科教育"同一主题线,以阅兵式为内容,与学科知识链接,创设校本课程。课程借助社会大事,从全学科的角度挖掘育人素材,在学习全学科知识的基础上,发展学科核心素养,促进学生综合素养的提升。阅兵式中古代与战争和军事有关的成语、谚语、诗词得到了最充分的体现;分列式中如果只把步速和距离控制好,能够达到的效果就是在用一时间走完96米。

"阅兵式中的学科德育"系列课程,在学科学习的过程中,将知识的学习落在七十周年阅兵这一真实情境中，在进行具体知识学习的同时落实德育内容的学习,体现出学科德育的教育力量。

（首都师范大学附属小学　史春义）

一、语文学科:阅兵中的解说

(一)设计思路

1.学生能够借助解说词资料和观看视频体会,比较准确地说出解说词的概念和作用。

2.学生能够在小组合作学习中,根据点面结合的描写方法,列一份内容清晰、突出特点的解说词提纲。

3.学生能够借助提纲,观看国庆 70 周年天安门阅兵中"同心追梦"这一少先队游行方阵视频,记录关键信息,初步撰写解说词。

(二)学习活动设计

环节一:视听解说,初步感受解说词的魅力

1.播放 70 周年国庆阅兵方阵解说词,谈谈你的体会或感受?（战旗方阵）

【导入】同学们,国庆阅兵刚刚过去,哪些地方给你留下了深刻印象呢?(部队、武器等)其实,国庆阅兵不只带给我们震撼,让我们感受到国家的强大,里面还渗透着语文知识呢! 来,我们看下面这段描述战旗方阵行进过程的文字。

【解说词】由全军荣誉功勋部队代表组成的战旗方队正浩荡而来。领队是五大战区主要指挥员,他们是刘粤军上将、王建武中将、赵宗岐上将、李桥铭中将、朱生岭上将。100 面鲜红的战旗迎风飘扬! 100 个英雄部队的荣誉称号气壮天地! 为什么战旗美如画,英雄的鲜血染红了她。人民军队基因永不磨灭,红色血脉永远传承。

2.学生交流观看感受。教师提示:可以从语言表达、效果等方面谈阅读体会。

3.教师总结:这么一段简短的文字,从内容上我们脑海中浮现了战旗方队浩荡而来、气势恢宏的画面,从语言上我们发现这段话先介绍战旗方队浩荡而来,再具体写领队、100 面红旗的样子,这就是我们熟悉的点面结合的写作方法。

幻灯片中文字颜色加重:

内容结构:前言、主体(编排——横排、纵排;着装:穿、拿、簇拥、象征意义,有顺序的状物,集中表演时间)、结语

活动意图说明:以与学生交流对阅兵中最印象深刻的地方为切入点,激发学生的学习热情,从文字的初步赏析调动学生已有的知识经验,为进一步了解解说词做好铺垫。

环节二:调动感受经验,了解解说词的概念

1.教师询问:你觉得什么是解说词呢? 用自己的话说一说你的认识。

2.看视频,听解说,体会作用

【引导】看了视频,听了解说词,你又有什么感受?

3.学生看"战旗方阵"行进视频,听解说词,分享体会。

4.教师小结:解说词是一种听觉的艺术,是通过语言的描绘,对视觉感受的补充,它更能突出画面的主题。

活动意图说明:本环节在上一环节的基础上加入试听体验,调动学生多种感官,进一步体验解说词对强调视觉感受的重要辅助作用。

环节三:观看《少先队方阵》,撰写解说词

1.小组交流并完成一份解说词的提纲。

【引导】接下来我们再来看一段视频,也要写一段解说词。建议同学们从领队、着装、彩车以及你看到的画面、听到的声音、你的感受等方面重点关注。

2.小组依据提纲,完成一份解说词。

教师巡视,指导学生完成撰写。

提示:按照画面播放的顺序,引用点面结合的方式,撰写一段解说词,语言优美。

活动意图说明:本环节是对前两个环节学习方法的运用,创设新的语言环境,调动学生的多种感官,学生在小组合作下,每人分别负责一个部分,最终依据提纲完成一份完整的解说词,是整合运用的重要体现。

环节四:分享修正,我是小小解说员

1.学生小组派代表分享解说词,先读,同学间交流修正。

2.修正后,教师选择 1—2 名代表站在讲台前配视频,做小小解说员。

活动意图说明:此环节是检验学生解说词创作的重要过程,先让学生分享解说词,目的在于对照标准检验是否完好合格,同学间的互动补充有助于进一步完善。修正后的版本再进行视频解说搭配,教师指导表达,让学生全方位的体验解说的魅力。

环节五:全课总结

总结:本节课我们运用点面结合的方法撰写了一份属于你们自己的解说词,也体验了一把解说员的成就感。希望这样的方法不仅在黑板上,更要走进我们的生活,"学以致用、快乐无穷"。

活动意图说明:回顾整节课,让学生进一步了解语文学习的目的在于解决生活中的实际问题,体现语文学习的工具性和实践性。

(三)板书设计

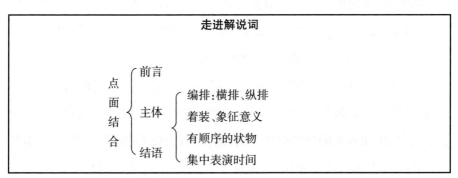

走进解说词

点面结合　{　前言

　　　　　　主体　{　编排:横排、纵排

　　　　　　　　　　着装、象征意义

　　　　　　结语　　有顺序的状物

　　　　　　　　　　集中表演时间

图3-24　板书设计

(四)教学反思

1.多角度链接生活,真实情境练习作文

2022 年新发布的语文课程标准指出:"在语文课程中,学生的思维能力、审美创造、文化自信都以语言运用为基础,并在学生个体语言经验发展过程中得以实现。"学生的新知识、新理解是在具体情境的问题解决中建构出来的。通过情境素材,将学习内容和真实生活进行链接,从而提升学生的核心素养。我们要提升并落实语言运用的能力,绝不是一两节语文课就能够实现的,而是要时刻关注、随时落实。本课着眼于时事要点,重点挖掘其中的语文学习训练点,与所学教材知识有机融合,练写解说词,不仅可以让立德树人目标落地,更能够突出语言能力的建构与运用这一素养。

2.挖掘学科德育,抒发爱国情

在教学中,我们由《开国大典》一文链接生活。观看几次典型阅兵场面,引发思考阅兵的历程、变化带给我们的视觉冲击。课堂上,学生们这样写道:"70 年前,我们的祖国刚刚成立,国力并不强盛,阅兵方阵不足十个,70 年后,万象更新,国庆阅兵不再是简单的方阵游行,更多的是国力强盛的彰显。我感到骄傲与自傲!""中国这只狮子已经苏醒,更多的中国制造业将走上世界舞台,我感到无上荣光!"

基于 70 年国庆这一真实历史背景,学生通过了解解说词、观看视频学习解说词、自己写解说词和小组合作修改解说词的环节,尝试用点面结合的写法记录本次国庆的精彩瞬间,呈现出了精彩的作品!

学科德育贯穿教学之中,不能仅仅是口号,也不能仅在班队会课上关注,而应该与生活真实情境相结合才真的有意义。我们要抓住这良好的教育契机,让学生在真实的情境中学习表达,发展语言的同时,发挥学生思维和审美能力,激发孩子的家国情怀,体现出学科德育的教育力量!

(首都师范大学附属小学　王丽英)

二、数学学科:阅兵之美

(一)设计思路

1.结合国庆 70 年阅兵中的三个小故事,尝试运用数学知识进行问题解决,在提出问题、分析问题、解决问题的过程中积累问题解决的经验,提升问题解决的综合能力。

2.在尝试交流讨论的过程中,提升应用能力,即尝试用数学眼光看世界,用数学思维思考世界,用数学语言表达世界。

3.感悟阅兵之美,体会数学的奥秘,感受祖国的强大与富强。

(二)学习活动设计

环节一:分享阅兵感受

1.教师谈话引入,让学生谈谈看完国庆 70 年阅兵后的感受。阅兵之美、美在哪?

学生交流阅兵感受:雄伟! 壮观! 震撼! 兴奋!

2.引入课题和介绍本节课,分享三个阅兵故事。

故事一:破解"6 米"之谜

故事二:为了神圣的那一刻

故事三:如果我来解说"东风-41"

环节二:破解"6 米"之谜

1.教师介绍这次阅兵是有将军领队的,将军距离第一排距离是 6 米,引导学生思考为什么是 6 米而不是 7 米?

图3-25　阅兵时将军与士兵站位图

2.教师介绍领队将军的作用,并介绍踢正步一步 75 厘米,引导学生思考。

讨论后让学生再次欣赏当时的场景(视频),发现美的背后是有数学支撑的。

学生先进行独立思考,在教师的引导下小组讨论:为什么是 6 米而不是 7 米?

接下来进行全班汇报和交流。

3.总结出 6 米正好是 8 步,说明将军踩到敬礼线后,士兵 8 步后也到敬礼线,如果是 7 步的话,第一排士兵就不可能踩到敬礼线了。

活动意图说明:通过"6 米"之谜,让学生思考美背后的数学问题,6 米正好是 8 步,也就说明将军踩到敬礼线后,士兵 8 步后也到达了敬礼线,当用数学眼光再次观看阅兵会有不同的感受,让学生体会数学的神奇。

环节三:为了神圣的那一刻

1.教师引导学生思考:当士兵踢正步走过检阅区的时候,无疑是神圣的,作为阅兵指挥官,要算出方队通过检阅区的时间,需要知道哪些数据?

学生交流讨论后发现需要知道检阅区的长度、方队的长度、方队的速度。

检阅区的长度:

教师介绍:天安门前东西两个华表之间的距离就是检阅区的长度96米。

方队的长度:

教师课件出示:将军脚尖到第一排脚尖6米,后面14排都是前一排脚跟到后一排脚尖0.9米,脚长0.3米。

引导学生在图中找一找6米、0.9米、0.3米的位置。

学生能在学习单中标注出6米、0.9米、0.3米的位置。独立思考后准确进行计算:$6 + 14 \times 0.3 + 13 \times 0.9 = 21.9$(米)

教师引导学生反思,我们是如何解决这个复杂的问题的?

学生总结解决复杂问题的办法:可以画图来帮忙、分类思考问题。

方队的速度:

教师介绍士兵踢正步,1分钟112步1步是75厘米。引导学生思考如何根据这三个数据求出方队的速度?

学生独立思考,并计算:$112 \times 0.75 \div 60 = 1.4$(米/秒)

教师介绍高铁速度:250千米/时 69.4米/秒让学生反思数据背后的意义。

2.计算方队通过检阅区的时间。

方队长21.9米,他们以1.4米/秒的速度,通过96米的检阅区,需要多少秒?

学生独立思考,并计算:$(21.9 + 96) \div 1.4 \approx 84.2$(秒)

教师通过照片,介绍神圣的84.2秒的背后,是士兵提前5个月开始训练,每天训练10多个小时,每天踢腿2万余次,3万步行进,平均每位士兵踢坏1.5双皮鞋。最后以最威武的英姿,接受祖国和人民的检阅。

活动意图说明:让学生通过阅兵这个情境,回顾之前的"植树问题"和"火车过桥问题"。开放式的问题,让学生综合运用有关知识解决实际问题,培养学生的问题意识、应用意识、创新意识,积累学生丰富的活动经验,提升学生解决问题的能力。问题层层深入,并且在一条主线:士兵通过检阅区时间,让学生体会阅兵之美,士兵背后的辛酸。

环节四:如果我来解说"东风-41"

1.教师介绍装备区最后出场的是东风-41,让学生通过视频了解东风-41。

2.教师提出问题:东风-41如果打到距离咱们10000千米的A城市,需要20分钟,你能计算出东风-41的速度是多少千米每小时吗?是多少千米每秒呢?

学生在解决问题的过程中,教师引导学生注意单位之间的关系。

学生能通过20分钟和1小时之间的关系推算出东风-41的速度是3万千米/时。$30000 \div 3600 \approx 8.3$(千米/秒)

3.解说东风-41,教师出示东风-41通过检阅区的时候,解说员康辉和海霞的解说词,引导学生用刚才计算的数据来解说东风-41。

学生先小组内交流自己的解说词,再全班进行交流。

活动意图说明:在单位换算的环节上,让学生明确关系对解题的帮助,找到关系,会有新的发现。通过视频的介绍,让学生在了解东风-41的同时,发展学生的综合能力,不仅了解到祖国武器的威力,更了解到祖国的强大。

环节五:全课总结

1.教师再次提出课前的问题:"阅兵之美,美在哪?"

学生交流、补充:

美在力度

美在精度

美在速度

2.全课总结:希望这些数不仅在黑板上,更要住进我们的心里,"心中有数、更加美好"。

活动意图说明:回顾整节课,让学生总结出阅兵的美,美在力度、精度、速度。让数扎根在学生心中,心中有数,更加美好,带着美好继续寻找生活中的美。

(三)板书设计

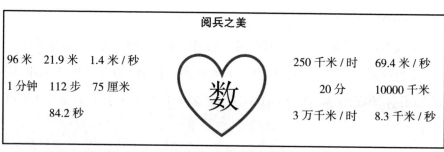

图3-26　板书设计

(四)教学反思

1.落实新课标理念,更注重实效、实用

"以学生的发展为本,让学生经历数学学习的过程",是新课程标准提出创设有效问题空间,落实课程标准的理念,突出培养学生问题解决能力,通过阅兵这一情境,让学生从数学的角度主动去发现问题—提出问题—分析问题—解决问题—反思感悟,去经历、去思考、去应用,积累解决问题的经验,提升数学素养。

这节以实践与综合应用为主的拓展性数学课上,着力于学生应用意识的培养、转化策略的运用以及模型思想的渗透,让学生充分感受数学好玩、有用。

2.注重学科德育,厚植爱国心

在观看阅兵中,视觉上的整齐划一与听觉上的响彻云霄,威武雄浑、磅礴荡气,不由得让人热血沸腾、激情万丈。作为一场盛大的军事仪式,阅兵既是对外展示形象,又是对内与民同庆,具有深刻的社会作用。在阅兵的情境中,学生被现场仪式的气氛所感染和带动,尽情感受富国强兵的自信与豪迈。

故事 1 让学生通过问题的思考,体验到生活中的对称美、节奏感都与数学有关,原来美的背后有数学在支撑着;故事 2 让学生了解在神圣的 84.2 秒的背后是士兵们每天艰苦的练习,让学生心中有所触动;故事 3 让学生了解到用数据说话更有说服力,心中有数,解说就更加美好。三个故事层层递进,让学生发现阅兵之美,不仅体现在它整齐划一、场面壮观的外在形式上,更体现在其宏大、深远的意义之美上,进而激发学生热爱祖国的情感!

（首都师范大学附属小学　罗予晴　张瑶）

三、英语学科:情境中体验　合作中感悟

(一)设计思路

1. 引导学生通过 Jigsaw Reading 合作阅读介绍新中国成立 70 年阅兵精彩片段的文本,回顾阅兵中展现出来的军人风姿,武器的先进,国力的强大,让孩子能够真实地感受到作为一名中国人的自豪感。

2.通过提问和讨论等形式进一步让学生了解在我们伟大祖国成立 70 年来的巨变,感受伟大祖国灿烂、辉煌的飞跃史,提高学生朴素而深沉的爱国情感。

3.尝试用英语介绍自己感兴趣的阅兵中的精彩片段,培养学生的爱国主义精神,增强民族自信心和民族自豪感。

(二)学习活动设计

环节一:Pre-reading:视频导入,激发兴趣

1.教师播放国庆阅兵视频精彩视频,师生共同观看。

2.教师提问:What did you see during the military?

3.教师引导学生复习阅兵中徒步方队和装备方队的英文名称。

空中护旗梯队:air echelon escorting flags

仪仗方队:formation of Guard of Honor

陆军方队:the PLA Army formation

海军方队:the PLA Navy formation

空军方队:the PLA Air Force formation

火箭军方队:the PLA Rocket Force formation

女兵方队:formation of servicewomen

空中梯队:air echelons

活动意图说明:通过提问师生共同回忆国庆阅兵的精彩瞬间,引入话题,激发学生阅读兴趣。阅读材料难度较大,通过回忆激活学生已经学过的阅兵方队的英文名称,为学生的英语文本奠定基础。

环节二:While-reading:拼图阅读,合作学习

1.师生共读文本

①观看空中护旗梯队、地面徒步方队、地面装备方队、空中梯队顺序通过天安门广场的视频片段。

②师生共同阅读总体介绍阅兵方队的文本。

The military parade is divided into four major categories: aerial flag bearing units, infantry formations, military hardware and aircraft.The showcase includes around 15,000 military personnel, 160 aircraft, 580 military hardware, 59 formations and joint military band in total, making it the biggest military parade in recent history.

图3-27 徒步方队图

资料来源:中国日报中文网网址:https://weibo.com/chinadailywebsite

活动意图说明:通过师生共同阅读文本,帮助学生通过查字典,查找关键词等方法帮助读懂文本,为后面学生自主阅读提供方法的支持与帮助。

2.基地小组,自主阅读

教师将阅读材料分成四个部分,并在阅读材料上标好 A,B,C,D,分配给基地小组的每个成员,保证每个成员所拿到的阅读材料是不同的。每名成员阅读自己的材料,查出关键词理解文本大意并尝试正确朗读。文本分配如下图:

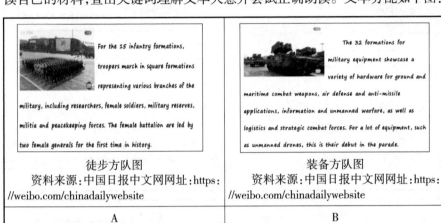

徒步方队图 资料来源:中国日报中文网网址:https://weibo.com/chinadailywebsite	装备方队图 资料来源:中国日报中文网网址:https://weibo.com/chinadailywebsite
A	B
空中梯队图 资料来源:中国日报中文网网址:https://weibo.com/chinadailywebsite	群众游行图 资料来源:中国日报中文网网址:https://weibo.com/chinadailywebsite
C	D

活动意图说明:由于四段文本中生词较多,文本难度比较大,通过四人小组合作,降低了任务难度,每位同学阅读量变小,学生可以充分地研读文本。

3.专家小组,讨论交流

所有拿到相同阅读任务的学生组成一个专家小组(expert group)。

①学生在专家小组中讨论文本大意,保证正确理解文本内容;

②学生互相纠正单词发音,尝试正确朗读文本;

③学生互相演练如何向基地小组组员讲解本篇阅读材料中出现的生词及内容等。

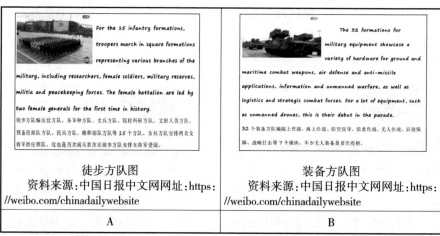

徒步方队图
资料来源:中国日报中文网网址:https://weibo.com/chinadailywebsite

A

装备方队图
资料来源:中国日报中文网网址:https://weibo.com/chinadailywebsite

B

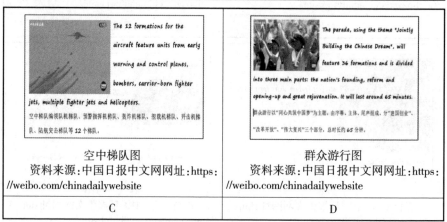

空中梯队图
资料来源:中国日报中文网网址:https://weibo.com/chinadailywebsite

C

群众游行图
资料来源:中国日报中文网网址:https://weibo.com/chinadailywebsite

D

活动意图说明:学生通过专家组研究讨论,互相学习,确定学生成果的正确性,增强学生的自信心,为基地组的拼图阅读打基础。

4.拼图重组,互教互学

学生回到基地小组,轮流汇报自己的阅读文段(包括向小组成员解释新单词、传授学习技巧等),帮助小组中其他成员读懂自己负责的阅读材料的信息。

教师在班上各个小组走动,观察任务完成情况,予以一定的指导,并对各小组的合作情况进行记载和评价。

活动意图说明:通过Jigsaw Reading提高学生在课堂的参与感,培养学生学习以外的综合能力,比如交流、人际交往和合作能力。

环节三:Post-reading:梳理回顾,感受盛世庆典

1.师生共同观看视频。

2.小组合作为四幅动图配解说词。动图展示的分别是地面徒步方队,地面装备方队,空中梯队及群众游行,与学生合作阅读的文本契合,学生配合动图朗读文本。

活动意图说明:师生再次共同观看阅兵视频片段,激发学生自主介绍阅兵精彩亮点的兴趣,学生配合动图朗读文本,模拟参与阅兵经典场面的解说,亲身感受盛世庆典。

(三)板书设计

More about the Military Parade

徒步方队图
资料来源:中国日报中文网网址:https://weibo.com/chinadailywebsite

装备方队图
资料来源:中国日报中文网网址:https://weibo.com/chinadailywebsite

More about the Military Parade	
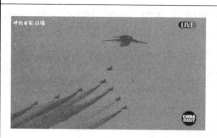	
空中梯队图 资料来源：中国日报中文网网址：https：//weibo.com/chinadailywebsite	群众游行图 资料来源：中国日报中文网网址：https：//weibo.com/chinadailywebsite

（四）教学反思

拼图阅读策略是以拼图游戏的活动方式展开，它有趣，刺激，容易调动学生们的学习积极性。国庆大阅兵的相关阅读材料难度较大，采用这样的阅读方式增加了学生的阅读兴趣，降低了阅读的难度。互教互学都大大降低了学生面对老师的压力与焦虑，大部分学生都能够通过同学互助完成学习任务。

学生在小组之间的交流与磨合中，开始学会尊重、学会倾听、学会讨论、学会表达与学会合作。就国庆阅兵的精彩场面这一话题，大量的同龄人之间的交流探讨，学生更容易畅所欲言，大胆表示自己赞同或反对的意见。学生能够从自己的视角感受阅兵场面的震撼。与同伴一起回顾各式坦克车、装甲车一辆接着一辆驶过，飞机从空中划过，气势如虹，更容易让他们心潮澎湃，感叹祖国的强大。

学生在自主学习，小组讨论中体验新中国成立70年以来的巨变，增加学生的民族自豪感。使学生明白他们应当勇于担负时代新使命。少年强，则国强！中华民族伟大复兴梦，强国梦，需要全员践行，需要全员不断拼搏、不断奋进，满怀信心和期待，踏上新征程，奋发新作为，谱写新篇章，放歌新时代！

（首都师范大学附属小学　郑野　刘冰玉）

四、音乐学科:国庆阅兵行进之美

(一)设计思路

1.结合国庆 70 年阅兵仪式,感受国强,感受军容、军威的同时,了解阅兵式上的"进行曲",感受行进之美。

2.引导学生感受阅兵背景音乐,通过实践感知、体验与理解进行曲的节拍特点与音乐魅力,逐步提高感受美,欣赏美的能力,从而可听辨不同的音乐体裁。

3.感受阅兵之美,引导学生树立正确的民族观、国家观、文化观,增强爱党、爱国的情感。

(二)学习活动设计

环节一:聆听、欣赏,感受阅兵仪式

1.音频欣赏:让学生谈谈这段音乐适用于什么场景?

学生交流:阅兵、入场、队列……

2.视频欣赏:重温国庆 70 周年阅兵式场景

活动意图说明:整体感知进行曲音乐风格,感受阅兵仪式的震撼画面,激发情感。

环节二:分享阅兵感受

1.教师谈话引入,让学生谈谈看完国庆 70 年阅兵方阵,说一说步伐整齐的原因?

学生交流阅兵感受:服装一致、身高一致、速度一致……

2.学生听三段不同的音乐在教室内行进体验,引入本课学习。

音频 1:　4/4 拍　摇篮曲

音频2：　3/4拍　圆舞曲

音频3：　2/4拍　进行曲

活动意图说明：听辨不同体裁音乐作品，用身体感受音乐节拍，得出相应结论。再结合阅兵画面，感受进行曲的特点。

环节三：感受阅兵中的军人形象

1.知识讲授：什么是进行曲？

进行曲是行进时演奏的乐曲，是一种音乐体裁，进行曲是一种富有节奏步伐的歌曲。最初产生于军队的战斗生活，用以鼓舞战士的斗争意志，激发战士的战斗热情。后来人们在社会生活中也常采用这种体裁来表达集体的力量和共同的决心。

雄劲刚健的旋律和坚定有力的节奏是进行曲的基本特点。

2.聆听音乐，谈谈进行曲有什么特点？

引导学生从情绪、速度、力度、演奏形式去分析。

体裁	节拍	速度	力度	演奏形式	音乐情绪
进行曲	2/4	中速稍快	强	管乐合奏	坚定有力、慷慨激昂

图3-28　分析音乐要素

学生总结：坚定有力、慷慨激昂，音乐速度与行进速度一致，力度强，演奏形式管乐合奏，表现了解放军英勇奋战的形象和革命精神。

3.《中国人民解放军进行曲》作品分析

作品源于歌曲《中国人民解放军军歌》改编而成器乐曲，乐曲开始的号角声象征着冲锋号的集结。

图3-29　号角旋律

作品节奏以连续切分、前八后十六以及附点节奏的出现,给人以鼓舞士气、威武的画面感,引导学生发现铿锵有力的情绪来自音乐节奏的支撑,感受行进之美。

图3-30　《中国人民解放军军歌》谱例

4.分组视唱,讨论用什么样的演唱方法表现作品?

学生交流:用气息来控制力度和音高,同时口腔打开,用歌唱状态控制演唱,表现出铿锵有力与步伐的一致。

活动意图说明:通过对作品的分析、加强对进行曲特点与音乐风格的理解。

环节四:如何表现神圣的阅兵时刻

1.教师引导学生实践:当学生随音乐行进时,用肢体感受进行曲,怎样才能更好地表现行进。

学生交流:感受之后,学生寻找解决办法,用力量与节奏控制身体,摆手及迈步的位置;音乐的速度要与行进速度保持一致,步伐的距离要统一;要体现精神饱满的状态,需要挺胸抬头均匀呼吸。

2.再次实践活动,感受阅兵的行进之美。

活动意图说明:让学生通过阅兵这个情境,回顾之前对音乐的节拍、节奏、力度、速度、情绪等认知,综合运用到行进中,理解队列整齐的步伐需要个体的精准,个人步伐行进速度与音乐速度一致是需要音乐与肢体的高度配合,让学生综合运用有关知识解决实际问题,培养应用意识,提升学生解决问题能力。整节课围绕音乐体裁与阅兵的主线,让学生体会阅兵行进之美。

环节五:全课总结

1.教师再次引导学生回归到相关知识,如何听辨不同音乐体裁?

学生交流、完成三种题材的听辨与分析。

行进之美——感受进行曲体裁的美

阅兵之美——视听感受抒发爱国情怀

2.全课总结:国庆阅兵是一场盛大而庄重、让人倍感震撼的仪式,不仅让我们大开眼界,更展示了我们国家军人的风姿、武器的先进、国力的强大,我们从阅兵中感受到国家的强大,未来更需要祖国的后备力量,需要你们去建设未来。

设计意图说明:回顾整节课,让学生总结行进之美,美在音乐与步伐的统一,美在进行曲的震撼;阅兵之美,美在仪式中的视听感受,美在爱国的情怀。

(三)板书设计

国庆阅兵　行进之美					
体裁	节拍	速度	力度	演奏形式	音乐情绪
进行曲	2/4	中速稍快	强	管乐合奏	坚定有力慷慨激昂

图3-31　分析音乐要素

（四）教学反思

1.落实学科新课标理念

2022版新课标提出，教育要体现国家和民族基本价值观，需进一步明确"培养什么人、怎样培养人、为谁培养人"，同时艺术课程培养的核心素养包括审美感知、艺术表现、创意实践、文化理解，其核心素养的导向指向立德树人。

本课我们结合进行曲体裁与阅兵仪式的教学，使音乐价值建构在情感态度价值观的获得。其中，审美感知是本课学习的基础，先让学生听辨音乐感受音乐与行进，再从中领悟音乐特点及进行曲与行进的感受，从而使学生参与活动的必备能力在实践中提升。阅兵视听与模仿，在文化理解层面上是学生通过自身实践参与获得和总结出的正确价值观的审美感知、艺术表现和创意实践，注重了学科德育的渗透，厚植了爱国之心。

2.注重学科德育功能

随着课程与教学改革的推进，育人的针对性与有效性、时代性的把握尤为关键，新时代的学生不能理解幸福生活与革命先驱有什么关系？他们甚至认为从小就如此生活。为了达到发挥学科课程和课堂教学的德育功能及育人效果，本节课，我们设计了基于学科的德育教育，结合70周年阅兵的壮观场面，给学生体验和感悟，通过对进行曲的体验感受阅兵式整齐划一的步伐是多么艰辛训练的结果。促进学生理解和欣赏进行曲体裁，梳理知识与德育的教育点，达到知与行、情与境的结合，使德育元素在学科知识中有效融合，从而通过活动落实立德树人的根本任务。

（首都师范大学附属小学　杨颂　王春蕊）

五、体育学科:国庆阅兵中的体育之美

(一)设计思路

1.结合国庆阅兵的动作,科学合理地设计四个教学活动,同时联动小学生的特性,进行整体性的架构,让国庆阅兵渗透到体育教学之中,帮助小学生培养爱国意识。

2.在体育活动的参加中,逐渐提高运动能力,培养学生体育精神,通过国庆阅兵感受运动乐趣。

3.感受阅兵中的体育之美,逐渐形成热爱体育、积极锻炼的良好习惯。

(二)教学活动设计

环节一:情景引入,体验国庆阅兵之流程

1.教师利用多媒体展示技术,将新中国成立时的视频播放出来,并且也下载相关的国庆视频,播放给学生,让学生感受国庆阅兵的神圣和庄严。教师做好导入,问学生观看之后的感受,让学生进行回答,从而奠定学习的氛围。

图3-32　国庆阅兵方阵展示

(图片来源于:https://www.meipian.cn/2fgeai0c;https://www.binzhouw.com/app/detail/184/258073.html)

2.老师和学生进行积极的、有效地互动和交流,向学生提问有关阅兵的

小故事,学生可自由回答,从而活跃课堂气氛。

3.老师给学生播放国歌《义勇军进行曲》,让学生结合每周升旗仪式,谈谈自己的感受,如何更好地做新时代的小标兵,成为合格的、优秀的少先队员。

环节二:有效参加,感受国庆阅兵之实践

1.老师引导学生走正步,每个学生要保持姿势的正确性,要注意动作的协作性,前后的距离,要保持队列的整齐、划一、有序。老师在这过程中,需要告诉学生"团结就是力量"的道理,只有融合到集体中,才能书写出不一样的风采,以此加强对学生的德育教育,促进学生认知的转变,逐渐从个体的小我中走出来。

2.老师引导学生进行跑步,按照跑步走的口令、动作要求,进行全面推进,让学生向着国庆阅兵的队列学习,在跑步的过程中,既需要保持速度,也需要保持整齐,从而切实增进对军人风范的了解,保持对军人的感激、尊敬之心,以此为基础,促进对国庆阅兵精神的学习和传承。

活动意图说明:通过情景的引入,是为了让学生知道本节课将要讲的内容,并完成准备活动,从而将学生的注意力拉回到课堂之中。接着通过系列活动,以学生为中心和主体进行参加,可以切实增进学生对国庆相关动作的体验,从而很好地把握国庆阅兵的神圣性,逐渐培养学生的爱国意识和素养。

环节三:强化练习,体验军人之不易

1.学生热身完成之后,就开始了前翻滚的教学实践活动,在前翻滚的课程推进之中,首先放一些武侠方面的音乐,让学生能够有足够的热情参与到前翻滚的体育教学之中。例如老师可以链接《士兵突击》里的相关内容,让学生进行观看,从而掌握军人背后的不易,然后开始前翻滚的教学实践,老师逐步地给学生讲解和示范,让学生知道前翻滚的动作标准,在根据学生在前翻滚动作上的完成度与标准度对动作不规范、未到位的学生进行一对一的指导,让前翻滚教学能够顺利推进。

2.学生在前翻滚实践上的时长设置为 15 分钟,15 分钟前翻滚的运动结束后,让学生回答在前翻滚运动中一整套动作的执行过程,在运动中需要注意的地方等。比如学生在前翻滚动作的下蹲阶段,应该将身体前倾,头部收缩。同时和学生进行充分的互动和交流,我会问学生"你们在前翻滚的时候是怎样翻滚的? " 学生会回答"收缩身体,借助力道,双手撑地,保护好头部等",利用提问,增进学生对前翻滚的全面理解、系统掌握。

活动意图说明:学会前滚翻的基本技术,课程的最后,在我的引导下进行了总结,将本节课的关键内容进行了点题,升华了主题,告诉学生体育锻炼的重要性,平时锻炼身体的重要性。当然,更为重要的是让学生感受和体会军人的那份不易,让学生切实体验到保家卫国。

环节四:升华主题,国庆阅兵之精神

1.利用 5 分钟的时间,和学生一起回顾本节课的教学内容,升华教学主题,让学生知道国庆阅兵的意义,引导学生表达本次阅兵系列活动的感受,例如学生会说:前翻滚很累。老师需要借着学生的话,告诉学生,阅兵上的军人叔叔比这更累,所以才会有现在幸福的、平稳的生活,要存在感激之心,为这些守护我们的人。这样可以增进学生对国庆阅兵的真正理解和全面了解,让学生感受到国庆阅兵的价值性。

2.老师和学生进行互动,让学生主动地表达本节课学习后的感受,通过系列活动,能够深度地掌握国庆的意义,继承和发扬国庆精神,以更好的姿态投入日常生活、学习实践之中,让学生将国庆的精神内化于心、外化于行,从而去遇见更加美好的自己,成为祖国需要的小花朵。

活动意图说明:升华主题系列活动,是为了强化课程内容,凝结教学主题,让学生知道本节课的主要内容是什么,学生需要掌握什么,以此促进学生对国庆阅兵意义的理解和掌握,用来指导自己的学习、生活,不断增进自身的德育素养和核心品质,不断地去成长、去收获。

（三）教学反思

本案例充分依据学生的学习规律和认知特点,推进教学实践工作,主题明确,目标清晰,层次脉络清楚,过程明确,可执行性强,学生在整个课堂的参与中,可以全身心的投入,全方位的参与,然后根据教学任务和目标完成教学内容的学习和掌握。整个教学过程较为科学、合理,推进学生运动能力,促进学生的综合、全面发展和提升。让学生切实了解和掌握了国庆阅兵的意义和价值,有助于在系列活动中塑造学生的德育素养,帮助学生形成内在的效能感。

教学实践的推进,在于因材施教、立足实践,按照体育课程教学目标的要求进行的教学实践的推进,就要在国庆阅兵教学实践中挖掘更多的元素来激发学生参与兴趣。老师要及时了解与掌握学生对活动的推进情况,有的放矢、有所针对性地教学,提升教学的效果和质量。老师更要有寓教于乐的意识,要让学生在运动中找到一定的兴趣与意义,增进对体育锻炼的兴趣。

（首都师范大学附属小学　刘培文）

六、美术学科:阅兵中的中国红

（一）设计思路

1.国庆 70 年阅兵给孩子们留下了深刻印象,至今历历在目,借助国庆70 周年天安门阅兵这一真实情境,提炼中国红,让学生更深刻地理解红色,理解中国红的意义所在。

2.通过图片欣赏、小组探究等多种形式学习色彩知识,引导学生综合运用绘画、面塑、剪纸等艺术形式进行艺术创作,提升学生的美术表现和创意实践能力。

3.深度学习中国红的文化内涵,感受它独特的色彩魅力,在掌握三原色知识的同时感受中华民族的优秀传统文化。

(二)教学目标

1.通过赏析图片,说出红色给人带来的感受以及在中国文化中的寓意。

2.通过探究活动,以中国红为主题,创作出一件作品。

(三)学习活动设计

环节一:回顾阅兵精彩瞬间

1.教师播放阅兵截取视频及图片,让学生观看并回忆精彩瞬间。

2.谈谈自己对于观看阅兵之后的感受。

学生交流感受:雄伟! 壮观! 激动! 自豪!

环节二:认识中国红

1.教师以刚才出示的图片中进行追问,场景中哪种颜色出现得最多?

在课堂中孩子们发现阅兵中灯笼的红、花车的红,甚至军装上、国旗上的红。

教师引导学生共同总结出红色并引出课题:阅兵中的——中国红

图3-33　阅兵中的中国红

(图片来源:百度图片)

2.教师介绍中国红就是三原色中的红色,它是不可调和的颜色。

图3-34　三原色概念

活动意图说明:认识三原色和三原色的性质,了解中国红的独特性。

环节三:红色的情感

1.教师引导学生思考:一抹中国红,醉了无数人,它是紫禁城的宫墙,又是挂在高空中的灯笼,请你结合自己的生活经验,说一说红色的象征和寓意。

学生交流讨论后总结出:

● 中国红象征着热忱、奋进、团结的民族品格。

● 红色是中华民族最喜爱的颜色,甚至成为中国人的文化图腾和精神皈依,代表着喜庆、热闹与祥和。

2.教师进行情感的升华,让学生再次感受祖国的强盛,引发民族自豪感。

图3-35　阅兵中的红色色彩图片

(图片来源:百度百科)

活动意图说明:学生能够感知红色的情感价值,提升民族自豪感,在感情升华后提出创作意图,提升学生文化理解能力,让学生理解在用红色创作绘画的同时需要富有丰富深刻的民族情感。

环节四:我的构想是什么

1.教师出示以红色为主题的艺术作品,如绘画、面塑、剪纸等。

图3-36 红色主题艺术作品欣赏

(图片来源:百度图片)

开阔学生的创作思路,为学生提高创作水平搭建桥梁。

2.教师提出问题:欣赏了这么多作品后,你有什么构思和想法?请你谈一谈,说一说。

学生在观看后,在原有的认知基础上理解了更多的创作途径,表达出自己的构思设想:创作红色的风景、用陶泥捏制传统玩具、用剪纸剪出生活的趣事等。

活动意图说明:以学生的已知建构新知,出示多种创作形式开拓学生的创作思维,为学生的创造助力,可以让学生的作品形式更加丰富多样。

环节五:艺术实践

1.教师提出艺术实践要求

以"中国红"为主色调,选择你喜欢的方式创作一幅具有美感和情感的作品。

学生根据要求进行艺术实践,教师巡堂辅导。

图3-37　中国红艺术作品图片

(图片来源:百度图片)

活动意图说明:在实践中爱上红色,爱上中国红,提高色彩感知能力;自由创作,求异创新,提升美术表现和创意实践能力。

环节六:展示评价

1.教师出示评价量表,引导学生进行自评

2.作品展示,组织学生之间点评,鼓励学生运用自己的语言发表自己的

看法

图3-38　自我评价标准

　　设计意图说明：培养学生的审美能力，通过自我评价体会成功的喜悦。作品介绍提升表达能力，在相互评价中发现自己的不足，鉴赏中发现他人的闪光点。

(四)板书设计

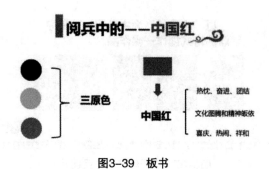

图3-39　板书

(五)教学反思

1.以艺术核心素养贯穿全课程

　　最新艺术课程标准中明确指出：艺术课程的审美感知、艺术表现、创意实践、文化理解四个核心素养相辅相成，相得益彰，贯穿艺术学习的全过程。在整个阅兵中的中国红课程中，从视频、图片的色彩提炼中国红的象征寓意，多种表现形式地创意表达,到最后多维度地鉴赏评价,这一系列连贯地教学活动,旨在引导学生学习色彩知识的同时感受中国人崇尚红的习俗,大胆地运用美术知识与技能进行"以红色为主题"的作品创作。通过探究实践,学生爱上了红色,爱上了中国红,他们用红色渲染团圆饭热闹的氛围;传递春节即将临近的喜悦;表达中国龙的大气蓬勃。创作了一系列以中国红为主题的艺术作品,深深地表达了他们对家对国的热爱。

2.美育与德育的有机融合

阅兵仪式中雄伟壮观的场景、英姿飒爽的军人、精神饱满的人民,一幕幕以最直观的视觉形式展示在学生的面前,让学生尽情地感受到伟大的中华民族已经站起来、富起来、强起来。其中最能体现节日氛围的当属那一抹靓丽的中国红——热情、激昂、饱满!通过鉴赏,让学生再一次认识中国红,从了解、熟悉到热爱。了解红色的色彩特点与青花蓝、琉璃黄、国槐绿等构成一道缤纷的中国传统色彩风景线。在艺术表现上鼓励学生开放、自由选择表现形式,形式的多样性创造出无限的可能性,一件件绘画作品、面塑作品、剪纸作品的产生直接传达出学生对祖国的热爱,体现出学生强烈的民族自豪感、荣誉感,既抓住了红色情感表达的美育点,又抓住了热爱祖国的德育点。

(六)学生作品展示

图3-40　学生作品欣赏

（首都师范大学附属小学　边世燕）

七、科学学科：阅兵中的科技力量

（一）设计思路

1.阅兵展现科技力量

人类的生活与科技的发展息息相关,时时刻刻都能感受到科技的力量。随着科技的进步,科技成果越来越迅速地应用于社会生活中,深刻地影响着人类的生活方式。科学课的学习不但加深了学生对科技的认识,而且提高了学生的科学素养。国庆大阅兵不仅显示了我国军事力量和科技发展的逐步强大,而且也让学生感受我国科技的强大力量和无穷魅力。

2.教学内容分析

《像火箭那样驱动小车》一课是教科版《科学》五年级上册第四单元的第三课。在前两节课中,学生们已经认识了重力和弹力。本节课的主要学习目标是通过探究活动认识到反冲力,借助国庆70周年天安门阅兵这一真实情景让学生归纳出运动和力之间的关系。

(二)学习活动设计

环节一:引入

教师出示一些枪械的照片为导入,将课堂聚焦到子弹是怎么发射出去这一问题上。

活动意图说明:以学生感兴趣的武器话题引入,可以快速聚焦到本节课所要探究的主题——反冲力。

环节二:"反冲力探究实验"

组织学生进行"气球撒气探究实验"并观察、记录实验现象,学习反冲力。学生观察到气球撒气后能"一冲升天"的现象,教师通过这一现象引导学生联想子弹运动的情景,学生认识到发射子弹是利用反冲力原理。教师顺势出示了古代的弓、弩和现代的火枪、大炮的图片,学生们能顺利认识到这些武器是利用弹力或反冲力原理发射出去的。

活动意图说明:用生活中常见的物品感受反冲力的作用,由此可以逐步引申到古今各类武器的发射原理。重点要向学生传递生活中处处可以感受到科学的应用。

环节三:阅兵中的科技力量

教师接着出示了国庆阅兵时展示的 DF 系列战略洲际导弹的图片,给学生们拓展了这些武器除了利用到反冲力还用到了其他先进科学技术。学生们认识到任何武器的背后都包含着最基本的科学原理。通过对比,学生们也体会到科学技术的不断进步,会创造出更先进的武器,从而使我国的国防力量变得越来越强大。这节课学生们不仅认识了反冲力,更感受到了我国科技与国防的紧密联系。最后,综合前两节课得出的小车运动与重力、弹力的关系,让学生尝试归纳出物体运动与力的关系。

活动意图说明:向学生展示阅兵中的科技力量,让学生知道科技兴国的重要性。

（三）板书设计

阅兵中的科技力量

反冲力：气球里的气体喷出时，会产生一个和喷出方向相反的推力
弓箭、弩→投石车→火枪、大炮→战略洲际导弹
弹力→杠杆原理→火药（反冲力）→核裂变（反冲力）

科技兴国

图3-41　板书设计

（四）教学反思

本节课在原有的气球实验基础上，增加了与国庆阅兵活动的联系。让原本略显单调的内容多了一些与现代生活之间的关联。更重要的是，学生通过这一节课进一步强化了科学就在身边这一观念，也体会到了随着科技的进步，国家也越来越强大，人民生活越来越幸福。

通过阅兵时展示的武器装备，我们发现了科技兴国这方面的科学德育教育。除此之外，我们还发现科学六年级上册的《自行车上的简单机械》《滑轮》这两课，都可以与国庆70周年阅兵中的部分情景相结合，对学生进行科学德育教育。这提醒了我们以后要更认真地观察生活、关注热点时事，找到更多的内容来丰富我们的教学。不能将科学变成高高在上的理论知识，要让学生感受到它是真真正正来源于生活，作用于生活的。

（首都师范大学附属小学　王天宇、王星怡

首都师范大学附属玉泉学校　宋博）

八、道德与法治学科:阅兵中的"绿水青山"
——《低碳生活每一天》

(一)设计思路

1.以阅兵中的绿水青山方阵的视频为主要素材,引导学生理解绿水青山就是金山银山的含义。

2.了解我国为了解决环境污染方面存在问题采取的措施。

3.懂得低碳环保从我做起的重要性。

(二)学习活动设计

环节一:分享观看阅兵的感受

1.教师谈话引入,让学生谈谈看完国庆70年阅兵后的感受。阅兵之美美在哪?

2.学生交流感受。

3.播放视频:《绿水青山》方阵的表演。

4.讨论:人们用表演的方式告诉我们人与自然和谐相处,世界会是怎样的? 说说你看到了什么?

5.小结:山是那样青,水是那样绿,空气是那样的清新,生活在这样的环境中,我们是多么幸福! 那些水中的鱼,林中的鸟,山中的兽,都和人类成了好朋友,这就是人与自然和谐相处的美好景象。

活动意图说明:通过观看绿水青山方阵的表演,理解人与自然和谐相处的含义,懂得绿水青山就是金山银山的道理。

环节二:为什么说绿水青山就是金山银山?

1.看图片,你从这些彩车的颜色中有什么发现? 它们分别代表了什么呢?

请把你查找的资料和大家分享一下。

图3-42　《绿水青山》方阵正在表演

（图片来源：景县环保发布网址：https://www.sohu.com/a/345624641_120206478。）

2.学生分小组汇报自己查找的资料。

（1）底座为黄色的彩车代表"过去"，"它代表了过去对荒山的治理"。

（2）中间的主车代表"现在"，它的底座为绿色，象征着荒山治理已经取得了一定成效。

（3）代表着"未来"的彩车，从上到下都是清新的嫩绿色，喻示着美好的未来将是一片绿水青山的景象，嫩绿的颜色同时代表着春天和希望。

3.为了让环境更美好，我们国家采取了哪些措施呢？我们再来看看解说词。

4.学生讨论后汇报。

5.小结：我们国家加大了环保投入的力度，引导人们树立绿色生活理念。环境美了，人们身体好了，心情好了，生活更幸福了！工作也更加努力了，换来的是更多收获，这就是金山银山。

活动意图说明：通过对视频中的重点画面及解说词的深入理解，体会出我们国家为了保护环境所做的努力，深入理解绿水青山就是金山银山的道理。

环节三：环境污染会带来哪些危害

1.如果环境污染得不到治理，温室气体排放依旧过量，造成全球气候变暖现象加剧,就会给地球带来巨大的灾难。我们一起看短片,仅 2019 年这一年,全球气候变暖带来的十大灾难有什么?

2.全班交流。

3.小结:全球气候变暖,使得台风、高温、干旱、暴雨等极端天气频频出现,给人们带来灾难。这些灾害带来的损失可以说是巨大的,它严重影响了我们每一个人的生活。所以说,环境污染和我们每个人的关系是非常紧密的。

活动意图说明:观看视频了解全球变暖给世界带来的危害,联系实际理解这些灾害和我们的关系,加深学生对危害的认识。

环节四:为了山更青水更绿

1.为了保护环境,减少污染,我们国家也做了很多的努力。大家看:这次国庆阅兵共用了 7 万只气球。这些气球会不会危害我们的生存环境呢? 老师请一个小组的同学去进行了调查,请他们来分享一下。

2.学生分享资料。

(1)制造气球的原料是环保材料。国庆阅兵中使用了 7 万只气球全部都是用纯乳胶制造的可降解的气球,它们落到土地里,一般 5—7 天就可以腐烂,没有一只气球会给我们的环境造成污染。

(2)这些气球中所充的气体是氦气,不会对空气造成任何污染,而且比氢气安全得多。

3.小结:通过资料的分享我们可以看出为了保护环境,我们国家的工作人员,从气球的材质到所充的气体都进行了充分的考虑,这说明我们国家在保护环境方面做出的努力是很多的。

4.为了让山更青,水更绿,我们生活的环境更美好,我们小学生能做些什么呢?

5.学生小组讨论后汇报。

6. 我们在日常生活中可以怎么做呢? 请你从吃穿住行用中选择一个方面,制定一份家庭低碳生活新规范。

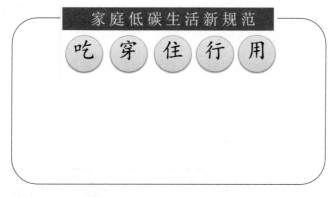

图3-43　家庭低碳生活新规范

7.小结:作为新时代的小学生,我们不仅要积极参与垃圾分类,努力践行绿色出行,还要从小事做起,吃穿住行用都要做到不浪费,懂得节约资源保护环境。更重要的是把绿色生活的理念向身边的人进行宣传,带动身边的人和我们一起参与到环境保护的活动中来。

活动意图说明:从学生熟悉的国庆期间释放气球的现象说起,运用分享资料的方式了解我们国家为保护环境做出的努力,进一步引导学生关注自己的生活,理解保护环境需要每个人做出努力,需要从生活中的小事做起。

环节五:彰显大国风范,展现大国担当

1.环境保护不是一个国家,一个地区,一个人的事,它需要全世界人民团结起来一起行动。在这方面中国不仅带头做出了努力,提出了"绿水青山就是金山银山"的发展理念,并且努力践行。

出示资料:2021年4月22日,国家主席习近平在领导人气候峰会上发表《共同构建人与自然生命共同体》的讲话,全面阐释了"人与自然生命共同体"的丰富内涵和核心要义,为全人类应对气候变化,妥善处理人与自然的关系,实现全人类可持续发展贡献了中国智慧和中国方案。

2.从这段资料中,你读懂了什么?

3.总结:从这段资料中,我们可以看出应对全球变暖现象,保护我们共同的家园,需要全人类一起努力。我们国家在这方面率先采取了有效的措施,我们也号召全世界所有的国家都能参与其中。大家一起来保护我们的家园，一起努力打造人类命运共同体。

　　活动意图说明：从实事资料中了解我们国家为保护环境，共建美丽家园做出的努力。

(三)板书设计

绿水青山就是金山银山

环保理念　积极行动

大国风范

共同构建人类命运共同体

家庭低碳生活新规范
吃　穿　住　行　用

图3-44　板书设计

(四)教学反思

1.贯彻新课标，落实新课标

《义务教育道德与法治课程标准》(2022 年版)中在课程内容中的第二学段中的国情教育部分提出这样的要求：初步树立生态文明意识，领悟"绿水青山就是金山银山"的道理。

　　对于四年级的小学生来说理解这个道理比较困难，所以在教学中，要用学生易于理解的方式展开教学活动。在本课的学习中，设计了以国庆阅兵中出现的"绿水青山"方阵的情境为线索，引导学生理解"绿水青山就是金山银山"的含义。

2.落实德育目标，发展核心素养

本课的重点是要引导学生树立起低碳环保的绿色生活意识，从现在起，从我做起，为发展学生的核心素养"敬畏自然，保护环境，形成人与自然生命共同体的意识"而努力。

　　在日常生活中，我们必须要减少二氧化碳的排放，才能保护好我们生存的环境,从现在开始树立起低碳绿色生活的意识。

　　我们国家在保护环境方面不仅能率先垂范拿出实际行动来,而且还向全世界发出了号召,共同努力构建人类命运共同体。这体现了大国风范,也是值得我们骄傲和自豪的!

(首都师范大学附属玉泉学校　张雪敬　张永斌)

九、信息科技学科:震撼的阅兵式

(一)设计思路

1.国庆 70 周年阅兵是让每个中华儿女都欢欣鼓舞的。阅兵大会展出了诸多新式装备,反映出了祖国当前国力强盛,更是激发了全国上下的爱国情怀,让全国民众的精神为之一振。

　　为此,我们应积极利用阅兵仪式,通过观察士兵的飒爽英姿,引出"复制粘贴"这个信息技术知识点。

2.学生以国庆 70 周年阅兵有多震撼为主题,通过编辑国庆 70 周年阅兵文字报道学习复制粘贴知识。在教学设计时,教师根据学生的学习情况制定本课的重难点知识。教学中,关注学生在学习过程中的思维和表现,促进学生积极主动地参与学习,逐步形成对知识的认知和理解。

3.新颖的教学情境,促进学生积极参与学习过程。使学生有了兴趣,才会积极地参与整个学习过程。有效的教学方法可以促进学生主动构建知识体系。教师可以根据学生的心理特点和已有的基础知识,合理地设计教学环节,使每个学生积极体验学习的过程。并且在教学的过程中,教师兼顾不同的学生实际情况,制定不同层次的教学目标,合理安排教学环节,吸引他们积极参与学习过程。

(二)学习活动设计

环节一:分享阅兵感受

教师谈话引入,让学生谈谈看完国庆 70 周年阅兵后的感受。有没有被阅兵式震撼到?

1.引入课题复制粘贴

2.学生交流阅兵感受

(整齐! 震撼! 一模一样!)

环节二:破解"复制"之谜

1.教师介绍复制粘贴的作用,并介绍复制粘贴的用法,引导学生思考。讨论后让学生再次欣赏当时的场景(视频),学生先进行独立思考。

2.在教师的引导下小组讨论:文字如果想要一模一样怎么办?

接下来进行全班汇报和交流。

总结出信息技术的方便快捷。

活动意图说明:通过分享阅兵式整齐一致的队列,让学生对复制粘贴产生兴趣。当用信息的眼光再次观看阅兵会有不同的感受,让学生体会阅兵式士兵的艰辛与成就。

环节三:见证奇迹的时刻

1.复制粘贴不光是文字,图片、文件也都适用。告诉学生在计算机中,如果要对某个(文字、图片、表格)进行操作,必须先选中这个对象。在选中后再单击一次鼠标左键就会取消选中状态。按住 shift 键+鼠标左键的选中。

2.我们选好文字后该怎么办?

3.教师及时讲解电脑复制的原理,我们选中并被复制的文字此时正保存在剪贴板中,剪贴板我们是看不到的。到现在我达到最初预想的目的了吗?还没有,我们想复制的文字还没有出现。我们怎样才能达到目的呢?(还需要粘贴)(学生练习)

4.尝试并介绍复制的不同方法,目前我们常用的有两种:鼠标右键操作、用菜单操作、快捷键操作。此时学生会发现,文字没有任何变化。

5.教师或学生代表归纳:选定文字的方法中,拖拽选中的方法比较简单易学易用,适合于我们使用方法,适合选定文字块较大时或选定的内容是跨页的情况:左键单击、双击、三击鼠标属于小技巧大家可以在日后的学习中多做尝试。

活动意图说明:活动意图说明反馈矫正,归纳讲评,对比扩展。复制粘贴技术,广泛应用于各个地方,同一软件不同位置,不同软件之间都频繁用到复制粘贴技术。多样的应用环境和操作方法,给了学生更多的选择。在实际应用中能够逐渐形成自己的技术风格。

(三)板书设计

复制与粘贴

操作方法:选中　复制　选定位置　粘贴

Ctrl + C　Ctrl + V

图3-45　板书设计

(四)教学反思与改进

1.落实新课标理念,更注重实效、实用

"以学生的发展为本,让学生经历信息技术学习的过程。"是新课程标准提出创设有效问题空间,落实课程标准的理念,突出培养学生问题解决能力,通过阅兵这一情境,让学生从信息技术的角度主动去发现问题—提出问题—分析问题—解决问题—反思感悟,结结实实去经历、去思考、去应用,积累解决问题的经验,提升信息素养。

这节以实践与综合应用为主的操作性信息课上,着力于学生应用意识的培养、转化策略的运用以及模型思想的渗透,让学生充分感受信息技术学

科有趣、有用。

2.注重学科德育,让美种在学生心中

阅兵的整齐划一、场面壮观的外在形式上,更体现在其宏大、深远的意义美上。信息技术的复制粘贴,体现了与传统文字处理基础的巨大区别,体现了信息技术的方便与快捷。

3.全文结构安排合理,逻辑思路清晰。言语表达准确,语言较流畅。但缺乏材料支撑。本文以"震撼的阅兵式"为题,以阅兵式进行导入,通过编辑 70周年阅兵文字报道学习复制粘贴知识,体现了信息技术的方便与快捷,让学生体会阅兵式士兵的艰辛与成就。

（首都师范大学附属小学　武顺利）

第三章

"神十三"中的学科德育案例

1964 年 10 月 16 日中国第一颗原子弹爆炸成功；

2003 年 10 月 16 日中国首次载人航天飞行圆满成功；

2021 年 10 月 16 日神舟十三号发射圆满成功。

这记录着一代代中国人的奋进前行。神舟十三号航天飞行的圆满成功标志着中国载人航天事业取得了重大的成就，我们首次进入了自己的太空站，去探索无限的世界和空间，这是我们民族的骄傲和自豪。航天梦也是中国梦，在逐梦的过程中让我们更加感受到我国科技的进步、国力的提升。首都师范大学附属玉泉学校以此为契机，开展了一系列的学科探索，从不同的视角、不同的领域去感受祖国的强大。

表3-4 航空航天中的学科教育"系列课程各学科情境创设对照表

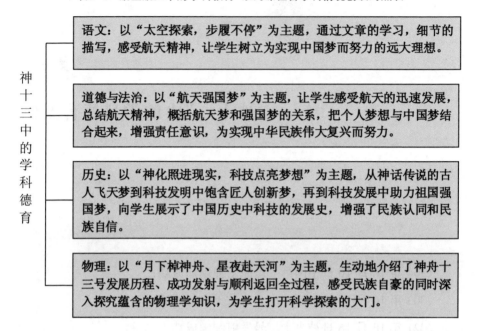

神十三中的学科德育

语文：以"太空探索，步履不停"为主题，通过文章的学习，细节的描写，感受航天精神，让学生树立为实现中国梦而努力的远大理想。

道德与法治：以"航天强国梦"为主题，让学生感受航天的迅速发展，总结航天精神，概括航天梦和强国梦的关系，把个人梦想与中国梦结合起来，增强责任意识，为实现中华民族伟大复兴而努力。

历史：以"神化照进现实，科技点亮梦想"为主题，从神话传说的古人飞天梦到科技发明中饱含匠人创新梦，再到科技发展中助力祖国强国梦，向学生展示了中国历史中科技的发展史，增强了民族认同和民族自信。

物理：以"月下棹神舟、星夜赴天河"为主题，生动地介绍了神舟十三号发展历程、成功发射与顺利返回全过程，感受民族自豪的同时深入探究蕴含的物理学知识，为学生打开科学探索的大门。

"'神十三'中的学科德育"课程，各学科以不同的视角，紧抓教育的契机，在学习文化知识的同时让学科德育浸润心田，润物无声，立德树人。

（首都师范大学附属玉泉学校　王城）

一、语文学科：太空探索　步履不停

（一）设计思路

1.通过阅读七年级下册第六单元的课文《太空一日》，真切感受我国航天员首飞太空的经历，结合神舟十三号升空与凯旋的壮举，体会航天员置个人安危于度外的英雄气概。

2.在快速阅读与交流讨论的过程中，提高阅读速度，提升解决问题的能力。

3.概括中国航天的精神品质,感受祖国的强大与富强,发扬爱国主义精神与载人航天精神。

(二)学习活动设计

环节一:激趣导入,设置情境

1.出示本课导语,设置任务情境:飞天,是中国人千百年来的梦想。

2003 年 10 月 15 日,神舟五号飞船成功实现载人航天飞行,飞船搭载航天员杨利伟在酒泉发射中心发射,环绕地球 14 圈后于次日返回,在预定地区着陆。神舟五号的成功发射与返回,标志着中国继苏联、美国之后成为世界上第三个把人送入太空的国家。

2022 年 4 月 16 日,太空"出差"183 天的神舟十三号乘组顺利返回地球,刷新了中国航天员单次飞行人物太空驻留时间的记录。

太空探索,步履不停,神舟十四号载人飞船将在 2022 年 6 月发射,再有三名航天员"出差"中国空间站。《人民日报》发起了"带着我的梦想上天宫"的征集活动,请你给中国航天员写一封信,可以提问题、谈心愿、聊梦想,分享自己与航天的故事。你的来信将可能由航天员在空间站内拆阅,他们将回答你的问题,和你分享天宫生活的点滴,聊聊你的心愿和梦想。也许有一天,你会收到一封来自天宫的回信!

2.教师:今天,让我们通过杨利伟的自传来了解关于中国航天人的第一次,通过神舟十三号太空"出差"三人组的故事来零距离了解中国航天,为写这封给航天员的信做充分准备。

学生聆听,入境,明确本课的学习任务,做好学习准备。

环节二:学会浏览,把握内容

学习任务一:快速浏览课文,借助小标题,概括每一部分的主要内容。

出示学习提示:

(1)本文大约 4500 字,要求在 10 分钟内读完;

(2)根据小标题的提示,抓住每一个故事的重点,把握文章的主要信息;

(3)以"时间/地点+经历了什么"的形式表述。

学生按照要求浏览课文,独立思考,尝试概括每一部分的主要内容。

预设:

第一部分:我以为自己要牺牲了——起飞时的生死考验。

第二部分:我看到了什么——在太空的真实所见。

第三部分:神秘的敲击声——在太空听到的奇特声音。

第四部分:归途如此惊心动魄——归途中的惊险际遇。

活动意图说明:课文《太空一日》以时间顺序依次写出飞船从起飞到降落,航天员的际遇,本环节明确目标进行浏览训练,旨在引导学生快速把握文章的主要信息,回首中华民族首问苍穹的伟大时刻,感受那段令人振奋又惊心动魄的往事,为下一环节感受航天人的形象做准备。

环节三:深入细节,感受形象

1.学习任务二:小标题能够吸引读者,前提是太空一日的旅程本就是惊心动魄的。再读文章,看看航天员杨利伟遇到了哪些意外,他当时的心理感受又如何? 这些意外是不是都找到了原因? 从中感受航天员的精神特质。完成下表的填写。

表3-5 《太空一日》关键信息空白表

意外情况	航天员的心理感受	发生意外的原因	航天员的精神特质

学生再读文章,边读边圈画关键信息,小组内交流讨论,共同完成表格。

老师相机指导,选择一组在全班进行分享。

表3-6 《太空一日》关键信息预设表

意外情况	航天员的心理感受	发生意外的原因	航天员的精神特质
火箭上升过程中持续26秒的共振叠加	痛苦的感觉越来越强烈，五脏六腑似乎都要碎了。几乎无法承受，觉得自己快不行了。	飞船共振主要来自火箭的振动	顽强
飞船刚进入轨道时产生"本末倒置"的错觉	难受，完全靠意志克服。	失重	超强的意志力
时不时出现敲击声	紧张，生怕哪里出了问题	未能发现什么	责任感、探究精神
返程时舷窗出现裂纹	恐惧、紧张——放心一点儿	舷窗外的防烧涂层烧裂	沉着
抛伞过程对身体的冲击非常厉害	最折磨人，飞船晃荡得厉害，让人不知道是怎么回事。	从未听说过这个情况	身体和心理素质过硬

2.学习任务三：播放"180秒回顾'神十三''太空出差'名场面"视频，出示"因热爱而执着，因梦想而坚持"的王亚平访谈资料，引导学生思考中国航天人身上还有哪些可贵的精神品质。

学生观看视频，阅读相关资料，小组讨论交流，完成组内词云图的制作。

老师相机指导，并邀请不同小组在黑板上板书补充，全班共同完成"中国航天人"词云图的制作。

老师小结：中国航天人身上的这些品质可以概括为——特别能吃苦，特别能战斗，特别能攻关，特别能奉献，这正是我国的载人航天精神。太空探险，有太多的未知，但是航天员们不会因为"意外"和"未知"而停下脚步，星空是人类永远的征途，只有具备了这些精神，探索的脚步才能走得更远，更稳健。

活动意图说明：表格形式简明，内容清楚，借助表格引导学生梳理文本内容并及时归类，可以帮助学生更简便地与课文对话，实现感性与理性的有机融合，深切感受航天员的精神品质。链接课外的相关资料，结合"神十三"这一时事，采用词云图这一新颖的形式概括中国航天人的精神品质，激发学生的学习兴趣。

环节四:天地互动,发扬精神

1.老师:感谢这些敢于用生命上天摘"星"的中国航天人们,我们得以有幸窥见外太空的瑰丽和壮美。

学习任务四:通过本课的学习,你一定对中国航天有了进一步的了解。现在,就请你参与到"带着我的梦想上天宫"的征集活动中,给神舟十四号的中国航天员写一封信,可以就本文学习的内容谈谈你的感受,可以提一些你感兴趣的问题,也可以谈谈你关于航天的心愿和梦想。

学生利用课堂剩余的时间进行写信的初步构思,在课后完成这封信的写作。

2.全课总结:让我们发扬特别能吃苦,特别能战斗,特别能攻关,特别能奉献的载人航天精神,让这种精神流淌在我们奋斗的方方面面,博学之,审问之,慎思之,明辨之,笃行之,敢于做先锋,让青春年华焕发绚丽光彩!

活动意图说明:本环节通过布置"给航天员写信"这一课后作业,旨在引导学生表达自己的学习感悟,提升语言表达能力。最后再次总结载人航天精神,希望这种精神能够时刻陪伴、激励学生,内化于心,进一步使学生发扬这一伟大精神。

(三)板书设计

图3-46　中国航天人精神品质词云图

（四）教学反思

1.落实课标理念，构建语文学习任务群，增强课程实施的情境性和实践性

《义务教育语文课程标准》（2022年版）对义务教育语文课程内容的组织与呈现方式作出了具体要求，即课程内容主要以学习任务群组织与呈现。设计语文学习任务，要围绕特定学习主题，确定具有内在逻辑关联的语文实践活动。语文学习任务群由相互关联的系列学习任务组成，共同指向学生的核心素养发展，具有情境性、实践性、综合性。本课以"太空探索，步履不停"为主题，结合神舟十三号凯旋的真实情境与《人民日报》发起的征集活动，设置了四个层层递进的学习任务，组成了一个发展型学习任务群。

本课学习任务群的设置，激发了学生的好奇心、想象力、求知欲，促进了学生自主、合作、探究学习，引导了学生在积极的语文实践活动中提升其语言的建构与运用、思维的发展与提升、审美的鉴赏与创造、文化的理解与传承的语文核心素养。

2.注重学科德育，充分发挥语文课程育人功能，厚植爱国情感与航天精神

新课标指出，义务教育语文课程应围绕立德树人的根本任务，充分发挥其独特的育人功能和奠基作用，使学生吸收古今中外优秀文化成果，提升思想文化修养，建立文化自信。载人航天精神是"两弹一星"精神在新时代的发扬光大，是我们伟大民族精神的生动体现，彰显了坚定的中国特色社会主义道路自信、理论自信、制度自信、文化自信。学生在课文的学习过程中，在视频的观看过程中，在王亚平的访谈对话中，无不被中国航天人所展现出的坚定的理想信念、高昂的爱国热情、强烈的责任担当、良好的精神风貌感染，他们充分地感受到了祖国的强大，从而激发起强烈的爱国主义情感。

探索浩瀚宇宙，是中华民族数千年来矢志不渝地追求。仰望星空，航天

事业神圣而光荣,但也充满坎坷与艰辛,我们必须坚持精神引领,用好精神力量,把航天精神传承好、弘扬好、发展好。因此,本课在环节三分析航天员形象,概括航天精神的基础上,环节四旨在以书信的形式,引导学生书写自己的体会与感悟,将航天精神根植于自己心中,将这种精神流淌在奋斗的方方面面,让青春在党和人民最需要的地方绚烂绽放。

(首都师范大学附属玉泉学校　徐婧)

二、历史学科:神话照进现实　科技点亮梦想

(一)设计思路

1.以中国古代科技成就为主题进行专题复习,引导学生将中国古代史部分的"远古的传说""两汉的科技和文化""魏晋南北朝的科技和文化""宋元时期的科技与中外交通""明朝的科技、建筑与文学",中国现代史部分的"艰辛探索与建设成就""科技文化成就"等内容进行梳理,了解中国科学史,增强民族认同与民族自信。

2.通过微型的中国科技图片展征集活动,引导学生查阅、整理中国古今对社会生产起促进作用的技术发明,使学生更好地理解从古到今科技对提升生产力、改善人们生活的促进作用,初步学会在唯物史观的指导下看世界。

3.论证科技进步与社会发展的关系,探究科技发展的影响因素,引导学生结合实际生活对"科技是国之利器"形成认识,树立科技报国的崇高理想,涵养家国情怀。

(二)学习活动设计

环节一:神话传说中藏着古人飞天梦

1.教师导入:"神十三"的飞天,三名航天员"出差"半年,中国航天人书写着宇宙级的浪漫。古人的飞天梦更是从神话传说时期就早已开始,"天问、祝融、嫦娥、玉兔、广寒宫、悟空、天宫、北斗……"大家一定都不陌生,然而在中国航天的飞天梦中他们都还有别的身份。你能结合图片材料介绍一下这些神话传说中存在的形象的航天"新身份"吗?

图3-47 神话传说照进航天现实

(资料来源:央视新闻《中国人的浪漫,就是一步步把满天神话变成现实!》,网址:https://baijiahao.baidu.com/s?id=1699835902506200757&wfr=spider&for=pc。)

2.学生回答:学生结合图片素材和所学知识,介绍神话传说中"天问、祝融、嫦娥、玉兔、广寒宫、悟空、天宫、北斗"在航天中的新身份。

3.教师小结:中国载人飞船叫"神舟",中国探月工程叫"嫦娥",月球车叫"玉兔",玉兔在月球上跑的那圈地叫"广寒宫",行星探测任务叫"天问",火星车叫"祝融",载人空间站叫"天宫",卫星导航系统叫"北斗",还有暗物质粒子探测卫星叫"悟空"。

活动意图说明:

①神舟十三号载人飞行任务取得圆满成功,这是中国航空航天史上的一个重要里程碑,也是所有同学们一直关注的热点事件。以"神十三"作为切入点复习中国科技史能更好地引发学生的学习兴趣,起到更好的学习效果。

②神话传说是了解史前社会,这一没有文字记录只能靠口耳相传的方式流传下来的历史时期的重要方式。飞天从梦想变为现实,在介绍图片时,时空的交错与碰撞能更好地激发学生的民族自信心与自豪感。

环节二:科技发明中饱含匠人创新梦

1.教师过渡:今日的中华儿女没有让祖先失望,同时古人的智慧也一直在不断震惊着咱们这些现代人。中国古代科学技术长期领先于世界。我国先进的技术成就和在天文、数学、化学、医药等方面的科学知识,向东传播到朝鲜和日本;向南传播到印度;更重要的是通过陆上丝绸之路和海上丝绸之路,向西传播到波斯、阿拉伯,并且扩散到欧洲,对世界科学技术的发展做出了重要的贡献。马克思曾说过:"火药、指南针、印刷术——这是预告资产阶级社会的三大发明。火药把骑士阶层炸得粉碎,指南针打开了世界市场并建立了殖民地,而印刷术则变成了新教的工具,总的来说变成了科学复兴的手段,变成对精神发展创造必要前提的最强大的杠杆。"

2.教师发布任务:为了更好地介绍中国古今的科技成就,老师打算办一个微型的中国科技图片展,请大家结合教材内容和所学知识为老师提供参展的图片素材,并仿照示例为所选图片撰写上榜理由。最终展出的 20 幅作品将由全年级学生投票产生。

表3-7　微型中国科技图片展撰写示例

推荐图片	推荐理由
图片来源：义务教育教科书中国历史七年级下册[M].北京：人民教育出版社，2016：11.	图中所示是唐朝发明并推广的农业生产工具——曲辕犁。曲辕犁作为一个耕地工具，具有精巧轻便、回转灵活、易控制深浅等优点，适应了小农经济精耕细作的需要，大大提高了耕作的效率和质量。是中国古代劳动人民的智慧创造。

3.学生参与活动：学生按要求完成学生活动，查找教材挑选符合要求的图片并借助示例材料撰写推荐理由。完成后在班内进行汇报，为所选图片"拉票"，争取入选展览的机会。

4.教师小结提问：经过自己挑选参展作品和听同学们的介绍后，我们已经对中国古今的科技创造有了一个整体的回顾，也将这些科技成就分类别贴在了黑板上，现在请你尝试总结中国古代的科技发展有哪些特点？

5.学生思考回答：学生可围绕以下几点进行回答

中国古代科技发展的特点：(1)在科技内容上，应用性强，但对事物发展规律的探索不够。(2)在研究方法上，主要采用传统的典籍整理与经验总结，缺少实验。(3)在科技使用上，主要服务于封建农业经济的发展需要，缺乏将科技转化为生产力并推动科技进一步发展的意识。(4)从涉及领域上看，主要集中在与农业有关的农学、天文历法及医学等领域。

活动意图说明：

①通过微型中国科技图片展的活动设计，引导学生在复习课中回归教材，以科技史为主题重新回看教材内容，挑选合适素材进行梳理，在书写训练中锻炼学生历史解释的能力与素养并规范学生的学科语言与学习习惯。

②在完成推荐理由的撰写任务后设计了为自己挑选的图片"拉票"的环

节,旨在通过汇报交流让同学们了解更多的科技发明,带着"投票"的心理提升注意力。并在"拉票"与"投票"的过程中思考科技发明对生产力提高和人们生活质量改善的作用,提升民族自信心与自豪感。

环节三:科技发展中助力祖国强国梦

1.教师提问:三道思考题,请分小组进行交流讨论——(1)生产工具的发明会节省人力、提升效率,科技的进步与社会的发展空间是怎样的关系呢?(2)纵观古今中外,科技发展有哪些影响因素呢?(3)结合所学,谈谈你对"科技是国之利器,国家赖之以强,人民生活赖之以好"的理解和认识。

2.学生讨论回答:(1)科技进步与社会发展的关系:科技进步会带来生产力的提升,进而推动社会的发展;而社会的发展又能为科技的进步提供物质保障和制度保障。(2)科技发展的影响因素:经济发展水平,稳定的国际国内环境,国家政策的支持,教育水平,时代需要等。(3)认识:党的十九大报告提出了全面建设社会主义现代化强国各方面内涵,包括科技强国、质量强国、航天强国、网络强国、交通强国、数字中国、智慧社会建设等。科技强国作为首要的强国目标,是建设社会主义现代化强国的基础和核心,在建设强国的系统工程中发挥着决定性作用。因此,必须以建设科技强国助推中国梦的实现。

活动意图说明:

①在对古今中国科技回顾复习后,通过三道思考题的设置引发同学们的深入思考,使学生学会有理有据、史论结合地表达自己对历史的看法。

②习近平总书记说:"科技是国之利器,国家赖之以强,企业赖之以赢,人民生活赖之以好。"引导学生结合实际生活形成认识,树立科技报国的崇高理想,涵养家国情怀。

（三）板书设计

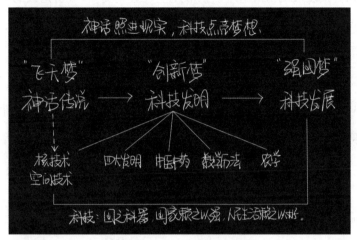

图3-48　板书设计

（四）教学反思

1.落实课标理念,立足学生核心素养发展,以学生为主体整合大单元教学

《义务教育历史课程标准》(2022 年版)明确指出,历史课程应围绕核心素养展开,历史课程要培养的核心素养主要包括唯物史观、时空观念、史料实证、历史解释、家国情怀五个方面。

本节课以"神话照进现实,科技点亮梦想"为题,通过设计微型中国科技图片展的活动展开中国古今科技史的专题复习课。以学生为主体进行学生活动设计,关注到了学生的学习兴趣,提供给了学生历史的学习方法,规范了学生历史学科的答题语言与思维路径。通过课程的设计,培养学生逐步形成正确的价值观、必备品格和关键能力。

2.注重学科德育,落实立德树人根本任务,充分发挥历史课程的育人价值

新课标明确指出,历史学科是落实立德树人根本任务的重要课程。要通过发掘人类优秀文化遗产的育人功能,使学生树立正确的历史观、民族观、国家观、文化观,增强责任意识和社会担当。

　　本节课的三个环节,从神话传说中的"飞天梦",到科技发明中的"创新梦",再到科技发展的"强国梦"。引导学生在查找史料、分析论证的同时感知中国从古至今的科技发展历程,提升民族自信心与自豪感。并在论证科技与社会发展关系的过程中理解习近平总书记所说,"科技是国之利器,国家赖之以强,企业赖之以赢,人民生活赖之以好"的深刻内涵。通过课程设计,使学生在逐步具有鉴古知今、认识历史规律的能力的同时,培养家国情怀、拓宽国际视野。

(首都师范大学附属玉泉学校　边婧)

三、道德与法治学科:航天强国梦

(一)设计思路

　　1.欣赏《航天强国梦》探月珍邮纪念册,列举中国航天发展的成就,感受祖国航天的迅速发展。

　　2.通过小组合作分析材料,总结开展航天事业的原因,概括航天梦和强国梦的关系,全面认识航天事业的意义。

　　3.通过观看《梦想点亮太空》,分析航天员的梦想,总结航天精神,把个人梦想与中国梦结合起来,增强责任意识,为实现中华民族的复兴而努力。

(二)学习活动设计

环节一:航天强国梦路程

教师导入:布置欣赏《航天强国梦》探月珍邮纪念册

《航天强国梦》为预祝神舟十三号圆满成功隆重发行,主题鲜明,具有很强的纪念性。

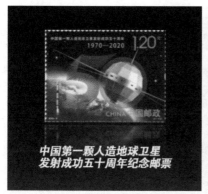

中国第一颗人造地球卫星
发射成功五十周年纪念邮票

中国首次火星探测天问一号
发射成功纪念邮票

【中国首次落月成功纪念邮票】

中国神舟飞船首飞
成功纪念邮票

图3-49　航天邮票纪念册

（图片来源：《航天强国梦》探月珍邮纪念册。网址：https://it.sohu.com/a/542132364_1211
24712。）

问题:这套纪念邮票展示了我国航天事业的哪些成就?

学生交流回答:中国首次落月成功纪念、中国神舟飞船首飞成功纪念、中国首次火星探测天问一号发射成功、中国第一颗人造地球卫星发射成功50周年、中国探月首飞成功纪念,航天系列的成功。

教师介绍:2021年10月16日,神舟十三号载人飞船搭载三名航天员开启"超长太空之旅"。在此次任务中,神舟十三号采用自主快速交会对接技术,在入轨后6.5小时内与核心舱完成交会对接。神舟十三号首次验证了径向交会对接技术,与空间站核心舱径向对接口实施了径向交会对接。神舟十三号乘组共在轨飞行183天,创造了中国航天员连续在轨飞行时间的最长纪录。航天员在轨驻留期间,完成了9项工程技术实验、3类26项航天医学实验领域实验和2项空间应用领域实验,开展了以无容器材料、高微重力实验为重点的空间科学研究与应用,成功完成了多个纯金属、多元合金材料实验,样品悬浮控制精度优于0.1mm,熔化温度达到2000℃以上,首次获得了7g-10g量级的高微重力环境,达到国际先进水平。

问题:请各位学生谈谈感受?

学生交流回答:技术进步,激动、自豪等。

活动意图说明:通过航天纪念册,回顾我国航天发展历程,感受中国航天事业的迅速发展,激发学生的自豪感和家国情怀,增强学生的政治认同。

环节二:航天梦和中国梦

材料分析:

教师介绍——材料1:习近平说:"每个人都有理想和追求,都有自己的梦想。现在,大家都在讨论中国梦,我以为,实现中华民族伟大复兴,就是中华民族近代以来最伟大的梦想。这个梦想,凝聚了几代中国人的夙愿,体现了中华民族和中国人民的整体利益,是每一个中华儿女的共同期盼。历史告诉我们,每个人的前途命运都与国家和民族的前途命运紧密相连。"

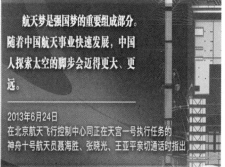

图3-50 习近平谈"航天梦"与"强国梦"

（图片来源:【英雄归来】习近平谈"航天梦"与"强国梦",网址:http://www.news.cn/politics/xxjxs/2022-04/20/c_1128577827.htm）

材料2:为了保证我国国民经济的正常发展,更好地服务社会主义现代化建设,我国的气象事业不断发展壮大,除了使用常规的气象观测仪器外,还利用了气球、飞机、卫星等先进设备,服务于社会经济的快速发展。中国从20世纪80年代中期开始利用国内外通信卫星,发展卫星通信技术,以满足日益增长的通信、广播和教育事业的发展需求。中国从20世纪70年代初期开始利用国内外遥感卫星,开展卫星遥感应用技术的研究、开发和推广工作,在气象、地矿、测绘、农林、水利、海洋、地震和城市建设等方面得到了广泛应用。

问题探究:(1)航天梦与中国梦的关系?

(2)为什么发展航天事业?

学生小组合作探究问题,然后小组汇报,教师总结升华。

活动意图说明:通过小组合作探究,提升小组合作能力,概括总结材料,全面分析问题,理解支持航天事业。

环节三:个人梦和航天梦

1.故事分享

王亚平成为中国航天员中在轨飞行累计时长最久的一位。随着王亚平再度踏上前往太空的旅程,中国空间站也迎来了首位女航天员。2021 年 11 月 7 日 18 时 51 分,王亚平随同翟志刚,身着我国新一代"飞天"舱外航天服,从天和核心舱节点舱成功出舱,她成为中国首位进行出舱活动的女航天员,迈出了中国女性舱外太空行走第一步。

1980 年出生在山东烟台一个小村庄,父母的职业都是"农民",家里以卖樱桃为生,家庭条件一般,她是老大,还有一个妹妹。上学期间,她就很努力,学习成绩一直优秀,又擅长体育运动,身体素质非常好,从小学三年级到高中,都有参加校、区组织的赛事,因个子矮没能被选去体校。或许是由于出生于普通家庭,又是长女,她非常懂事又努力,初中毕业,父母也没有打算让她放弃读书,想要让她读中专,但她一心想要读大学,毅然决然报考了高中。高考时,正赶上我国招女飞行员,通过自己坚持不懈的努力,凭借优异的成绩,以及过硬的身体素质被选中,让人很是佩服。要想成为航天员,需要有过硬的本领,农村家庭背景,从小吃苦耐劳,寒门出贵子,她的故事确实不简单。更重要的是养成良好的学习习惯,不管在什么阶段,都不要松懈,王亚平提到,自己问过杨利伟主任,成为一名宇航员需要做什么?杨利伟主任回答她两个字"学习"。需要学习高等数学、天文学、物理学等十多门学科,几乎每天都要学习,最初的阶段,她一天有十多个小时都在学习。

问题探究:王亚平的梦想是什么?她是如何实现的?写一则短评。

2.梦想点亮太空

航天员中心还发布了一首神舟十三号航天员在轨参与录制的歌曲 MV《梦想点亮太空》,向航天致敬,MV 中使用大量珍贵历史影像记录了航天员中心 54 年的成长历程。航天梦，大家的梦。神舟十三号航天员汤洪波：梦想点亮太空。

问题：航天员的梦想是什么？展示什么样的精神品质？

活动意图说明：通过阅读航天人员故事，概括航天精神，把个人的梦想和国家的命运结合在一起，激发学生树立远大的理想，为国家的发展贡献自己的力量。

环节四：总结

教师：今天，我们比历史上任何时期都更接近中华民族伟大复兴的目标，比历史上任何时期都更有信心、有能力实现这个目标。我们完全可以说，中华民族伟大复兴的中国梦一定要实现，也一定能够实现。我们都是追梦人，为实现第二个百年奋斗目标，实现中华民族伟大复兴的中国梦，准备着。为共产主义事业而奋斗！时刻准备着！不忘初心，青春朝气永在。志在千秋，百年仍是少年，奋斗正青春！

（三）板书设计

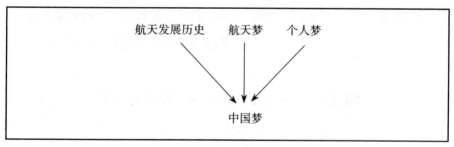

图3-51　板书设计

（四）教学反思

1.落实核心素养

道德与法治课程要培养的核心素养，主要包括政治认同、道德修养、法治观念、健全人格、责任意识。政治认同是社会主义建设者和接班人必须具备的思想前提,道德修养是自身之本,法制观念是行为的指引,健全人格是身心健康的体现,责任意识是担当民族复兴大任时代新人的内在要求。

这节课通过回顾航天事业的发展和成就,增加学生对国家发展的了解,增加学生的政治认同,激发爱国之情。通过航天员的奋斗故事,引发对个人的发展思考,确立什么样的梦想,把个人梦想和国家发展结合起来,培养个人的责任感,担当时代的重任。

这节课通过小组合作,概括航天发展的成就,个人梦、航天梦和中国梦的关系,培养分析问题,解决问题的能力。

2.注重学科德育,厚植爱国心

在观看邮票过程中,总结航天发展的轨迹,感受祖国航天事业的飞速发展,学生被航天发展所震撼,激发民族自豪感和对祖国发展的自信,增加对祖国的爱国之心。

航天员的故事,让学生感受到个人的发展与祖国的命运相关,国家给个人发展提供机遇,个人可以为国家的发展贡献力量。每个人梦想结合在一起共筑中国梦。在实现梦想的过程中,需要努力和坚持,付出时间精力,主动承担责任,启迪学生要树立远大的理想,作为新时代的青少年要时刻准备着。

(首都师范大学附属玉泉学校　靳利娜)

四、物理学科:月下棹神舟　星夜赴天河

(一)设计思路

1.结合神舟十三号太空课堂,对比太空课堂实验和地面实验,通过实验现象对比体会失重情况下牛顿第一定律和浮力的产生;在这一过程中,促进学生科学研究、科学态度与责任这一物理学科核心素养的养成和发展,并以外太空微重力环境激发学生对未知的外太空的探求兴趣,培养物理思维。

2.在实验过程中,加强物理思维的构建,提升科学探究能力,即从物理学的视角提升对客观事物本质属性、内在规律及关系的认识,在科学探究过程和结果进行交流、评估、反思;感受物理之美。

3.通过神舟十三号的学习,体会生活中的物理,科技中的物理,培养正确的科学态度与责任,感知祖国在现代科学技术的发展速度之快、发展空间之广阔,增强学生的民族自豪感与自信心。

(二)学习活动设计

环节一:介绍神舟十三号

1.教师介绍神舟十三号的发展历程、主要任务等;播放视频,引入新课,让学生谈谈看完神舟十三号发射、落地视频后的感受。

学生感叹我国现代科学技术取得的伟大成就,深化学生的爱国情感,增强学生的民族自豪感。

2.引入课题,介绍本节课主要内容

牛顿第一定律的验证

浮力的产生

环节二:牛顿第一定律的验证

学习任务一:知识回顾

引导学生回顾之前所学牛顿第一定律内容:一切物体总保持匀速直线运动状态或静止状态,直到有外力迫使它改变这种状态。

学生小组合作,重新进行实验,得出结论:小车所接触的水平面越光滑,小车所受的阻力越小,运动的时间越长,通过的距离也越长。且小车最终都会停下来,不是因为没有受到力的作用,恰恰是由于摩擦力的存在,改变了小车的运动状态。

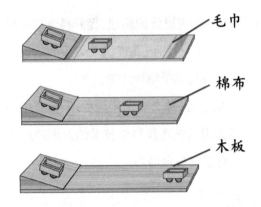

图3-52　探究运动和力的关系实验探究图

（图片来源：北师大版物理八年级下册教材）

教师引导学生思考：如果小车不受力时的运动规律是什么？

学生交流讨论：小车的速度不会减小，将沿着原来的速度、方向匀速运动下去。

教师提问：那这样的推理是正确的吗？地面上，不受力的物体是找不到的，所以牛顿第一定律无法用实验验证，那么在空间站里能通过实验来验证吗？

播放太空课堂中王亚平老师太空抛物实验——冰墩墩

学生观察到，冰墩墩被抛出去之后，冰墩墩沿原来的方向匀速前进。

学生实验：地面上将冰墩墩抛出去，发现冰墩墩掉落到地面。

教师讲解：牛顿第一定律的得出是通过实验+科学推理（理想实验）得出的，物理实验中，在观察实验现象的基础上，要敢于进行合理的推理，再结合谨慎的验证和思考，得出最终的结论。

活动意图说明：首先学生通过回顾牛顿第一定律内容及重新实验，回忆实验推理的物理实验方法，其次通过神舟十三号太空课堂中的抛物实验，与地面上的实验相比较，让学生自己进行对比，建构物理科学思维，让学生基于事实证据和科学推理对不同信息、观点和结论进行质疑和批判，并予以检验和修正，进而提出创造性见解的品格与能力。

环节三:浮力的产生条件

1.教师播放视频:在重力没有的情况下,浮力也跟着没有了,人们在游泳时就会变得非常困难。通过观看视频,激发学生的学习兴趣。

教师提出问题:为什么会出现这样的情况呢?

2.浮力的概念

教师演示:用小铁球代替乒乓球,放入烧杯底部,向烧杯内倒水。提出问题:你观察到什么现象? 小铁球为什么没有像乒乓球那样浮起来? 小铁球受到浮力吗? 如何判断小铁球是否受到浮力?

学生讨论分析:小铁球没有浮起来。它有可能受到浮力,也有可能不受到浮力。

总结概括:不论物体漂浮在水面还是没入水中,都会受到水对它施加的力。用其他液体代替水,物体也会受到液体给它的力,这个力就是浮力。

3.浮力的产生条件

学生实验:将乒乓球放在装有水的杯子中,并用吸管轻轻地压下去,松手发现乒乓球浮在了水面上。

播放视频:太空课堂——浮力消失

图3-53　天宫课堂浮力消失实验

(图片来源:央广网,网址:http://news.cnr.cn/native/gd/20221012/t20221012_526033538.shtml。)

学生观察现象:失重环境下,在太空中王亚平将乒乓球放入水中,乒乓球悬在水中间,而不是悬浮在水面上。

教师提问:为什么地面上的实验现象与太空中的实验现象不相同呢?

学生回答:因为太空中没有重力。

引导学生思考浮力产生的原因:学生能通过两个实验的对比,及之前所学习的液体压强的内容进行思考,分析出浮力的产生原因。

地面上由于地球引力的作用,液体在乒乓球上下表面的压强不同,存在压力差,从而产生浮力与重力平衡,使乒乓球悬浮在水面;到了太空站,由于完全失重,液体中各处的压强相同,悬浮于液体中的乒乓球上下表面不存在压力差,物体不受浮力作用,乒乓球将悬浮在水里的任意位置。

活动意图说明:浮力产生的原因在教学过程中是一个难点,其分析需要综合利用液体压强、受力分析以及力的合成等知识。这个问题比较抽象,学生理解起来比较困难。通过地面和太空实验对比能把这个问题形象化,更容易明确浮力产生条件的根本原因,然后依次递进明确关系,最终让学生更容易理解浮力产生的原因。

环节四:全课总结

1.教师提问:那么外太空还有哪些我们可以探究的呢?

学生交流、补充:黑洞、太空旅游、太空移民……

2.全课总结:通过这两个实验我们知道太空是处于微重的情况的,那么在地球上的物体是受到了地球的吸引,具有了重力。在外太空中还有很多值得我们去探索的世界,让我们共同去发现不一样的神秘世界。

设计意图说明:回顾整节课,让学生总结出本节课的主要内容,建立学生的物理思维,从生活走向物理,从物理走向社会;并结合初中所学知识与太空环境进行对比,激发学生对未知的外太空的探求兴趣。

(三)板书设计

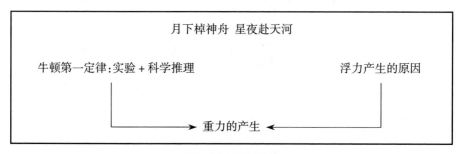

月下棹神舟 星夜赴天河

牛顿第一定律:实验 + 科学推理　　　　　　　　　浮力产生的原因

重力的产生

图3-54　板书设计

(四)教学反思

1.落实新课标理念,更注重核心素养

"面向全体学生,培养学生核心素养"是《义务教育物理课程标准》(2022年版)提出的课程理念,物理课程要培养的核心素养主要包括物理观念、科学思维、科学探究、科学态度与责任。通过太空实验与地面实验比较,让学生从微重情境下理解物理知识,培养学生形成严谨的科学探究的基本素养,并在认识科学本质的基础上形成严谨认真、实事求是、持之以恒的品质,以及实现中华民族伟大复兴的使命担当。

2.注重学科德育,激发探索兴趣

神舟十三号载人飞行任务的圆满成功,航天员翟志刚、王亚平、叶光富安全顺利出舱。神舟十三号标志着空间站关键技术验证阶段任务圆满完成,中国空间站即将进入建造阶段。这一过程让学生深切地感受到我国航天技术发展之快,感受到中国太空技术,尤其是载人航天技术的蓬勃发展;也体现了中国空间站技术成熟发展,同时对世界和平发展也有着重要的意义,展现了中国综合国力的提升。

学生感到深深的民族自豪感的同时,让学生也掌握了一些基础物理知识,通过对比地面有重力条件下和太空微重力条件下的牛顿第一定律的验证及浮力的产生实验发现差异,培养学生严谨的科学探究态度,同时也更多地了解地球之外的生活,以外太空微重力环境激发学生对未知的外太空的探求兴趣,例如太空移民,太空旅游等。

(首都师范大学附属玉泉学校　郭姣艳)